JAN WITTSTOCK

Eine Theorie der Geldpolitik von Kreditinstituten

Betriebswirtschaftliche Schriften

Heft 50

Eine Theorie der Geldpolitik von Kreditinstituten

Grundlagen einzelwirtschaftlicher Optimierung bankbetrieblicher Zentralbankguthaben

Von

Dr. Jan Wittstock

DUNCKER & HUMBLOT / BERLIN

Gedruckt 1971 bei Berliner Buchdruckerei Union GmbH., Berlin 61
Printed in Germany

ISBN 3 428 02422 2

Vorwort

Zu den Grundproblemen einer jeden Bank gehört die Steuerung ihres Zentralbankguthabenbestands. Dies ist die Aufgabe der bankbetrieblichen Funktion „Geldpolitik", die die vorliegende Schrift theoretisch umfassend zu analysieren sucht. Im Mittelpunkt steht dabei die Entwicklung von vier funktionsspezifischen Entscheidungskriterien und ihre Anwendung bei der Festlegung der Höhe des Zentralbankguthabenbestands. Dazu werden verschiedene Strategien aufgezeigt und die zur Erreichung des Sollzustands verfügbaren Instrumente auf ihre Eignung hin untersucht.

Für seine hilfreichen Hinweise beim Entstehen dieser Arbeit in den Jahren 1968 und 1969 am Institut für Betriebswirtschaftslehre der Technischen Hochschule Darmstadt (als Dissertation) bin ich vor allem Herrn Professor Dr. *R. Wittgen* zu Dank verpflichtet. Gegenüber der Promotionsschrift wurde die vorliegende Arbeit an manchen Stellen etwas gekürzt und teils auch leicht erweitert. Wichtige Zahlenangaben wurden bis auf den Stand von Ende 1969 gebracht. Zur Finanzierung der Veröffentlichungskosten gewährten die „Bremer Stiftung zur Förderung der Wissenschaften und der Universität" sowie die „Stipendienstiftung der hessischen Industrie- und Handelskammern" Zuschüsse. Auch diesen Stellen sei für ihre Unterstützung hier vielmals gedankt.

Jan Wittstock

Inhaltsverzeichnis

Tabellenverzeichnis

Abbildungsverzeichnis

Abkürzungsverzeichnis

Abb.	= Abbildung
AGB	= Allgemeine Geschäftsbedingungen
AMR	= Anweisung der Deutschen Bundesbank über Mindestreserven
BFuP	= Betriebswirtschaftliche Forschung und Praxis
BGBl.	= Bundesgesetzblatt
BRD	= Bundesrepublik Deutschland
EDV	= Elektronische Datenverarbeitung
EK	= Eigenkapital
E.L. Geld-, Bank-, Börsw.	= Enzyklopädisches Lexikon für das Geld-, Bank- und Börsenwesen
FAZ	= Frankfurter Allgemeine Zeitung
HdB	= Handwörterbuch der Betriebswirtschaft
Hd Psych	= Handbuch der Psychologie
HdSW	= Handwörterbuch der Sozialwissenschaften
HJb WiGespol.	= Hamburger Jahrbuch für Wirtschafts- und Gesellschaftspolitik
Jb Sozwiss.	= Jahrbuch für Sozialwissenschaft
KfW	= Kreditanstalt für Wiederaufbau
KWG	= Gesetz über das Kreditwesen
LZB	= Landeszentralbank
MB Bbk.	= Monatsberichte der Deutschen Bundesbank
MR	= Mindestreserve
NZZ	= Neue Zürcher Zeitung
ÖBA	= Österreichisches Bank-Archiv
TFB	= Taschenbuch für den Betriebswirt
ZBG	= Zentralbankguthaben
ZfB	= Zeitschrift für Betriebswirtschaft
ZfbF	= Zeitschrift für betriebswirtschaftliche Forschung, zuvor:
ZfhF, N.F.	= Zeitschrift für handelswissenschaftliche Forschung, Neue Folge
ZfgK	= Zeitschrift für das gesamte Kreditwesen
Zfg. Stw.	= Zeitschrift für die gesamte Staatswissenschaft
ZV	= Zahlungsverkehr

A. Einführung

I. Terminologische Grundlegung und Abgrenzungen

a) Kreditinstitute

Untersuchungsgegenstand dieser Arbeit ist die bankbetriebliche Funktion „Geldpolitik“, deren Inhalt in der *Steuerung des Zentralbankguthabenbestands* der Bank besteht.

Die Begriffe Kreditinstitut, Bank und Bankbetrieb werden im folgenden synonym gebraucht. „Banken sind Anstalten zur gewerbsmäßigen Kreditaufnahme und Kreditgewährung[1].“ Die Arbeit befaßt sich nur mit solchen Instituten, die

(1) in Ländern mit marktwirtschaftlicher Grundordnung tätig und

(2) aufgrund von Gesetzen, Verordnungen oder Übereinkünften mit den zuständigen Währungsbehörden zur Haltung von Mindestguthaben im Zentralbanksystem verpflichtet sind („Mindestreserven“)[2]. Dies trifft heute für nahezu alle Industrienationen sowie viele wirtschaftlich unterentwickelte Länder zu[3].

Unabhängig von dem jeweiligen nationalen Aufbau des Zentralbanksystems soll in diesem Zusammenhang vereinfachend künftig nur von „der Zentralbank“ oder „der Notenbank“ gesprochen werden.

---

1 „Bank“, in E. L. Geld-, Bank-, Börsw., Bd. I, S. 126. — „Bankgeschäfte“ werden definiert z. B. in § 1 KWG, BGBl. I, S. 881 ff.

2 Vgl. *C. Eisfeld,* Mindestreserven, in HdB, Bd. III, Sp. 3994 f., *O. Pfleiderer,* Mindestreservenpolitik, in HdSW, Bd. 7, S. 349 ff.

3 Vgl. die Aufstellung bei *K. P. Tudyka,* System und Politik der Mindestreserve, Berlin 1964, S. 56—58. In Frankreich wurde die gesetzliche Mindestreservepflicht 1967 eingeführt (vgl. „Frankreich“, in E. L. Geld-, Bank-, Börsw., Bd. I, S. 564). In der Schweiz sind die Banken mit einer Bilanzsumme von über 20 Mio Fr. seit dem 1. 9. 1969 zur Haltung von Mindestreserven verpflichtet, und zwar aufgrund eines zwischen der Bankiervereinigung und der Nationalbank vereinbarten Rahmenvertrages (vgl. NZZ, Fernausgabe vom 1. 9. 69, S. 13 und 5. 9. 69, S. 15). Seit März 1969 ist die Mindestreservepflicht auch in Schweden zwingend vorgeschrieben (vgl. ZfgK, Jg. 22 [1969], S. 267).

Als erstes Land hatten die USA Mindestreserven gesetzlich festgelegt. (Eine knappe Übersicht über die geschichtliche Entwicklung findet sich bei *K.-F. Hagenmüller,* Der Bankbetrieb, Bd. I, Wiesbaden 1964, S. 229 f.). Hagenmüllers Definition der Mindestreserven (ebenda, S. 228 f.) ist für diese Arbeit ungeeignet, da sie sich allein an den Gegebenheiten in der Bundesrepublik orientiert. — Vgl. Abschnitt C III b 2.

b) Politik und Geldpolitik

Der Begriff „Geldpolitik" wird hier ausschließlich im einzelwirtschaftlichen Sinne verstanden, d. h., es handelt sich um eine von der einzelnen Bank in ihrem Interesse durchgeführte „Politik"[4]. Da der Politikbegriff in der Betriebswirtschaftslehre verschiedene Auslegungen zuläßt[5], sollen zunächst Begriffsmerkmale bestimmt werden, die eine Entscheidung darüber erlauben, ob die Kennzeichnung des hier zu untersuchenden Gegenstands mit dem Begriff „Geldpolitik" sich für eine betriebswirtschaftliche Theoriebildung eignet. „Als Bestandteile von *nomologischen* Aussagen" erweisen Begriffe „ihre Brauchbarkeit vor allem dadurch, daß sich die mit ihrer Hilfe konstruierten Theorien bewähren[6]." Der insofern bestehende enge „Zusammenhang zwischen Sach- und Sprachproblemen"[7] macht eine Analyse von in verwandten Wissenschaftsgebieten bestehenden Gemeinsamkeiten in der Begriffsverwendung sinnvoll, die sich als brauchbare Kriterien zur begrifflichen Umschreibung des Sachproblems dieser Arbeit eignen könnten.

Ursprünglich „das staatliche oder auf den Staat bezogene Handeln" kennzeichnend, wird „Politik" heute im allgemeinen als „eine *Form* des Handelns" verstanden; „sie ist an kein bestimmtes Sachgebiet gebunden"[8]. Schon Hume hob hervor, daß Politik als Wissenschaft sich mit den Menschen in ihrer sozialen Vereinigung befasse[9]. Nach Max Weber ist „der Begriff ... außerordentlich weit und umfaßt jede Art selbständig *leitender* Tätigkeit"[10]. Nach Meinhold beinhaltet „der allgemeine Begriff der Politik als einer Kunst oder eines zweckgerichteten Tuns nicht eine bestimmte Materie, sondern jedes verantwortliche Gestalten von öffent-

---

[4] Als ein „Instrument im Prozeß der Gewinnung von Erkenntnis" muß ein Begriff in den Wirtschaftswissenschaften nach herrschender Meinung vom Zweck seiner Verwendung her definiert werden. (*E. Gutenberg,* Zum „Methodenstreit", in ZfhF, N. F., Jg. 5 [1953], S. 328).

[5] *H. Lipfert,* Die Preispolitik der Banken und Sparkassen im Kreditgeschäft, in ZfB, 34. Jg. (1964), S. 161, hebt hervor, daß man von „Absatzpolitik (als Funktion), von Preispolitik (als Instrument) und von Gewinnmaximierungspolitik (als Ziel)" spräche. — *K.-F. Hagenmüller,* Der Bankbetrieb, Bd. III, Wiesbaden 1964, S. 289, Fußnote 1, verweist auf den unterschiedlichen Gebrauch des Begriffs „Bankpolitik". Vgl. auch die Ausführungen von *C. Sandig,* Betriebswirtschaftspolitik, Stuttgart 1966, S. 24 ff., „über das Verhältnis von Theorie und Politik in den Wirtschaftswissenschaften, insbesondere in der Betriebswirtschaftslehre", das „auch heute noch nicht ausreichend geklärt" sei (S. 27).

[6] *H. Albert,* Probleme der Theoriebildung, in Theorie und Realität, Hrsg. H. Albert, Tübingen 1964, S. 21 und 22.

[7] Ebenda, S. 22.

[8] Der Große Brockhaus, Bd. 9, 16. Aufl., Wiesbaden 1956, S. 273.

[9] „Politics consider men as united in society, and dependent on each other". *David Hume,* A Treatise of Human Nature, (1739/40), repr. of the new edition London 1886, vol. I, Aalen 1964, S. 307.

[10] *Max Weber,* Politik als Beruf, in Gesammelte Politische Schriften, 2. Aufl., Hrsg. Joh. Winckelmann, Tübingen 1958, S. 493.

licher Wirksamkeit schlechthin"[11]. Er besagt „das Finden eines Weges zu einem festen Ziel aufgrund von *Zweckmäßigkeitserwägungen*"[12]. Gemeinsam ist den Darlegungen in dem hinzugezogenen Schrifttum im wesentlichen, daß Politik stets eine in sozialen Gebilden[13] vollzogene, jeweils bestimmte Wahlhandlungen erfordernde *Tätigkeit* darstellt, die bestimmte *Ziele* anstrebt und durch den Einsatz von *Mitteln* gekennzeichnet ist[14].

Diese Merkmale sollen nun für eine betriebswirtschaftliche Begriffsbestimmung herangezogen und durch das Kriterium unsicherer Erwartungen ergänzt werden. Das soziale Gebilde, in dem Wahlhandlungen (Entscheidungen) durchgeführt werden, ist einerseits die Gesamtwirtschaft, die jedoch andererseits weiter in einzelne soziale Gebilde zerlegt werden kann. Dabei kann es sich dann um eine Unternehmung oder auch um einen hinreichend abgrenzbaren Teil[15] davon handeln. In diesen Einheiten sind Entscheidungen über Ziele und Mittel zur Erreichung dieser Ziele zu treffen[16]. Die Entscheidungsträger müssen mit entsprechenden Kompetenzen ausgestattet sein, die bei Gliedbetrieben und Funktionsbereichen der Unternehmung formell durch Delegation seitens der Unternehmungsleitung entstehen[17].

---

[11] *W. Meinhold,* Volkswirtschaftspolitik, München 1955, S. 2.

[12] Ebenda.

[13] Vgl. u. a. *H. Hax,* Die Koordination von Entscheidungen, Köln/Berlin/Bonn/München 1965, S. 9; *C. Sandig,* Unternehmungspolitik, in HdB, Bd. 4, Sp. 5554 f., *R.-B. Schmidt,* Bemerkungen zu den Grundfragen der Unternehmungspolitik, in HJb WiGespol., 10. Jg. (1965), S. 38 (im folg. zitiert als „Bemerkungen ...").

[14] Vgl. auch *M. Freund,* Politik, in HdSW, Bd. 8, S. 356 f. Freund definiert „die Politik ... durch ihren spezifischen Zweck und ihr spezifisches Mittel zusammen".

[15] Die Abgrenzung wird durch die Art und den Grad der Dezentralisierung in der Unternehmung bestimmt. Entscheidungskompetenzen können institutionell als auch funktionell dezentralisiert sein, d. h. ein Betrieb wie auch ein Funktionsbereich können als Einheit betrachtet werden, letzterer jedoch nur, wenn er die Eigenschaft eines sozialen Gebildes besitzt. Nach *Gäfgen* (s. u., S. 20), ist es „nicht zu leugnen, daß soziale Gebilde oft als eine mehr oder weniger homogene Einheit handeln; sie können dann — allerdings jeweils nur für ihren begrenzten Tätigkeitsbereich — als *ein* Aktor aufgefaßt und infolgedessen mit Hilfe der Mikrotheorie behandelt werden". — Die Tatsache, „daß jede Bereichspolitik nur im Rahmen der umfassenden Unternehmungspolitik gesehen werden kann", (*R.-B. Schmidt,* a. a. O., S. 38, Fußnote 18) bleibt davon unberührt.

[16] *G. Gäfgen,* Theorie der wirtschaftlichen Entscheidung, 2. Aufl., Tübingen 1968, S. 20. — Zur Frage der Rationalität des Handelns, vgl. ebenda, passim. — s. auch *G. Weisser,* Wirtschaft, in: Handbuch der Soziologie, Hrsg. W. Ziegenfuß, Stuttgart 1956, S. 988.

[17] Der *Besitz von Mitteln,* die zur Realisierung der angestrebten Ziele geeignet sind, wird — vor allem von Vertretern der politischen Soziologie — auch als „Macht" bezeichnet. Vgl. u. a. *O. Stammer,* Gesellschaft und Politik, in Handbuch der Soziologie, a. a. O., S. 562. — Nach *F. Worret,* Bankpolitik als Machtfrage, Berlin 1955, S. 29, ist „Politik" „nichts anderes als das Aus-

Der Mitteleinsatz zur Erreichung der Ziele muß vielfach unter unvollkommener Information vollzogen werden[18]. Aufgrund der dadurch bedingten *Unsicherheit der Erwartungen* erhalten solche Entscheidungen eine dispositive Dimension, die hier als ein Kriterium „politischer" Handlungen angesehen werden soll. Die Unvollkommenheit des zweckorientierten Wissens zum Entscheidungszeitpunkt besteht in der mangelnden Information über die Entwicklung der für die Mittelwahl relevanten Daten[19] und/oder in der unvollkommenen Voraussicht über das Ergebnis des Mitteleinsatzes selbst. Daher hat sich der Entscheidungsträger ein Urteil über die Eintrittswahrscheinlichkeit der in seine Überlegungen einbezogenen Erwartungsdaten zu bilden, da bestimmten künftigen Datenkonstellationen jeweils bestimmte Mittel zuzuordnen sind, die sich unter den erwarteten Umständen zu der gewünschten Beeinflussung der endogen variierbaren Parameter relativ am besten eignen. Für die Mittelwahl ist außerdem der Sicherheitsgrad des von dem Mitteleinsatz erhofften Ergebnisses von Bedeutung, so daß also auch insofern eine *Bewertung* der verfügbaren Maßnahmen hinsichtlich ihrer Eignung erfolgen muß. Werten setzt die Existenz eines Ermessensspielraums voraus, ohne den man von einer politischen Entscheidung nicht sprechen kann.

Als „Politik" kann für diese Arbeit daher der Inhalt einzelwirtschaftlicher Tätigkeiten angesehen werden, die die *Fixierung von Zielen* zum Gegenstand haben *oder* die *bei unvollkommener Information Entscheidungen über die Eignung von Mitteln* darstellen. Während Zielsetzungsentscheidungen eine politische, weil — aufgrund des Wertungsvorgangs — dispositive Tätigkeit darstellen, gilt dies für Mittelentscheidungen nur insoweit, als diese ebenfalls dispositiver Art[20] sind. Letztere werden von Routineentscheidungen durch das oben erläuterte Kriterium unsicherer Erwartungen abgegrenzt. Die Selektion von Instrumenten ist dann eine politische Tätigkeit, wenn die Mittelwahl unter unvollkommener Information über die relevante Datenentwicklung zu vollziehen

---

probieren der Möglichkeit, die Willensbildung anderer zu bestimmen, *d. h. sie ist Macht im Einsatz ...*". „Macht" bedeutet nach *Max Weber* „jede Chance, innerhalb einer sozialen Beziehung den eigenen Willen auch gegen Widerstreben durchzusetzen, gleichwohl, worauf diese Chance beruht". (Wirtschaft und Gesellschaft, Studienausgabe, Hrsg. Joh. Winckelmann, I. Halbbd., Köln-Berlin 1964, S. 38).

[18] Vgl. u. a. *W. Wittmann*, Unternehmung und unvollkommene Information, Köln und Opladen 1959.

[19] Diese Daten lassen sich einteilen in erwartete, endogen variierbare Zustände, zu deren Änderung der Mitteleinsatz erfolgen soll, sonstige für die Mittelwahl bedeutsame intern bestimmbare sowie exogen determinierte Daten (z. B. Diskontsatzänderungen).

[20] *E. Gutenberg*, Unternehmensführung, Wiesbaden 1962, S. 159, unterscheidet die „Erfüllung von dispositiven Aufgaben" von der Verrichtung von „Sachaufgaben".

ist und/oder wenn alternativ anwendbare Maßnahmen in Abhängigkeit unterschiedlicher Sicherheitsgrade ihrer erwarteten Wirkungen zu bewerten sind.

Da eine genaue und allgemeingültige Abgrenzung von Führungsentscheidungen[21] und Routineentscheidungen[22] im Bereich der Mittelwahl in der Literatur bisher nicht bekannt ist[23], können die Ausführungen an dieser Stelle nicht mehr als ein Versuch sein, für den im Rahmen dieser Arbeit nur wenig Raum zur Verfügung steht. In Kreditinstituten ist der Begriff „Politik" nicht nur für die Bezeichnung der Tätigkeit der oberen Entscheidungsinstanzen der Gesamtbank geeignet, sondern grundsätzlich auch für die der für die einzelnen Funktionsbereiche[24] verantwortlichen Entscheidungsträger. Der dispositive Ermessensspielraum des Bereichs ist durch institutionelle Gegebenheiten begrenzt. Darauf wird später noch eingegangen[25]. Routinetätigkeiten sind stets Aufgabe des zuständigen Funktionsbereichs.

In den bankbetrieblichen Funktionsbereichen läßt sich das dispositive Verhalten der zuständigen Entscheidungsorgane beispielsweise als „Kre-

---

[21] Von „Entscheidungen grundsätzlicher Art" spricht *K. Mellerowicz,* Unternehmenspolitik, Bd. 1, Freiburg i. Br. 1963, S. 83 f. — Vgl. auch *E. Gutenberg,* Unternehmensführung, a. a. O., S. 59 ff. Nach *C. Sandig,* Betriebswirtschaftspolitik, a. a. O., S. 28, befaßt sich „Politik im wissenschaftlichen Sinne" mit einer „Theorie der Führungsentscheidungen".

[22] Vgl. auch *E. Heinen,* Einführung in die Betriebswirtschaftslehre, Wiesbaden 1968, S. 21 sowie S. 44. — Eine „routinemäßige Reaktion" ist nach Heinen dadurch charakterisiert, daß „das Entscheidungssubjekt mit einem bereits bestehenden Programm von Tätigkeiten" reagiert. Die Anwendung eines solchen Programms kann jedoch auch Gegenstand von Führungsentscheidungen sein, da die Entscheidung über den Einsatz alternativ möglicher, programmierter Maßnahmen weitreichende Folgen haben kann. Lediglich die Durchführung innerhalb eines Programms ist Routine.

[23] *G. Katona,* Das Verhalten der Verbraucher und Unternehmer, Tübingen 1960, S. 57 f., weist auf die zwar theoretisch mögliche, scharfe Trennung von „echten Entscheidungen" und „habituellem Verhalten" („Routineverhalten") hin und nennt auch verschiedene Beispiele, verneint angesichts der bestehenden Zwischenformen jedoch, „daß jedes komplexe Handeln eindeutig nach einer der beiden Möglichkeiten klassifiziert werden könnte". (S. 58). — Nach *E. Heinen* (Einführung in die Betriebswirtschaftslehre, a. a. O., S. 124) lassen sich „Führungs- und Bereichsentscheidungen ... nicht in allgemeingültiger Weise inhaltlich bestimmen". „Langfristig" wirksame Entscheidungen treffe die Führungsgruppe.

[24] „Funktionsbereich" und „Tätigkeitsbereich" sind synonyme Begriffe. Ein Funktionsbereich ist durch eine jeweils bestimmte Gesamtheit ihm auf Dauer übertragener Aufgaben gekennzeichnet: Vgl. Abschnitt C II d 2 und E I a.

[25] Vgl. Abschnitt C II c 1 (14), C II d 2, C III a. — Folgt man der in der Betriebswirtschaftslehre von manchen Autoren vertretenen Trennung von „Führung" und „Leitung", so entsprechen die dispositiven Mittelentscheidungen auf Bereichsebene weitgehend den „Leitungsentscheidungen", mit denen die „vorerst noch abstrakten Aktionsprogramme der Führung durch konkrete Anweisungen an die ausführenden Kräfte in die Tat umgesetzt werden". *G. Pöhlmann,* Der Prozeß der Unternehmensführung, Berlin 1964, S. 26. Vgl. zuvor ebenda, S. 15 ff. sowie die dort angegebene Literatur.

ditpolitik" oder „Einlagenpolitik" bezeichnen, während für die Funktionsbereiche selbst der Ausdruck „-geschäft" steht. So spricht man von dem Kredit-, Einlagen- und auch Geldgeschäft der Banken. Die Verbindung der Worthälfte „...politik" mit einem der im Abschnitt C II charakterisierten Ziele des Bankbetriebs (z. B. „Liquiditätspolitik") kennzeichnet eine Gesamtheit von dispositiven Maßnahmen, die in mehr oder weniger allen Tätigkeitsbereichen zur Realisierung des betreffenden bankbetrieblichen Ziels durchgeführt werden. Der im folgenden zu untersuchende Funktionsbereich wäre somit als „Geldgeschäft" und die Gesamtheit der in ihm vorzunehmenden Maßnahmen dispositiver Art als „Geldpolitik"[26] zu bezeichnen, doch muß diese Aussage noch präzisiert werden. Mit dem Funktionsbereich Geldgeschäft befaßt sich diese Arbeit nur am Rande (vor allem im Abschnitt E II). Das Geldgeschäft als organisatorische Einheit im Bankbetrieb, die der Verrichtung einer bestimmten Gesamtheit von Aufgaben dient, darf hier insofern nicht ganz außer acht gelassen werden, als geldpolitische Aktionen zu ihrer Vorbereitung und Durchführung eines personellen und technischen Apparates bedürfen. Im Mittelpunkt der Ausführungen steht jedoch die *Geldpolitik*. Wenn im folgenden gelegentlich von einem „Bereich Geldpolitik" gesprochen wird, so ist damit stets die gedankliche Zusammenfassung aller geldpolitischen Aufgaben gemeint, nicht dagegen ein im technisch-organisatorischen Sinne abgegrenzter Tätigkeitsbereich. Die Funktion oder der „Funktionsbereich Geldpolitik" ist also ein „gedankliches Plangefüge"[27]. Als bankbetriebliche Funktion ist die Geldpolitik durch eine bestimmte Gesamtheit ihr von der Bankleitung übertragener Aufgaben gekennzeichnet. Diese Aufgaben werden in ihrer Notwendigkeit noch eingehend begründet, wobei sich auch die Zweckmäßigkeit ihrer Zusammenfassung zu einer Funktion erweisen wird. Erforderlich erscheint dieser vorgreifende Hinweis auf Zwischenergebnisse dieser Arbeit, um bereits hier eine Abgrenzung ihres Erkenntnisobjekts zu ermöglichen: *Die bankbetriebliche Funktion Geldpolitik* (vgl. dazu Abschnitt E I a) *ist charakterisiert durch vier Aktionsziele,* in denen die genannten Aufgaben zum Ausdruck kommen, *und ein Aktionsobjekt* (Zentralbankguthaben)[28]. Die Gesamtheit der zur Erreichung dieser Ziele einsetzbaren Mittel stellt das geldpolitische Instrumentarium dar.

---

[26] Vgl. *R. Wittgen,* Die Geldpolitik der Geschäftsbanken, Frankfurt/M. 1965, S. 13 (im folg. zitiert als „Geldpolitik..."). Als „Geldpolitik" soll hier jedoch nicht jegliches bankgeschäftliche Verhalten in diesem Bereich schlechthin verstanden werden (s. untenstehende Abgrenzung).

[27] *W. Hasenack,* Funktionenlehre, betriebswirtschaftliche, in HdB, Bd. II, Sp. 2101.

[28] Aufgrund ihres spezifischen Aktionsgegenstands, der im Abschnitt B II a erläutert wird, müßte die Geldpolitik einer Bank eigentlich „Zentralbankguthabenpolitik" genannt werden, doch wird auf die Einführung dieses Begriffs verzichtet.

Das Geldgeschäft als Funktionsbereich ist nicht mit Geldgeschäften zu verwechseln, die ein Instrument darstellen, mit dem die Bank geldpolitische Ziele verwirklichen kann. Diese Art von Geschäften wird im Abschnitt B III b 1 näher charakterisiert[29]. Allerdings besteht eine enge Verbindung zwischen dem Funktionsbereich und dem geldpolitischen Instrument Geldgeschäfte, da zur Abwicklung der meisten Geldgeschäfte dieser Tätigkeitsbereich eingesetzt werden muß. Andererseits beschränken sich geldpolitische Aktionen nicht nur auf das Geldgeschäft. In dem Umfang, in dem sich diese der Einrichtungen anderer Tätigkeitsbereiche bedienen, überschreitet die Durchführung der Geldpolitik den Rahmen des Geldgeschäfts.

c) Ziel, Motiv und Nebenbedingung

Angesichts des breiten Raums, den die Bearbeitung zieltheoretischer Fragestellungen im Rahmen des Themas einnehmen muß — wie stets, wenn Kriterien für Optimierungsaufgaben zu entwickeln sind — erscheint eine vorangehende Klärung des Zielbegriffs zweckmäßig. Aufgrund der Vielzahl von Veröffentlichungen zur betriebswirtschaftlichen Zielforschung in den letzten Jahren können die folgenden Erläuterungen kurz gefaßt werden und sich weitgehend auf Literaturhinweise beschränken. Grundsätzlich ist ein „Ziel" ein Zustand, den zu erreichen menschliches Handeln erstrebt. Es stellt die „causa finalis"[30] des Geschehens dar. Dem widerspricht nicht die Tatsache, daß solche als erstrebenswert fixierten Zustände im Zeitablauf revidiert und durch neue Größen ersetzt werden können. Aufgrund ihrer Entscheidungsabhängigkeit werden Ziele auch als „Zielvariable" bezeichnet, vor allem als Teil mathematischer Ausdrücke. Die Ziele der abstrakten Entscheidungseinheit Unternehmung sind ökonomische Ziele[31]. Nach verbreiteter Lehr-

---

[29] In der Literatur spricht man von dem „Geldgeschäft", „Geldhandelsgeschäft" oder „Geldmarktgeschäft" der Bank, doch sind diese Bezeichnungen dem Sprachgebrauch der Praxis zum Zwecke der bloßen Beschreibung bestimmter Vorgänge entnommen, wobei die Begriffsinhalte im einzelnen erheblich voneinander abweichen.

[30] *Joh. Hoffmeister,* Wörterbuch der philosophischen Begriffe, 2. Aufl., Hamburg 1955, S. 135.

[31] *Joh. Bidlingmaier,* Unternehmerziele und Unternehmerstrategien, Wiesbaden 1964, S. 76 f., entwickelt eine „Zielstufung", in der er „unternehmungswirtschaftliche Ziele" den wirtschaftlichen Zielen unterordnet, die ihrerseits wiederum Mittel zur Erreichung meta-ökonomischer Ziele sind. Ähnlich *E. Heinen,* Das Zielsystem der Unternehmung, Wiesbaden 1966, S. 104 f. Vgl. ferner *U. Schmidt-Sudhoff,* Unternehmerziele und unternehmerisches Zielsystem, Wiesbaden 1967, S. 100. — *R. B. Schmidt* (Bemerkungen ..., a. a. O., S. 42) hält im Hinblick auf die Zielkonzeption der Unternehmung „eine Beschränkung auf die wirtschaftlichen Ziele (für) zulässig", weil „nicht-wirtschaftliche Ziele ... sich als wirtschaftliche Ziele niederschlagen". — Nach *M. Lohmann,* Einführung in die Betriebswirtschaftslehre, 4. Aufl., Tübingen 1964, S. 209 f., stehen neben den ökonomischen auch soziale Ziele der Unternehmung.

meinung werden meta-ökonomische Zielvorstellungen der einzelnen Entscheidungssubjekte in der Unternehmung im Zielbildungsprozeß eliminiert[32]. Eine kritische Überprüfung dieser Hypothese kann aus Raumgründen hier nicht erfolgen.

Es sei demnach unterstellt, daß die von den zuständigen Entscheidungsträgern fixierten Ziele der Bank nur solche wirtschaftlicher Art sind. Diese Annahme erscheint auch dann realistisch, wenn man eine monistische Zielsetzung der von mehreren gleichberechtigten Personen geleiteten Unternehmung — was für Banken im Regelfall zutreffen dürfte — verneint und von einem multiplen System ökonomischer Ziele ausgeht, das Raum für unterschiedliche wirtschaftliche Präferenzen der einzelnen Individuen läßt, so daß damit auch der Vielfalt der diese Ziele determinierenden Motivationen[33] eher Rechnung getragen werden könnte. Mit den weitgehend im meta-ökonomischen Bereich zu suchenden Beweggründen des Handelns, den Motiven[34], braucht sich diese Ar-

[32] Explizit oder implizit wird angenommen, „daß die Entscheidungszentren in der Unternehmung von einem einheitlichen Willen beherrscht werden. Diese Hypothese schließt Unterschiede in der Motivationsstruktur und Zielkonflikte bei den Entscheidungszentren der Unternehmung aus". (*E. Heinen,* Die Zielfunktion der Unternehmung, in Festschrift für Erich Gutenberg: „Zur Theorie der Unternehmung", Hrsg. H. Koch, Wiesbaden 1962, S. 17). Der Einfluß der modernen amerikanischen Organisationstheorie hat zwar zu einer Revision dieser Auffassung geführt (vgl. *E. Heinen,* ebenda, S. 54 ff., 65 ff., und vor allem *R. Cyert* und *J. March,* A Behavioral Theory of the Firm, Englewood Cliffs, N. J., 1963), doch ziehen betriebswirtschaftliche Untersuchungen zur Erklärung von Entscheidungsvorgängen in der Unternehmung weiterhin nur ökonomische Ziele heran. Soweit sich diese Arbeiten mit metaökonomischen Zielen überhaupt befassen, verweisen sie sie entweder in den Arbeitsbereich einer anderen Wissenschaft (i. d. R. der Psychologie) oder halten sie für ungeeignet, Handlungen der Unternehmen zu erklären. Von dem bzw. den handelnden Menschen wird dabei abstrahiert.

Nach *Joh. Bidlingmaier* (Unternehmerziele und Unternehmerstrategien, a. a. O., S. 76) ist es „unmöglich, den wirtschaftlichen Prozeß direkt aus den menschlichen Primär- oder Sekundärzielen zu deduzieren. Für den Unternehmerbereich müssen deshalb selbständige Ziele eruiert werden, in denen sich die übergeordneten menschlichen Zwecke niederschlagen und aus denen zwingende Schlüsse über die Mittelentscheidungen zu ziehen sind". Da jedoch nur die — zur Erklärung wirtschaftlichen Verhaltens nicht geeigneten — „Primärziele" weder zeit- noch raumgebunden sind, ist von einer Theorie, die den Anspruch der Realitätsnähe erhebt, stets der Nachweis zu fordern, daß die angenommene Ausgangszielsetzung tatsächlich relevant ist.

[33] Siehe *Schmidt-Sudhoff,* a. a. O., S. 30 f., *A. H. Maslow,* A Theory of Human Motivation, in: Human Relations in Management, Hrsg. I. L. Heckmann, S. G. Huneryager, Cincinnati 1960, S. 122 ff. Auf die Komplexität des Motivationsbegriffes verweist *H. Thomae,* Die Bedeutungen des Motivationsbegriffes, in Hd Psych, Bd. 2, Allgemeine Psychologie, Teil II, Motivation, Hrsg. H. Thomae, Göttingen 1965, S. 3 ff., besonders S. 40, 42 f. — Zum Verhältnis von Motivation und Rationalität des Handelns vgl. *G. Gäfgen,* a. a. O., S. 28 f.

[34] Vgl. *H. Thomae,* ebenda, S. 39 und 42 f. und *H. Thomae,* Motivformen, in Hd Psych, Bd. 2, a. a. O., S. 206, 212 f., 216, 219; *D. C. Mc Clelland,* Die Definition eines spezifischen Motivs, in: Die Motivation menschlichen Handelns, Hrsg. H. Thomae, 3. Aufl., Köln/Berlin 1966, S. 175, *M. Lohmann,* a. a. O.,

beit nicht zu befassen[35]. Soweit sich bestimmte Motivbündel in Zielen wie „Prestige" oder „Machtstreben" konkretisieren, sollen diese in wirtschaftliche Ziele (z. B. „Standing") transformiert werden. Eine normative Betrachtungsweise ist insofern unvermeidlich, als angesichts der Unmöglichkeit einer Berücksichtigung der Motive nicht die tatsächlichen (unbekannten) Beweggründe, sondern die Verantwortlichkeit des Entscheidungsträgers für seine spezifische Aufgabe als causa efficiens seiner Aktionen gelten muß. Damit wird also unterstellt, daß er die Realisierung der ihm vorgegebenen wirtschaftlichen Ziele anstrebt[36]. Als „wirtschaftlich"[37] ist ein Ziel dann zu qualifizieren, wenn es Entscheidungen von unmittelbarer ökonomischer Relevanz erklären kann, d. h. Maßnahmen, die in Währungseinheiten meßbare Ansprüche oder Verpflichtungen der Bank nach außen entstehen lassen oder ceteris paribus verhindern sollen oder die eine Verbesserung der Wirtschaftlichkeit des innerbetrieblichen Leistungserstellungsprozesses herbeiführen sollen.

S. 208 f. und *G. Scherhorn,* Methodologische Grundlagen der sozialökonomischen Verhaltensforschung, Forschungsberichte des Landes Nordrhein-Westfalen Nr. 942, Köln und Opladen 1961, S. 114 f. — s. auch die eingehende Untersuchung von *G. Wiswede,* Motivation und Verbraucherverhalten — Grundlagen der Motivforschung, München/Basel 1965, besonders S. 131 und 188. In der betriebswirtschaftlichen Literatur wird der Begriff „Motiv" oft i. S. von „Ziel" verwendet, so bei *E. Dülfer,* Die Aktienunternehmung, Göttingen 1962, S. 17 f., 82 ff., 92 ff. — Hinsichtlich der *Grenzen* der von der Motivforschung gebotenen Ansätze vgl. *Joh. Bidlingmaier,* Unternehmerziele und Unternehmerstrategien, a. a. O., S. 158.

[35] Dies gebietet nicht nur die Abgrenzung des Untersuchungsbereichs dieser Arbeit, sondern auch die in den Sozialwissenschaften generell umstrittene und hier nicht zu klärende Frage, ob Motive wirtschaftliches Verhalten stets vollständig erklären. Nach Parsons ist es „illegitim", „konkrete Unterschiede im Verhalten ausschließlich als einen direkten Ausdruck von Unterschieden in der zugrundeliegenden Motivierung zu behandeln, da hierbei der institutionelle Faktor nicht berücksichtigt wird" (S. 153). Unhaltbar sei jene Lehre, „die von der wirtschaftlichen Analyse direkt auf letzte, zugrunde liegende Motive übersprang". (S. 156). *T. Parsons,* Die Motivierung des wirtschaftlichen Handelns, in: Soziologische Texte, Hrsg. H. Maus und F. Fürstenberg, Bd. 15 „Beiträge zur soziologischen Theorie", Neuwied und Berlin 1964, besonders S. 139, 142, 146 f., 150 f., 155 f.

[36] Dabei wird in der Literatur offensichtlich angenommen, daß die Motivationsstruktur des Entscheidungssubjektes sich zu den Zielen komplementär — zumindest jedoch nicht konkurrierend — verhält. Die moderne Organisationstheorie, vor allem in den USA, zeigt Ansätze einer Integration individueller Motivation mit den Zielen der Organisation auf. Vgl. u. a. *J. G. March* und *H. A. Simon,* Organizations, New York/London/Sydney 1958, passim, bes. S. 90 ff., *H. A. Simon,* Das Verwaltungshandeln, Stuttgart 1955, S. 13. In Anlehnung an amerikanische Autoren wird jetzt auch in der deutschsprachigen Literatur darauf hingewiesen, „daß das Handeln in Unternehmensorganisationen nicht nur auf die Erfüllung vorgegebener Ziele gerichtet ist, sondern auch die Festlegung der anzustrebenden Zielinhalte umgreift". (*Joh. Bidlingmaier,* Zielkonflikte und Zielkompromisse im unternehmerischen Entscheidungsprozeß, Wiesbaden 1968, S. 29).

[37] Vgl. auch *H. J. Forker,* Das Wirtschaftlichkeitsprinzip und das Rentabilitätsprinzip — ihre Eignung zur Systembildung, Berlin 1960, S. 23.

Faßt man mehrere Ziele zu Optimierungszwecken in einer „Zielfunktion"[38] zusammen, so müssen für die unabhängigen Variablen „Nebenbedingungen"[39] aufgestellt werden, deren Parameter Werte beizumessen sind. Bei einem für diese Ziele jeweils geforderten Mindestmaß an Erfüllung der unabhängigen Variablen läßt sich die abhängige Zielvariable dann maximieren oder minimieren. Welches Ziel zur abhängigen Variablen erklärt wird, obliegt der subjektiven Entscheidung der Bank. Von diesen Nebenbedingungen, deren Struktur und Parameter von der Bank festgelegt werden, sind Nebenbedingungen zu unterscheiden, die für die Bank extern determinierte Daten sind. Solche Daten, d. h. äußere oder objektive Nebenbedingungen, können im Gegensatz zu den subjektiven Nebenbedingungen nicht Zielfunktion werden.

II. Aufgabenstellung und Gang der Untersuchung

a) Aufgabe

Die in dieser Arbeit in Grundzügen zu entwickelnde Theorie der Geldpolitik von Kreditinstituten versucht die Grundlagen der Optimierung des Zentralbankguthabenbestands einer Bank in einen Systemzusammenhang zu bringen. Sinnvolles Streben nach Optimalität setzt die Existenz von *Kriterien* voraus, die die Richtung des Handelns vorschreiben und eine Beurteilung des Erreichten zulassen. Die Analyse geldpolitischer Verhaltensweisen erfordert daher die Kenntnis solcher, hier als „geldpolitische Ziele" bezeichneten Kriterien sowie die der unter ihnen gegebenen Beziehungen. Weiterhin wird sich die Untersuchung um eine theoretisch einwandfreie Typisierung der vielen Erscheinungsformen geldpolitischen Handelns bemühen und den Instrumentalcharakter dieser Maßnahmen analysieren müssen. Schließlich sollen Möglichkeiten eines optimalen Einsatzes der zur Verfügung stehenden Mittel geprüft werden. Während die Entwicklung der Kriterien einschließlich ihres Verhältnisses zueinander sowie die klassifizierende Analyse der Instrumente im Rahmen einer einzelnen Arbeit umfassend dargestellt und eingehend begründet werden kann, gilt dies für die Prüfung der optimalen Handlungsmöglichkeiten angesichts der Vielfalt der Alternativen nur begrenzt, so daß dieser Teil lediglich in seinen wesentlichen Grundzügen untersucht werden kann.

---

[38] Auf die unterschiedlichen Interpretationen dieses Begriffs in der Literatur verweist *Schmidt-Sudhoff*, a. a. O., S. 19 f. Eine Auswahl multivariabler Zielfunktionen findet sich ebenda, S. 81 ff.

[39] *W. Krelle*, Theorie wirtschaftlicher Verhaltensweisen, Meisenheim am Glan 1953, S. 20 f., 63 f., 167 f., *Joh. Bidlingmaier*, Unternehmerziele und Unternehmerstrategien, a. a. O., S. 83.

Angestrebt wird in dieser Arbeit überwiegend die Bildung einer allgemeinen Theorie[1], also eines Systems hypothetischer Aussagen, die keinen essentiellen Raum-Zeit-Bezug kennen[2]. Die Hypothesen, aus denen die Theorie besteht, werden ihrerseits hergeleitet aus Thesen höheren Niveaus, deren Informationsgehalt auf logisch-deduktivem Wege[3] und, soweit der relevante Objektbereich dies zuläßt, durch Nachweis empirischer Fakten begründet werden soll. Dem Gegenstand der Untersuchung entsprechend handelt es sich dabei um Aussagen über bestimmte bankbetriebliche Verhaltensweisen und auch Strukturen von hierfür relevanten Parameter-Systemen. Das angestrebte theoretische System[4] soll geeignet sein, „befriedigende Erklärungen“[5] für das geldpolitische Handeln eines Bankbetriebs zu geben sowie auch den Funktionszusammenhang bestimmter, in Kreditinstituten vorzufindender Strukturen einsichtig zu machen. Bei der Erklärung geldpolitischer Aktionen kommt es nicht auf den Nachweis an, daß Institute eines räumlich und zeitlich abgegrenzten Bereichs sich tatsächlich in der dargestellten Weise verhalten haben und ggf. warum sie es taten; vielmehr ist entscheidend, ob Folgerungen aus den Basissätzen[6] gelingen, die die Rationalität eines solchen Verhaltens zwingend nachweisen und dabei auch dem Postulat des Realitätsbezugs entsprechen[7].

---

[1] Vgl. *H. Albert,* Probleme der Theoriebildung, a. a. O., S. 22 f. (auch S. 48) — Ebenda S. 27: „Unter einer Theorie ist üblicherweise eine Menge (System) durch Ableitbarkeitsbeziehungen miteinander verbundener nomologischer Hypothesen zu verstehen ...“ Vgl. auch *H. Albert,* Theorie und Prognose in den Sozialwissenschaften, in: Logik der Sozialwissenschaften, Hrsg. E. Topitsch, 4. Aufl., Köln/Berlin 1967, S. 136 und *W. Leinfellner,* Einführung in die Erkenntnis- und Wissenschaftstheorie, 2. Aufl., Mannheim 1967, S. 101 ff. — Vgl. ferner *E. Heinen,* Einführung ..., a. a. O., S. 14.

[2] Vgl. *H. Alberts* Abgrenzung von „Theorie“ und „Quasitheorie“ (Theorie und Prognose in den Sozialwissenschaften, a. a. O., S. 132): „Quasitheorien enthalten eine essentielle Beziehung auf ein bestimmtes Raum-Zeit-Gebiet, die Beschränkung ihrer Anwendbarkeit beruht auf der ‚historischen‘ Abgrenzung ihres Objektbereichs.“

[3] Bei solchen Deduktionen soll die Forderung der neueren Wissenschaftstheorie beachtet werden, „empirisch gehaltvolle Aussagen über die Struktur der Realität“ anzustreben, „die infolgedessen an Hand der Tatsachen nachgeprüft werden können“. (*H. Albert,* Probleme der Theoriebildung, a. a. O., S. 23). Für das Erfordernis der Falsifizierbarkeit vgl. *K. R. Popper,* Logik der Forschung, 2. Aufl., Tübingen 1966, S. 8, 14 f., 52 f. Dabei fordert Popper „nicht, daß jeder Satz tatsächlich nach*geprüft* werde, sondern nur, daß jeder Satz nach*prüfbar* sein soll“. (Ebenda, S. 21). — Zur Rolle der Deduktion vgl. auch *R. Köhler,* Theoretische Systeme der Betriebswirtschaftslehre im Lichte der neueren Wissenschaftslogik, Stuttgart 1966, S. 28 f.

[4] Zum Systembegriff vgl. *E. Kosiol, N. Szyperski* und *K. Chmielewicz,* Zum Standort der Systemforschung im Rahmen der Wissenschaften, in ZfbF, Jg. 17 (1965), S. 338 f.

[5] *K. R. Popper,* Die Zielsetzung der Erfahrungswissenschaft, in Theorie und Realität, a.a.O., S. 73 (Zitat im Original gesperrt). s. auch die Betonung der Frage nach dem *warum* durch *E. Gutenberg,* Betriebswirtschaftslehre als Wissenschaft, Krefeld 1957, S. 28.

[6] *K. R. Popper,* Logik der Forschung, a. a. O., S. 52, 54.

Betrachtet man die verschiedenen Möglichkeiten der Anwendung sozialwissenschaftlicher Theorien[8], soll die hier zu entwickelnde „Theorie der Geldpolitik von Kreditinstituten" demnach in erster Linie eine Erklärungsfunktion haben. Neben der erklärenden Deutung funktioneller Zusammenhänge im Bankbetrieb, die eine Systematisierung der relevanten Sachverhalte voraussetzt, sollen jedoch auch operationale Lösungsmöglichkeiten mancher bedeutenden zur Diskussion stehenden geldpolitischen Einzelprobleme aufgezeigt werden. In dieser, vergleichsweise zweitrangigen Aufgabe kommt die „technologische" Verwendungsfähigkeit der Theorie zum Ausdruck, d. h. ihre Brauchbarkeit als praktische Entscheidungshilfe[9]. Für die Ergebnisse der vorliegenden Untersuchungen zweitrangig ist diese Möglichkeit der Anwendung der Theorie insofern, als „der informative Gehalt eines technologischen Systems nicht über den seiner theoretischen Grundlage hinausgeht"[10]. Insoweit sind diese Ausführungen dann nicht als „reine", sondern i. S. *Heinens* als „angewandte Theorie" zu charakterisieren[11]. — Diese (der Erklärung folgende) entscheidungstheoretische Dimension der Untersuchung gilt auch für den dritten Anwendungsbereich, nämlich die Möglichkeit, die „Theorie" für Prognosezwecke[12] einzusetzen. Soweit Fragen dieser Art hier behandelt werden, läßt sich allerdings nicht von einer „Theorie" in dem oben dargelegten umfassenden Sinne sprechen, da operationale Ergebnisse nur nach Einführung von räumlichen und zeitlichen Rahmenbedingungen erzielt werden können.

b) Untersuchungsablauf

Nach dem einführenden Kapitel gliedert sich die Arbeit in vier Hauptteile. Da Versuche einer Theoriebildung nur dann erfolgreich sein können, wenn sie sich auf einen geeigneten Begriffsapparat stützen, sollen nach Abgrenzung einiger Zentralbegriffe in der Einführung auch in den nachfolgenden Abschnitten zunächst die für die Formulierung der Aussagen jeweils benötigten Begriffe geschaffen bzw. vorgefundene Definitionen präzisiert werden. Namentlich im ersten Hauptteil werden die Thesen begründet, aus denen sich schließlich ein einheitliches Sprach-

---

[7] Vgl. *R. Köhler*, a. a. O., S. 60 f. — Nach *E. Heinen* (Einführung in die Betriebswirtschaftslehre, a. a. O., S. 14) sind Theorien „sprachliche Gebilde, die dem Menschen helfen sollen, sich in der unübersichtlichen Wirklichkeit zurechtzufinden". Der „Bezug zur Realität ist gegeben, wenn über die Definition der in der Theorie enthaltenen Begriffe sichtbar gemacht wird, welche Gegenstände und Beziehungen der Wirklichkeit das Aussagensystem erfassen soll".

[8] Vgl. *H. Albert*, Probleme der Theoriebildung, a. a. O., S. 47 ff., S. 56.

[9] Vgl. *H. Albert*, ebenda, S. 47 und 66 ff.

[10] *H. Albert*, ebenda, S. 67.

[11] *E. Heinen*, Einführung in die Betriebswirtschaftslehre, a. a. O., S. 22.

[12] Vgl. *H. Albert*, Probleme der Theoriebildung, a. a. O., S. 61 ff.

system für den Bereich der bankbetrieblichen Geldpolitik zusammenfügt. Dieser Teil B erklärt ausgehend von dem bankbetrieblichen Liquiditätsproblem das Aktionsobjekt sämtlicher Maßnahmen der Geldpolitik und formuliert seine Bedeutung als nomologische Hypothese. (Wegen der häufigen Verwendung des Begriffes sei es gestattet, das Aktionsobjekt „Zentralbankguthaben" kurz mit „ZBG" zu umschreiben). Danach befaßt sich die Arbeit mit der Struktur des geldpolitischen Instrumentariums des Kreditinstituts. Auch hier wird ein System allgemeiner Hypothesen entwickelt, die teilweise allerdings dann so eingegrenzt werden, daß sich für die Gegebenheiten in der Bundesrepublik daraus operationale Handlungsmodelle ableiten lassen.

Im Teil C werden die Grundzüge des bankbetrieblichen Zielsystems dargestellt und das für die Funktion Geldpolitik gültige Zielsystem anschließend daraus deduziert. Obwohl durch diese Einordnung der Zielproblematik einzelne Verweisungen im vorangehenden Teil notwendig werden, erscheint der gewählte Untersuchungsablauf sachgerecht, da die Analyse der Verwirklichung der geldpolitischen Ziele durch alternative Strategien im Teil D unmittelbar im Anschluß an die Entwicklung der Kriterien erfolgen soll. Die Kenntnis der Wirkungsweise der in B II b entwickelten Aktionsparameter zur Variation des ZBG-Bestands wird in D vorausgesetzt. Die unvermeidlichen Vorgriffe auf die zieltheoretische Diskussion sind sehr begrenzt, da das Liquiditätsziel, aus dem sich die wichtigste Aufgabe der Geldpolitik herleitet, als Ausgangspunkt der Analyse gewählt wurde.

Im Teil E wird die Geldpolitik als Funktion charakterisiert und auf die für sie zuständigen Entscheidungsinstanzen eingegangen. Es erfolgt dann eine Systematisierung der Entscheidungsvorgänge unter besonderer Berücksichtigung der Planungsprobleme. — Im Anhang (F) schließlich wird eine nomologische Hypothese einer eingehenden Prüfung unterzogen. Dieser Teil der Arbeit muß sich notwendigerweise auf ein bestimmtes Raum-Zeit-Gebiet beschränken. Mit Hilfe einer empirischen Untersuchung der entsprechenden Situation in der BRD seit 1963 wird die Hypothese vom „window-dressing" der Banken überprüft, dessen Bedeutung als geldpolitisches Ziel zuvor theoretisch deduziert wurde.

B. Strukturen

I. Das Liquiditätsproblem als Ausgangspunkt

a) Die Notwendigkeit der Liquiditätssicherung

Geht man davon aus, daß die Sicherung der Liquidität zu den wichtigsten Aufgaben der Geschäftstätigkeit eines jeden Kreditinstituts zählt[1], da die Existenz der Bank nur unter der Bedingung ständiger Zahlungsbereitschaft gewährleistet ist[2, 3], so stellt sich die Frage, wie dieses Ziel verwirklicht werden kann. Aufgrund der besonderen Art ihrer Geschäfte — vor allem des Dienstleistungsgeschäfts Zahlungsverkehr — hat das Liquiditätsproblem für Kreditinstitute eine noch größere Bedeutung als für andere Unternehmen[4]. Das Liquiditätsproblem entsteht erstens aus dem betraglich und zeitlich *ungleichen Auftreten von Ein- und Auszahlungen* und ergibt sich zweitens auch aus der *Tatsache unsicherer Erwartungen*. Bereits ein grober Vergleich der Bilanzen von Banken mit denen anderer Unternehmen zeigt einen wesentlichen Un-

---

[1] Zur Begründung s. Abschnitt C II c 1.

[2] Vgl. u. a. *H.-D. Deppe*, Zur Rentabilitäts- und Liquiditätsplanung von Kreditinstituten, in: Weltwirtschaftliches Archiv, Bd. 86 (1961), S. 304; *O. Fischer*, Bankbilanz-Analyse, Meisenheim/Glan 1956, S. 118.

[3] Der Begriff *„Zahlungsbereitschaft"* wird in dieser Arbeit stets i. S. von *„Zahlungsfähigkeit"* verwendet, d. h. er beinhaltet unter Voraussetzung des subjektiven Zahlungswillens den objektiven Tatbestand, alle fälligen Zahlungsverpflichtungen fristgerecht begleichen zu können. Vgl. *E. Witte*, Die Liquiditätspolitik der Unternehmung, Tübingen 1963, S. 4. — Der „Zahlungsfähigkeit" entspricht der juristische Ausdruck „Solvenz".

[4] Während z. B. Industrieunternehmen den Zeitpunkt ihrer Auszahlungen selbst bestimmen können bzw. vorher kennen, trifft dies für die von Banken zu leistenden Zahlungen weitgehend nicht zu. Wenn eine Nichtbank fällige Verbindlichkeiten nicht sogleich bezahlt, erfolgt vielfach erst eine Mahnung. Es vergeht Zeit, bis die Illiquidität amtlich festgestellt werden kann, und inzwischen kann die Schuld bereits getilgt sein. Dagegen verliert „eine Bank, die Zahlungsverpflichtungen nicht sofort nachkommen kann, .. allen Kredit" (*W. Krelle*, Theorie wirtschaftlicher Verhaltensweisen, a. a. O., S. 167) und muß ihre Geschäftstätigkeit aufgeben.

Auf bei Kreditinstituten hinsichtlich des Liquiditätsproblems bestehende Besonderheiten verweist bereits *W. Rieger*, Einführung in die Privatwirtschaftslehre, 3. unv. Aufl., Erlangen 1964, S. 280 ff., während *E. Witte* (a. a. O., S. 55) Bankbetriebe aus seiner allgemein gehaltenen Abhandlung ausklammert. — Ferner u. a. auch *H.-J. Krümmel*, Liquiditätssicherung im Bankwesen, in: Kredit und Kapital, Jg. 1 (1968), S. 265 (im folg. zitiert als „Liquiditätssicherung...") und *O. Prall*, Liquiditäts- und Anlagepolitik der Kreditbanken, in: E. L. Geld-, Bank-, Börsw., 3. Aufl. 1968, Bd. II, S. 1152.

terschied: Die Passiva der Banken bestehen in der Regel zu etwa 95 % aus Fremdkapital, von dem ein erheblicher Teil täglich fällig ist[5]. Sicherheit über den Umfang und den Zeitpunkt von Auszahlungsverfügungen seitens der Bankkunden besteht im allgemeinen nicht, sei es daß diese die Rückzahlung von Forderungen begehren, sei es daß sie die Auszahlung zugesagter Kredite verlangen. Auch bei den Einzahlungen werden Umfang und Eintreffen in hohem Maße „nicht von der Bank, sondern von anderen bestimmt“[6].

Die Bewegung von Zahlungen als Inhalt bankbetrieblicher „Produktion“ läßt auch unter der — nicht realistischen — Annahme sicherer Erwartungen das Entstehen häufigerer und größerer Ungleichgewichte zwischen Ein- und Auszahlungen vermuten, als es etwa bei Industrieunternehmungen der Fall ist. Außerdem hat die Bank der Tatsache Rechnung zu tragen, daß ein Großteil der fremddeterminierten Zahlungen sich einer ex post volumensmäßig und zeitlich zutreffenden Vorausschätzung entzieht. Bei einzelnen Sparten im Aktiv- und Passivgeschäft kann die Bank zwar von der Annahme bestimmter Bodensätze ausgehen, doch handelt es sich dabei um zeitabhängige Durchschnittsgrößen, die auf einen konkreten Plantag keinesfalls zuzutreffen brauchen[7].

Möglichkeiten zur dispositiven Beeinflussung der Liquiditätssituation bestehen grundsätzlich in sämtlichen Tätigkeitsbereichen der Bank. Vor allem für das Kreditgeschäft, aber auch für das Einlagengeschäft und weitere Funktionsbereiche werden von der Geschäftsleitung Entscheidungen über den Beitrag dieser Bereiche zur Veränderung der Liquidität auf längere Sicht[8] getroffen. Solche Maßnahmen können die jederzeitige Zahlungsfähigkeit jedoch nicht gewährleisten, sondern lediglich die Größenordnung der Ein- und Auszahlungen variieren helfen[9]. Daher sollen hier die Instrumente untersucht werden, derer sich die Bank zu der von ihr in volumensmäßiger und zeitlicher Hinsicht gewünschten

---

[5] Vgl. *W. Stützel*, Bankpolitik heute und morgen, Frankfurt 1964, S. 28.

[6] *R. Wittgen*, Geldpolitik ..., a. a. O., S. 119. W. erläutert (ebenda, S. 120 f.), daß der Zahlungsverkehr der Bank „nicht nur wegen des hohen Anteils der fremddeterminierten Zahlungen, sondern auch wegen seiner großen Dichte ex ante wenig transparent“ ist. — Auf die Unsicherheit über die Höhe und die Termine der Zahlungen verweist bereits *W. Braun*, Das Liquiditätsproblem der Kreditbanken, Stuttgart 1934, S. 13 f.

[7] Auch wenn erfahrungsgemäß ein Teil der Zahlungsbeträge im *Institutsgiro* verbleibt und sich somit auf die Liquidität nicht auswirkt, ist dies ex ante jedoch keineswegs sicher. Zum Institutsgiro vgl. *H. Lipfert*, Nationaler und internationaler Zahlungsverkehr, Wiesbaden 1960, S. 12, 67 f.; *K.-F. Hagenmüller*, Der Bankbetrieb, Bd. III, a. a. O., S. 362 f.

[8] Die Begriffe „kurzfristig“ und „langfristig“ werden in der Literatur fast nie näher präzisiert. Vgl. die folgenden Ausführungen in diesem Abschnitt und auch E III b 2.

[9] Vgl. auch *F. K. Feldbausch*, Handbuch der Bankpraxis, Frankfurt/M. 1968, S. 141.

Beeinflussung der Zahlungsströme zur „kurzfristigen" Realisierung des Liquiditätsgleichgewichts bedient.

b) Das Liquiditätsgleichgewicht eines Kreditinstituts

1. Formale Bestimmung des Gleichgewichts

Inhalt des Liquiditätspostulats ist die Forderung, „daß im *jeweils gegenwärtigen* Zeitpunkt Zahlungsfähigkeit vorzuliegen hat"[10]. Ob dieses Postulat erfüllt werden kann, erweist sich stets, wenn Zahlungsverpflichtungen fällig und eingefordert werden. Daß Gläubiger auf fristgerechter Zahlung bestehen, ist immer vorauszusetzen. Der Fälligkeitszeitpunkt[11] wird durch hoheitliche Bestimmungen, Vertrag oder Usancen bestimmt. Für die Liquiditätssituation einer Bank relevante Zahlungsvorgänge werden fast ausschließlich mit anderen Kreditinstituten und der Zentralbank abgewickelt[12]. Wie alle Unternehmen verrechnen Kreditinstitute Zahlungsansprüche gegenseitig. Grundsätzlich hat eine Bank im Zahlungsverkehr mit anderen Institutionen das *Liquiditätsgleichgewicht in jedem Abrechnungszeitpunkt* herzustellen. Dieser ist üblicherweise — aber nicht notwendig — ein auf eine bestimmte Uhrzeit fixierter Termin an einem Arbeitstag. Im grenzüberschreitenden Zahlungsverkehr gelten die Regelungen des Landes der Anschaffungsadresse.

Sieht man von dem Grenzfall simultaner, betragsgleicher Zahlungsein- und -ausgänge ab, so ergeben sich im Zeitablauf zwangsläufig Ungleichgewichte, d. h. die von den Kreditinstituten wechselseitig unterhaltenen Zahlungsverkehrskonten sind entweder debitorisch oder kreditorisch, sofern nach dem am Abrechnungszeitpunkt vorgenommenen Ausgleich weiterhin Zahlungen erfolgen. (Es wird angenommen, daß die Salden bei Abrechnung stets ausgeglichen werden). *Zwischen den einzelnen Abrechnungszeitpunkten* entstehen damit stets *Kreditbeziehungen,*

---

[10] *E. Witte,* a. a. O., S. 14 (Unterstr. im Original hervorgehoben). — „Eine Bank darf auch nicht eine Stunde illiquide werden . . ." (*O. Hintner,* Zum Liquiditätsproblem der Geschäftsbanken, in: Der Betrieb in der Unternehmung, Festschrift für W. Rieger, Stuttgart 1963, S. 403). — Nach *W. Lücke,* Die Liquidität im Entscheidungsmodell, in: Gegenwartsfragen der Unternehmung, Festschrift zum 65. Geburtstag von Wilhelm Hasenack, Hrsg. H.-J. Engeleiter, Herne/Berlin 1966, S. 323, gilt die Bedingungsgleichung der Liquidität: $B(t) + E(t) - A(t) \geqq O$ „für jeden infinitesimalen Zeitsprung". ($B[t]$ = Geldbestand zum Zeitpunkt t, $E[t]$ = Einzahlungen bei t und $A[t]$ = Auszahlungen bei t).

[11] Zur Frage der Fälligkeitstermine vgl. *R. Wittgen,* Geldpolitik . . ., a. a. O., S. 29 ff.

[12] Die Ausnahme sind Barzahlungen, die die Liquiditätssituation jedoch erst dann verändern, wenn die Bank ihrerseits aufgrund von Barein- oder Ausgängen ihren Einlagenbestand bei der Zentralbank variiert. — Vgl. Abschnitt B II a.

deren maximale Dauer gleich dem Intervall zwischen diesen Zeitpunkten ist. Dies gilt für den Grenzfall, daß einer Abrechnung unmittelbar eine Zahlung folgt. Je näher die erste Zahlung nach einem Kontoausgleich vor dem nächsten Abrechnungstermin t_i liegt, desto kürzer wird naturgemäß die Frist der Kreditbeziehung, die hier mit Δt_i bezeichnet werden soll [t_i in Banktagen].

Der Gedanke einer Kreditbeziehung zwischen zwei Partnern ist im folgenden zu erweitern, da man von einer Bank auszugehen hat, die mit einer Vielzahl von Kreditinstituten sowie der Zentralbank und gegebenenfalls auch der Post Zahlungen abwickelt. Nimmt die Bank die Abrechnungen mit allen ihren Zahlungsverkehrspartnern an jedem Arbeitstag vor und gilt als Termin stets eine bestimmte Uhrzeit, so ist die Größe Δt_{ik} maximal gleich einem Tag, wobei die Indizes i den Geschäftstag und k den Partner der Bank angeben. Ist der Abrechnungszeitpunkt (j) innerhalb des Tages im Verkehr mit verschiedenen Partnern nicht einheitlich, läßt sich die Dauer der Kreditbeziehung allgemein mit Δt_{ijk} umschreiben.

Um diesen Tatbestand anschaulich hervorzuheben, gibt das untenstehende Schaubild jeweils eine Δt-Größe für einen der k-Partner $(k = a, b, \ldots r)$ an, und zwar an zwei beliebigen Tagen T_α und T_β. Wir gehen von einer in T_β erfolgenden Abrechnung aus, so daß der Index i den Wert β annimmt. Auf der Zeitachse t sind der Beginn der Kreditbeziehung durch das Symbol x und der Zeitpunkt j $(j = 1, 2, 3, \ldots m)$ angegeben. Der Anfang des Abrechnungszeitraums ist durch einen senkrechten Strich auf der t-Achse im Abschnitt T_α gekennzeichnet.

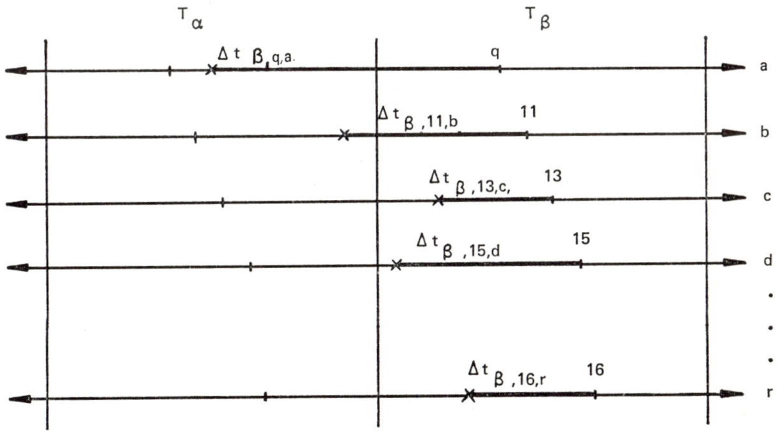

Abb. 1: Beginn und Ende von Kreditbeziehungen je Arbeitstag

Die Kreditbeziehung ist dabei für unsere Bank debitorisch oder kreditorisch. Erst im Zeitpunkt der Abrechnung wird festgestellt, ob sich das Institut per Saldo jeweils im Soll oder im Haben befindet. Angesichts der großen Zahl der Zahlungsbewegungen unterschiedlicher Höhe zwischen den Kreditinstituten kann die Bank in der Regel vorher nicht wissen, ob die Skontration für sie jeweils mit einem Soll- oder einem Habensaldo abschließt. Sie muß ihre Dispositionen daher so treffen, als sei sie zahlungsverpflichtet. Im Grenzfall muß sie damit rechnen, sämtliche in T_β fälligen Verbindlichkeiten begleichen zu müssen, ohne über ihre am gleichen Tag laufend fälligen Forderungen verfügen zu können.

Neben dieser Ungewißheit über die Salden kann die mangelnde Determiniertheit der Abrechnungszeitpunkte einen zusätzlichen Unsicherheitsfaktor bedeuten. Sichtverbindlichkeiten werden mangels anderer Vereinbarung *jederzeit* am Fälligkeitstag fällig, müssen auf Verlangen des Gläubigers also sofort beglichen werden. Grundsätzlich darf die Bank daher bestimmte, durch den Abrechnungszeitpunkt technisch bedingte Zahlungsfristen nicht ex ante voraussetzen, wenn sie ihre Zahlungsbereitschaft unter allen Umständen wahren will. Da es hier allein um die Frage geht, was „jederzeitige Zahlungsfähigkeit" für eine Bank genau bedeutet, trifft der mögliche Einwand, in der Praxis werde nur einmal täglich abgerechnet[13], die Problemstellung nicht. Wie im Abschnitt C III b 1 (12) dargelegt wird, ist zwar in der Regel von Abrechnungsmodalitäten auszugehen, die eine taggenaue Definition der Zahlungsfähigkeit als hinreichend erscheinen lassen, doch können in der Wirklichkeit auch kleinere Zeiträume für die Liquidität relevant werden. Vor allem wenn Banken nicht einem zentralen Clearing angeschlossen sind und ihnen als Zahlungsverkehrsteilnehmer daher von einer solchen Stelle auch keine einheitlichen Abrechnungstermine vorgeschrieben werden, kann durchaus der Fall eintreten, daß eine Bank von einer anderen sofort oder bis zu einer bestimmten Uhrzeit während des Geschäftstags eine fällige Zahlung verlangt[14]. Der Schuldner kann eine Zahlung bekanntlich nur erbringen, wenn er einen Dritten dazu anweist, d. h. die zahlungsverpflichtete Bank müßte zur Erfüllung des Auszahlungsanspruchs in der Lage sein, über ein bei einem anderen Institut sofort verfügbares Guthaben zu disponieren. Gelingt dies nicht, so besteht Illiquidität.

---

[13] Die von *E. Witte* (a. a. O., S. 140) getroffene Feststellung: „Die kürzestfristige Liquiditätsrechnung, die es gibt, ist die tägliche Zusammenstellung finanzwirtschaftlicher Tatbestände, die für die Liquidität eines bestimmten Tages ausschlaggebend sind", ist für Banken fraglich (vgl. auch ebenda, S. 14).

[14] Ob diesem Verlangen zeitlich entsprochen werden kann, richtet sich nach der Bereitschaft des von der zahlungsverpflichteten Bank zu der Auszahlung angewiesenen Instituts, denn jenes kann die Auszahlung ggf. erst nach seinem Buchungsschluß vornehmen wollen, wenn die Deckungsfrage geklärt ist.

Doch nun zurück zu Abbildung 1: Da der Zeitpunkt j auf der Zeitachse t also nach links wandern kann, verkleinert sich die Größe Δt_{ijk} entsprechend und kann auf eine marginale, allein durch die Kommunikationsverhältnisse zwischen der Bank und dem Partner begrenzte Frist zusammenschrumpfen. Für dieses spezielle Zeitintervall Δt_{isk} gilt im Grenzfall die Relation $\lim \Delta\, t_{isk} = 0$.

Das Liquiditätspostulat ist erfüllt, wenn die Bank ihre mit den Forderungen F saldierten Verbindlichkeiten V zu diesem Zeitpunkt begleichen kann. Fälligkeit von F und V vorausgesetzt, gilt:

(1.01) $$\Sigma\, F_k\,(t_{isk}) - \Sigma\, V_k\,(t_{isk}) \geqq 0$$

Überträgt man diese Überlegung auf die Beziehung zu allen Partnern an allen Geschäftstagen und definiert als Zeitintervall eine minimale Größe $\Delta t_{\bar{s}}$, so ist die Liquidität in jedem Fall gewahrt, wenn

(1.02) $$\sum_{i=1}^{n} \sum_{j=1}^{m} \sum_{k=a}^{r} \left(\Sigma\, F_{t_{\bar{s}}} - \Sigma\, V_{t_{\bar{s}}}\right)_k \geqq 0, \ \lim \Delta\, t_{\bar{s}} = 0\ .$$

Der marginale Zeitraum $\Delta t_{\bar{s}}$ kann gleich einem beliebigen Zeitpunkt j^* gesetzt werden. Dann errechnen sich die Bestandsgrößen $F\ (t_j{}^*)$ und $V\ (t_j{}^*)$ aus den Anfangsbeständen B, Einzahlungen E und Auszahlungen A während der Periode $(t_j{}^*{}_{-1})$. Im Girosystem der Bank intern verrechnete Beträge sind in diesem Sinne keine Ein- oder Auszahlungen.

(1.03) $$F\,(t_{j^*})_k = B\,(t_{j^*-1})_k + \sum_{t_j{}^*-1}^{t_j{}^*} E_k - \sum_{t_j{}^*-1}^{t_j{}^*} A_k$$

(1.04) $$V\,(t_{j^*})_k = B\,(t_{j^*-1})_k - \sum_{t_j{}^*-1}^{t_j{}^*} E_k + \sum_{t_j{}^*-1}^{t_j{}^*} A_k$$

Jede „kurzfristige" Liquiditätsplanung einer Bank hat sich auf den Zeitpunkt j^* einzurichten. „Kurzfristig" kann in diesem Zusammenhang nur „jederzeit" bedeuten, da im Grenzfall kein abrechnungstechnisch bedingtes Zeitintervall gegeben ist. Es besteht demnach keine Gefahr für die Liquidität, wenn

(1.05) $$\sum_{k=a}^{r} F\,(t_{j^*}) - \sum_{k=a}^{r} V\,(t_{j^*}) \geqq 0$$

2. Wahrung des Gleichgewichts durch eine Zahlungsmittelreserve

Ob Zahlungsfähigkeit einer Unternehmung vorliegt, erweist sich im Bedarfszeitpunkt. „Zahlungsfähigkeit ist eine Eigenschaft, die allein dem

Gesamtunternehmen als dem Träger von Rechten und Verpflichtungen zukommen kann"[15]. In keinem Land der „westlichen" Welt haben sich Staat oder Notenbank „unbedingt verpflichtet, Kreditinstitute unter Einsatz ihres eigenen Vermögens liquide zu halten"[16]. Demnach hat jede Bank davon auszugehen, daß allein ihre eigenen Maßnahmen die Wahrung ihrer Zahlungsfähigkeit bestimmen (sofern nicht, wie bei den deutschen Sparkassen, eine Gewährträgerhaftung besteht)[17]. Begreift man die Liquidität (wie in der Literatur vielfach üblich) als Eigenschaft, die entweder konstatiert werden kann oder nicht, so stellt die Notwendigkeit ihrer Wahrung für die Unternehmung ein Postulat aber kein quantifizierbares Ziel[18] dar. Für die Unternehmung kommt es weniger darauf an, die Liquidität ex post zu konstatieren, sondern ex ante zu sichern. Um das Liquiditätsgleichgewicht ständig gewahrt zu wissen, ist Liquidität als quantifizierbare Zielgröße anzustreben. Wie nachstehend begründet, ist eine solche Größe ein jeweils bestimmter *Bestand an Zahlungsmitteln.* Für seine Höhe ist u. a. die „strukturelle Liquidität" maßgeblich (s. u.).

Auf einen Reservebestand an Zahlungsmitteln könnte eine Bank wie jede andere Unternehmung nur dann verzichten, wenn

(1) die „autonomen" Ein- und Auszahlungen sich stets ausglichen und
(2) vollkommene Voraussicht über die Zahlungsein- und -ausgänge bestünde.

Beide Voraussetzungen sind für Banken nicht gegeben. Die Salden der autonomen Ein- und Auszahlungen sind in der Realität fast immer ungleich Null, selbst wenn man keine kleinere Basisperiode als einen Arbeitstag zugrunde legt. Bei vorstehender Marginalbetrachtung (1.01) bis (1.05) wäre eine Reservehaltung nur verzichtbar, wenn einer Auszahlung zum gleichen Zeitpunkt eine betragsgleiche Einzahlung gegenüberstehen würde. Eine solche Annahme wäre in der Wirklichkeit absurd. — Der Begriff „autonom" bedeutet „entscheidungs*un*abhängig" und wird hier zur Bezeichnung von Zahlungen verwendet, die die Bank nicht im Hinblick auf ihr jeweiliges Entscheidungsziel leistet oder empfängt. Autonome Zahlungen haben für die dispositionsbestimmten Zahlungsvorgänge Datencharakter.

---

[15] *H.-J. Krümmel,* Liquiditätssicherung ..., a. a. O., S. 252. — Ein anderer Liquiditätsbegriff bezieht sich auf die „Eigenschaft eines Vermögensgegenstandes ... zur Zahlung verwendbar zu sein" (ebenda, S. 250).

[16] Ebenda, S. 258.

[17] Andere Autoren (so *W. Braun,* a. a. O., S. 25, 164) vertreten dagegen die Auffassung, die Banken hätten ihre Pflicht erfüllt, wenn sie „in normalen Zeiten" zahlungsfähig seien. In gesamtwirtschaftlichen Ausnahmesituationen liege die Verantwortung bei der Zentralbank.

[18] Vgl. auch die Abschnitte C I b und C II c 1 (12) dieser Arbeit sowie *E. Heinen,* Das Zielsystem der Unternehmung, a. a. O., S. 175. — Zudem sind *Ziele Erwartungswerte.*

Der zeitlich ungleiche Anfall von Ein- und Auszahlungen[19] sowie das Unsicherheitsproblem machen eine Liquiditätsplanung erforderlich[20]. Aufgrund der unvollkommenen Information zum Planungszeitpunkt[21] können die Zahlungsströme künftiger Plantage nur innerhalb gewisser Schwankungsbreiten geschätzt werden. Ansätze solcher Schätzungen, die der Bank die Ausgangsdaten für dispositiv bestimmte, den autonom entstehenden Ungleichgewichten entgegenwirkende Zahlungen liefern, werden unten im Abschnitt C III b 1 (13) dargestellt. Für Banken stellt sich das Unsicherheitsproblem angesichts des hohen Anteils fremddeterminierter Zahlungen in besonderem Maße, denn Kreditinstitute können auf die Dispositionen ihrer Kundschaft meist keinen Einfluß nehmen[22], auch wenn dies rechtlich an sich möglich wäre. Aus geschäftspolitischen Gründen erfüllen Banken häufig sogar noch nicht fällige Zahlungsansprüche[23].

Wie bei allen Unternehmen ist auch die Geschäftstätigkeit von Banken stets mit Ausfall- und Terminrisiken[24] verbunden. Letzteren haben Banken aufgrund ihrer Geschäftsstruktur besondere Aufmerksamkeit zu widmen[25]. Die Ungewißheit der Kundendispositionen im Zahlungsver-

---

[19] Vgl. hierzu u. a. auch *O. Fischer*, a. a. O., S. 119 ff.; *B. Hartmann*, Bankbetriebsanalyse, Freiburg i. Br. 1962, S. 39; *K.-F. Hagenmüller*, Der Bankbetrieb, Bd. III., a. a. O., S. 350 ff.; *R. Stucken*, Liquidität der Banken, in: HdSW, Bd. 6, S. 629.

[20] Vgl. u. a. *H.-J. Krümmel*, Grundsätze der Finanzplanung, in: ZfB, Jg. 34 (1964), S. 225 ff.; *W. Pulch*, Liquiditätsdispositionen einer Sparkasse, Diss. Frankfurt/M. 1964, S. 157 ff.

[21] Vgl. u. a. *H.-J. Krümmel*, Grundsätze ..., a. a. O., S. 229; *H.-J. Krümmel*, Liquiditätssicherung ..., a. a. O., S. 252; *W. Rieger*, a. a. O., S. 281; *R. Stucken*, a. a. O., S. 629; *O. Hintner*, Zum Liquiditätsproblem der Geschäftsbanken, a. a. O., S. 399; *R. Wittgen*, Geldpolitik ..., a. a. O., S. 48 und 159.

[22] Das Zielsystem der Bank (vgl. Abschnitt C II) erfordert nämlich neben der Liquidität die Berücksichtigung weiterer Ziele. Zum „Verhalten der Nicht-Banken-Kundschaft" vgl. *K.-F. Hagenmüller*, Der Bankbetrieb, Bd. III, a. a. O., S. 385 ff., der auf die Unsicherheit der Zahlungsdispositionen hinweist. An anderer Stelle erläutert H. zwei Arten im einzelnen nicht vorhersehbarer Zahlungsverpflichtungen im Kreditgeschäft, die durch die Inanspruchnahme zugesagter Kreditlinien sowie Kontoüberziehungen entstehen: *K.-F. Hagenmüller*, Die Bedeutung von Krediteinweisungen und Kontoüberziehungen für Geldschöpfung und Gelddisposition, in ZfhF, N. F., Jg. 8 (1956), S. 509—526.

[23] Vgl. *R. Wittgen*, Geldpolitik ..., a. a. O., S. 29; *K.-F. Hagenmüller*, Der Bankbetrieb, Bd. III, a. a. O., S. 350, sowie die bei *H. Hoffmann*, Dispositionsregeln zur Solvenzsicherung von Depositenbanken, Diss. Saarbrücken 1967, S. 15, Fußnote 1 angegebene Literatur. — Zur Frage des Abzugs von Geldern vor Fälligkeit vgl. auch die Ausführungen über die Standingpflege einer Bank in der vorliegenden Arbeit sowie *H. Hoffmann*, a. a. O., S. 185 f. — *W. Braun*, a. a. O., S. 15, kommt zu dem Ergebnis, daß die formellen „Fälligkeitstermine für die Liquidität nahezu bedeutungslos" sind.

[24] *R. Wittgen*, Geldpolitik ..., a. a. O., S. 25.

[25] s. auch *L. Mülhaupt*, Ansatzpunkte für eine Theorie der Kreditbank, in: Jb Sozwiss., Bd. 12, 1961, S. 134: „Aus der Ungewißheit über das Ausmaß und die Zeitpunkte dieser Abforderung von Zentralbankgeld durch die Kunden resultiert das für die Bank lebenswichtige Problem der Liquidität." Dies

kehr charakterisiert den Geltungsbereich der Terminrisiken nur unvollkommen. Gefährdet ist die Zahlungsbereitschaft durch die Fristentransformation schlechthin, denn der zum Wesen des modernen Bankgeschäfts gehörenden zeitlichen Inkongruenz von aktiven und passiven Finanzmitteln liegen Erwartungen zugrunde, deren Erfüllung in Frage steht. „Ob eine Depositenbank ihre Zahlungsfähigkeit auf die Dauer aufrechterhalten kann, hängt somit entscheidend davon ab, inwieweit es ihr gelingt, im Rahmen ihrer Geschäftspolitik dem Eintritt der Transformationsrisiken vorzubeugen oder für den Fall des unvermeidbaren Eintritts in geeigneter Weise vorzusorgen[26].“

Da die Bank jedoch nicht nur „auf Dauer“, sondern jederzeit zahlungsfähig zu sein hat, muß sie so eingerichtet sein, daß sie stets sofort eine Korrektur ihrer Liquiditätssituation vornehmen kann. Dies gilt auch für den Fall eines durch unerwartet hohe Zahlungseingänge bestimmten Ungleichgewichts. Der Bankbetrieb muß also kurzfristig Anpassungsmaßnahmen durchführen, d. h. jederzeit während der Geschäftsstunden fehlende Zahlungsmittel von anderen Institutionen beschaffen oder Überschüsse verwerten können. Diese Aufgabe kann unmittelbar von der Geschäftsleitung selbst wahrgenommen werden, oder sie obliegt dem Funktionsbereich Geldgeschäft[27]. Die Zweckmäßigkeit eines solchen Tätigkeitsbereichs wird im Abschnitt E II dieser Arbeit begründet. Eine Koordination der in den einzelnen Bereichen ausgelösten liquiditätswirksamen Vorgänge ist zur Sicherung der Zahlungsfähigkeit unerläßlich, da die Frage der Liquidität stets eine Wirtschaftseinheit als Ganzes betrifft (vgl. Abschnitt C II d 2).

c) Strukturelle Liquidität und Liquiditätswahrscheinlichkeit

Da der Bestand an Zahlungsmitteln aus Rentabilitätsgründen nur einen relativ kleinen Teil des bankbetrieblichen Vermögens umfassen kann[28] und sich die Ein- und Auszahlungen ex ante lediglich innerhalb gewisser Streubereiche mit mehr oder weniger großen Schätzfehlern behaftet vorhersagen lassen, kann die Bank grundsätzlich nie von einer

---

ist allerdings insofern ungenau, als die Kunden keineswegs allein auf „Zentralbankgeld“ als Zahlungsmedium bestehen (vgl. Abschnitt B II a dieser Arbeit).

[26] *H. Hoffmann*, Dispositionsregeln zur Solvenzsicherung von Depositenbanken, a. a. O., S. 12. — S. auch ebenda, S. 289.

[27] Lipfert hat die Geldpolitik in diesem Zusammenhang treffend als „Feineinstellung“ des Liquiditätsgleichgewichts charakterisiert. (*H. Lipfert*, Vorlesung Bankbetriebspolitik — Mitschrift — Universität Hamburg, WS 1965/66.) Vgl. auch *H. Lipfert*, System einer theoretischen Bankbetriebspolitik, in: ZfgK, 16. Jg. (1963), S. 375 (im folgenden zitiert als „System . . .“).

[28] Vgl. Abschnitt C II c 1 dieser Arbeit.

für die Zukunft „gesicherten" Liquidität ausgehen. Sie kann allein eine möglichst hohe *Liquiditätswahrscheinlichkeit* anstreben, der durch die Gewinnanforderungen Grenzen gesetzt sind[29]. Obwohl ein direkter Zusammenhang von Bilanzstruktur und Liquidität in der Literatur zu recht bestritten wird[30], darf der Tendenz nach gesagt werden, daß mit zunehmender Liquidierbarkeit[31] der Vermögensteile auch die Liquiditätswahrscheinlichkeit steigt. Mit wachsenden Liquiditätsgraden der Aktiva verringern sich die Disagios[32], die im Falle ihrer Veräußerung vor Fälligkeit bzw. vor dem geplanten Verwertungszeitpunkt voraussichtlich hinzunehmen sind. Die „potentielle Liquidität" läßt sich hypothetisch mit Hilfe eines Liquidationsstatus feststellen[33].

Aufgrund ihres Strebens nach einer bestimmten Liquiditätswahrscheinlichkeit muß die Bank demnach nicht nur entsprechende „kurzfristige" Finanzdispositionen treffen, sondern auch die „langfristige" Finanzplanung auf die Wahrung von Bilanzrelationen ausrichten, welche die notwendigen Voraussetzungen für „kurzfristige" Anpassungsmaßnahmen zur Sicherung der Zahlungsfähigkeit schaffen[34]. Mehr als die

---

29 Vgl. ebenda und C III b 1 (13). — s. auch *E. Heinen,* Einführung in die Betriebswirtschaftslehre, a. a. O., S. 216: Eine „eindeutige Prognose ... für die Aufrechterhaltung der Zahlungsfähigkeit" sei „nicht möglich".

30 U. a. von *D. Härle,* Finanzierungsregeln und ihre Gültigkeit, Diss. Frankfurt 1960, Wiesbaden 1961, S. 99 f. und *E. Gutenberg,* Grundlagen der Betriebswirtschaftslehre, Bd. III, Die Finanzen, Berlin/Heidelberg/New York 1969, S. 280.

31 *E. Heinen* (Das Zielsystem der Unternehmung, a. a. O., S. 75 f.) unterscheidet „drei Teilaspekte des Liquiditätsphänomens" — Zahlungsfähigkeit, Liquiditätsreserve und Liquidierbarkeit von Vermögensteilen — und kommt zu dem Ergebnis, daß nur der Zahlungsfähigkeit Zielcharakter zukomme (s. u.). „Die Liquidierbarkeit ist durch die Zeitgröße der Liquidationsdauer zu erfassen." Wenn *Heinen* meint, *Liquiditätsreserven* als Mittel zur Liquiditätssicherung könnten nicht Gegenstand von Zielentscheidungen sein (S. 76), so trifft dies allenfalls nur für die oberste ökonomische Zielebene zu (vgl. C II b dieser Arbeit). Wie noch nachgewiesen werden soll, sind Mittel auf nachgeordneten Ebenen durchaus Gegenstand von Zielentscheidungen. — Wir wollen den Begriff der *Liquidierbarkeit* hier als auf einen pagatorischen Erwartungswert bezogen verstehen, d. h. der Grad der Liquidierbarkeit ist um so geringer, je größer die im Veräußerungsfalle hinzunehmenden Einzahlungs-Disagios sind.

32 Vgl. u. a. *W. Stützel,* Liquidität, in: HdSW, Bd. 6, S. 622 f., der Liquiditätsgrad, Umwandlungsbetrag und Umwandlungsfrist in einem Modell zusammenfaßt. Bei vorzeitiger Liquidisierung von Vermögensteilen müsse ein Disagio hingenommen werden. — s. auch *H.-J. Krümmel,* Liquiditätssicherung ..., a. a. O., S. 254.

33 Vgl. *W. Stützel,* Liquidität, a. a. O., S. 627: „Der Liquidationswert aller Aktiva" müßte unter Berücksichtigung der „zur pünktlichen Erfüllung der gegebenen Verbindlichkeiten verbleibenden Umwandlungsfristen" ... „noch einen Überschuß der Aktiva über alle Fremd-Passiva" aufweisen.

34 Nach Aust entscheiden „Volumen und Zusammensetzung der Aktiva eines Kreditinstituts, ... ob Liquiditätsanspannungen ... behoben werden können". *E. Aust,* Der Wettbewerb in der Bankwirtschaft — Grundzüge und Anregungen für eine allgemeine Theorie, Frankfurt 1963, S. 227. Das Transfor-

Liquiditätssicherung erleichternde Voraussetzungen können jedoch auch liquiditätsorientierte Bilanzstrukturen nicht bieten. Da die Zahlungsströme sich „meist nur für relativ kurze Zeiträume hinreichend genau" prognostizieren lassen, kann bei „langfristigen Entscheidungen.. die Liquiditätswahrscheinlichkeit deshalb kaum als operationales Ziel bezeichnet werden. Die betriebswirtschaftliche Praxis behilft sich ... mit Ersatzkriterien", wie u. a. den bekannten Finanzierungsregeln[35].

Zur strukturellen Liquidität einer Bank braucht im Rahmen unseres Themas nicht näher Stellung bezogen zu werden. Obwohl ein eindeutiger Nachweis bisher nicht gelungen ist[36], spricht viel für die Annahme, daß zwischen dispositiver und struktureller Liquidität eine Mittel-Zweck-Beziehung insofern besteht, als

(1) die Struktur der Aktiva den Zeitpunkt der Liquidation im Bedarfsfall sowie den dabei erzielbaren Erlös determiniert (wobei zwischen dem zeitpunkt- und dem mengenbezogenen Aspekt Interdependenzen bestehen) und der Bedarf von der Struktur der Passiva beeinflußt wird,

(2) bestimmte Bilanzrelationen für die Entscheidungen der potentiellen Refinanzierungsstellen von Bedeutung sind, der Bank Verfügung über Zahlungsmittel auf dem Kreditwege einzuräumen und

(3) Gläubiger zu Prolongationen angeregt oder ggf. auch zu einem Verzicht auf Erhebung von Zahlungsansprüchen vor Fälligkeit ihrer Forderungen veranlaßt werden.

Gerade die Wahrung bestimmter Bilanzstrukturen kann den vielzitierten „Maximalbelastungsfall" vermeiden helfen, auf den im Zusammenhang mit der Analyse des Zielcharakters der Liquidität im Abschnitt C II c 1 noch eingegangen wird. Tritt dieser Fall trotzdem ein, dürfte die Zahlungsfähigkeit der Bank maßgeblich von ihrer Liquiditätsstruktur i. S. der Realisationsmöglichkeiten ihrer Aktiva abhängen. — Gegenstand der nachfolgenden Überlegungen ist die Sicherung der Zahlungsfähigkeit durch den Einsatz geldpolitischer Mittel.

---

mationsrisiko steige „mit zunehmender Fristenungleichheit zwischen hereingenommenen und ausgeliehenen Geldern" (ebenda, S. 228). Nach *E. Kosiol*, Finanzplanung und Liquidität, in: ZfhF, N. F. 7. Jg. (1955) S. 264, ist die Liquidität „sowohl ein zeitpunkt- als auch ein zeitraumbezogener Tatbestand". Es bestehe letztlich kein Gegensatz zwischen Momentan- und Periodenliquidität.

[35] *E. Heinen*, Das Zielsystem der Unternehmung, a. a. O., S. 175, Fußnote 62. Vgl. auch ebenda, S. 77. „Betriebswirtschaftliche Entscheidungsmodelle, die den Aspekt der Liquidierbarkeit explizit berücksichtigen, wurden bislang noch nicht entwickelt." (S. 76, Fußnote 72.).

[36] *E. Heinen*, Einführung in die Betriebswirtschaftslehre, a. a. O., S. 117.

II. Aktionsobjekt und Aktionsparameter geldpolitischer Maßnahmen

a) Das Aktionsobjekt

Die Zahlungsbereitschaftsreserve der Bank besteht, wie im folgenden zu begründen ist, aus *Zentralbankguthaben (ZBG)*. Der Begriff „Zentralbankguthaben" ist nicht mit „Zentralbankgeld" zu verwechseln. Während der erstere Terminus allein Sichtguthaben bei der Zentralbank umfaßt, schließt „Zentralbankgeld" als Oberbegriff außerdem auch Banknoten und von der Notenbank emittierte gültige Münzen ein[1]. Nach Deppe ist „die Nutzung von Zentralbankgeld .. die wesentliche Grundlage für die typischen Bankleistungen"[2]. Wie noch erläutert wird, tangieren demnach sämtliche „finanziellen Leistungen" der Bank ihren ZBG-Bestand.

Allerdings hat die Bank nicht nur global, sondern auch in Teilbereichen zahlungsfähig zu sein. Selbst bei volumensmäßiger und zeitlicher Übereinstimmung aller Ein- und Auszahlungen können „partielle" Ungleichgewichte[3] auftreten, wenn die einzelnen Zahlungsmedien in einem unterschiedlich starken Umfang Bestandsveränderungen aufweisen. Solche Ungleichgewichte können im Zahlungsverkehr einer Bank mit anderen Banken oder mit Nicht-Banken entstehen. Im Zahlungsverkehr zwischen Kreditinstituten werden Zahlungen stets durch Bewegungen von Buchgeld auf Zentralbankkonten oder Nostrokonten durchgeführt. Dabei sind jeweils Konten, die über Beträge in inländischer Währung lauten, und Fremdwährungskonten zu unterscheiden. Wenn im folgenden von „Zentralbankguthaben" (ZBG) gesprochen wird, so sind damit stets Beträge in Inlandswährung gemeint[4].

---

[1] *E. Schneider*, Einführung in die Wirtschaftstheorie, III. Teil, 7. Auflage, Tübingen 1962, S. 9. — Eine genaue Unterscheidung von „Zentralbankguthaben" und „Zentralbankgeld" wird in der Literatur unverständlicherweise nur selten getroffen.

[2] *H.-D. Deppe*, Bankbetriebliches Wachstum, Stuttgart 1969, S. 18. „Planung und Disposition von Ein- und Auszahlungsverfügungen (vor allem von Zentralbankgeld) machen das Wesen des bankbetrieblichen Leistungserstellungsprozesses aus."

[3] Vgl. *K.-F. Hagenmüller*, Der Bankbetrieb, Bd. III, a. a. O., S. 375.

[4] Diese Annahme ist wirklichkeitsnah, wenn man z. B. von den Verhältnissen in der Bundesrepublik Deutschland ausgeht. Für Zentralbankeinlagen werden keine Zinsen vergütet, und Guthaben auf bei der Bundesbank geführten Fremdwährungskonten werden nicht auf die Erfüllung der Mindestreserveverpflichtung angerechnet. Daher bemessen die Banken ihre bei der Zentralbank unterhaltenen Guthaben in ausländischer Währung stets nur so hoch, wie zur Abwicklung bestimmter Zahlungsvorgänge jeweils erforderlich ist. Über größere Fremdwährungsguthaben bei der Zentralbank verfügen die Kreditinstitute deshalb nur an einzelnen Tagen, bis sie Ausgleichsdispositionen vorgenommen haben.

Allgemein sind für den Zahlungsverkehr zwischen Banken daher drei Gruppen von Zahlungsmitteln von Bedeutung:

(1) Zentralbankguthaben (ZBG)

(2) Guthaben und nicht ausgenutzte Überziehungsmöglichkeiten auf Nostrokonten

(a) in Inlandswährung

(b) in Fremdwährung.

Postscheckkonten und Kassenkonten werden im Zahlungsverkehr zwischen Kreditinstituten de facto nicht eingeschaltet[5]. Der Ausgleich der über diese Konten laufenden Zahlungen erfolgt mit Hilfe der vorstehend genannten Zahlungsmedien, bei Postscheckkonten nur in Inlandswährung. Salden auf in inländischer Währung geführten Nostrokonten können umgehend direkt über das Zentralbankkonto[6] des Instituts ausgeglichen werden. Indirekt gilt dies auch für Zahlungsein- und -ausgänge in fremder Währung, doch sind hier die banküblichen Wertstellungsusancen zu beachten[7]. Es ergibt sich also, daß die jederzeit verfügbaren ZBG einer Bank ihr primäres Zahlungsmedium darstellen, da alle Zahlungsverpflichtungen letztlich durch eine Verminderung des ZBG-Bestands beglichen werden und alle Zahlungseingänge dem ZBG-Konto gutgeschrieben werden können. — Der Ausgleich partieller Liquiditätsungleichgewichte wird im folgenden nicht mehr erörtert. Behandelt werden also weder Maßnahmen zur Sicherung der „speziellen Zahlungsbereitschaft“[8], d. h. der Fähigkeit einer Bank, Verpflichtungen in bestimmten Zahlungsmedien zu erfüllen, noch Reduktionen der Bestände sonstiger Zahlungsmittel zugunsten einer Erhöhung des ZBG-Bestands.

Täglich abdisponierbare Einlagen bei anderen Kreditinstituten würden der Bank zwar in der Regel geringfügige Zinserträge bringen[9],

---

[5] Postscheckdienste bestehen nur in einzelnen Ländern. — „Kassenkonto“ ist ein Sammelbegriff für verschiedene Konten, die Bargeldbestände in inländischer Währung, Sorten und oft auch Gold, Wechselstempel- und Briefmarken erfassen. (In den Bankbilanzen der Bundesrepublik werden diese Positionen zum „Kassenbestand“ zusammengefaßt.) Ungleichgewichte werden in diesem Bereich vor allem durch die Bargelddispositionen der Bankenkundschaft hervorgerufen.

[6] Oft bestehen mehrere Zentralbankkonten, doch wird in dieser Arbeit vereinfachend davon ausgegangen, daß das Kreditinstitut nur *ein* solches Konto unterhält. Diese Annahme ändert an dem Gehalt der auf ihr basierenden Aussagen nichts. — Eine Darstellung der Dispositionen zum „internen Liquiditätsausgleich“ findet sich bei *O. Fischer*, a. a. O., S. 136 ff.

[7] Vgl. *H. Lipfert*, Internationaler Devisen- und Geldhandel, Frankfurt/M. 1967, S. 54 f.

[8] *R. Wittgen*, Geldpolitik . . ., a. a. O., S. 14.

[9] „Provinzbanken bedienen sich zur Abwicklung des Zahlungsverkehrs neben ihrem Zentralbankkonto häufig eines Kontos bei einer größeren Korrespondenzbank an einem zentralen Ort, da Guthaben bei der Zentralbank

doch werden solche Guthaben naturgemäß nicht auf die Mindestreservepflicht angerechnet. Abgesehen von der Tatsache, daß Einlagen bei der Zentralbank dem Sicherheitsbedürfnis des Kreditinstituts für täglich disponierbare Aktiva maximal genügen, ist es die „Funktionsdualität"[10] von Zahlungsbereitschaftsreserve und Mindestreserve, die die ZBG als primäres Zahlungsmedium qualifiziert: Im Zahlungsverkehr mit anderen Kreditinstituten sowie staatlichen Institutionen bedienen sich die Banken bevorzugt ihres Zentralbankkontos, da nicht für Auszahlungen verwendete ZBG ihren Beitrag zur Erfüllung der Mindestreservepflicht leisten[11].

Im Anschluß an die Ausführungen des Abschnitts A I b kann die *Geldpolitik* nun definiert werden als die Gesamtheit der *dispositiven Handlungen,* die die Bank primär in der Absicht einer jeweils bestimmten *Veränderung* ihres *ZBG-Bestands* unternimmt. Innerhalb welcher Grenzen der ZBG-Bestand zulässigerweise variiert werden kann, wird nachstehend dargestellt. Der konkrete Inhalt geldpolitischer Maßnahmen ist stets situationsgebunden. Er wird durch die drei im folgenden Abschnitt zu erörternden Instrumentalvariablen festgelegt. Deren Einsatz richtet sich nach einem oder mehreren der vier geldpolitischen Ziele. Die Variation des ZBG-Bestands als *Aktionsgegenstand* der Geldpolitik ist also jeweils das Ergebnis eines zielgerichteten, datenabhängigen Entscheidungsprozesses (Vgl. auch Abschnitt C III a).

b) Die Aktionsparameter zur Variation des ZBG-Bestands

Jede eine Variation des ZBG-Bestands anstrebende Aktion setzt sich aus drei Instrumentalvariablen (Aktionsparametern)[12] zusammen:

1. Richtung der Veränderung des ZBG-Bestands (Erhöhung oder Reduzierung)
2. Volumen der Veränderung
3. Zeitpunkt der Veränderung.

---

nicht verzinst werden, während für Guthaben bei Geschäftsbanken eine wenn auch geringe Verzinsung üblich ist." (*K.-F. Hagenmüller,* Der Bankbetrieb, Bd. I, a. a. O., S. 208).

[10] *R. Wittgen,* Geldpolitik ..., a. a. O., S. 34.

[11] Ohne der Analyse des Zielsystems der Bank vorgreifen zu wollen, muß hier darauf hingewiesen werden, daß u. a. das Gewinnziel dieses Verhalten erfordert: Die Zinserträge für Sichteinlagen auf Nostrokonten sind im allgemeinen weit niedriger als die Zinskosten, die bei der Beschaffung gleicher Beträge zur Erfüllung der Mindestreservepflicht entstehen würden.

[12] Zu diesem Begriff vgl. *G. Kade,* Die Grundannahmen der Preistheorie, Berlin/Frankfurt 1962, S. 30, und *E. Heinen,* Das Zielsystem der Unternehmung, a. a. O., S. 53.

Der jeweilige Inhalt dieser drei Parameter bestimmt die Struktur jedes einzelnen geldpolitischen Instruments, das für eine direkte Variation[13] des ZBG-Bestands in Betracht kommt.

Von den drei Instrumentalvariablen liegt in der konkreten Entscheidungssituation von vornherein nur die erste eindeutig fest, je nachdem, ob die Bank eine Erhöhung oder einen Abbau des ZBG-Bestands vornehmen will. Zwischen den beiden übrigen Variablen besteht innerhalb bestimmter Grenzen ein Substitutionsverhältnis. Sie sind lediglich peripher substituierbar und können ex definitione für sich allein nie den Wert Null annehmen. Ob und gegebenenfalls inwieweit ihr Inhalt[14] gegeneinander austauschbar ist, hängt von der im Einzelfall gegebenen Zielkonstellation ab. Richtet sich eine geldpolitische Maßnahme allein nach dem Ziel „Wahrung der Zahlungsbereitschaft", ist es erforderlich, das Volumen und den Zeitpunkt der bestandserhöhenden Variation dem Bedarf entsprechend zu bestimmen, ohne daß eine Substitutionsmöglichkeit besteht. Steht hingegen bei gesicherter Zahlungsfähigkeit das Bemühen um Erfüllung der Mindestreserveverpflichtung im Vordergrund, können die Parameter Volumen und Zeitpunkt zur Realisierung dieses Ziels verschieden kombiniert werden, sofern der Zeitpunkt noch variiert werden kann. (Wenn der letztmögliche Termin einer erfolgswirksamen Variation erreicht ist, kann das erstrebte Ziel jedoch nur durch *eine* entsprechende Veränderung des ZBG-Volumens realisiert werden.) Zur Begründung dieser These sollen im folgenden die mindestreservetechnischen Zusammenhänge so knapp dargestellt werden, wie es für diese Untersuchung als notwendig erscheint.

Im Gegensatz zu der Bedeutung des systemindifferenten[15] und daher in jedem Land gültigen Liquiditätsprinzips, aus dem sich das geldpolitische Ziel „Wahrung der Zahlungsbereitschaft" direkt herleitet, ist der Inhalt des Mindestreserveziels international keineswegs einheitlich, sondern bestimmt sich nach den gesetzlich, vertraglich oder gewohnheitsrechtlich festgelegten Verhältnissen in den einzelnen Ländern[16]. Interdependenzen zwischen Volumen und Zeitpunkt der ZBG-Variation lassen sich am Beispiel der in der Bundesrepublik Deutschland bestehenden Mindestreserveregelung gut nachweisen:

---

[13] Die der Geldpolitik zur Erreichung ihrer Ziele gegebenen Mittel werden im Abschnitt B III dargestellt. Die Begriffe „Maßnahme", „Mittel" und „Instrument" sind gleichbedeutend.

[14] Von einer Substituierbarkeit des „Inhaltes" beider Variablen kann sinnvollerweise nur gesprochen werden, wenn man an die jeweilige quantitative Auswirkung der stets notwendigen Kombination dieser Größen denkt.

[15] *E. Gutenberg*, Grundlagen der Betriebswirtschaftslehre, Bd. I, Die Produktion, 13. Aufl., Berlin/Heidelberg/New York 1967, S. 447.

[16] Darauf wird im Abschnitt C III b 2 noch eingegangen.

Rechtlich ist die Verpflichtung der Kreditinstitute, bei der Deutschen Bundesbank unverzinsliche Giroguthaben (ZBG) zu unterhalten, in der AMR[17] in Verbindung mit § 16 Bundesbankgesetz[18] begründet. Nach diesen Vorschriften muß das Reserve-Soll für jeden Kalendermonat neu ermittelt und erfüllt werden. Als Ist-Reserve gilt der Monatsdurchschnitt aller in diesem Monat bei der Bundesbank unterhaltenen Guthaben (§ 9 AMR). Demnach müssen die Banken ihr Reserve-Soll also nicht unbedingt jeden Tag, sondern lediglich im Monatsdurchschnitt erfüllen. Die ZBG-Bestände können folglich „in täglich wechselnder Höhe auf die Mindestreserveperiode verteilt werden“[19]. Rechnerisch lassen sich die Mindestreserven für den Kalendermonat oder einen Teil davon leicht bestimmen[20]. Für die Bundesbank maßgeblich ist allein die Erfüllung des Monatserfordernisses, nicht die des Tageserfordernisses[21].

Der Verzicht auf die tägliche Erfüllung der Mindestreserve-„Verpflichtung“ eröffnet der Bank die Möglichkeit, innerhalb eines Planungszeitraumes, der in der Bundesrepublik demnach einen Monat beträgt, den Einsatz der Parameter Volumen und Zeitpunkt zur Realisierung des Mindestreserveziels zu variieren. Es soll nun der Funktionszusammenhang der eingangs erwähnten Substitution analysiert werden. Für die einzelnen Aktionsparameter stehen die folgenden Symbole:

1. Richtung
   (a) Erhöhung $+$
   (b) Reduzierung $-$
2. Volumen ΔZ
3. Zeitpunkt[22] t_j $(j = 1, 2, \ldots n$, wobei $n =$ Anzahl der Kalendertage des Monats)

[17] Anweisung der Deutschen Bundesbank über Mindestreserven (AMR) vom 11. November 1968, in: Geschäftsbericht der Deutschen Bundesbank für das Jahr 1968, Frankfurt 1969, S. 115 ff.

[18] Gesetz über die Deutsche Bundesbank vom 26. 7. 1957, BGBl. 1, S. 745.

[19] *R. Wittgen*, Geldpolitik ..., a. a. O., S. 40.

[20] Vgl. *R. Wittgen*, ebenda, S. 41—43:
Für das Periodenerfordernis P_x für einen Zeitraum von einem beliebigen Tag x bis zum Ende der Mindestreserveperiode (Monatsultimo) gilt der Ausdruck:

$$P_x = P_1 - \sum_{m=1}^{x-1} Z_m,$$

wobei P_1 das Erfordernis für den gesamten Monat und Z_m die gehaltenen ZBG darstellen.

[21] Das Tageserfordernis T_x als Quotient aus dem Monatserfordernis und der Zahl der bis zum Ultimo verbleibenden Tage ist eine rein rechnerische Größe. Sie gibt an, in welchem Umfang ZBG während des restlichen Abrechnungszeitraums als Mindestreserven im Tagesdurchschnitt noch zu halten sind.

[22] Der zeitliche Aktionsparameter besteht nicht nur aus einem, sondern aus *zwei Zeitpunkten*, wenn die Bank zu einem Zeitpunkt eine dispositiv be-

Als Ausdruck für das kumulative Reserve-Soll ($\overline{S} \cdot n$) nach der AMR stehe S^*. Bezeichnet man den ZBG-Betrag, um den der Bestand Z an einem beliebigen Tag x variiert werden kann, mit ΔZ, so gilt die — noch zu erläuternde — funktionale Beziehung

$$\Delta Z_x = f\left[Z_x, \left(S^* - \sum_{j=1}^{x-1} Z_j\,(n-j+1)\right), \varepsilon_i\right]. \tag{2.01}$$

ε_i symbolisiert die gewählte Strategie der Variation, die die damit angestrebten Ziele und den jeweils erstrebten Umfang der Ziel-Realisation angibt[23]. Neben den Größen ZBG-Bestand am Plantag und Höhe der kumulativen Mindestreserve enthält die Funktion somit ein Element, das die zur Erreichung der noch zu behandelnden Zahlungsbereitschafts-, Publizitäts- und Gewinnziele notwendigen Maßnahmen berücksichtigt. Die von der Bank an den einzelnen Plantagen erwarteten konkreten Datenkonstellationen sind Bestimmungsfaktoren der gewählten Strategie.

Als Funktionsbeziehung läßt sich schreiben:

$$\varepsilon_i = f\,(G, D), \tag{2.02}$$

wobei G die Ziele symbolisiert und D Daten, wie z. B. Zinssätze am Tagesgeldmarkt (vgl. Abschnitt D I a 1). — In diesem Abschnitt interessiert nur die mechanistische Interdependenz von ΔZ und t_j. Für die Instrumentalvariable t_j besteht die Abhängigkeit

$$t_j = f\,(\varepsilon_i), \tag{2.03}$$

denn die Zeitpunktwahl der Variation wird allein von der Strategie bestimmt. Wenn von den j-Tagen ein Stichtag x für eine geldpolitische Aktion ausgewählt wird, muß die Bank beachten, daß dieser ein Arbeitstag, d. h. ein „Banktag" ist.

Es soll im folgenden nicht versucht werden, Optimalbedingungen der ZBG-Variation aufzuzeigen, die sich nur jeweils innerhalb einer bestimmten Strategie ermitteln ließen, sondern es sollen hier vielmehr Gleichgewichtszustände definiert werden, die die Interdependenz von

---

stimmte Veränderung ihres ZBG-Bestands vornimmt und diese Variation zu einem späteren, von ihr bestimmbaren Termin mindestreservetechnisch ganz oder teilweise kompensiert (vgl. die Erläuterungen der Ausdrücke [2.17] bis [2.20] gegen Ende dieses Abschnitts). — Von zwei Zeitpunkten muß überdies auch gesprochen werden, wenn bei Geldgeschäften nicht nur der Zeitpunkt der Initialzahlung, sondern auch der der Reversionszahlung zu fixieren ist (vgl. B III b 1).

[23] Vgl. Abschnitt D I a. Die Größen ΔZ und t_j einerseits und ε andererseits stehen in einer Zweck-Mittel-Relation zueinander, und zwar dergestalt, daß aufgrund einer bestimmten Strategie ε_i bestimmte Kombinationen von ΔZ_k und t_j gewählt werden. (k = Index für Betragshöhe).

ΔZ und t_j zum Ausdruck bringen. Die Variierbarkeit der zeitlichen Verteilung von ZBG-Beständen ist an sich keine neue Erkenntnis. Eine Methode zur Errechnung des ZBG-Bedarfs für alle Tage des Monats nach einem beliebigen Stichtag x wurde bereits von *Wittgen* entwickelt[24]. Mit dieser lassen sich die Bestände ermitteln, die für die Zeit nach x bis zum Monatsultimo im Tagesdurchschnitt noch zu halten sind. Überschreitet das Reserve-Ist den so errechneten Soll-Betrag, wurden Mindestreserven „vorerfüllt". Damit ermäßigen sich naturgemäß auch die restlichen Tageserfordernisse. Umgekehrt ist eine Erhöhung der verbleibenden Tageserfordernisse durch geringere Reservehaltung am Tage x möglich. Wittgen bezeichnet die Variation der Mindestreserve-Tageserfordernisse als „Mindestreservenvariation". Sie entsteht durch Variation der Zeitpunkte der Mindestreservehaltung im Zeitablauf und kann als „Antizipation" („Vorerfüllung") oder „Dilation" (Entstehung von temporellen Defiziten) erfolgen[25].

Ausgangspunkt dieser Begriffsbildung ist das jeweilige Tages-Soll, dessen Aussagewert nach Meinung des Verfassers jedoch nur gering ist[26]. Als Ansatz wird diese Größe im folgenden daher nicht verwendet, denn zur Erfüllung der Mindestreserveverpflichtung sind lediglich die im Monatsdurchschnitt gehaltenen ZBG relevant. Weiterhin braucht *Wittgens* Annahme einer täglich konstanten Zahlungsbereitschaftsreserve nicht der Wirklichkeit zu entsprechen. Diese Prämisse ist Voraussetzung für die Gültigkeit der „Grenzen zulässiger Antizipation und Dilation[27]. Vielmehr gehen wir von *variablen* Tages-Mindestbeständen M_j $(j = 1, 2, 3, \dots n)$ aus, wobei es sich um durch die Zahlungsbereitschaftsreserve oder durch sonstige Erfordernisse determinierte ZBG-

---

[24] *R. Wittgen*, Geldpolitik ..., a. a. O., S. 54, 68 ff. Die Variierbarkeit des ZBG-Bestands findet ihre Grenze in der täglichen Zahlungsbereitschaftsreserve. Das Tageserfordernis T_x für alle Tage nach x errechnet sich mit Hilfe der Formel

$$T'_x = \bar{S} - \frac{D}{n-x},$$

wobei $\bar{S}$ das täglich im Monatsdurchschnitt zu haltende Reserve-Soll ist und D die Differenz zwischen den bis einschließlich (x—1) kumulierten ZBG-Ist-Beständen und dem kumulativen Soll bis zum gleichen Zeitpunkt.

[25] *R. Wittgen*, ebenda, S. 68 f.

[26] In Bezug auf die notwendige Erfüllung der Mindestreserveverpflichtung weist Wittgen die Relevanz des Tages-Solls, einer rein rechnerischen Hilfsgröße, nicht nach. Bei der Darstellung der „Antizipation" bzw. „Dilation" spricht er von Mindestreserve-Beträgen, „die *an sich* erst später gehalten zu werden *brauchen*" bzw. „die *eigentlich* ... *hätten* (früher) gehalten werden *sollen*" (Unterstreichungen vom Verfasser), begründet dies jedoch nicht. s. Geldpolitik ..., a. a. O., S. 68 und 69. Vgl. auch Abschnitt B III c 1.

[27] *R. Wittgen*, Geldpolitik ..., a. a. O., S. 72 f., sowie auch *R. Wittgen*, Fragen der bankbetrieblichen Geldpolitik, in: ÖBA, 14. Jg. (1966), S. 234 f.

Bestände handelt[28]. Durch die Variation des Bestandes Z_j um ΔZ_j darf der Wert M_j nicht unterschritten werden. Also gilt

$$Z_j - \Delta Z_j \geqq M_j. \tag{2.04}$$

Der *Tages-Mindestbestand* auf dem LZB-Konto hängt, soweit er die ständige Zahlungsfähigkeit sichern soll, von einer Anzahl noch zu erörternder Faktoren ab, u. a. „vom Grad der Voraussicht der Bank über die Zahlungseingänge und die Zahlungsausgänge"[29]. In Übereinstimmung mit den bei deutschen Kreditinstituten im allgemeinen gegebenen Verhältnissen soll gelten:

$$\sum_{j=1}^{n} M_j \leqq S^* . \tag{2.05}$$

Außerdem ist eine weitere Bedingung einzuführen, die die in Klammerausdruck (2.01) enthaltene zweite unabhängige Variable in Verbindung mit (2.05) modifiziert. Es wird angenommen, daß alle im restlichen Verlauf der Rechnungsperiode zu haltenden Mindestbestände kleiner oder gleich dem bis dahin noch nicht erfüllen Reserve-Soll sind, d. h.

$$S^* - \sum_{j=1}^{x-1} Z_j (n - j + 1) \geqq \sum_{j=x}^{n} M_j \tag{2.06}$$

Zur Realisierung des kumulativen Mindestreserve-Solls muß der monatliche kumulative ZBG-Bestand Z_n^* größer oder gleich S^* sein. Dieser Bestand Z_n^* setzt sich zusammen aus dem mit dem Zeitfaktor gewichteten Anfangsbestand zu Monatsbeginn zuzüglich der gewichteten Summen der täglichen Einzahlungen E abzüglich der der täglichen Auszahlungen A. Die Gewichtung mit einem — unten definierten — Zeitfaktor trägt der aus mindestreservetechnischen Gründen erforderlichen kumulativen Betrachtung Rechnung.

Bezeichnet man den ZBG-Bestand zu Monatsanfang mit B und den ZBG-Bestand an einem beliebigen Tag t_j mit Z_j, gilt die Beziehung

$$Z_j = B + \sum_{j=1}^{j} \left(\sum_{i=1}^{m} E_{ij} - \sum_{i=1}^{m} A_{ij} \right) , \tag{2.07}$$

wobei nach (2.04) stets $Z_j > 0$ gilt[30]. Der Index i $(i = 1, 2, 3, \ldots, m)$ kennzeichnet dabei die laufende Nummer der Ein-(Aus-)zahlungen und der Index j den Tag $(j = 1, 2, 3, \ldots n)$, an dem die Wertstellung dieser Zahlungsvorgänge auf dem Zentralbankkonto erfolgt. Da die Abrechnung

---

[28] So z. B. Publizitätserfordernisse — Vgl. die Abschnitte C III b 3 und F, sowie auch *K. Greshake*, Planung der Mindestreserven durch den Gelddisponenten, in: ZfgK, Jg. 17 (1964), Bd. II, S. 873.

[29] *R. Wittgen*, Geldpolitik . . ., a. a. O., S. 33.

bei der zuständigen Landeszentralbank nur einmal banktäglich vorgenommen wird, ist es sachgerecht, alle einem Tag zuzurechnenden A_i bzw. E_i zusammenzufassen, z. B. $\sum_{i=1}^{m} A_{i1} = A_1$ für den Tag 1. Aus den einzelnen A_j und E_j Größen läßt sich dann ein Differenzwert für jeden Tag ermitteln:

(2.08) $$E_j - A_j = D_j$$

Um den kumulativen Bestand Z^*_n zu ermitteln, müssen B mit der Anzahl der Kalendertage n und die einzelnen D_j-Werte mit ihrem Zeitfaktoren t'_j gewichtet werden. Entsprechend der mindestreservetechnischen Auswirkung von Veränderungen des ZBG-Bestands sind die Zeitfaktoren zu definieren als $t'_j = n\text{-}(x\text{-}1)$.

(2.09) $$Z^*_n = B \cdot n + \sum_{j=1}^{n} D_j \cdot t'_j$$

Da die am Tage t_x entstandene Größe D_x mit $t_x' = (n\text{-}x+1)$ zu gewichten ist, läßt sich auch schreiben

(2.10) $$Z^*_x = B \cdot x + \sum_{j=1}^{x} D_j\,(n-j+1), \text{ mit } (j = 1, 2, 3, \ldots, x)\ ,$$

womit der kumulative ZBG-Bestand an einem beliebigen Stichtag x bestimmt ist.

Als Nebenbedingung gilt

(2.11) $$Z^*_n \geqq S^*$$

oder nach Einfügung einer Schlupfvariablen v

(2.12) $$Z^*_n = S^* + v, \qquad (v \geqq 0).$$

Unter Mindestreserveaspekten stellt v Überschußreserven dar, die zu minimieren sind:

(2.13) $$Z^*_n - S^* \overset{!}{\underline{\underline{\min}}}\ v\ .$$

[30] Im — irrealen — Grenzfall $M_j = 0$ könnte Z_j den Wert Null annehmen, wenn auch $Z_{j-1} = 0$ war oder wenn der Vortagsbestand durch

$$\sum_{i=1}^{m} A_{ij} > \sum_{i=1}^{m} E_{ij}$$

vollständig abgebaut wurde. Negativ kann Z_j nicht werden, da die Deutsche Bundesbank keine Kontoüberziehung zuläßt (Vgl. §§ 19 und 23 Bundesbankgesetz sowie die *Allgemeinen Geschäftsbedingungen der Bundesbank*, besonders die Abschnitte II, III Nr. 17 und VI).

Kehren wir zurück zur Ausgangsgleichung (2.01): Die neben ε_i darin enthaltenen unabhängigen Variablen geben die Grenzen der ZBG-Variation um ΔZ_x an. Hinsichtlich des Mindestbestandes ist nach Bedingung (2.04) $Z_x \geqq M_x$ zu beachten. Diese Grenze bestimmt den Höchstbetrag eines negativen ΔZ_x.

$$(2.14) \qquad |-\Delta Z_{x\,\text{max.}}| = Z_x - M_x$$

Die Variable

$$S^* - \sum_{j=1}^{x-1} Z_j\,(n-j+1)$$

gibt den noch nicht realisierten kumulativen ZBG-Sollbetrag an. Dieser ist in Verbindung mit Gleichung (2.13) gleich dem Maximum des positiven ΔZ_x-Wertes. Es würden Überschußreserven entstehen, wenn

$$\Delta Z_x > S^* - \sum_{j=1}^{x-1} Z_j\,(n-j+1) \; .$$

Der Höchstbetrag eines positiven ΔZ_x ist also

$$(2.15) \qquad |+\Delta Z_{x\,\text{max.}}| = S^* - \sum_{j=1}^{x-1} Z_j\,(n-j+1) \; .$$

Welcher Wert für ΔZ_x innerhalb der Grenzen (2.14) und (2.15) gewählt wird, bestimmt die Größe ε_i (s. o.). Bei einer Teilung der Mindestreserveperiode[31] in einen Zeitraum von $j = 1$ bis s und einen solchen von $i = s + 1$ bis n kann man schreiben

$$(2.16) \qquad Z_n^* = B \cdot n + \sum_{j=1}^{s} D_j\,(n-j+1) + \sum_{i=s+1}^{n} D_i\,(n-i+1) \; ,$$

wobei $(j = 1, 2, 3, \ldots, s)$ und $(i = s + 1, s + 2, \ldots, n)$.

Angenommen, die zweite Hälfte der rechten Seite der Gleichung nimmt den Wert Null an, so daß in Verbindung mit (2. 11), (2.12) und (2.13)

$$S^* \leqq B \cdot n + \sum_{j=1}^{s} D_j\,(n-j+1)$$

gilt, gäbe es für eine solche Situation zwei Erklärungen:

---

[31] Da der Kalendermonat die Bezugsbasis für die Berechnung der Ist-Reserve ist, kann die Bank ihre Mindestreserveverpflichtung schon mehrere Tage vor dem Ultimo voll erfüllt haben, so daß die Höhe ihres ZBG-Bestands an den restlichen Tagen dann von den weiteren Zielen der Geldpolitik bestimmt werden würde.

1. Sämtliche täglichen Ein- und Auszahlungen der Periode i hätten sich jeweils kompensiert, oder
2. die entstandenen Tagessalden hätten sich im Verlauf der Periode i ausgeglichen.

Der an zweiter Stelle genannte Vorgang wird nun zur Erläuterung der Interdependenz der Parameter ΔZ und t_j untersucht: Wir gehen davon aus, daß an einem Stichtag x eine Veränderung des ZBG-Bestands um D_x eingetreten ist oder noch vorgenommen werden soll. Die Bank interessieren die ZBG-Volumina und die Zeitpunkte, die zur Kompensation dieser Veränderung D_x gewählt werden könnten. Unterstellt man, daß die restlichen Kalendertage der Periode alle Banktage sind und daß eine geldpolitische Variation je Tag erfolgen kann, so bestehen $(n\text{-}x)$ Möglichkeiten zur Veränderung des ZBG-Bestands an den Tagen nach x, wobei $x < n$. Da D_x einen bestimmten Betrag darstellt, handelt es sich bei den in der Periode $(x+1, x+2, \ldots, n)$ gewählten kompensatorischen ΔZ-Werten um Beträge mit im Vergleich zu D_x umgekehrten Vorzeichen, die in Abhängigkeit von dem in diesem Zeitraum fixierten Stichtag variieren. Dieser Stichtag sei als y bezeichnet $(y = x+1, x+2, \ldots, n)$. Erst nach der Variation um den ΔZ-Wert ist ceteris paribus die vor der Änderung D_x bestehende Mindestreserveposition der Bank wiederhergestellt. Bei der Variation um ΔZ handelt es sich hier also um einen rein kompensatorischen Vorgang. Der gesuchte Betrag ΔZ_y ergibt sich aus der Gleichung

$$\Delta Z_y = -D_x (y - x + 1) \tag{2.17}$$

oder bei positivem D_x

$$-\Delta Z_y = D_x (y - x + 1). \tag{2.18}$$

Da die Bank den ersten Stichtag x und den Betrag D_x stets vorher kennt (bzw. zu schätzen hat), kann sie aus (2.17) oder (2.18) leicht die entsprechenden kompensatorischen Werte errechnen. Ein Beispiel: In einem Monat von 30 Tagen ($n = 30$) ergibt sich am Tage $x = 12$ eine Verminderung des ZBG-Bestands um 100 Einheiten. Die Bank prüft, ob sie diesen Betrag (I) erst am Ultimo oder (II) bereits früher, etwa am 20., eindecken sollte.

Nach Formel (2.17) ist im Falle I

$$\Delta Z_y = -(-100)(30 - 12 + 1) = 1900 \text{ und im Fall II}$$
$$\Delta Z_y = -(-100)(20 - 12 + 1) = 900.$$

Zur Wiederherstellung des bis zum Tag $(x-1)$ vorhandenen Mindestreservegleichgewichts müßte die Bank entweder in $(y = 30)$ 1900 oder z. B. in $(y = 20)$ 900 Einheiten beschaffen.

Strebt die Bank beispielsweise an einem künftigen Tag $y = 29$ einen Bestand M_y an durch Erhöhung von Z_{y-1} um $D_y = 1000$, so kann sie den kompensatorischen Betrag ΔZ_x am Tage $x = 15$ mit Hilfe einer Umwandlung von Formel (2.18) ermitteln:

(2.19)
$$-\Delta Z_x = \frac{D_y}{y-x+1}$$

$$-\Delta Z_{15} = \frac{1000}{29-15+1} = 66{,}\bar{6} \approx 67$$

In mindestreservetechnischer Hinsicht entspricht ceteris paribus demnach eine Reduzierung des ZBG-Bestands am 15. d. M. um 67 Einheiten einer Erhöhung um 1000 Einheiten am 29. d. M.

Multipliziert man (2.19) mit (—1), ergibt sich

(2.20)
$$\Delta Z_x = -\frac{D_y}{y-x+1}$$

Es wurde hiermit gezeigt, wie die Bank durch Einsetzen der effektiv bekannten Vergangenheitswerte (bzw. künftiger Plangrößen) D_x oder D_y die Werte der zu errechnenden ZBG-Variation ΔZ_y oder ΔZ_x ermitteln kann. Sie ist somit in der Lage, die zeitliche Verteilung des ZBG-Bestands zu variieren, ohne dadurch insgesamt ihre Mindestreserveposition zu verändern. Hierbei liegt der Tag x zeitlich stets früher als der Tag y.

Wünscht die Bank keine Kompensation einer Variation D_j, so kann sie die gesuchte Auswirkung dieser Variation auf den kumulativen ZBG-Bestand Z^*_n oder Z^*_x mit Hilfe der Formeln (2.09) oder (2.10) errechnen.

Eine teilweise Kompensation läßt sich durch Anwendung der Formeln (2.17) bis (2.20) ermitteln, deren rechte Seite jedoch dann mit einem Gewichtungsfaktor k zu multiplizieren ist, der das Maß der gewünschten Kompensation berücksichtigt. Wenn die Bank beispielsweise eine Erhöhung in $y = 20$ um 1000 Einheiten plant, jedoch in $x = 16$ diese Variation nur zu 25 % kompensieren möchte, müßte sie nach (2.20) wie folgt rechnen:

$$\Delta Z_{16} = -\frac{1000}{20-16+1} \cdot 0{,}25 = -50$$

Die Bank hätte den Bestand also um 50 Einheiten zu vermindern. Ein zweites Beispiel: In $x = 10$ sei eine Verminderung um 50 eingetreten, die die Bank in $y = 25$ zu $k = 0{,}60$ ausgleichen möchte. Nach (2.17) ergibt sich

$$\Delta Z_{25} = -(-50)\,(25-10+1) \cdot 0{,}60 = 480.$$

Bei einer angestrebten 60%igen Kompensation der ursprünglichen Verminderung müßte die Bank in diesem Falle am 25. d. M. ihren Bestand um 480 erhöhen. Über die Wahl des Kompensationsmaßes entscheidet die im Kapitel D noch zu behandelnde Strategie.

III. Das Instrumentarium der Geldpolitik

a) Übersicht

Die vorangegangene allgemeine Analyse der Aktionsparameter geldpolitischer Maßnahmen zur Variation der Ist-Reserve hat für die folgende Untersuchung im wesentlichen drei *Ergebnisse* gebracht:

(1) Bestimmung der funktionellen Abhängigkeiten einer von der Bank vorgenommenen Variation ihres ZBG-Bestands,

(2) Darlegung der Auswirkung unterschiedlicher Kombinationen der drei Aktionsparameter auf den ZBG-Bestand, deren Kenntnis eine Voraussetzung für die Auswahl von (im Hinblick auf die geldpolitischen Ziele) optimalen Mittelkombinationen ist,

(3) Ermittlung praktikabler Formeln zur Errechnung der Werte, um die die Bank ihren ZBG-Bestand auf der Grundlage einer jeweils gegebenen Strategie variieren müßte.

Nach dieser Analyse sollen nun die zur Realisierung der geldpolitischen Ziele geeigneten Instrumente dargestellt werden. Vor dem Einsatz der Mittel zur Beeinflussung des ZBG-Ist-Bestands hat die Bank stets zu prüfen, ob das durch die vorgesehene Zusammensetzung der drei Parameter zwangsläufig herbeigeführte Ergebnis der angestrebten Zielkonstellation entspricht (vgl. Abschnitt D II).

Die einzelnen *Instrumente* der Geldpolitik teilen sich zunächst in zwei Gruppen, je nachdem, ob die Anwendung *direkt* zu einer *Veränderung des ZBG-Bestands* führt *oder indirekt* durch Variation des Mindestreserve-Solls. Bei der direkten Veränderung könnten zwei Untergruppen gebildet werden, da eine Unterscheidung aktiver und passiver Verhaltensweisen der Bank möglich ist. Als „aktiv" gelten alle bestimmte Zahlungsströme auslösende oder lenkende Handlungen der Bank, die den ZBG-Bestand direkt beeinflussen sollen. (Unerheblich ist dabei, ob diese Handlungen Reaktionen auf vorangegangene Veränderungen darstellen oder ob sie unabhängig von solchen Vorgängen geschehen.) Eine passive Verhaltensweise stellt die Unterlassung von Anpassungsmaßnahmen dar. Rational wäre diese nur, wenn die Unterlassung in Übereinstimmung mit den Erfordernissen der geldpolitischen Ziele steht. Passive von aktiven Verhaltensweisen zu unterscheiden hätte also nur dann einen Sinn, wenn man bei der „Unterlassung“ an Anpassungsmaßnahmen denkt, die die Bank ursprünglich für einen bestimmten Zeitpunkt vorgesehen hatte und deren Vollzug sich später infolge von Datenänderungen als überflüssig erwies (vgl. dazu Abschnitt E III d). Außer in Bezug auf solche Planänderungen vermittelt die Unterscheidung eines passiven Verhaltens keine Erkenntnis. Daher verfolgen wir diesen Gedanken nicht weiter und beschränken uns auf die eingangs erwähnte Einteilung des geldpolitischen Instrumentariums in Maßnahmen zur direkten und solche zur indirekten Variation des ZBG-Bestands.

Im folgenden wenden wir uns zuerst der direkten Variation zu, die sich in die Instrumente „Geldgeschäfte“ und „Timing von Zahlungen“ gliedert. — Eine zusammenfassende Übersicht über das geldpolitische Instrumentarium zeigt Abb. 5 am Ende dieses Kapitels.

b) Direkte Variation des ZBG-Bestands

1. Geldgeschäfte

(11) Kennzeichnung der Geldgeschäfte

Nach *Wittgen* ist ein Geldgeschäft

„ein Rechtsgeschäft, das zwischen zwei Kreditinstituten oder einem Kreditinstitut und der Zentralbank abgeschlossen wird, die befristete oder unbefristete Überlassung von Zentralbankguthaben durch einen Kontrahenten an den anderen zum Gegenstand hat und mit dem von einem oder von beiden Kontrahenten eine Veränderung des Zentralbankguthaben-Bestandes angestrebt wird“[1].

Bemerkenswert an dieser Definition ist neben der Tatsache, daß sie mehrere, für gleichartige oder ähnliche Geschäfte bereits in der Literatur verschiedentlich genannte Kriterien kombiniert, vor allem die Betonung der *Zweckbestimmung* des Geschäfts. Die spezifische Funktion der Geldgeschäfte, die sie von allen anderen Bankgeschäften unterscheidet, besteht nämlich in der *Variation des ZBG-Bestands*. Alle weiteren, mit einem Geldgeschäft möglicherweise noch verfolgten Absichten treten hinter dieser Aufgabe zurück. Ein Geldgeschäft zeichnet sich also durch folgende Eigenschaften aus:

(a) Es ist ein *Vertrag* zwischen zwei Geschäftspartnern, davon *mindestens einem Kreditinstitut*. In Abweichung von der oben zitierten Begriffsbildung soll hier jedoch davon ausgegangen werden, daß Geldgeschäfte von einem Kreditinstitut grundsätzlich auch mit Nichtbanken abgeschlossen werden können, sofern das Institut damit primär eine Veränderung seines ZBG-Volumens bezweckt[2].

---

[1] *R. Wittgen*, Geldpolitik ..., a. a. O., S. 51.

(b) Gegenstand des zweiseitigen Rechtsgeschäfts ist die *Überlassung von ZBG* durch einen Partner, wobei die Art der Gegenleistung unerheblich ist.

(c) Mindestens einer der Kontrahenten betrachtet das *Geschäft* als *geeignet*, damit eine bestimmte, von ihm gewünschte *Veränderung des ZBG-Bestands* herbeizuführen. Grundsätzlich eignen sich alle Aktiv- und Passivgeschäfte einer Bank.

(d) Die *geldpolitische Zweckbestimmung* des Geschäfts *dominiert* bei mindestens einem Kontrahenten.

Da für die terminologische Abgrenzung des Geldgeschäfts die mit dem Geschäftsvorfall verfolgte Absicht des Akteurs, d. h. also des verantwortlichen Gelddisponenten maßgeblich ist, läßt sich mit Sicherheit nur im Einzelfall durch Äußerung des Entscheidungsträgers erkennen, ob ein Geldgeschäft vorliegt oder nicht. In einer unternehmenspolitischen Arbeit, die sich in erheblichem Maße auch mit der notwendigerweise subjektiv bedingten Zweckbestimmung von Entscheidungen befaßt, erscheint eine Begriffsbildung, deren Kriterien das funktionsspezifische Ziel der handelnden Akteure enthalten, sachgerecht. Dieses Merkmal wollen wir auch in unserer nun folgenden Definition herausstellen:

Ein Geldgeschäft ist ein von einem Kreditinstitut in der Absicht geschlossener Vertrag[3], damit unmittelbar eine bestimmte Veränderung seines ZBG-Bestands herbeizuführen, wobei die in ZBG zu leistenden bzw. zu empfangenden Zahlungen mit nahezu sicheren Erwartungen verbunden sein müssen. Das Kriterium nahezu sicherer Erwartungen gilt also für die Initial- als auch für die Reversionszahlung[4]. Dieses Begriffspaar wird nur für Geschäfte verwendet, bei denen der Geldnehmer zu einem späteren Zeitpunkt zur Rückzahlung des Betrags verpflichtet ist. Bei Beschaffungen von ZBG gegen Veräußerung von Vermögensteilen oder Verwertungen von ZBG zum Kauf anderer Aktiva sind ZBG demgegenüber Gegenstand lediglich eines Zahlungsvorgangs, so daß in solchen Fällen nur von „Zahlung" gesprochen werden soll (s. u.).

Ausfall- und Terminrisiken sind bei Geldgeschäften demnach so gut wie nicht gegeben, so daß sich diese Geschäfte zur Sicherung der Zahlungsfähigkeit in besonderem Maße eignen. Während das Ergebnis, das der Einsatz des Mittels Geldgeschäft in Bezug auf seine zeitliche und

---

[2] Dem steht nicht entgegen, daß solchen in dieser Absicht mit staatlichen Stellen, Nichtbankunternehmen oder Privatleuten getätigten Geschäften in der Praxis nur eine marginale Bedeutung zukommt.

[3] Rechtlich handelt es sich beim Geldgeschäft anders als bei den übrigen geldpolitischen Instrumenten um einen zweiseitig verpflichtenden Vertrag.

[4] Vgl. *R. Wittgen*, Geldpolitik ..., a. a. O., S. 51.

quantitative Auswirkung auf den ZBG-Bestand erwarten läßt, nahezu sicher feststeht, kann die Bank jedoch keineswegs mit Quasi-Sicherheit davon ausgehen, daß die für den Zeitpunkt dieser Auswirkung des Mitteleinsatzes angenommene Datenkonstellation tatsächlich eintrifft. So können aufgrund der unvollkommenen Information über die autonomen Zahlungsvorgänge die durch Geldgeschäfte induzierten Zahlungen zu knapp oder zu reichlich bemessen sein oder zu einem ex post unerwünschten Zeitpunkt wirksam werden. Eine *dispositive* Tätigkeit ist die *Wahl* von Geldgeschäfts-Alternativen also insofern, als sie *unter unvollkommener Information* über die relevante Datenentwicklung erfolgen muß[5]. Die begrenzte Übersicht über diese Entwicklung hat u. a. zur Folge, daß die Laufzeit von Geldgeschäften sich nur auf entsprechend kurze Fristen erstreckt[6]. Wenn der Zeitpunkt der Reversionszahlung so weit in die Zukunft fällt, daß die Bank diesen Zahlungseingang nicht mehr mit nahezu sicheren Erwartungen verbinden kann, ist nicht von einem „Geldgeschäft" zu sprechen. (Es liegt auch kein Geldgeschäft vor, wenn die Bank sich beim Abschluß des Geschäfts nicht in erster Linie von einem Aktionsziel der Geldpolitik leiten läßt, sondern von anderen Zielen.)

(12) Geldmarkt und Geldmarktgeschäfte (Exkurs)

Geldgeschäfte sind nicht identisch mit Geldmarktgeschäften, einer ex definitione am „Geldmarkt" getätigten Art von Bankgeschäften. Während unser Abgrenzungskriterium für *Geldgeschäfte* ein einzelwirtschaftliches *Ziel* ist, werden *Geldmarktgeschäfte* meist in bezug auf bestimmte *Handelsobjekte* und *Marktpartner* definiert. In der Literatur sind „Geldmarkt" und „Geldmarktgeschäfte" Gegenstand zahlreicher, teilweise erheblich voneinander abweichender Begriffsbildungen, auf die nicht näher eingegangen werden kann[7]. Für diese Arbeit ist lediglich

---

[5] Vgl. auch Abschnitt A I b. — Im nachfolgenden Unterabschnitt (13) werden die bedeutendsten Alternativen sowie die Wahlkriterien kurz skizziert. Ob sich die Kriterienkonstellation, die dem gewählten Geldgeschäft eigen ist, ex post als die beste erweisen wird, ist ex ante angesichts der unsicheren Datenentwicklung fraglich. Die Entscheidung für eine bestimmte Datenkonstellation und damit ebenfalls für eine Geldgeschäfts-Alternative ist ein dispositiver Akt. — Vgl. ferner E III c 2.

[6] Eine Laufzeit haben naturgemäß nur solche Geldgeschäfte, die eine lediglich befristete Veränderung des ZBG-Bestands herbeiführen. Vgl. dazu E III c 2 und zur Frage des Zeitraums E III b 2.

[7] Vgl. z. B. die zusammenfassende Darstellung von *M. Philipp*, Die Problematik einer theoretischen Abgrenzung von Geldmarkt und Kapitalmarkt, in: BFuP, Jg. 20 (1968), S. 167—178; *G. Schmid*, Der deutsche Bankengeldmarkt heute. Eine Untersuchung unter besonderer Berücksichtigung des Bankplatzes Frankfurt am Main, Diss. Tübingen 1965, S. 4 ff. sowie auch *B. Benning*, Geldmarkt, in E. L. Geld-, Bank-, Börsw., 3. Aufl., Bd. I, S. 589—594; *D. Bachmann*, Der Geldmarkt der Banken, in: BFuP, Jg. 20 (1968), S. 597 f.; *E. Brehmer*,

eine Klärung des nachfolgend oft verwendeten Terminus „Geldmarkt“ sowie eine Abgrenzung der Geldgeschäfte wichtig.

Die heute überwiegend gebräuchliche Fassung des Geldmarktbegriffs geht zurück auf L. Albert Hahn[8], der in enger Anlehnung an den Sprachgebrauch der Bankpraxis feststellt, daß am Geldmarkt nur „Reichsbankgeld“ („Noten oder Giroguthaben“) gehandelt wird und daß als Marktpartner „im wesentlichen nur Banken auftreten“. Geldgeber könne auch die Zentralbank des Landes sein[9]. Nach Gestrich[10] ist „der Geldmarkt ... nichts weiter als das gegenseitige Austauschen von Reichsbankgeld-Überschüssen und Fehlbeträgen der Banken untereinander ...“. Schließt man mit Gestrich auch den „An- und Verkauf geldmarktfähiger Titel“ mit ein und definiert „Reichsbankgeld“ in „Zentralbankguthaben“ um, so erscheint seine Begriffsbildung nach wie vor brauchbar. Marktobjekte und Marktsubjekte des Geldmarkts sind damit genannt, werden nachfolgend hier jedoch noch präzisiert. Der Abgrenzung von Kapitalmarkt dient das Kriterium Fristigkeit, da am Geldmarkt nach heute allgemeiner Auffassung nur „kurzfristige“ Finanzmittel gehandelt werden[11].

Für die vorliegende Arbeit ist der Geldmarkt ein *organisierter Markt*[12] *für disponible Zentralbankguthaben und Geldmarktpapiere.* Kriterien sind somit:

(a) Die Marktobjekte,

(b) Das Vorhandensein eines „organisierten“ Marktes.

Zu (a): Eine Abgrenzung nach den gehandelten Gütern entspricht der herkömmlichen Theorie[13]. Im Gegensatz zu der in der älteren Literatur vielfach vertretenen Auffassung[14] rechnet man heute Geschäftsbanken-

---

Struktur und Funktionsweise des Geldmarktes der Bundesrepublik Deutschland seit 1948 — Zugleich eine theoretische Grundlegung für Geldmärkte im allgemeinen, 2. Aufl., Tübingen 1964, S. 3 und 101 ff.; *F. Höfermann,* Geldmarkt und Geldmarktgeschäfte, Frankfurt/M. 1959, S. 9 und 68.

[8] *L. A. Hahn,* Zur Theorie des Geldmarktes, in: Archiv für Sozialwissenschaft und Sozialpolitik, Bd. 51 (1924), S. 289—321.

[9] Ebenda, S. 295 und 297, Zitate im Original teilweise gesperrt.

[10] *H. Gestrich,* Kredit und Sparen, 2. Aufl., Godesberg 1947, S. 86 (im Original gesperrt).

[11] Vgl. insbesondere *H. Lipfert,* Der Geldmarkt, 6. Aufl., Frankfurt/M. 1967, S. 11; *Oswald Hahn,* Geld- und Devisenhandel, Stuttgart 1964, S. 7 und *M. Hein,* Die internationalen Geldmarktgeschäfte westdeutscher Banken, Berlin 1966, S. 16 f.

[12] Ein „Markt“ ist nach *H. v. Stackelberg* (Grundlagen der Theoretischen Volkswirtschaftslehre, 2. Aufl., Tübingen/Zürich 1951, S. 19) „die gedankliche Zusammenfassung aller Kauf- und Verkaufsakte eines bestimmten Gutes innerhalb eines bestimmten Gebietes und Zeitraumes“. — s. auch *H. Möller,* Markt, Marktformen und Marktverhaltensweisen, in: HdB, Bd. III, Stuttgart 1960, Sp. 3894, der dieselben Kriterien nennt. „Die Abgrenzung eines Marktes ... richtet sich im Einzelfall nach dem Zweck der Darstellung oder Untersuchung.“

[13] Vgl. die vorangegangene Fußnote und auch *E. Brehmer* (a. a. O., S. 71).

giralgeld zumeist nicht mehr zu den Objekten des Geldmarktes, da der Handel mit Sichtguthaben bei Korrespondenzbanken nicht üblich ist[15]. Uneinigkeit besteht darüber, ob neben Zentralbankguthaben auch Geldmarktpapiere zu den Objekten des „Geldmarktes“ gezählt werden sollten. Der Verfasser bejaht[16] dies aufgrund der Liquiditätseigenschaften der Geldmarktpapiere (s. u.).

Zu (b): Ein *organisierter Markt* besteht dann, wenn die Marktteilnehmer bestimmten Anforderungen genügen müssen und die Umsatztätigkeit sich in fest umrissenen, *standardisierten Formen* vollzieht. Die Anforderungen, die über den Zugang zum Markt entscheiden, werden durch Kriterien institutioneller und bonitätsmäßiger Art festgelegt, während die Handelsusancen sich im Verlauf der historischen Entwicklung herausgebildet haben. Diese Usancen sowie die den Marktzugang regelnden Kriterien unterscheiden sich inhaltlich (die Bonität in der Gradabstufung) von Land zu Land[17]. So kommen als *Marktteilnehmer* in der BRD nur *die Geschäftsbanken und die Zentralbank* in Betracht[18], in den USA hingegen auch Nichtbanken (im Handel mit Geldmarktpapieren). Allgemein kann gesagt werden, daß die „Marktteilnehmer“ sich auf solche Wirtschaftssubjekte beschränken, die bei funktionierendem Marktmechanismus jederzeit Umsätze in den genannten Objekten zu den jeweiligen Marktkonditionen tätigen können[19]. Unabhängig von der im

---

[14] So bei *Fritz Lehmann*, Der Mechanismus des deutschen Geldmarktes, in: Festschrift für Eugen Schmalenbach, Leipzig 1933, S. 217 f.

[15] Vgl. die Begründung im Abschnitt B II a. Die ZBG gelten graduell als sicherer und dienen zur Erfüllung der Mindestreservepflicht. Daher werden Nostroguthaben in Inlandswährung auf den durch den allgemeinen Zahlungsverkehr erforderlichen Stand beschränkt.

[16] Ablehnend hingegen *M. Hein*, Die internationalen Geldmarktgeschäfte ..., a. a. O., S. 16 sowie auch *M. Hein*, Strukturtypen nationaler Geldmärkte, in: ZfB, 37. Jg (1967), S. 534 — Zustimmend u. a. *Obst* und *Hintner*, Geld-, Bank- und Börsenwesen, 36. Aufl., Stuttgart 1967, S. 551.

Als Vertreter der engsten Fassung des Geldmarktbegriffs („Handel mit Zentralbankgiroguthaben zwischen den Kreditinstituten“) wäre neben M. Hein, bzw. zeitlich davor, C. Köhler zu nennen: *C. Köhler*, Der deutsche Geldmarkt. Alimentierung und kreditpolitische Beeinflussung, in Zeitfragen der Kreditwirtschaft, Hrsg. Bank für Gemeinwirtschaft, Frankfurt 1964, S. 41. Die von *H. Brandes*, Der Euro-Dollarmarkt, Wiesbaden 1968, S. 10, gewählte Unterscheidung zweier Marktbereiche, einen „für Geldmarktpapiere“ und einen „für Geldmarktkredite“ erscheint terminologisch unzutreffend, da der Ankauf von Geldmarktpapieren eine Kreditgewährung einschließt.

[17] Vgl. hierzu auch *H. Brandes*, a. a. O., S. 16 f.

[18] So werden in der BRD Zentralbankguthaben de facto nur unter Banken gehandelt, obwohl auch staatliche Stellen und private Nichtbanken über Zentralbankguthaben verfügen. Bestimmte Geldmarktpapiere können die Banken nur von der Bundesbank kaufen und an sie zurückgeben. In diesem Fall handelt es sich um einen regulierten, unvollkommenen Markt i. S. *H. v. Stackelbergs* (a. a. O., S. 231 f.).

[19] Nicht erfaßt werden somit u. a. sporadische Umsätze zwischen Nichtbanken in Geldmarktpapieren und unter währungspolitischen Gesichtspunkten erfolgende Transaktionen zwischen Zentralbanken.

einzelnen gewählten Begriffsbestimmung ist man sich in der neueren Literatur darin einig, daß der Geldmarkt durch ein hohes Maß an „Institutionalisierung“ und „strenge, rationelle Usancen“ gekennzeichnet ist[20].

Eine Abgrenzung der „Geldmarktgeschäfte“ hat sinnvollerweise auf der Basis des Geldmarktbegriffs zu erfolgen, d. h. ihr liegt eine mit Hilfe objektiver Kriterien definierte Gesamtheit bestimmter Marktbeziehungen zugrunde. Ein „Geldmarktgeschäft“ ist ein solches Geschäft stets für alle Beteiligten. Für „Geldgeschäfte“ (im Sinne des Verfassers) gilt dies hingegen nicht, da sich die Begriffsbildung auf eine bestimmte Zielsetzung, also ein subjektives Element stützt. Eine Marktbeziehung kann nicht ohne weiteres über die Ziele etwas aussagen, die individuelle Wirtschaftssubjekte zur Teilnahme am Marktgeschehen veranlaßt haben. Aufgrund des unterschiedlichen Bezugspunktes in der Begriffsbildung sind „Geldmarktgeschäfte“ und „Geldgeschäfte“ scharf voneinander zu trennen, was in der Literatur bisher versäumt wurde.

Die im Schrifttum vorzufindende kasuistische Abgrenzung von Geldmarktgeschäften[21] eignet sich nicht für eine theoretische Analyse der bankbetrieblichen Geldpolitik. Die Tatsache, daß man sich bei der Definition „des“ Geldmarktes auch in der neueren Literatur vielfach einer Kasuistik bedient und den Markt nicht anhand weniger Kriterien definiert, zeigt, daß Begriffsbildungsversuche mit Hilfe allgemeingültiger Kriterien als unbefriedigend empfunden werden, offenbar weil sie im Vergleich zu dem Sprachgebrauch der Praxis in den verschiedenen Ländern zu viele Differenzen entstehen lassen. Allgemeine Definitionen des Geldmarktes sind bisher nur insoweit lückenlos und realitätsnah gelungen, als sie sich ausdrücklich auf die Gegebenheiten in einem bestimmten Land beziehen[22].

(13) Systematisierungsmöglichkeiten

Fragt man nach einer Ordnung der Bankgeschäfte im Hinblick auf ihre Eignung als Geldgeschäfte, so bietet sich einmal eine Gliederung nach ihren geldpolitischen Wirkungen an: Eine Morphologie der Geldgeschäfte könnte so mit Hilfe der im Abschnitt B II b entwickelten Parameter aufgestellt werden. Hinsichtlich der Richtung der ZBG-Variation wären eine Erhöhung und eine Verminderung bewirkende Geschäfte zu unterscheiden. In bezug auf den Zeitpunkt kämen sofort wirk-

---

[20] Vgl. *H. Brandes,* a. a. O., S. 14.

[21] So u. a. bei *H. Lipfert,* Der Geldmarkt, a. a. O., S. 14 f.

[22] s. auch *M. Hein,* Strukturtypen nationaler Geldmärkte, a. a. O., S. 534: „Darstellungen über Probleme des Geldmarktes kennzeichnet fast durchweg die enge empirische Bindung. Nur selten geht man von den institutionellen Besonderheiten im jeweiligen Lande ab.“

same Maßnahmen in Betracht und solche, mit denen die Veränderung erst in der Zukunft angestrebt wird. Eine Untergliederung anhand dieser Kriterien erscheint jedoch nicht ergiebig.

Ein anderer Systematisierungsansatz besteht in der Typisierung der Bedingungen, die den Einsatz von Geldgeschäften erfordern. Danach können einzelne Arten von Bankgeschäften als für Geldgeschäftszwecke geeignet charakterisiert werden. Die Frage der Eignung setzt Klarheit über die relevanten Kriterien voraus, d. h. es müssen die Ziele der Geldpolitik einschließlich ihrer situationsgebundenen Struktur und Dringlichkeit bekannt sein. Erst dann kann die Bank Geschäftsmöglichkeiten in Abhängigkeit von der für ihren Betrieb jeweils zutreffenden Datenkonstellation ordnen. *Wittgen* nennt als *Eignungskriterien* Laufzeiteignung, Mobilitätsgrad, Betragseignung, Risikensituation und Gewinnwirksamkeit[23]. Da sich die Risikensituation geldpolitisch auf die materielle Laufzeit bezieht und die Betragseignung in der Regel als gegeben angenommen werden darf (s. u.), kann die Bank die Alternativen im Rahmen einer dreidimensionalen Darstellung ordnen, deren Achsen die Laufzeit, der Mobilitätsgrad und die Gewinnwirksamkeit sind.

Aus noch zu erläuternden Gründen wird die *Betragseignung* meist erst am letzten Geschäftstag der Mindestreserveperiode wichtig, da die Bank dann eine möglichst betragsgenaue Erfüllung ihrer Mindestreservepflicht anstrebt[24]. An den übrigen Tagen kann die Bank bei Aufnahmen von ZBG etwas höhere und bei Hergaben geringere Beträge vereinbaren, als sie für geldpolitisch optimal ansieht[25]. Diese Abweichungen würden zwar zu Lasten der Gewinnsituation gehen, dürften jedoch zu vernachlässigen sein, da die Betragsstufen der Standard-Geldgeschäftsmöglichkeiten im allgemeinen eng aufeinanderfolgen. Das Problem der Betragseignung nimmt mit wachsender Größe des Kreditinstituts ab, denn der Umfang der für Geldgeschäfte zur Verfügung stehenden Aktiva vergrößert sich dann bei außerdem zunehmend differenzierter Intra-Struktur, es verbessern sich die Alternativen im Passivgeschäft nach Zahl und Art, und die relative Bedeutung der Beträge einzelner Geschäfte geht zurück. Eine Großbank wird beispielsweise in ihrem Portefeuille rediskontfähiger Wechsel eher den geeigneten Betrag finden als eine kleine Privatbank. Dem großen Institut steht der Geldmarkt „erster Adressen" offen, wo beispielsweise Tagesgeld in hohen Standard-Beträgen (1 Mio. DM und einem mehrfachen davon) gehandelt

---

[23] *R. Wittgen*, Geldpolitik ..., a. a. O., S. 75 ff. — Zur Ergänzung dieser Kriterien durch das der bilanzoptischen Opportunität s. Abschnitt E III c 2 dieser Arbeit.

[24] Die Reservepflicht muß einerseits erfüllt, andererseits aber zur Vermeidung von Opportunitätskosten auch nicht mehr als erfüllt werden. Vgl. die Abschnitte B III c 1, C III b 2 und D I a 2.

[25] Vgl. ebenda und *R. Wittgen*, Geldpolitik ..., a. a. O., S. 79.

wird, also in für kleinere Banken unpassenden Summen. Es soll daher nicht verkannt werden, daß für letztere Institute die Betragseignung zu einem Entscheidungskriterium werden kann, doch aufgrund ihrer konkurrierenden Beziehung zur Gewinnwirksamkeit sei sie im folgenden nicht weiter behandelt[26].

Die zuletzt angesprochene Systematisierung der Geldgeschäfte kann nicht nur in der angedeuteten graphischen, sondern auch in einer tabellarischen Form dargestellt werden. In Tabelle 1 werden dazu einzelne typische Geschäftsarten aufgeführt, auf die sich die Alternativen in der konkreten Entscheidungssituation allerdings keineswegs beschränken müssen. Bei den inhaltlichen Angaben zu den Entscheidungskriterien begnügen wir uns mit einer ordinalen Formulierung. Demnach können als Geldgeschäfte in Betracht kommende Bankgeschäfte wie folgt klassifiziert werden:

Tabelle 1: **Eignung ausgewählter Bankgeschäfte als Geldgeschäfte**

Kriterium / Geschäftsart	Fristigkeit			Gewinnwirksamkeit
	Laufzeit		Mobilitätsgrad	
	mittelfristig	kurzfristig		
I. Tägliches Geld	schlecht	gut	sehr hoch	i. d. R. niedrig
(Lombardierung)	schlecht	gut	sehr hoch	hoch
Termingeld	mittel bis gut	schlecht	niedrig	mittel bis hoch
Geldmarktpapiere	gut	schlecht	hoch	mittel
II. Rediskont von Handelswechseln	gut	mittel	A: niedrig (E: hoch)	mittel
III. Effekten	schlecht	schlecht	niedrig	hoch
Kredite an Nichtbanken	schlecht	schlecht	niedrig	hoch

Zu II: A (E) = Im Falle einer zu bewirkenden Auszahlung (Einzahlung)

[26] Eine kleine Bank müßte z. B. bei einer Geldaufnahme am Tagesgeldmarkt für den ihr geeigneten Betrag einen höheren Zins zahlen, als eine größere Bank für einen Standard-Betrag. Letztere wird u. U. nur am letzten Geschäftstag des Monates einen „krummen" Betrag aufnehmen oder geben wollen, wobei sie den durch die mangelnde Betragseignung entstehenden Zinsnachteil gegen den entgangenen Ertrag abwägt, der bei einer Realisierung von Überschußreserven entstehen würde.

Unter I. wurden in Tabelle 1 Geldmarktgeschäfte aufgeführt. „Tägliches Geld“ soll als Oberbegriff für Tagesgeld, Ultimogeld und sonstiges täglich fälliges Geld stehen. Die unter III. genannten Geschäfte sind Beispiele für solche, die als Geldgeschäfte im allgemeinen kaum in Betracht kommen (s. u.). Für welches Geschäft unter den gegebenen Geldgeschäftsmöglichkeiten die Bank sich im Einzelfall entscheidet, hängt im wesentlichen von ihren Erwartungen hinsichtlich der Dauer ihres ZBG-Bedarfs bzw. Überschusses sowie der Entwicklung der relevanten Zinssätze ab. (vgl. Abschnitt E III c 2). Eine — untergeordnete — Rolle können bei der Entscheidung auch die technische Abwicklung sowie der Verwaltungsaufwand spielen.

Beim *Laufzeit*kriterium wurde in Tabelle 1 lediglich zwischen kurzen und mittleren Fristen unterschieden, wobei „kurz“ den Zeitraum bis zum Ende der laufenden Mindestreserveperiode kennzeichnen soll und „mittel“ eine Frist von im allgemeinen bis zu 90 Tagen[27], ggf. auch die Zeit bis zum Jahresultimo[28]. Längere Laufzeiten sind für Geldgeschäfte irrelevant, denn Veränderungen des ZBG-Bestands lassen sich für ein Quartal überschreitende Zeiträume mit hinreichender Genauigkeit meist kaum vorhersehen. — Bei Handelswechseln und Geldmarktpapieren hängt die Laufzeiteignung von den jeweiligen Restlaufzeiten dieser Instrumente ab. Die *Gewinnwirksamkeit* von täglichem Geld variiert mit den stark schwankenden Tagesgeldsätzen am Geldmarkt. Daß die Gewinnwirksamkeit (je nach der Position der Bank als Geber oder Nehmer) positiv oder negativ sein kann, versteht sich.

Tabelle 1 soll lediglich unseren Systematisierungsansatz veranschaulichen, ohne die aufgezählten Geschäfte näher zu charakterisieren. Solche Beschreibungen erfolgen ausgiebig in dem bekannten Schrifttum. Uns geht es nur um die Frage, wie eine Bank als Geldgeschäfte in Betracht kommende Geschäftsmöglichkeiten hinsichtlich ihrer Eignung prüfen kann. Die Gewichtung der Kriterien variiert von Fall zu Fall[29]. Während sich Geldmarktgeschäfte für Geldgeschäftszwecke im allgemeinen am besten eignen, stehen im Gegensatz dazu die unter III. aufgeführten Beispiele sonstiger Bankgeschäfte, die nicht in erster Linie der Realisierung eines bestimmten ZBG-Bestands dienen. Eine zeitpunktgenaue Auswirkung auf den ZBG-Bestand wird mit diesen Geschäften in der Regel nicht beabsichtigt. Grundsätzlich könnte die Bank auch sie

---

[27] Auf das Problem des Planungszeitraums wird im Kapitel E III eingegangen.

[28] Allein bilanzpolitische Rücksichtnahmen machen in der Praxis die Einbeziehung auch des Jahresultimos erforderlich, da die Banken an diesem Stichtag einen ZBG-Bestand von bestimmter Höhe ausweisen möchten und daher Geldgeschäfte tätigen, die sich zu diesem Zeitpunkt — in der Regel bestandserhöhend — auswirken (vgl. dazu die Abschnitte C III b 3 und F.).

[29] Siehe *R. Wittgen*, Geldpolitik . . ., a. a. O., S. 88 ff.

einsetzen[30], um ZBG in einem bestimmten Zeitpunkt und in bestimmter Höhe zu erhalten bzw. abzugeben, doch sprechen Wirtschaftlichkeitsüberlegungen in der konkreten Entscheidungssituation zumeist dagegen. Zu den charakteristischen Merkmalen der Geldgeschäfte gehört nämlich *eine mindestens taggenaue*[31] *Zeitpunktgenauigkeit* ihrer Auswirkung auf den ZBG-Bestand, und zwar sowohl *bei der Initial- als auch bei der Reversionszahlung*. Wollte die Bank diese Terminstrenge mit den unter III. genannten Geschäften realisieren, so dürfte die Höhe der Opportunitätskosten sie davon abbringen. Sie wird beispielsweise lieber (bei vorhandenem Spielraum in ihrem Rediskontkontingent) Wechsel rediskontieren oder einen Geldmarktkredit aufnehmen, als auf Prolongationen von Krediten zu verzichten, die bonitätsmäßig einwandfreien Schuldnern gewährt wurden. Ein solches Verhalten erscheint angesichts der unterschiedlichen Verzinsungseigenschaften dieser Instrumente naheliegend: In der Regel erzielt die Bank bei der Kreditvergabe im Aktivgeschäft wesentlich höhere Zinssätze als sie für Geldbeschaffungen am Geldmarkt oder bei Wechselrediskontierungen zu tragen hat[32]. Lediglich bei stark angespannter Liquiditätslage kann sie sich veranlaßt sehen, den durch ihre Aktivgeschäfte entstehenden ZBG-Bedarf zu verringern und Aktiva der Geschäftsart III, wie z. B. Aktien, in ZBG zu transformieren. Grundsätzlich kann ein Aktienverkauf also ein Geldgeschäft darstellen. — Geldgeschäfte dienen nicht nur der Refinanzierung, sondern auch der Anlage temporär nicht benötigter ZBG, d. h. der Transformation von ZBG in Aktiva geringeren Liquiditätsgrads. Charakteristisch ist die eng begrenzte Zeitdauer solcher Anlagen und die darin zum Ausdruck kommende *Fristigkeitspräferenz der Bank* im Gegensatz zur Gewinnwirksamkeit (vgl. dazu E III c 2).

Aufgrund ihrer *Fristigkeitseignung* dienen als Geldgeschäfte vornehmlich Geldmarktgeschäfte, denn sie bieten der Bank nicht nur eine breite Skala von Laufzeiten und Mobilitätsgraden, sondern zeichnen sich auch durch lediglich marginale Ausfall- und Terminrisiken aus. Im „Geldhandel" unter Kreditinstituten[33], wo die Banken ZBG in verschiedenen Standard-Laufzeiten (Tagesgeld bis Jahresgeld) aufnehmen oder geben, wird die Termintreue streng eingehalten. Prolongationen werden vor Fälligkeit vereinbart, d. h. es wird dann ein neues Geldgeschäft abgeschlossen. Würde eine Bank die fristgerechte und betraggenaue Rückzahlung versäumen, so könnte sie damit zu — unter allen Umständen

---

[30] s. auch *H. Hoffmann*, a. a. O., S. 221: Grundsätzlich sind „alle Arten von Bankaktiven im Refinanzierungsverkehr zwischen den Banken verwertbar". H. verweist (ebenda, S. 223 f.) auf die Bedeutung der „Geldnähe" der Aktiva.

[31] Vgl. dazu Abschnitt C III b 1 (12).

[32] Für die BRD wird dies z. B. in den Statistiken der Bundesbank deutlich; Vgl. MB BbK, Tabellen V, 1, 5 und 6.

[33] Vgl. u. a. *Obst* und *Hintner*, a. a. O., S. 548 ff.

zu vermeidenden — Zweifeln in ihre Zahlungsfähigkeit Anlaß geben. So wie eine geldgebende Bank das Liquiditätsrisiko nahezu ganz ausschließen kann, darf sie dies als Geldnehmer ebenfalls, da ihr Kontrahent die Initialzahlung aus Standinggründen immer leisten wird. Im Geldhandel kann eine Bank daher mehr als bei anderen Bankgeschäften davon ausgehen, daß die vereinbarten Fälligkeitstermine von den Kontrahenten materiell eingehalten werden. — Neben *Geldleihen im Geldhandel* eignen sich aufgrund ihrer Laufzeiteigenschaften vor allem auch von der Zentralbank gewährte *Lombardkredite* zur Variation des ZBG-Bestands. Bevorzugt aufgenommen werden diese auf einige wenige Tage, in der Regel wenn die Zinssätze für tägliches Geld den Lombardsatz überschreiten. Als Vorzüge des Lombardkredits sind die tägliche Tilgungsfähigkeit und schnelle technische Abwicklung hervorzuheben, die allerdings gegen die hohen Kosten abzuwägen sind[34].

Möchte die Bank den ZBG-Bestand länger als für nur wenige Tage variieren, so stellen *Geldmarktpapiere* ein unter Fristigkeitsaspekten sehr geeignetes Instrument dar. Die Anlage von ZBG in Geldmarktpapieren ist liquiditätsmäßig günstiger als die in einer *Termingeldleihe*, da diese Papiere vor Fälligkeit wieder in ZBG retransformiert werden können. (Zinsnachteile gegenüber Termingeldern können allerdings bei Veräußerung vor Fälligkeit entstehen, wenn sich der Diskontabschlag erhöht.) Für die Gegebenheiten in der BRD lassen sich Geldmarktpapiere definieren als notenbankfähige Diskontpapiere, die bei Rückgabe vor Fälligkeit nicht auf die Rediskontkontingente angerechnet werden[35]. Existiert keine Ankaufszusage der Notenbank, so gehört stets ein funktionsfähiger Markt zum Wesen eines Geldmarktpapiers. Außerdem sollte sich der Verkaufserlös spätestens am folgenden Arbeitstag bestandserhöhend auf dem Zentralbankkonto auswirken. Die unter Liquiditätsaspekten entscheidenden Merkmale der Geldmarktpapiere sind ihre durch keine Kontingente begrenzte Veräußerungsfähigkeit sowie ihr „minimales ‚Kurs'-Risiko"[36]. Die letztere Eigenschaft grenzt sie von den Kapitalmarkttiteln ab. Während Abgaben von Geldmarktpapieren durch die Bank also stets möglich sind, kann ein Bedarf an solchen Papieren oft nicht befriedigt werden, so daß sie dann als Instrument zum Abbau des ZBG-Bestands nicht in Betracht kommen. In der BRD werden Geldmarktpapiere an Kreditinstitute nur zu unter währungspolitischen Gesichtspunkten bestimmten Zeiten abgegeben[37].

---

34 Zum Lombardkredit vgl. auch Abschnitt C III b 1 (12) sowie *R. Wittgen,* Geldpolitik ..., a. a. O., S. 123 und 126.

35 Vgl. *H. Lipfert,* Der Geldmarkt, a. a. O., S. 18. Die Zentralbankfähigkeit als Abgrenzungskriterium hob bereits *Gestrich* (a. a. O., S. 61 und 86) hervor.

36 Vgl. *E. Brehmer,* a. a. O., S. 107.

37 Vgl. auch ebenda, S. 113. — Den Geldmarktpapieren verwandt sind Kapitalmarkttitel (einschl. Kassenobligationen) mit relativ kurzen Restlaufzeiten, für die die Zentralbank eine Ankaufszusage erteilt hat.

Für *Geldmarktpapiere* typisch ist ihr *hoher Mobilitätsgrad*. Während durch ihre Veräußerung Einzahlungen vor Fälligkeit dieser Papiere bewirkt werden können, fehlt ein Instrument, das der Bank die Möglichkeit vorzeitiger Auszahlungen zwecks Tilgung von Verbindlichkeiten einräumt. Den Banken wäre ein kostengünstigerer Kredit als der täglich fällige Lombardkredit dienlich, der stets erhältlich wäre und dessen Konditionen eine Option zur Tilgung vor Fälligkeit einschlössen. Geldgeschäfte mit bilanzverkürzendem Effekt sind grundsätzlich nur bei Fälligkeit des aufgenommenen Kredits möglich, es sei denn, das kreditgewährende Institut stimmt einer vorzeitigen Tilgung zu. Rediskontierte Wechsel führen erst bei Fälligkeit zu Auszahlungen und nur dann, wenn sie bei der rediskontierenden Bank auch zahlbar gestellt sind.

Auf Besonderheiten von *Auslandsvaluta-Geldgeschäften* kann hier nicht eingegangen werden[38]. Da sie mit einem Währungsübergang verbunden sind, setzt ihre Eignung als Geldgeschäfte die *Kurssicherung* der kontrahierten Beträge voraus[39]. Ohne die Ausschaltung des Währungsrisikos läuft die Bank Gefahr, bei Fälligkeit solcher Geschäfte weniger ZBG zu erhalten bzw. mehr ZBG aufwenden zu müssen als vorgesehen. Wenn die Reversionszahlung hinsichtlich Zeitpunkt und Betragshöhe bei fremddeterminierten Zahlungen nicht mit nahezu[40] sicheren Erwartungen verbunden werden kann bzw. die Bestimmung von Zeitpunkt und Betrag nicht im Ermessen der Bank liegt, sprechen wir, wie dargelegt, nicht von einem „Geldgeschäft". Die Eignung von Auslandsvaluta-Geldgeschäften als Geldgeschäfte setzt daher ferner voraus, daß das Transferrisiko[41] als nahezu nicht gegeben angesehen wird. In der BRD können die Banken Devisenforderungen regelmäßig an die Bundesbank verkaufen. „Die kurzfristigen Auslandsanlagen der Banken sind also ... ‚so gut wie' Zentralbankgeld"[42].

Ein weiterer Ansatz zur Systematisierung der Geldgeschäfte fragt nach ihrem *Einfluß auf die Bilanz*. Danach gibt es Geldgeschäfte, die eine

(a) Veränderung des Bilanzvolumens oder

(b) Umstrukturierung auf der Aktivseite der Bilanz

---

[38] Vgl. dazu *R. Wittgen*, Geldpolitik ..., a. a. O., S. 59 ff., sowie auch ders., Der Internationale Geldhandel, in: H. Lipfert, Internationaler Devisen- und Geldhandel, Frankfurt 1967, S. 120 ff.

[39] Zum Schutz vor dem Währungsrisiko vgl. *H. Lipfert*, ebenda, S. 54 und *R. Wittgen*, ebenda, S. 134 ff.

[40] Geringfügige Abweichungen in der Betragshöhe, die z. B. bei Geldmarktpapieren durch veränderte Rücknahmesätze bedingt sind, können vernachlässigt werden.

[41] Vgl. *R. Wittgen*, Der internationale Geldhandel, a. a. O., S. 134.

[42] s. Methodische Erläuterungen zur Analyse der Bankenliquidität, in MB Bbk, Jg. 17 (1965) Nr. 4, S. 29.

bewirken. Der erste Fall wird durch Kreditaufnahmen oder Rückzahlungen herbeigeführt, während im zweiten Fall eine Transformation oder Retransformation[43] von Vermögensteilen (Aktivtausch) vorliegt. Bei der Umstrukturierung handelt es sich somit um eine Veränderung des Liquiditätsgrades, d. h. der Geldnähe der transformierten Bilanzpositionen. Für eine Veränderung der Bilanzsumme durch Geldgeschäfte gibt es mehrere Möglichkeiten. So kann die Bank Geldleihen in ZBG mit anderen Kreditinstituten vereinbaren, oder sie kann Lombardkredite aufnehmen und zurückzahlen. Die Modalitäten werden im Abschnitt E III c 2 im Zusammenhang mit der Frage der Anpassung des ZBG-Ist an den ZBG-Planbestand näher erörtert.

Wenn zwei Banken ZBG handeln, wirkt sich diese Transaktion bilanziell bei beiden unterschiedlich aus: Beim Geber liegt ein Aktivtausch vor, während der Nehmer seine Bilanz verlängert. Beim An- und Verkauf von Geldmarktpapieren erfolgt stets eine Umstrukturierung ohne direkten Einfluß auf die Bilanzsumme. In bezug auf die Anzahl der in ZBG vorzunehmenden Zahlungsvorgänge lassen sich Geldgeschäfte somit in zwei Gruppen teilen:

(1) Lediglich ein Partner erfüllt die von ihm geschuldete Leistung in ZBG.

(2) Beide Geschäftspartner leisten in ZBG.

Als bedeutendstes Beispiel der zweiten Variante sind die am Geldmarkt kontrahierten *Geldleihen* zu nennen.

2. Timing von Zahlungen

Als Timing wird die für eine den ZBG-Bestand verändernde Zahlung vorgenommene *Zeitpunktwahl* bezeichnet, *durch die der sonst zu erwartende Zahlungstermin variiert wird.* — Anders als bei Geldgeschäften ist das Timing nicht Gegenstand eines Geschäfts, bedarf also keiner Vereinbarung mit einem Partner. Um als Instrument der Geldpolitik gelten zu können, muß das Timing zwei Voraussetzungen erfüllen:

(a) Die Zahlung wird zeitlich so disponiert, daß sie sich an einem ganz bestimmten Tag auf den ZBG-Bestand auswirkt,

(b) durch das Timing verändert sich der ZBG-Bestand in der Erwartung des Disponenten ceteris paribus mindestens einen Tag vor oder nach dem Zeitpunkt, zu dem die Zahlung sonst wirksam geworden wäre.

Das Timing ist in zwei verschiedenen Arten denkbar:

(21) Variation von Fälligkeitsterminen durch Kündigung

Die Kündigung ist insofern eine Variante des Timing, als sie einen zunächst angenommenen Zahlungstermin verändern kann. Vorausset-

[43] Vgl. *R. Wittgen*, Geldpolitik ..., a. a. O., S. 51 und 156.

zung ihrer Anwendung ist die Kündbarkeit der Forderung oder Verbindlichkeit, je nachdem ob ein Aktiv- oder Passivgeschäft vorliegt. Im Gegensatz zu den Geldgeschäften ist die Kündigung kein Vertrag, sondern eine Willenserklärung, ein einseitiges Rechtsgeschäft. Die Variation von Fälligkeitsterminen durch Prolongation, das Gegenstück zur Kündigung, wäre — sofern geldpolitisch begründet — aufgrund ihres Vertragscharakters zu den Geldgeschäften zu zählen. In diesem Abschnitt befassen wir uns nur mit der Kündigung anderer Bankgeschäfte. Eine zulässige Kündigung befristet abgeschlossener Geschäfte bedeutet naturgemäß die Festlegung eines Zahlungstermins, während sie bei Geschäften mit einer ex ante vereinbarten Frist eine Vorverlegung des formellen Fälligkeitstermins bewirkt. In der Praxis sichern sich die Banken bei Kreditgewährungen im Kreditvertrag oder im Rahmen der Allgemeinen Geschäftsbedingungen[44] häufig das Recht vorzeitiger Kündigung. Dadurch kann ein Zahlungseingang zeitlich vorverlegt werden, wenn die Bank damit ihren ZBG-Bestand zu erhöhen wünscht. Zu einer solchen Maßnahme könnte sie u. a. durch eine restriktive Geld- und Kreditpolitik seitens der Notenbank gezwungen werden.

Wenn die Bank einen Abbau ihres ZBG-Bestands anstrebt, kann sie sich in der Regel nicht des Instruments Kündigung bedienen, denn geldpolitisch hat sie hier de facto meist keine Möglichkeit, ursprünglich vereinbarte Fälligkeitstermine zu ändern. In der bankbetrieblichen Literatur wird zwar vielfach darauf hingewiesen[45], daß die formellen Zahlungstermine mit den materiellen, d. h. effektiven Terminen oft nicht übereinstimmen, vor allem im Passivgeschäft der Bank. Dies betrifft aber fast nur den Abzug von Einlagen durch Nichtbanken. In diesem Zusammenhang ist die Hinnahme einer nicht vorgesehenen Kündigung durch ein Kreditinstitut aus Kulanzgründen von der vertraglich zulässigen vorzeitigen Kündigung zu unterscheiden. Für eine Bank kommt nur die Ausübung eines vertraglich gesicherten Kündigungsrechts in Betracht, weil sonst ihr geschäftspolitisch so wichtiges Ansehen erheblich geschädigt werden könnte[46].

---

[44] Vgl. z. B. die AGB des Privaten Bankgewerbes der Bundesrepublik Deutschland, Ziffer 17 und 18 (Stand 1969).

[45] Vgl. u. a. *K.-F. Hagenmüller*, Der Bankbetrieb, Bd. II, a. a. O., S. 206 f., ders., Bd. III, a. a. O., S. 350; *H. Hoffmann*, a. a. O., S. 15.

[46] Vgl. Abschnitt C II d 1. — Im Passivgeschäft sind geldpolitisch motivierte vorzeitige Kündigungen somit nicht nur deswegen kaum vorstellbar, weil keine Bank Einlagen verlieren (sondern ggf. lediglich die Habenzinssätze ermäßigen) möchte. Banken, die Verbindlichkeiten gegenüber Kreditinstituten zwar nach Möglichkeit abbauen möchten, halten aus Standinggründen die vereinbarten Fälligkeitstermine mangels Kündigungsmöglichkeit jedoch ein. Ein Recht auf vorzeitige Kündigung wäre im Geldhandel unter Banken auch sinnlos, da es für Geldnehmer wie Geldgeber ein zusätzliches, nicht gewünschtes Ungewißheitsmoment bedeuten würde und am Geldmarkt zudem eine enge Staffelung von Laufzeiten üblich ist, so daß sich für dort abzuschließende Geldgeschäfte in der Regel geeignete Fälligkeitstermine finden.

(22) Timing im allgemeinen Zahlungsverkehr

Der Zahlungsverkehr einer Bank wird im Zusammenhang mit der Abwicklung anderer Bankgeschäfte durchgeführt und auch als reines Dienstleistungsgeschäft betrieben. Soweit er sich nicht zwingend aus Geldgeschäften ergibt oder aufgrund von — vorstehend als geldpolitisches Instrument charakterisierten — Kündigungen ausgeführt wird, soll er hier als „allgemeiner" Zahlungsverkehr bezeichnet werden. Das im folgenden erörterte Timing bezieht sich also sowohl auf mit anderen Bankgeschäften verbundene Zahlungen als auch auf den davon unabhängigen als Dienstleistung betriebenen Zahlungsverkehr.

Wie gesagt, setzt Timing die Fähigkeit der Bank voraus, den Eintrittszeitpunkt einer Zahlung so zu beeinflussen, daß diese sich mindestens einen Tag früher oder später auf den ZBG-Bestand auswirkt als sonst zu erwarten gewesen wäre. Weiterhin ist davon auszugehen, daß die Bank das Timing nur zu ihrem Vorteil einsetzt. Sie wird daher grundsätzlich Zahlungsausgänge zu verzögern und Zahlungseingänge zu beschleunigen versuchen[47]. Dies gilt nicht nur bei einem zu knapp bemessenen oder als ausreichend betrachteten ZBG-Bestand, sondern auch bei als überhöht anzusehenden Beständen[48]. Dadurch vergrößert die Bank ihren Bestand an disponiblen ZBG. Bei einem jährlichen Umsatz im allgemeinen Zahlungsverkehr von 1 Mrd. DM und einem zusätzlichen Zeitgewinn durch Timing von durchschnittlich nur einem Tag stünden dieser Bank ständig fast 2,8 Mio DM ZBG zusätzlich zur Verfügung. Diese Mittel kann die Bank zur Realisierung ihrer unternehmenspolitischen Ziele außerhalb der Geldpolitik einsetzen, etwa gewinnfördernd im Kreditgeschäft. Allein wenn der ZBG-Bestand zu bestimmten Stichtagen ein in

---

[47] Daß eine Bank auch Zahlungseingänge zu verzögern und Ausgänge zu beschleunigen versuche, erscheint mit einer Ausnahme wirklichkeitsfern. Beispiele, nach denen durch beschleunigte Auszahlungen die Vergütung von Habenzinsen eingespart werden könnte, sind in der Realität unzutreffend, da (1) keine feste Beziehung zwischen Zahlungstag und Wertstellung zu bestehen braucht und (2) selbst wenn diese Beziehung doch gegeben ist, die Bank für Ausleihungen am Tagesgeldmarkt nicht niedrigere Sätze erzielen wird, als sie selbst Habenzinsen zahlt. Als einzige Ausnahme sind die Fälle zu nennen, in denen die Bank durch die ceteris paribus erfolgende Verminderung des ZBG-Bestands ihr Mindestreserve-Soll zu senken beabsichtigt, um damit im Endeffekt ZBG für andere Aktivgeschäfte freizusetzen. Dies wird im Abschnitt c 2 dieses Kapitels dargestellt.

[48] Die Beurteilungskriterien für die Höhe des ZBG-Bestands entsprechen hier nur den beiden ersten Zielen der Geldpolitik (vgl. Abschnitt C III), wurden jedoch für diesen Abschnitt aus der Literatur übernommen (vgl. R. Wittgen, Geldpolitik ..., a. a. O., S. 24 und 34), um folgendes deutlich zu machen: Timing bewirkt die Bereitstellung zusätzlicher liquider Mittel, ohne dafür Aufwendungen zu verursachen. (Evtl. zusätzlich anfallende Verwaltungskosten seien vernachlässigt.) Bei „zu hohem" ZBG-Bestand müßte sich die Geldpolitik eigentlich um einen Abbau bemühen. Dies würde hier bei Anwendung des Instruments Timing jedoch dem Liquiditäts- *und* dem Gewinnstreben der Bank widersprechen.

bilanzpolitischer Hinsicht[49] unerwünscht großes Volumen anzunehmen droht, könnte die Bank u. U. auf das Timing verzichten[50].

Denkbare *Ansatzpunkte des Timing* sind grundsätzlich alle Zahlungsein- und ausgänge. Allerdings kann die Bank im Rahmen der Geldpolitik auf die Eingänge im allgemeinen Zahlungsverkehr kaum Einfluß nehmen, da diese entweder allein von den externen Kontrahenten der Bank oder von anderen bankbetrieblichen Funktionen bestimmt werden. Die Möglichkeit der Gestaltung des Timing bei Ausgängen hängt von der Art des Zahlungsverkehrsträgers ab.

Eingereichte *Schecks* wird die Bank in jedem Fall sofort zum Inkasso geben, um die Zeit der durch die Scheckziehung bedingten Liquiditätsinanspruchnahme zu minimieren. Bei der *Überweisung* verfügt die Bank jedoch über örtliche und zeitliche Gestaltungsmöglichkeiten. Sie kann erstens den Weg der Überweisung zum Empfänger bestimmen und bewirkt damit eine temporelle Verminderung ihres Giroguthabens bei der empfangenden Bank (bzw. eine Erhöhung ihrer Giroverbindlichkeiten). Entscheidungen über den Weg der Überweisung gehören zum Problemkreis der — in dieser Arbeit nicht näher behandelten — „lokalen" Zahlungsbereitschaft der Bank[51]. Zweitens kann die Bank in Abhängigkeit vom Zeitpunkt der Weitergabe und der Art der Übermittlung den zeitlichen Eintritt der Belastung variieren.

Bei Inkassogeschäften ist eine Verzögerung der Auszahlung besonders dann möglich, wenn die Bank die Frist mit notwendigen Verwaltungsarbeiten begründen kann, so z. B. beim Inkasso von Dokumenten und Sparbüchern[52]. — Weitere Möglichkeiten des Timing bieten sich bei einzelnen Bankgeschäften in der Form an, daß die Bank durch eine Verzögerung der Meldung über die

---

[49] Vgl. Abschnitt C III b 3.

[50] Timing durch Beschleunigung der Ausgänge vor dem Stichtag ist realitätsfern. Es ist lediglich ein Fall denkbar, in dem hohe ZBG-Bestände bilanzpolitisch ungünstig gewertet werden könnten, nämlich wenn die Bank extrem hohe Mindestreserveüberschüsse realisiert hat. Analytiker der Bilanz könnten dann aufgrund der zinslos gehaltenen Überschußreserven eine mangelhafte Fähigkeit der Bankleitung, Gewinn zu erwirtschaften, vermuten. Aber dies ist irreal. Wenn die Ermittlung der Mindestreserven sich auf einen Zeitraum bezieht, lassen sich Überschußreserven nicht aus einem zeitpunktbezogenen Status ersehen. Gibt es dennoch Anhaltspunkte für den Bestand hoher Überschußreserven, so ist in der Regel eine Extremsituation gegeben, die die Konkurrenten der Bank ebenfalls betrifft, (vgl. die Situation in der BRD Ende November 1968 und Mai 1969, s. u.), so daß ein einzelnes Institut keine Minderung seines Ansehens zu befürchten braucht.

[51] Vgl. Abschnitt B II a und *R. Wittgen*, Geldpolitik ..., a. a. O., S. 14. „Lokal" bezieht sich anders als in der Definition *Wittgens* hier auf bei Korrespondenzbanken geführte Konten.

[52] Auf eine Darstellung der einzelnen Möglichkeiten soll hier verzichtet werden. Die Technik des modernen Zahlungsverkehrs in der Bundesrepublik wird u. a. behandelt von *K.-F. Hagenmüller,* Der Bankbetrieb, Bd. II, a. a. O., S. 264 ff.; *Hagenmüller* und *Diepen,* Der Bankbetrieb, 2. Aufl., Wiesbaden 1968, S. 168 ff.; *H. Lipfert,* Zahlungsverkehr, a. a. O., S. 82 f. — Der Mangel an Gestaltungsmöglichkeiten beim *Scheckinkasso* wird allerdings durch die günstigen Bedingungen des vereinfachten Scheckeinzugs der Bundesbank kompensiert. „... die beim vereinfachten Scheckeinzug übliche Wertstellung (stellt) praktisch die Gewährung eines kurzfristigen zinslosen Kredits an das einreichende Kreditinstitut dar." (*K.-F. Hagenmüller,* ebenda, S. 292).

Ausführung eines Auftrags den Kunden veranlaßt, verfügbare liquide Mittel später, als es sonst wahrscheinlich gewesen wäre, abzudisponieren. So könnte die Bank beispielsweise die Bestätigung eines erfolgten Effektenverkaufs verzögern, um den Zeitpunkt einer erwarteten Verfügung über den Gegenwert hinauszuschieben.

Die Grenze des Timing liegt dort, wo es eine Verärgerung des jeweils betroffenen Geschäftspartners auslöst, die sich für die Bank nachteilig auswirkt[53]. Die Bank hat daher mit großer Sorgfalt vorzugehen und sich dem Verhalten der Konkurrenten anzupassen, d. h. das Timing muß sich im Rahmen des „üblichen" halten. Um die Möglichkeiten des Timing dennoch voll auszuschöpfen, kann die Bank je nach Art ihrer Kontrahenten differenzieren, soweit die damit verbundenen Aufwendungen die dem kundenindividuellen Timing zuzurechnenden Erträge nicht überschreiten. Von Seiten der Geschäftspartner als übermäßig empfundenes Timing kann nicht nur zu einem Verlust von Kunden führen (was die Bank aufgrund ihres Gewinnstrebens in der Regel zu vermeiden trachtet), sondern auch dem Standing des Instituts schaden.

c) Indirekte Variation des ZBG-Bestands durch Veränderung des Mindestreserveerfordernisses

Neben den den ZBG-Bestand direkt variierenden Maßnahmen kann die Bank auch ein Instrument einsetzen, das den Bestand indirekt, d. h. durch Beeinflussung des Bedarfs, verändert: Gemeint ist die Veränderung des Mindestreserve-Solls. Vor einer Kennzeichnung der Modalitäten dieses Instruments ist der ZBG-„Bedarf" näher zu umschreiben:

1. ZBG-Bedarf und Reserve-Soll

Ausgehend von der gesetzlichen Mindestreserve-Regelung in der BRD ist der monatliche ZBG-Bedarf R^* gleich dem Mindestreserve-Soll S^*:

$$S^* = R^* = \sum_{j=1}^{n} R_j \, (n - j + 1) \tag{3.01}$$

Dies gilt jedoch nur unter der Voraussetzung, daß die Bank sich bei der zeitlichen Verteilung der Reservehaltung an den ZBG-Mindestbeständen, die als Zahlungsbereitschaftsreserve dienen sowie bilanzpolitischen Erfordernissen genügen sollen, orientiert. Daß dies durchführbar ist, wurde im Abschnitt B II b formal nachgewiesen. Unterstellt man — wie in der BRD im allgemeinen angenommen werden kann — daß die Summe der Mindestbestände nicht größer als das Reserve-Soll ist[54], so ist

---

[53] Vgl. dazu auch den entsprechenden Teil des Abschnitts E III c 2.

[54] *R. Wittgen*, Geldpolitik ..., a. a. O., S. 36: „Die Mindestreservesätze sind so bemessen, daß die Kreditinstitute aufgrund des Mindestreservepostulats wesentlich höhere Zentralbankguthaben-Bestände zu halten genötigt sind als es aufgrund des Postulats der Zahlungsbereitschaft erforderlich wäre."

die Aussage unvollständig, nach der der ZBG-Bedarf eines gegebenen Tages „entweder gleich dem an diesem Tag zu haltenden Mindestreserve-Tageserfordernis oder gleich der Zahlungsbereitschaftsreserve ist, und zwar jeweils gleich der höheren dieser Größen“[55]. Wie bei der Analyse der geldpolitischen Ziele der Bank noch dargelegt wird (Abschnitt C III b 2 (21)), ist der ZBG-Bedarf erst nach Berücksichtigung aller Kriterien, d. h. also auch des Gewinnstrebens, eine geldpolitisch relevante Größe[56]. Die Mindestreservevorschriften in der BRD erfordern nicht die Realisierung eines Tagessolls. Ein echtes Tages-„Erfordernis“ besteht bis zum vorletzten Geschäftstag des Monats nur in Höhe des jeweiligen Mindestbestands M_j. Der aufgrund des Mindestreservepostulats an einem bestimmten Tag x gegebene, über den Mindestbestand M_x hinausgehende ZBG-Bedarf R_x ist an mit einer Ausnahme allen Geschäftstagen des Monats variabel. Erst am letzten Arbeitstag gibt es keine Möglichkeit zur Variation des ZBG-Bedarfs mehr, da die Bank nun ihr Reserve-Soll S^* realisieren muß, so daß die bis dahin noch nicht erfüllte Mindestreserveverpflichtung jetzt den Betrag M_j mitbestimmt.

Geht man von einem gegebenen Mindestreserve-Soll S^* aus, ist der Bedarf R_x für einen Tag eine von der Bank nach Maßgabe folgender Abhängigkeitsbeziehung frei wählbare Größe. (Die verwendeten Symbole haben die gleiche Bedeutung wie im Abschnitt B II b):

$$R_x = f\left(\left[S^* - \sum_{j=1}^{x-1} Z_j\,(n-j+1)\right],\ \varepsilon_i\right). \tag{3.02}$$

Die in eckigen Klammern stehende Variable, also das bis zum Tage x_j ($j = 1, 2, 3, \ldots, n-1$) noch nicht realisierte Reserve-Soll, ist größer oder gleich der Summe der noch zu haltenden Mindestbestände M_j (vgl. Formel [2.06]). Nur in Ausnahmesituationen[57] ist diese Prämisse nicht halt-

---

[55] *R. Wittgen*, Geldpolitik ..., a. a. O., S. 46 und auch S. 156.

[56] Das von *Wittgen* erarbeitete Modell, nach dem der tägliche ZBG-Bedarf allein von der Zahlungsbereitschaftsreserve sowie dem als Durchschnitt für die verbleibenden Tage der Mindestreserveperiode definierten „Mindestreserve — Tageserfordernis“ bestimmt wird, berücksichtigt hier das zuvor als relevant erachtete Rentabilitätspostulat (Geldpolitik ..., S. 24 f. und 34 f.) nur teilweise und vernachlässigt auch bilanzpolitische Erfordernisse. Vgl. *R. Wittgen*, Geldpolitik ..., a. a. O., S. 46; ders., Fragen der bankbetrieblichen Geldpolitik, in ÖBA, Jg. 14 (1966), S. 228. — Vgl. dagegen Kapitel D dieser Arbeit.

[57] So wurde beispielsweise die Bundesrepublik im November 1968 von einem so umfangreichen Devisenzustrom betroffen, daß der Geldmarkt mangels Nachfrage seine Funktionsfähigkeit verlor und ein Teil der Banken überschüssige Zentralbankguthaben nicht verwerten konnte. (Vgl. MB Bbk., 21. Jg. (1969) Nr. 2, S. 12). Daher erfüllten diese Banken ihre Mindestreserveverpflichtungen zwangsläufig schon Tage vor dem Ultimo. — Vgl. „Geldschwemme ohne Vorbild“, in Börsenzeitung vom 18. 11. 1968, S. 2 und MB Bbk., 21. Jg. Nr. 1, S. 47: Aus Tabelle IV, 2, b) sind extrem hohe Überschußreserven für November 1968 ersichtlich, die insbesondere die Großbanken betrafen.

bar, nämlich dann, wenn nicht nur eine einzelne Bank unerwartet extrem hohe Zuflüsse zu verzeichnen hat, sondern sich die ZBG der gesamten Banken eines Währungsgebiets plötzlich stark erhöhen, so daß für nicht benötigte ZBG keine Verwertungsmöglichkeit besteht. Eine solche Lage zwingt die Bank, ihr Reserve-Soll schneller zu erfüllen als vorgesehen, so daß von einem bestimmten Tag x an die Summe der noch zu haltenden Mindestbestände größer als die bis dahin nicht realisierten Mindestreserven wird.

Dieser Fall

$$\sum_{j=x}^{n} M_j > S^* - \sum_{j=1}^{x-1} Z_j\,(n-j+1) \tag{3.03}$$

kommt in der BRD, wie kurz skizziert, nur in einer für die einzelne Bank unausweichlichen Extremsituation vor, so daß er hier nicht weiter beachtet zu werden braucht, zumal sich der Bank eine Alternative dann faktisch nicht stellt[58].

Wir können daher feststellen, daß der Bedarf R_x im Normalfall lediglich eine Funktion des noch nicht realisierten Teils der Mindestreserveverpflichtung sowie der bei seiner zeitlichen Verteilung gewählten Strategie ist. Dabei wurde das Reserve-Soll S^* als gegeben vorausgesetzt. Während der Tagesbedarf R_j innerhalb der von der Summe der bis zum Ultimo noch zu haltenden M_j bestimmten Grenzen frei variierbar ist, scheint der Monatsbedarf $R^* = S^*$ auf den ersten Blick gesetzlich eindeutig fixiert zu sein und sich somit der Beeinflussung durch die Bank zu entziehen. Dies trifft jedoch nicht ganz zu. Im folgenden soll nun untersucht werden, inwieweit die Bank den zwar nur kleinen, aber doch bestehenden Spielraum zur *Variation des Reserve-Solls* S^* nutzen kann. Wir beschränken uns dabei stets auf die Verhältnisse in der Bundesrepublik[59].

Der Ausnahmecharakter dieser Situation wird an dem beispiellosen Umfang dieser Überschußreserven deutlich. (vgl. MB Bbk., 21. Jg., Nr. 2, S. 5 und 11). s. auch Fußnote 50 oben.

[58] Es mag an dieser Stelle eingewendet werden, die Bank brauchte unerwünschte Sichteinlagen nicht anzunehmen oder bestimmte, zu einer Erhöhung des ZBG-Bestands führende Geschäfte nicht abzuschließen. Grundsätzlich ist ein solches Verhalten zwar denkbar, doch meist nicht rational. Selbst Geschäfte, die zu einer Ansammlung zinsloser Überschußreserven führen, können insgesamt gewinnbringend sein, vor allem der Devisenhandel. Außerdem kann die Bank ihr angetragene Geschäfte oft de facto gar nicht ablehnen, denn sie muß ihre Geschäftspolitik über die Zeit der Ausnahmesituation hinaus gestalten. Sie wird sich künftige Geschäftsmöglichkeiten, die zur Erreichung ihrer Ziele (vgl. Abschnitt C II) beitragen, nicht versperren wollen, auch wenn ungebetene Geldzuflüsse im Augenblick gewinnmindernd wirken sollten.

[59] Auf weitere Länder wird in einem anderen Zusammenhang noch im Abschnitt C III b 2 eingegangen.

Genau gesprochen stellt „das“ Reserve-Soll nicht immer eine einheitliche Größe dar. Wenn die Bank Maßnahmen zur Beeinflussung dieser Größe trifft, ist das Soll im Aktionszeitpunkt ein Erwartungswert. Auch wenn die Bank von einem gegebenen Soll ausgeht, dem sie ihr Reserve-Ist optimal anzupassen trachtet, muß sie im laufenden Kalendermonat nahezu drei Wochen lang mit einem Erwartungswert rechnen, dessen Schwankungsbreite im Zeitablauf allerdings geringer wird. Erst etwa am 20. des Monats ist die tatsächliche Höhe des Reserve-Solls bekannt. Die in der Erwartung der Bank unterschiedliche Höhe des Reserve-Solls während der Mindestreserveperiode sei im folgenden Schaubild beispielhaft dargestellt:

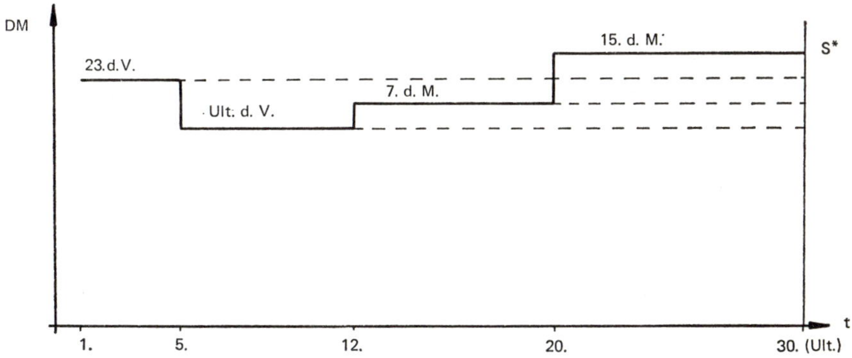

Abb. 2: Höhe des im Monatsverlauf erwarteten Mindestreserve-Solls

Die einzelnen Abschnitte der Kurve sind mit den Stichtagen bezeichnet, an denen die Bank den Stand ihrer reservepflichtigen Verbindlichkeiten ermittelt hat (s. u.). Diese Berechnungen determinieren den Kalkulationswert für den nachfolgenden Zeitraum der Mindestreserveperiode. Dabei tritt eine zeitliche Verschiebung von etwa drei bis vier Arbeitstagen auf (im obigen Beispiel fünf Kalendertage), die die Bank zur Auswertung ihrer Unterlagen benötigt[60].

2. Ansatzpunkte zur Veränderung des ZBG-Bedarfs durch Variation des Mindestreserve-Solls

Das Interesse der Banken an einer möglichst niedrigen Bemessung ihres Reserve-Solls ergibt sich aus ihrem Gewinnstreben, da ihnen für die zur Erfüllung des Solls zu haltenden ZBG keine Zinsen vergütet

[60] Die Bundesbank gewährt den Kreditinstituten maximal fünf Arbeitstage für die Erstellung und Einreichung der Reservemeldung für den abgelaufenen Monat (vgl. § 11, Abs. 1 AMR).

werden. Von den beiden Determinanten des Reserve-Solls, die Höhe der reservepflichtigen Verbindlichkeiten und die darauf jeweils anzuwendenden Mindestreservesätze, kann naturgemäß nur die erste von der Bank variiert werden, denn die Reservesätze werden von der Zentralbank fixiert. Zur Einflußnahme auf das Reserve-Soll bestehen folgende Ansatzmöglichkeiten:

(21) Wahl der günstigsten Berechnungsmethode zur möglichst niedrigen Bemessung des Gesamtbestands an reservepflichtigen Verbindlichkeiten.

(22) Umstrukturierung reservepflichtiger Verbindlichkeiten unter Bevorzugung bestimmter
 (a) Kontrahenten,
 (b) Fremdmittelarten,
 (c) Bankplätze.

(23) Wahl des günstigsten Basiszeitpunktes bei der Ermittlung von Zuwächsen.

(24) Abwehr unerwünschter Geldzuflüsse.

(25) Einschaltung von Tochtergesellschaften zwecks Meidung anderenfalls entstehender reservepflichtiger Verbindlichkeiten bei der Muttergesellschaft.

Hingegen ist nicht anzunehmen, daß die Bank ihre Geschäftstätigkeit durch Reduzierung ihrer verfügbaren Mittel einschränkt, etwa um ihr Reserve-Soll zu ermäßigen.

(21) Wahl der günstigsten Berechnungsmethode

(211) Beurteilung der Alternativen

Nach § 8 Abs. 1 und 2 AMR können die Banken in der BRD bei der Errechnung ihres Mindestreserve-Solls zwischen zwei Methoden wählen, der *Tagesendstandmethode* und der *Stichtagmethode*. Sie können den Monatsdurchschnitt ihrer „reservepflichtigen Verbindlichkeiten" demnach also entweder „aus den Endständen der Geschäftstage und geschäftsfreien Tage in der Zeit vom 16. des Vormonats bis zum 15. des laufenden Monats" ermitteln oder stattdessen „aus dem Stand ... am Ende folgender vier Stichtage": 23. und letzter Tag des Vormonats, 7. und 15. Tag des laufenden Monats. Bei der Entscheidung für eine der beiden Methoden sind zwei Aspekte zu berücksichtigen[61]:

(a) Der Arbeitsaufwand bei der Berechnung der der Mindestreservepflicht unterliegenden Verbindlichkeiten. Danach ist die Stichtag-

[61] Vgl. auch *K. Greshake*, a. a. O., S. 871 und *R. Wittgen*, Geldpolitik ..., a. a. O., S. 39.

methode stets günstiger, denn die Berechnung erstreckt sich lediglich auf die vier Stichtage.

(b) Die voraussichtlichen Ergebnisse der Berechnung bei einer vergleichenden Anwendung beider Methoden.

Die *Tagesendstandmethode* wäre nur dann vorteilhafter, wenn die reservepflichtigen Verbindlichkeiten an den Stichtagen im Durchschnitt höher wären als der Durchschnitt der Tagesendstände. Verzichtet die Bank auf eine Einflußnahme, kann dies durchaus zutreffen. Ferner kann der Fall eintreten, daß die Bank zu einem oder mehreren Stichtagen ungewöhnlich hohe fremddeterminierte Zahlungen erhält (z. B. Devisenzuflüsse), die an den Nicht-Stichtagen wieder abfließen. Aus Wahrscheinlichkeitsgründen kann dies allerdings nicht als Regel gelten. — Liegt jedoch ein Ausnahmefall dieser Art vor, werden bei Anwendung der Stichtagmethode nicht nur die reservepflichtigen Verbindlichkeiten höher sein als bei der Wahl der Tagesendstandmethode, sondern die Bank kann sogar in eine für sie ungünstigere Reserveklasse geraten, so daß das Reserve-Soll dann auch aufgrund der höheren Mindestreservesätze steigen würde.

Allgemein läßt sich sagen, daß die Bank im Normalfall die Methode wählen wird, die ihr die meisten Einflußmöglichkeiten auf die Höhe des Reserve-Solls bietet. Dies ist die *Stichtagmethode*, denn ihre Anwendung ermöglicht erstens unter bestimmten Umständen eine Reduzierung des durchschnittlichen Gesamtbestands an reservepflichtigen Verbindlichkeiten, ohne daß sich die Bank dadurch im Aktivgeschäft einschränken müßte. Wie unten noch nachzuweisen sein wird, könnte die Bank trotz einer Verringerung ihrer reservepflichtigen Verbindlichkeiten (und ohne Zufluß neuer Mittel) zu den Stichtagen dennoch den Umfang ihrer nicht in Form von Mindestreserven gebundenen Aktiva erhöhen. Auch bei unverändertem Gesamtbestand an Verbindlichkeiten kann die Berechnung des Solls nach dem Stichtagverfahren vorteilhaft sein (vgl. (22) unten).

Außerdem kann die Bank durch Anwendung der Stichtagmethode ggfs. den Umstand nutzen, daß der Einlagenbestand zum Monatsmedio und Ultimo sich oft selbsttätig vermindert[62]. Vor allem die mit den höchsten Mindestreservesätzen belasteten Sichteinlagen können am 15. und letzten Tag des Monats daher erheblich unter dem Monatsdurchschnitt

[62] Die Auszahlungsüberschüsse an diesen Tagen sind u. a. in den zur Monatsmitte üblichen Steuerzahlungen bzw. den Bargeldanforderungen zum Ultimo begründet. Neben diesen an die Bundesbank fließenden und somit die Bankenliquidität insgesamt vermindernden Zahlungen können für ein einzelnes Kreditinstitut auch regelmäßig wiederkehrende Auszahlungsüberschüsse im Zahlungsverkehr mit anderen Banken außerhalb der Bundesbank von Bedeutung sein.

liegen[63]. Durch geschicktes Timing (s. o.) kann es der Bank gelingen, gewöhnlich Mitte und Ende des Monats fällige Auszahlungen genau zu den Stichtagen wirksam werden zu lassen, so daß die ohnehin unvermeidliche Verminderung namentlich der Sichteinlagen sich in einem entsprechend niedrigeren Mindestreserve-Soll niederschlägt.

(212) Modellansatz zur Ermäßigung des Mindestreserve-Solls unter gleichzeitiger Erhöhung der nicht als Mindestreserven gebundenen Zentralbankguthaben

Für die Wahl der Stichtagmethode spricht u. a. diese, bereits angedeutete Überlegung: Angenommen, die Bank sei an einzelnen Tagen zwar zu einer Rückzahlung reservepflichtiger Verbindlichkeiten und einer entsprechenden Verminderung ihrer Bilanzsumme bereit, jedoch nicht zu einer Einschränkung ihres Kreditgewährungsspielraums. Vielmehr möchte die Bank über möglichst hohe, nicht als Mindestreserven gebundene Zentralbankguthaben verfügen. Diese Bedingung besagt, daß der Abgang von ZBG an einzelnen Tagen des Monats zu einer Freisetzung sonst zur Erfüllung der Mindestreservepflicht benötigter ZBG in mindestens gleicher Höhe führen müßte. Bei Anwendung der Stichtagmethode kann es für die Bank daher interessant sein, eine *Verminderung ihrer reservepflichtigen Verbindlichkeiten* zu mehreren oder allen Stichtagen — oder selbst nur einem davon — zu bewirken, *wenn* sie *dadurch zusätzliche Mittel für* ihr *Aktivgeschäft* freizusetzen in der Lage wäre. Diese Frage soll mit Hilfe einer Modellbetrachtung untersucht werden.

Gegeben sei eine Bankbilanz, die auf der Passivseite mindestreservepflichtige Verbindlichkeiten *(V)* und auf der Aktivseite als Mindestreserven gebundene Zentralbankguthaben *(R)* sowie sonstige Aktiva *(M)* aufweist. Die sonstigen Verbindlichkeiten und das Eigenkapital sowie Aktiva in gleicher Höhe können unbeachtet bleiben[64]. — Weiterhin sind innerhalb der Größen V und M jeweils die Verbindlichkeiten bzw. Vermögensteile von der Gesamtheit abzuspalten, die sich „kurzfristig" variieren lassen, d. h. an bestimmten Tagen von der Bank umdisponiert werden können. Diese Bestandteile seien als ΔV bzw. ΔM bezeichnet. Sinnvoll für unsere Untersuchung ist diese Begriffsbildung nur dann, wenn ΔV gleich ΔM ist: Dieses ist keineswegs willkürlich, sondern in

---

[63] Vgl. hierzu auch *O. Fischer*, Bankbilanz-Analyse, a. a. O., S. 127.

[64] Damit soll zwar nicht gesagt werden, daß eine Gruppe von Passiva bestimmten Vermögensteilen sinnvoll zugerechnet werden könne und umgekehrt, doch da die Lösung dieses Zurechnungsproblems für unsere Analyse unerheblich ist, darf eine derart strukturierte Bilanz in diesem Falle aus Vereinfachungsgründen unterstellt werden. Nicht zweifelhaft ist dagegen das Bestehen einer Abhängigkeit des Aktivpostens R von den reservepflichtigen Verbindlichkeiten V.

dem hier angenommenen Sachverhalt begründet, daß die Bank ihre Verbindlichkeiten um den an einzelnen Stichtagen variierbaren Teil vermindern kann, und zwar nur dann, wenn sie an jenen Tagen hinreichend über disponierbare Aktiva (im wesentlichen also den Mindestbestand überschreitende Zentralbankguthaben) verfügt.

Ist in Wirklichkeit $\Delta V \neq \Delta M$, so ist zunächst die kleinere dieser Größen als ΔV bzw. ΔM in Währungseinheiten zu definieren und die größere von beiden alsdann auf den gleichen Betrag zu reduzieren. Der sich somit ergebende überschüssige Teil ist dem $(V - \Delta V)$ bzw. $(M - \Delta M)$ umfassenden Teil zuzuweisen.

Daraus folgt

$$\Delta V = \Delta M. \tag{3.04}$$

ΔM ist also der Teil der Aktiva, um den die Bank ihr Vermögen zu den Stichtagen (durch Rückzahlung reservepflichtiger Verbindlichkeiten) vermindern und am jeweils folgenden Tag wieder auf den alten Stand bringen kann.

Das Verständnis der Analyse wird außerdem durch nachstehende graphische Darstellung (Abb. 3) erleichtert, die von einer Variation der min-

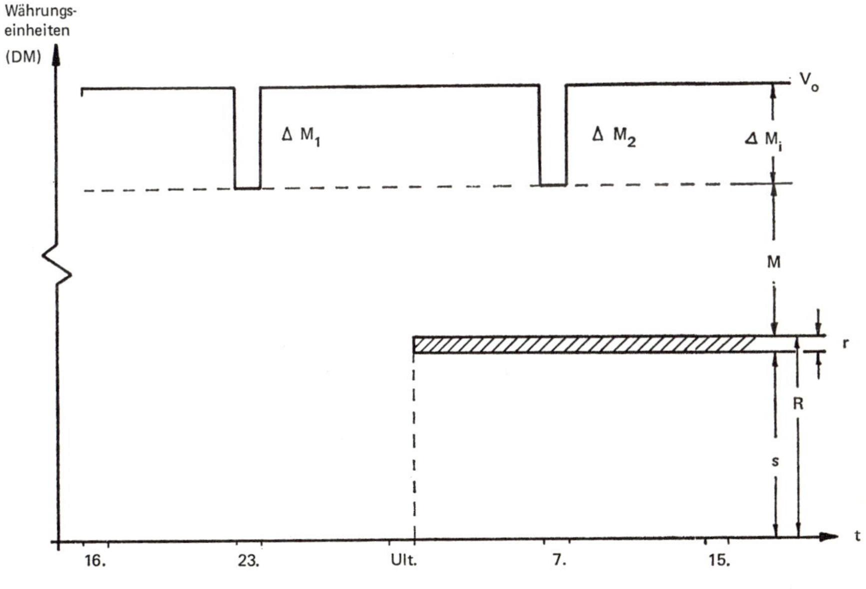

Abb. 3: Stichtagbezogene Ermäßigung der reservepflichtigen Verbindlichkeiten und ihre Auswirkung auf das Mindestreserve-Soll

destreservepflichtigen Verbindlichkeiten V an *zwei* Stichtagen ausgeht. Abgesehen von diesen Stichtagen sei der Stand dieser Verbindlichkeiten konstant. Die Höhe des nichtvariierten Niveaus V ist durch den Index 0 gekennzeichnet. R sind die als Mindestreserven gebundenen ZBG, die auf Basis der (nicht variierten) V_0 zu halten wären. Der schraffierte Teil r gibt die aufgrund der Variation weniger zu haltenden Mindestreserven an, während s gleich $(R - r)$ ist, d. h. der nach erfolgter Variation gegebenen Mindestreservepflicht entspricht.

Wir gehen also davon aus, daß lediglich an den Stichtagen ein Abfluß von ZBG in Höhe von ΔM_i eintritt, der am jeweils nächstfolgenden Tag durch einen entsprechenden Zufluß wieder ausgeglichen wird. Unter Mindestreserveaspekten ist dieser Abfluß dann vorteilhaft, wenn die dadurch bedingte Verminderung des ZBG-Bestands durch eine Ermäßigung des Mindestreserve-Solls überkompensiert wird[65]. Die Gesamtheit der an den Stichtagen eintretenden ZBG-Abflüsse ist in diesem Falle also geringer als die Reduzierung des — kumulativen — Reserve-Solls, die durch die Abnahme der reservepflichtigen Verbindlichkeiten erreicht wird. Die Grenzen einer wirtschaftlich vorteilhaften Ermäßigung dieser Verbindlichkeiten sowie auch die optimalen Datenkonstellationen, bei denen die Einsparung von Mindestreserven maximal wird, lassen sich aufgrund dieser Überlegungen exakt berechnen. Eine Variation der reservepflichtigen Verbindlichkeiten an allen vier Stichtagen ist dazu nicht unbedingt notwendig.

Grundsätzlich gilt, daß die Variation mit steigendem durchschnittlichen Reservesatz zunehmend interessanter wird. Vor allem wenn für einzelne Kategorien weit überdurchschnittlich hohe Reservesätze bestehen, wie beispielsweise in der BRD zeitweilig für Verbindlichkeiten gegenüber Gebietsfremden, ist die hier beschriebene Einflußnahme auf das Reserve-Soll einzelwirtschaftlich gesehen besonders attraktiv. Hat eine Bank den zum Zwecke der Variation verwendungsfähigen Teil ihrer reservepflichtigen Verbindlichkeiten ermittelt, so kann sie in Abhängigkeit von dem Reservesatz und der Zahl der Stichtage errechnen, ob sie diesen variierbaren Betrag ΔV bzw. ΔM voll oder nur in bestimmter Höhe einsetzen soll, um die ihr mögliche, maximale *Mindestreserve-Ersparnis* zu erreichen. Dadurch wird die Bank in die Lage versetzt, ihre *Opportunitätskosten*, d. h. den durch die Mindestreservehaltung bedingten entgangenen Ertrag, zu *senken* und ihre Zinserträge im Aktivgeschäft zu erhöhen.

---

[65] Wie auch in Abb. 3 ersichtlich, liegt ein Teil der für die Variation des Solls relevanten Stichtage zeitlich vor dem für die Erfüllung des Reserve-Ist maßgeblichen Kalendermonat. Auf die Folgen der unterschiedlichen Basiszeiträume für Reserve-Soll und Reserve-Ist wird im Abschnitt D I c eingegangen.

(213) Prüfung der Anwendungsmöglichkeiten

Es ist nun nach den in der Bankpraxis effektiv sich bietenden Möglichkeiten zu fragen, die als Ansatzpunkte für die dargestellte Einflußnahme auf das Reserve-Soll in Betracht kommen. Eine positive Antwort wäre zugleich eine weitere Begründung der These, daß die Stichtagmethode das für die Bank günstigere Verfahren zur Ermittlung des Reserve-Solls ist. — Zur Variation des Bestands an reservepflichtigen Verbindlichkeiten könnten sich vor allem solche eignen, die die zwei folgenden Kriterien erfüllen:

(a) Gläubiger sind Kreditinstitute, die nicht den deutschen Mindestreservevorschriften unterliegen.

(b) Die Verbindlichkeiten sind jederzeit fällig und somit an jedem Arbeitstag disponierbar.

Während das zweite Kriterium keiner näheren Erläuterung bedarf (und als geeignete Ausnahme lediglich zu den Stichtagen fällige Termingelder zu nennen wären, vor allem Sechstagesgeld), soll der die Art des Gläubigers berücksichtigende Gesichtspunkt kurz begründet werden: Verbindlichkeiten gegenüber in der Bundesrepublik reservepflichtigen Kreditinstituten kommen nicht in Betracht, da diese nach § 2 AMR nicht der Mindestreservepflicht unterliegen. Einlagen von Nichtbanken wird eine Bank zur Verminderung ihres Reserve-Solls aus verschiedenen Gründen kaum variieren wollen. (Selbst wenn die Bank den Abzug solcher Beträge zu den Stichtagen und anschließende Wiedereinzahlung vereinbaren könnte, würde sie dies wahrscheinlich mit Rücksicht auf ihr Ansehen im Bankgewerbe unterlassen, da die Empfänger der Zahlungen, die über diese Beträge ceteris paribus nur an den Stichtagen verfügen könnten, wegen der damit ausgelösten Erhöhung ihres Reserve-Solls gegen derartige Manipulationen Stellung beziehen und die Bank „ins Gerede“ bringen würden).

Als Gläubiger kommen in der Regel also nur Banken im Ausland sowie bestimmte, in der BRD domizilierende aber nicht mindestreservepflichtige Kreditinstitute in Betracht[66]. Dies sind im wesentlichen Bausparkassen, Kapitalanlagegesellschaften und Institute, die nach § 1 Abs. 2e AMR nicht reservepflichtig sind (Banken mit überwiegend langfristigem Geschäft, die sich zu mindestens 90 % durch Eigenkapital und langfristiges Fremdkapital finanzieren). Für diese drei Institutsgruppen gelten allerdings weitgehend die gleichen Einschränkungen wie für Nichtbank-Gläubiger (s. o.), doch könnte die Bank mit Instituten dieser Art ein bestimmtes Timing vereinbaren. So könnten die monatlichen Auszahlungen der Bausparkassen an ihre Kunden genau zu den für

[66] Vgl. §§ 1 und 2 AMR in Verbindung mit §§ 1 und 2 KWG.

die Berechnung des Reserve-Solls maßgeblichen Stichtagen erfolgen. Kapitalanlagegesellschaften[67], die in der BRD jeweils mit bestimmten Bankengruppen eng zusammenarbeiten, könnten ihre durch Wertpapiertransaktionen im Ausland bedingten Devisenkäufe und Verkäufe zeitlich so steuern, daß das DM-Zentralbankkonto der Bank zu den Stichtagen belastet und am Arbeitstag darauf erkannt wird. Besonders bieten Geschäfte mit Instituten der dritten oben genannten Gruppe Ansatzpunkte für das Mindestreserve-Soll ermäßigende Manipulationen. Hypothekenbanken und andere von § 1 Abs. 2e AMR begünstigte Institute unterhalten flüssige Mittel vielfach auf Girokonten bei befreundeten inländischen Banken. Diese Einlagen unterliegen der Mindestreservepflicht. Das davon betroffene Institut könnte nun mit dem Einleger vereinbaren, daß er diese Mittel zu den Stichtagen als Callgeld im Ausland anlegt, so daß sie sich bei ihm nicht sollerhöhend auswirken. Im Inland können sich ebenfalls Nehmer für dieses zu den Stichtagen angebotene Geld finden, und zwar vor allem Kreditinstitute, die ihr Reserve-Soll nach der Tagesendstandmethode errechnen. (Daß die Aufnahmebereitschaft für dieses mindestreservepflichtige Tagesgeld sich im übrigen auch nach der Zinsforderung richtet, bedarf keiner näheren Erläuterung.) Auf einen durch Einschaltung einer ausländischen Tochtergesellschaft möglichen Weg zur Vermeidung von Mindestreserven wird im Unterabschnitt (24) dieses Kapitels unten noch eingegangen. Sieht man von dieser Möglichkeit zunächst ab, so ist festzuhalten, daß die Bank bei Geschäften mit inländischen Partnern ihre Mindestreservepflicht zumeist nur durch ein entsprechendes *Timing* reduzieren kann[68].

Zur Variation des Reserve-Solls besonders geeignet sind dagegen Geschäfte mit im Ausland domizilierenden Kreditinstituten. So könnten die Bank und ihr ausländischer Partner *P* beispielsweise übereinkommen, daß *P* Einlagen bei der Bank zu den Stichtagen abzieht und zum folgenden Arbeitstag rücküberweist oder daß die Bank aufgenommene Gelder zurückzahlt und anschließend wieder zur Verfügung erhält[69]. Dabei wäre allerdings das Kursrisiko durch ein Swapgeschäft auszuschalten. (Will man den Währungsübergang vermeiden, so ließen sich die Beträge evtl. auf DM-Währungskonten im Ausland überweisen.)

---

[67] Die Möglichkeit, daß diese nicht mindestreservepflichtigen Kreditinstitute einen Teil ihrer Sichteinlagen jeweils zu den Stichtagen von ihren Geschäftsbankkonten auf ihre Zentralbankkonten transferieren, dürfte entfallen, da dies wahrscheinlich die Aufmerksamkeit der Bundesbank erregen würde.

[68] Dies kann durch Verzögerung von Einzahlungen um einen Arbeitstag geschehen, oder durch (eine vorzeitige) Vornahme von Auszahlungen am Stichtag.

[69] Anhaltspunkte für die Größenordnung der in Betracht kommenden Beträge ergeben sich aus den statistischen Beiheften zu den MB Bbk., Reihe 3, Zahlungsbilanzstatistik, Tabelle 16.

Eine Refinanzierung bei einem neuen Geldgeber nach dem Stichtag ist insofern für die Bank risikoreicher, als sie ex ante keine sichere Kenntnis über die Erhältlichkeit und die Kosten der dann zu beschaffenden Mittel besitzt. Im Rahmen von Verträgen mit mehreren ausländischen Partnern könnten nicht nur diese Risiken stärker eingegrenzt, sondern auch der Tatbestand schlechthin vor Außenstehenden (insbesondere der Bundesbank) verschleiert werden. — Ein einfaches *Beispiel:* Eine Bank B hat bei einer ausländischen Bankengruppe P_1, P_2, P_3 einen Betrag aufgenommen, für den sie die deutsche Mindestreservepflicht zu vermeiden trachtet. Lediglich zu den vier Stichtagen S_1 bis S_4 soll dieser Betrag der Bank B nicht zur Verfügung stehen. Ist ein Stichtag geschäftsfrei, gilt der vorangehende Arbeitstag. Die Überweisungsbeziehungen könnten sich u. a. wie folgt darstellen:

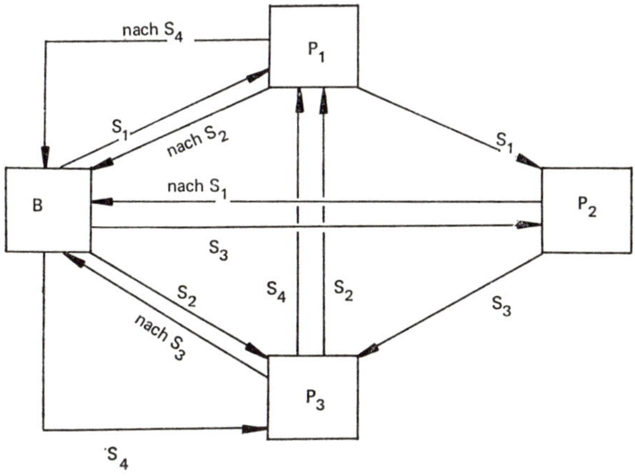

Abb. 4: Stichtagbezogene Transaktionen mit drei Partnern

Inwieweit die behördlichen Vorschriften in der BRD eine Variation des Reserve-Solls durch Nutzung der durch die Stichtagmethode gebotenen Möglichkeiten zulassen, ist nicht ganz geklärt. Einerseits gibt es keine rechtliche Bestimmung, die den Kreditinstituten eine Beeinflussung des Solls untersagt. Andererseits behält sich die Bundesbank nach § 8 Abs. 2 Satz 2 AMR vor, in Einzelfällen die Anwendung der Stichtagmethode auszuschließen, „wenn Grund zu der Annahme besteht, daß das Kreditinstitut den Stand der reservepflichtigen Verbindlichkeiten an *den vier* Stichtagen[70] beeinflußt hat, um ihn unter den Betrag herabzudrücken, der sich bei“... Anwendung der Tagesendstandmethode erge-

[70] Hervorhebung durch den Verfasser.

ben würde. Gemeint ist damit offenbar eine absichtliche Einflußnahme an allen vier Stichtagen, denn es heißt ja nicht „an einem oder mehreren der Stichtage". Ihre Vermutung müßte die Bundesbank allerdings nachweisen, was bei geschicktem Vorgehen der beteiligten Kreditinstitute nicht leicht sein dürfte. Man geht im allgemeinen wohl nicht fehl in der Annahme, daß die Banken ihre Verhaltensweisen zwar so ausrichten, daß sie bei der Zentralbank keinen Verdacht erwecken, aber daß sie unter letzterer Prämisse dennoch die untersuchten Möglichkeiten zur Ermäßigung des Reserve-Solls in ihre Dispositionen einbeziehen können.

Durch die Wahl der Stichtagmethode eröffnet sich der Bank auch die Möglichkeit, einen das Reserve-Soll erhöhenden Effekt, der durch Geldzuflüsse aus dem Ausland bedingt ist, abzuschwächen. Aufgrund der zweiwerktägigen Wertstellungsusance im internationalen Devisenhandel weiß die Bank bei Abschluß des Devisengeschäfts, daß solche Zugänge sich erst nach 2 Werktagen auf den ZBG-Bestand auswirken. Mit ihrem Kontrahenten kann sie eine Abänderung der Usance dergestalt vereinbaren, daß der Betrag in Inlandswährung erst am Tag nach dem Stichtag angeschafft zu werden braucht. Eine Valutierung von nur einem Werktag wäre ggfs. auch dann vorteilhaft, wenn dadurch ein Abfluß von ZBG vor dem Stichtag erreicht werden könnte. Ob dies für die Bank günstig ist, hängt von der Höhe der Reservebelastung ab.

Für *ländliche Kreditgenossenschaften* gelten die Sonderregelungen der § 5 Abs. 2 und § 8 Abs. 3 und 5 AMR, die zu einer Einflußnahme auf das Reserve-Soll genutzt werden könnten. Die im Hinblick darauf wichtigste Ausnahmebestimmung für diese Institutsgruppe sieht vor, daß das Soll nicht auf der Grundlage eines Monatsdurchschnitts berechnet zu werden braucht, sondern der „Stand der reservepflichtigen Verbindlichkeiten am Ende des letzten Tages des Vormonats" angesetzt werden kann. Daher sind ländliche Kreditgenossenschaften grundsätzlich in der Lage, die Höhe ihres Reserve-Solls für den folgenden Monat durch Variation ihrer reservepflichtigen Verbindlichkeiten an diesem einen Stichtag zu beeinflussen. Sie können damit den gleichen Effekt erreichen, den Banken anderer Institutsgruppen nur durch Variationen konstanten Umfangs an vier Stichtagen erzielen könnten. Das zuvor vorgestellte Modell ist für ländliche Kreditgenossenschaften somit entsprechend zu vereinfachen. Für diese Banken sind unter Mindestreserveaspekten besonders solche Einlagen von Nichtbanken interessant, die vom Beginn des Monats bis zum Tag vor dem Ultimo zur Verfügung stehen.

(22) Umstrukturierung reservepflichtiger Verbindlichkeiten

Mit Hilfe von Umstrukturierungsmaßnahmen kann die Bank entweder den für die Berechnung des Reserve-Solls maßgeblichen Bestand an reservepflichtigen Verbindlichkeiten reduzieren oder die durchschnittliche Reservebelastung dieser Fremdmittel vermindern. Auf Basis der im Herbst 1969 in der Bundesrepublik geltenden Mindestreservebestimmungen bestehen hier im wesentlichen diese Ansatzmöglichkeiten:

(a) *Wechsel des Gläubigers*[71]: Die Bank könnte sich bemühen, zu den Stichtagen (oder soweit vertretbar, auch im allgemeinen) Verbindlichkeiten gegenüber im Ausland domizilierenden Kreditinstituten durch solche gegenüber Inlands-Banken zu substituieren, da Passiva letzterer Art nicht mindestreservepflichtig sind. Eine Substitution wäre auch dann in Erwägung zu ziehen, wenn Verbindlichkeiten gegenüber „Gebietsfremden" (also auch Nichtbanken) generell mit höheren Reservesätzen belastet sind als mindestreservepflichtige Fremdmittel aus dem Inland[72].

(b) *Variation der Anteile bestimmter Fremdmittelarten an der Gesamtheit der reservepflichtigen Verbindlichkeiten:* Unter Mindestreserveaspekten sollte die Bank bestrebt sein, die Quote der meistbelasteten Kategorie (Sichtverbindlichkeiten) zu senken und die Anteile der relativ weniger belasteten Verbindlichkeiten zu erhöhen, doch ist dies in der Regel aus anderen geschäftspolitischen Gründen nur sehr begrenzt möglich[73].

(c) *Substitution zugunsten von Verbindlichkeiten nach § 2 Abs. 4b bis l AMR*: Da nach dieser Vorschrift mehrere Gruppen von Verbindlichkeiten von der Reservepflicht freigestellt sind, sollte die Bank prüfen, ob sie in Einzelfällen nicht davon Gebrauch machen könnte. Die Freistellung betrifft u. a. Verbindlichkeiten „aus seitens der Kundschaft bei Dritten benutzten Krediten" und „aus dem Eingang lediglich auftragsweise eingezogener Beträge ..."[74]. Die für die im internationalen Geldhandel aktiven Kreditinstitute wichtigste Freistellung enthält die erst im November 1968 eingefügte Ziffer 41: Danach unterliegen Verbindlichkeiten

> „in fremder Währung gegenüber Gebietsfremden, deren Gegenwerte nachweislich in gleicher Höhe und mit gleicher Laufzeit unverzüglich

---

[71] Vgl. u. a. das Modell in Abbildung 4 oben.

[72] Dies war — mit Unterbrechungen — in der Zeit vom 1. 5. 1957 bis 31. 1. 1967 der Fall und wiederum seit dem 1. 6. 1969. Außerdem sind seit dem 1. 12. 1968 bestimmte Zuwächse (s. u.) betroffen. Vgl. MB Bbk., 21. Jg. (1969), Nr. 2, S. 44 f.

[73] Bei Konflikten mit Bestrebungen anderer Tätigkeitsbereiche treten geldpolitische Aspekte zurück. (Vgl. die Ausführungen über den auxiliären Charakter der Geldpolitik in E I b.) Die Bank muß sich letztlich nach den Einlegern richten.

[74] s. Abs. 4 f und g. — Auftragsweise eingezogene Beträge müssen in diesem Fall „laufend an die Berechtigten abgeführt werden. ‚Laufende Abführung' ist als gegeben anzusehen, wenn die Beträge nicht länger als 14 Tage bei dem einziehenden Institut bleiben".

und nicht in Verbindung mit einem Bundesbank-Swapgeschäft ungeteilt an Gebietsfremde weitergeleitet worden sind (freigestellte Zinsarbitragegeschäfte)[75]

nicht der Mindestreservepflicht.

(d) Bestehen unterschiedliche Reservesätze für Kreditinstitute, die an *Bankplätzen* domizilieren, und für solche an *Nebenplätzen* (wie in der BRD), so kann es für Banken mit mehreren Domizilen vorteilhaft sein, die reservepflichtigen Verbindlichkeiten vorzugsweise an den Orten mit den niedrigeren Reservesätzen (Nebenplätze) entstehen zu lassen, sofern sie dort eine Niederlassung haben. So könnten mindestreservepflichtige *Geldaufnahmen* namentlich von den *an Nebenplätzen* domizilierenden Filialen der Bank durchgeführt werden[76].

(23) Abwehr unerwünschter Geldzuflüsse und Nutzung von Wahlmöglichkeiten bei der Ermittlung von Zuwächsen

Sofern *für den Zuwachs an Verbindlichkeiten besondere Reservesätze* gelten, die die normalen Sätze übersteigen, hätte die Bank grundsätzlich zu überlegen, ob die mit den Zuwächsen verbundenen Mittelzuflüsse für sie überhaupt interessant sind[77]. Auch wenn die Reservesätze auf Zuwächse weniger als 100 % betragen und ein Teil der Zuflüsse der Bank damit als freie Mittel verbleibt, kann ein Zustrom von zusätzlich mindestreservebelasteten Einlagen durchaus unerwünscht sein: Die Bank hat nicht nur Verwaltungskosten zu tragen für Fremdmittel, die ihr u. U. keinerlei Zinsertrag bringen, sondern kann durch die Zunahme der Verbindlichkeiten auch in eine ungünstigere Reserveklasse gera-

---

[75] Revidierte, ab 28. 8. 1969 gültige Fassung. (Vgl. Mitteilungen der Deutschen Bundesbank Nr. 5017/69). Die Änderung erfolgte zwecks Unterbindung sog. „Karussellgeschäfte" der Banken im zwischenstaatlichen Geldhandel unter Ausnutzung der gegenüber dem freien Markt vorteilhafteren Swap-Konditionen der Bundesbank. Daß solche Geschäfte dadurch nicht vollständig verhindert werden, zeigen die Ausführungen über die Zinsarbitrage im Abschnitt D I b.

[76] Vgl. auch *V. Szagunn,* Banken an Bank- und an Nebenplätzen, in: Bank-Betrieb, Jg. 9 (1969), S. 295 f.; der (für die BRD) auf die wesentlich niedrigere Reservebelastung der Institute an Nebenplätzen aufmerksam macht und in Übereinstimmung mit dem Bericht der Bundesregierung über die Wettbewerbsuntersuchung im Kreditgewerbe für eine Gesetzesänderung zur Beseitigung dieses Zustands plädiert. Dafür sollten die Bargeldbestände auf die Ist-Reserve angerechnet werden. (Vgl. dazu auch Abschnitt C III b 2 [23] dieser Arbeit).

[77] Betrachtet man beispielsweise die bereits erwähnten extremen Geldzuflüsse aus dem Ausland im Nov. 1968 und im Mai 1969, so dürfte diese Frage angesichts des zwischen dem 1. 12. 1968 und 31. 10. 1969 geltenden Reservesatzes von 100 % für die Zuwächse an Verbindlichkeiten gegenüber Gebietsfremden zu verneinen sein.

ten. Dadurch wird die Gesamtheit ihrer reservepflichtigen Verbindlichkeiten aller Kategorien mit höheren Mindestreservesätzen belastet[78].

Die Mindestreservebestimmungen können allerdings ggfs. erlauben, bei Bestehen von Zuwachsreserven *verschiedene Basiszeitpunkte* für deren Bemessung zu wählen. So hatten die Kreditinstitute der Bundesrepublik beispielsweise die Möglichkeit, „den Zuwachs an mindestreservepflichtigen Auslandsverbindlichkeiten entweder im Vergleich zum Bestand ... am 15. November oder am 15. Januar zu errechnen“[79]. Sie werden naturgemäß den Zeitpunkt mit dem höchsten Bestand wählen. — Weitere Wahlmöglichkeiten bestehen, wenn die Banken berechtigt sind, eine *Kompensation* zwischen den einzelnen Kategorien reservepflichtiger Verbindlichkeiten vorzunehmen, wenn sie also eine Zunahme in einer Gruppe von Verbindlichkeiten mit einer Abnahme des Bestands einer anderen Gruppe verrechnen können. In diesem Falle sind zusätzliche Mindestreserven nur auf den Zuwachs des Gesamtbestands reservepflichtiger Verbindlichkeiten zu halten[80].

Schließlich kann die Bank infolge unvorteilhafter Mindestreservebestimmungen *Geldzuflüsse aus dem Ausland abwehren* wollen. Dazu kann sich zeitweilig eine Umleitung auf im Ausland geführte DM-Konten anbieten, wenn die direkten und indirekten Kosten (vor allem die Opportunitätskosten) der Mindestreservehaltung dort niedriger sind, als die

---

[78] Außerdem kann sich die zeitliche Diskrepanz zwischen der Bezugsbasis des Reserve-Solls und der Realisierung der Ist-Reserve nachteilig auswirken. Fließen mit Zuwachsreserven belastete Verbindlichkeiten der Bank während der zweiten Hälfte eines Kalendermonats zu, so erhöhen sie die erst im folgenden Monat zu haltende Mindestreserve. Da es sich bei derartigen Geldbewegungen zumeist um spekulatives, sehr kurzfristiges Geld handelt, zu dessen Abwehr die Zuwachsreserve von der Notenbank bestimmt ist, besteht ein hohes Maß an Wahrscheinlichkeit, daß die Banken die Mittel im Zeitpunkt des Zugangs nicht oder nur zu sehr ungünstigen Konditionen verwerten können, die Beträge andererseits aber in dem Zeitraum fehlen, in dem die daraufhin erhöhte Mindestreserve zu halten ist. Zunächst können dadurch sogar Überschußreserven erzwungen werden, während die Bank im folgenden Monat durch den Abzug dieser Fremdmittel und die zusätzliche Mindestreservehaltung in zweifacher Hinsicht negativ betroffen werden kann. (Vgl. Abschnitt D I c dieser Arbeit.)

[79] Beschluß des Zentralbankrats vom 6. 2. 1969, MB Bbk., 21. Jg., Nr. 2, S. 7 und auch S. 11 f. Nach dem 1. 5. 1969 bestand eine Wahlmöglichkeit zwischen dem 15. 4. und 30. 4. 1969. Ferner gestattete der Zentralbankrat mit Beschluß vom 5. 12. 1968 den Banken, „bei der Berechnung des Zuwachses an mindestreservepflichtigen Verbindlichkeiten gegenüber Gebietsfremden für den Dezember 1968 den Stand der Verbindlichkeiten am 23. November, der besonders hoch war, außer Betracht zu lassen“. (MB Bbk., 21. Jg. [1969], Nr. 2, S. 11.)

[80] In der BRD galt dies im Jahre 1969 für den Zuwachs an Verbindlichkeiten gegenüber Gebietsfremden. Die Banken konnten so z. B. einen Anstieg der Sichteinlagen von Gebietsfremden mit einer Abnahme der Termineinlagen von Ausländern verrechnen. Eine Zunahme der ersteren Gruppe war somit geeignet, die Bereitschaft der Banken zur Aufnahme von Termingeld im Ausland zu reduzieren.

vergleichbare Kostenbelastung dieser reservepflichtigen Passiva im Inland. Solche bei einem ausländischen Kreditinstitut angesammelten „Euro-DM"-Beträge könnte die Bank dann zur Begleichung von Zahlungsverpflichtungen verwenden, u. a. zur Auszahlung von Krediten an Unternehmen in der BRD. In diesem Falle würden die Beträge in der Regel auf die Konten deutscher Nichtbanken in die BRD überwiesen. Wenn sich dadurch die Einlagen solcher Nichtbanken bei der die Zahlung empfangenden Bank erhöhen, hat diese darauf lediglich die für „Verbindlichkeiten gegenüber Gebietsansässigen" üblichen Mindestreserven zu halten. Werden durch die DM-Zuflüsse aus dem Ausland an Nichtbanken gewährte Kredite getilgt, so wirkt sich dies auf das Reserve-Soll der Bank gar nicht aus.

Während wir bisher von der Einschaltung eines Kreditinstituts im Ausland ausgingen, bei dem ein DM-Konto geführt wird, läßt sich dieser „Umweg" vermeiden, wenn die Bank mit ihren ausländischen Zahlungsverpflichteten übereinkommt, daß diese von ihnen zu zahlende DM direkt auf bei der Bank geführte Konten von Nichtbanken ins Inland überweisen (sofern letztere einverstanden sind). Dadurch entfallen ebenfalls die auf „Verbindlichkeiten gegenüber Gebietsfremden" erhobenen höheren Mindestreserven. Diesen Weg dürfte die Bank jedoch *nicht* vorziehen, da sie im allgemeinen interessiert ist, die Nichtbanken als Kreditkunden zu halten. Kredittilgungen würden den Ausfall von Sollzinsen bedeuten, während auf Einlagen Habenzinsen zu vergüten wären. Vielmehr dürfte die Bank Tochtergesellschaften im Ausland, etwa in Luxemburg, oder befreundete Korrespondenzbanken einschalten, um über diese Institute Kredite in „Euro-DM" auszureichen (s. u.). Man sieht, daß die aus einzelwirtschaftlicher Sicht diskriminierende Mindestreservebelastung von „Verbindlichkeiten gegenüber Gebietsfremden" Anreiz zu einer legalen — wenn auch gesamtwirtschaftlich u. U. nicht legitimen — Umgehung der Bestimmungen bietet.

(24) Einschaltung von Tochtergesellschaften

Um die Entstehung reservepflichtiger Verbindlichkeiten im eigenen Hause zu vermeiden oder um die Reservepflicht zu vermindern, kann die Bank ggfs. eine *Tochtergesellschaft als Empfänger* einschalten. Somit fließen die Fremdmittel zwar dem Konzern zu, jedoch nicht der Muttergesellschaft selbst. Zur Ermäßigung des für die Gesamtheit der jeweiligen Bankengruppe geltenden Reserve-Solls (ohne Verzicht auf Finanzierungsmittel) läßt sich erstens an die Existenz verschiedener Reserveklassen anknüpfen. Voraussetzung dafür wäre, daß die beteiligten, *verschiedenen Reserveklassen* angehörenden Institute gegenüber der Bundesbank einzeln mindestreservepflichtig sind. Denkbar ist etwa eine

Übereinkunft, derzufolge Institute relativ höherer Reserveklassen im Passivgeschäft auf bestimmte Geschäftsmöglichkeiten zugunsten anderer Mitglieder ihrer Gruppe verzichten, wenn sich dadurch die anteilige Mindestreserve ermäßigen läßt. So könnte etwa eine Bank der Reserveklasse drei (der seit 1. 7. 1968 Kreditinstitute mit reservepflichtigen Verbindlichkeiten von 10 bis unter 100 Mio DM angehören) ihre mindestreservepflichtigen Passiva ausweiten und die damit zusätzlich gewonnenen Beträge an eine Bank der Reserveklasse eins (1 000 Mio DM und mehr) abführen. Die Zunahme bei dem letzteren Institut unterliegt nach §§ 1 und 2 AMR dann nicht der Mindestreservepflicht. Im Vergleich zur direkten Finanzmittelbeschaffung der Muttergesellschaft lassen sich auf diesem Umweg beträchtliche Mindestreserven einsparen[81]. Dies gilt noch um so mehr, als dadurch ceteris paribus wirksam gewordene Zuwachsreserven vermieden werden können.

Will eine Bank vermeiden, daß sie bei Geldaufnahmen im Ausland von Mindestreservesätzen betroffen wird, die für Verbindlichkeiten gegenüber Gebietsfremden über denen für Inlandsverbindlichkeiten liegen, so kann sie die höhere Belastung umgehen, indem sie ein *nicht-mindestreservepflichtiges Tochterinstitut* einschaltet. Die Geldaufnahme im Ausland könnte dann durch diese Tochter — etwa ein nach § 1 Abs. 2 b oder e AMR freigestelltes Institut — erfolgen, die den entsprechenden Betrag sogleich ihrer Muttergesellschaft zuleitet, so daß bei dieser dann nur der für Inlandsverbindlichkeiten geltende Mindestreservesatz zur Anwendung käme.

Gänzlich umgehen läßt sich die Entstehung reservepflichtiger Verbindlichkeiten durch Einschaltung einer *im Ausland domizilierenden Tochtergesellschaft*. Die bestehenden deutschen Mindestreservevorschriften, durch die bekanntlich u. a. Geldaufnahmen am Euro-Geldmarkt und die Mittelbeschaffung von Nichtbanken reservepflichtig werden, weisen folgende Lücke auf: Von einer Bankengruppe zu beschaffende, im Inland reservepflichtige Mittel können über eine ausländische Tochtergesellschaft aufgenommen werden, die *bei ihrer inländischen Obergesellschaft verschuldet* ist; d. h. die Aktivgeschäfte der Tochter sind teilweise bei der Muttergesellschaft refinanziert. Den Mittelzufluß aus der genannten Geldaufnahme verwendet die Tochtergesellschaft zum Abbau ihrer Verschuldung bei der Mutter. Der der inländischen Bank somit von ihrer ausländischen Tochter angediente Betrag wird nicht mindestreservepflichtig, da wegen der Schuldentilgung keine Einlage entsteht.

---

[81] Die Einsparung (E) pro Geschäft errechnet sich bei einer bestimmten Art reservepflichtiger Verbindlichkeiten aus $E = (s_1 - s_2) \cdot V$, wobei s_1 der anzuwendende Satz der höheren Reserveklasse, s_2 der der niedrigeren Reserveklasse und V das Volumen der betreffenden Transaktion sind. — Veröffentlicht werden die Sätze in MB Bbk., Statistischer Teil IV, Tabelle 1 a.

Ist ein inländisches Kreditinstitut interessiert, jeweils nur zu den Stichtagen eine reservepflichtige *Einlage* zu verlieren, um die sonst daraus entstehende Reservepflicht zu meiden, kann es folgende Vereinbarungen treffen: Erstens kann es mit dem Einleger die revolvierende Überlassung von Sechstagegeld vereinbaren[82]. Zweitens gibt es außerdem einen Weg, der der Bank den Besitz der Mittel auch an den Stichtagen ermöglicht, ohne daß eine Reservepflicht entsteht: Dazu ist mit dem Einleger zu vereinbaren, daß dieser den Betrag zu den Stichtagen auf das — debitorische — Konto der bereits erwähnten, im Ausland domizilierenden Tochtergesellschaft der Bank überweist. Zum jeweils nächstfolgenden Tag wird die Summe wieder für sechs Tage auf das Konto des Einlegers bei der (Mutter-)Bank eingezahlt. An den Stichtagen vermindert dieser Betrag die Verbindlichkeiten der Tochter bei ihrer Muttergesellschaft. Auf diesem Weg verbleibt der Betrag ständig bei der (Mutter-)Bank. Die Mindestreservepflicht wird dadurch umgangen, daß an den Stichtagen die Einlage entfällt, während gleichzeitig der Kredit an die Tochtergesellschaft in entsprechendem Umfang abgebaut wird[83]. Der durch die Meidung der Reservepflicht entstandene Kostenvorteil läßt sich zwischen den Beteiligten unschwer aufteilen. So ist zu vermuten, daß die den Betrag zu den Stichtagen aufnehmende Bank dafür nur sehr niedrige (ggf. sogar keine) Zinssätze zu entrichten hat[84]. Verläßliche Angaben über die Zinssätze für Callgeld zu den Stichtagen liegen jedoch nicht vor.

d) Der Strukturzusammenhang

Allgemein kann eine Veränderung des ZBG-Bestands der Bank zwei Ursachen haben:

1. Eine geldpolitische Aktion, d. h. eine zur Variation des ZBG-Bestands eigens beabsichtigte Maßnahme, oder

2. eine aus dem „allgemeinen" Zahlungsverkehr (allg. ZV) resultierende Veränderung. Diese sei hier als „autonome" Determinante bezeichnet.

---

[82] Der Betrag würde also zu den Stichtagen an den Einleger zurückgezahlt und zwar (sofern es eine Nichtbank ist) nach Möglichkeit auf ein Konto bei einer nicht-mindestreservepflichtigen Bank oder einem Institut, das seine Mindestreserve-Berechnung nach der Tagesendstandmethode vornimmt.

[83] Bei der Bank, deren Konto zu den Stichtagen mit dem Betrag erkannt wird, braucht es sich nicht nur um eine Tochtergesellschaft zu handeln; es muß jedoch ein Institut sein, das bei der die Einlage (s. o.) verwaltenden Bank einen Kredit aufgenommen hat.

[84] Außerdem erhält die von der inländischen Reservepflicht freie ausländische Tochtergesellschaft auch einen Wettbewerbsvorsprung bei der Einlagenbeschaffung, denn wegen fehlender Kosten der Mindestreservehaltung vermag sie höhere Zinsaufwendungen hinzunehmen als die mit ihr um (reservepflichtige) Einlagen konkurrierenden Banken im Inland.

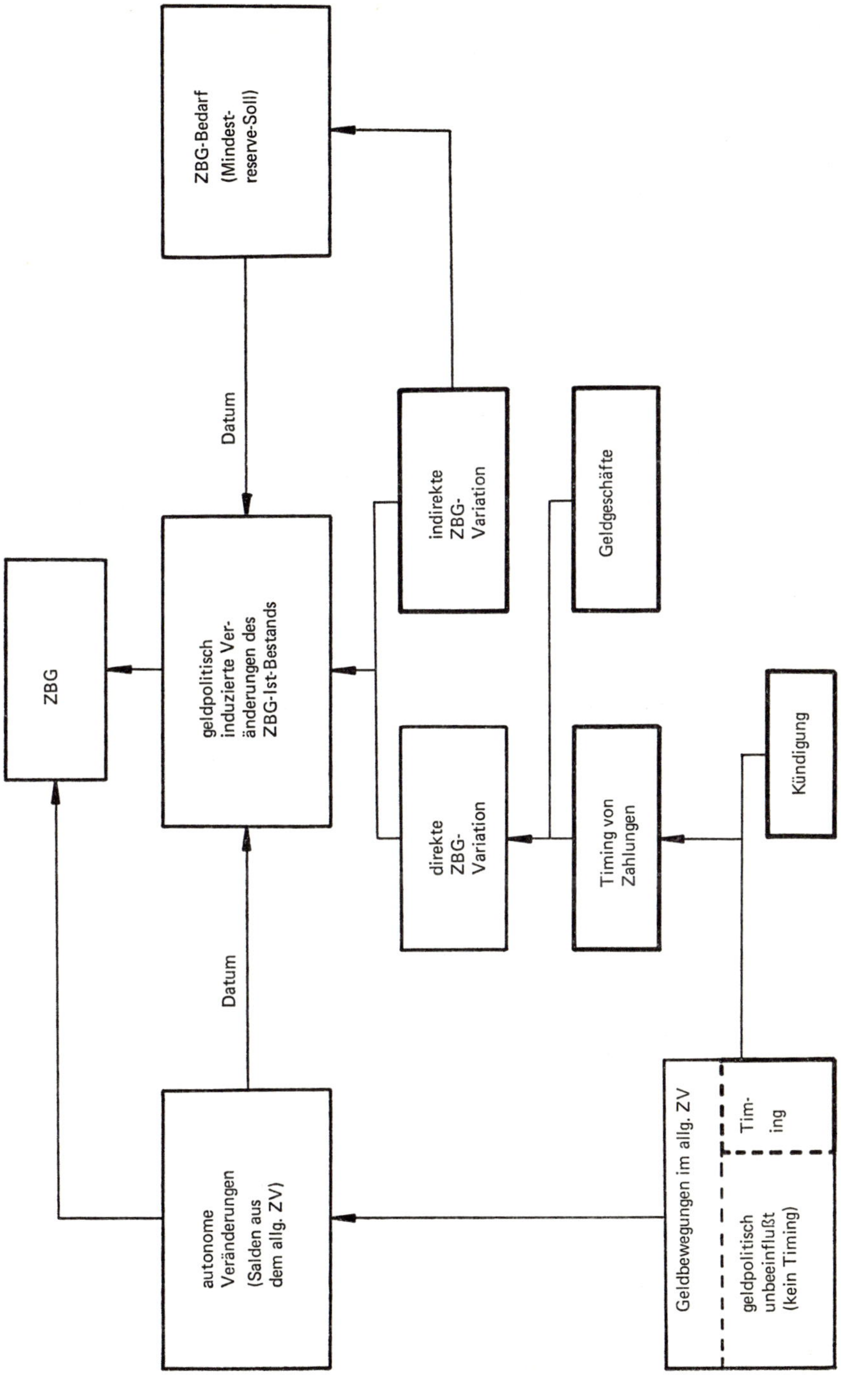

Abb. 5: Determinanten des ZBG-Bestands und geldpolitische Instrumente

Die Struktur des geldpolitischen Instrumentariums der Bank wird in Abbildung 5 aufgezeigt. Darin enthalten die stark umrandeten Kästchen die einzelnen Instrumente. Die Pfeile geben die Richtung an, in der die Determinanten wirken.

Die Salden aus dem „allgemeinen" Zahlungsverkehr haben für die Geldpolitik Datencharakter. Da quantitativ nicht im Bereich der Geldpolitik determinierte Zahlungsströme von dieser Funktion jedoch teilweise zeitlich beeinflußt werden können, vermag die Geldpolitik insofern auch auf die täglichen Salden aus dem „allgemeinen" Zahlungsverkehr einzuwirken. Dies geschieht mit Hilfe des Instruments „Timing von Zahlungen". Auf das Volumen und die Richtung solcher Zahlungsströme hat das *Timing* ex definitione keinen Einfluß. — Im Gegensatz zum Timing kann die Bank bei *Geldgeschäften*, der zweiten Art von Maßnahmen zur direkten Variation des ZBG-Bestands, alle drei Aktionsparameter variieren, also auch die Richtung und die Betragshöhe. Eine Systematisierung von Bankgeschäften nach ihrer Eignung als Geldgeschäfte wurde in diesem Kapitel versucht. Je nach ihrer geldpolitischen Situation bezweckt die Bank eine[85]

(a) Herbeiführung eines ZBG-Zuflusses bzw. Abflusses

(b) Vermeidung eines ZBG-Zuflusses bzw. Abflusses, der ceteris paribus sonst eingetreten wäre.

Ferner kann der ZBG-Bestand indirekt verändert werden, und zwar, wie dargestellt, durch Beeinflussung des Mindestreserve-Solls. Dieses Soll ist für weitere, eine ZBG-Variation direkt anstrebende Maßnahmen dann eine Konstante.

---

[85] Daß die Bank sich dabei nur disponibler, d. h. von ihr in der jeweiligen Planperiode materiell beeinflußbarer Größen bedienen kann, braucht nicht weiter betont zu werden.

C. Ziele

I. Vorbemerkungen zur Systembildung

a) Ausgangsperspektiven

Zur Ermittlung des für die bankbetriebliche Funktion Geldpolitik gültigen Zielsystems, das die in diesem Bereich notwendigen Aktionen bestimmt und gleichermaßen die in der Realität vorzufindenden geldpolitischen Vorgänge erklären kann, ist eine Untersuchung der Ziele erforderlich, die das Kreditinstitut als Wirtschaftseinheit verfolgt. Gelingt der Entwurf eines Zielsystems der Bank, können geldpolitische Ziele daraus als Unterziele abgeleitet werden[1]. Diese Ziele müssen so operational definiert werden, daß sie den Zweck der einzelnen konkreten Maßnahmen im Bereich der Geldpolitik einem externen Betrachter unmittelbar einsichtig machen und für den zuständigen Entscheidungsträger in der Bank eine praktikable Handlungsmaxime darstellen können. (Deshalb wird für Fälle von Zielkonkurrenz auch eine begründete Dringlichkeitsordnung zu entwickeln sein). Diese Forderung entspricht der einleitend dargelegten Aufgabenstellung dieser Arbeit: Die hier angestrebte Systembildung soll einerseits als „reine" Theorie zum Zwecke der Erklärung, andererseits auch als „angewandte" Theorie erfolgen, die der Bank Entscheidungshilfen bietet. Diese zwei Dimensionen der Untersuchung stellen für das weitere Vorgehen jedoch unterschiedliche Anforderungen: Während man davon ausgehen kann, daß die Bank selbst ihre Handlungsmaximen kennt und lediglich die Entscheidungen zwischen bestehenden Alternativen zur Zielerreichung Probleme aufgeben, darf man die für die Handlungen der Bank relevanten Ziele einem externen Betrachter nicht schlechthin als bekannt voraussetzen. Um der Erklärungsfunktion gerecht zu werden, ist daher nach realitätskonformen Zielen zu suchen. Auch zur Entwicklung sinnvoller Entscheidungshilfen hat die unterstellte Ausgangszielsetzung wirklichkeitsnah zu sein.

---

[1] Zur Ableitung von Unterzielen vgl. *H. Strasser,* Zielbildung und Steuerung der Unternehmung, Wiesbaden 1966, S. 77 f. — s. auch *E. Heinen,* Das Zielsystem der Unternehmung (im folg. zitiert als „Das Zielsystem ..."), a. a. O., S. 103 f., 202, 215 f.

Wissenschaftliche Untersuchungen empirischen Charakters über Zielsysteme von Kreditinstituten sind bislang nicht bekannt[2]. Es stehen lediglich Aussagen der theoretischen Zielforschung zur Verfügung, wobei nur wenige Autoren über die Formulierung knapp begründeter, aus dem erwerbswirtschaftlichen Prinzip abgeleiteter Hypothesen hinausgehen. Umfassende Versuche, logisch-deduktiv ermittelte Zielsysteme von Banken einer Überprüfung an der Realität zu unterziehen, fehlen. Soweit Falsifizierungsversuche überhaupt vorzufinden sind, beschränken sie sich auf einzelne Verhaltensweisen, die sich nur auf ausgewählte Elemente der Zielmenge oder ein bestimmtes Institut beziehen. Manche Autoren nennen Bankziele nur summarisch, ohne sich auf eine Rangordnung der Elemente oder gar deren Gewichtung festzulegen. Eine operationale Verwendungsfähigkeit solcher Systeme setzt jedoch eine jeweils beträchtliche Verfeinerung voraus. Die notwendige Präzisierung wird von der institutionellen und/oder funktionalen Abgrenzung des Untersuchungsgegenstandes bestimmt. — Von Systemen, die durch eine definitorische Geschlossenheit charakterisiert und daher zwangsläufig nicht falsifizierbar sind, soll hier nicht die Rede sein.

Versuche zur Ermittlung realitätsnaher Unternehmungsziele müßten sich auch auf den Vorgang der Entwicklung dieser Ziele in der Unternehmungsorganisation konzentrieren, um so die Bildung und zeitliche Veränderung des Zielsystems im Entscheidungsprozeß zu erfassen[3]. Im Mittelpunkt steht dabei stets der jeweils betroffene Personenkreis[4], der die für die Bank als Wirtschaftseinheit maßgeblichen Entscheidungen trifft. Angesichts der „heterogenen Zielvorstellungen der Organisationsteilnehmer“[5] ist eine Einigung auf ein für das wirtschaftliche Handeln

[2] Auf den begrenzten Wert empirischer Untersuchungen verweist u. a. *E. Heinen*, Das Zielsystem . . ., a. a. O., S. 44. Sie seien „zunächst lediglich die Ausgangsbasis“ einer Theorie der Unternehmungsziele. — Eine gewisse Ausnahme stellt allerdings die Arbeit von R. Kroll dar, der vor allem am Beispiel der Kreditanstalt für Wiederaufbau Zielannahmen als Verhaltensdeterminanten empirisch untersucht, wobei er von den im Gesetz über die KfW festgelegten Zielen ausgeht. Vgl. *R. Kroll*, Das Leistungsziel als Verhaltensdeterminante von Bankunternehmungen der öffentlichen Hand, Berlin 1968, besonders S. 137 ff.

[3] *E. Heinen*, Das Zielsystem . . ., a. a. O., S. 46 f.; *R. M. Cyert* und *J. G. March*, a. a. O., S. 19, 21, 26 ff.; C. und M. betonen, daß Ziele letztlich nur von Individuen verfolgt werden können und daß die Beteiligten sich daher auf Organisationsziele einigen müßten.

[4] *E. Heinen*, ebenda, S. 46, 59, 187 ff., 203 ff. — *H. Hax*, Die Koordination von Entscheidungen, a. a. O., S. 53: „Es gibt so viele Entscheidungsfunktionen, wie es Entscheidungsträger gibt.“ (s. auch ebenda, S. 25.)

[5] *E. Heinen*, ebenda, S. 191 f. — Vgl. auch Abschnitt A I c. Der Fall, daß ein in der Organisation durchsetzbares Zielsystem von einem Individuum allein bestimmt wird, dürfte für Banken heute kaum gegeben sein, denn ihre obersten Entscheidungsinstanzen setzen sich in der Regel aus mehreren Personen zusammen. Für die unteren Instanzen erfordert der Geschäftsbetrieb eine weitgehende Dezentralisation, so daß sich hier abweichende Zielvorstellungen bilden können.

der Bank jeweils verbindliches Zielsystem erforderlich. Solche Zielbildungsvorgänge können in dieser Arbeit wegen des damit verbundenen Aufwands nicht untersucht werden. — Uns interessiert zunächst nur die Bestimmung der organisatorischen Oberziele, aus denen dann operationale Unterziele abgeleitet werden sollen. Dabei wird angenommen, daß die Zielvorstellungen der Organisationsteilnehmer in den unteren Instanzen erfolgreich integriert werden können, d. h. daß diese nach den ihnen vorgegebenen Unterzielen handeln[6].

b) Anforderungen an das Zielsystem

Die an das Zielsystem zu stellenden qualitativen Anforderungen[7] hängen vom Zweck der Systembildung ab. Übereinstimmung herrscht in der neueren Literatur über die Notwendigkeit der *Operationalität*, d. h. die Zielelemente müssen „in eindeutig verständlichen und meßbaren Größen ausgedrückt“[8] sein sowie die Eigenschaft von „Handlungszielen“[9] haben. So formulierte Zielgrößen eignen sich im Gegensatz zu nichtoperationalen Postulaten zur Entscheidungsdelegation in der Unternehmung (Vorgabe von Handlungszielen für nachgeordnete Instanzen) und schaffen eine wichtige Voraussetzung für externe Analysen des Entscheidungsprozesses. Zum Begriffsinhalt der Operationalität gehört nicht notwendig die Quantifizierbarkeit eines Ziels, hingegen stets seine Überprüfbarkeit. Die Zielerreichung kann demnach nicht nur kardinal, sondern auch mit Hilfe von Ordinal- und Nominalskalen gemessen werden[10]. Aus den einzelnen Formen des Messens ergeben sich „verschiedene

---

[6] Auf die Notwendigkeit, bei der Fixierung von Unterzielen die Motivationsstruktur der Exekutivorgane einzubeziehen, für die diese Ziele verbindlich sind, braucht daher nicht eingegangen zu werden. Vgl. hierzu auch Abschnitt A I c, Fußnote 15 in A I b, sowie *H. Griem*, Der Prozeß der Unternehmungsentscheidung bei unvollkommener Information, Berlin 1968, S. 34 f. und *H. Hax*, Die Koordination von Entscheidungen, a. a. O., S. 197 ff. Abweichungen von den vorgeschriebenen Verhaltensnormen in der Organisation können nach *H. Hax* (ebenda, S. 201) eingeschränkt werden. „1. durch Verpflichtung der Entscheidungsträger, über ihre Entscheidungen Rechenschaft abzulegen, 2. durch Schaffung positiver Anreize.“

[7] Anforderungen „an empirisch-kognitive Systeme im allgemeinen“ formuliert *E. Grochla*, Erkenntnisstand und Entwicklungstendenzen der Organisationstheorie, in ZfB, 39. Jg., (1969) S. 20. — Vgl. auch *U. Schmidt-Sudhoff*, a. a. O., S. 111 ff.

[8] Diesen definitionslogischen Aspekt betont *H. Albach*, Entscheidungsprozeß und Informationsfluß in der Unternehmensorganisation, in: Organisation, TFB-Handbuch, 1. Bd., Hrsg. E. Schnaufer und K. Agthe, Berlin/Baden-Baden 1961, S. 357.

[9] *E. Heinen*, Das Zielsystem ..., a. a. O., S. 117. s. vor allem auch *J. G. March* und *H. A. Simon*, Organizations, New York 1958, S. 42.

[10] Es kommt nicht darauf an, jedem Element durch Messung eindeutig eine reelle Zahl zuzuordnen, sondern „die Menge der Elemente irgendwie“ zu ordnen (Gäfgen). Vgl. *E. Heinen*, Das Zielsystem ..., a. a. O., S. 116 f. sowie die dort angegebene Literatur.

Grade der Zieloperationalität"[11]. Ein Zielsystem ist operational, wenn seine Elemente verständlich formuliert, exakt abgegrenzt und in dem Maß ihrer Erreichung kontrollierbar sind.

Neben der Operationalität ist mit der *Flexibilität* ein weiteres Kriterium zur Beurteilung eines Zielsystems zu nennen. In der Planung entspricht diesem der Elastizitätsgedanke[12]. Angesichts des Erwartungscharakters der Zielelemente sind bei ihrer Bestimmung Möglichkeiten einer Änderung relevanter Plandaten zu berücksichtigen. Dies gilt für den zeitlichen sowie den quantitativen Schwankungsbereich, der für die Zielerreichung als zulässig erachtet wird, und außerdem für die Stellung der Elemente innerhalb des Zielsystems im Verhältnis zueinander. Es muß also die Dringlichkeit einzelner Zielelemente, der zu realisierende Zielumfang und/oder auch die für die Verwirklichung eines Ziels gegebene Zeitspanne im Zeitablauf variiert werden können, um Änderungen externer Daten sowie auch von der Bank selbst fixierter Präferenzen zu ermöglichen.

Solche Verschiebungen kommen namentlich bei den den Oberzielen nachgeordneten Zielen (s. u.) in Betracht und zwar je stärker, desto aktionsbezogener die Ziele formuliert sind, da Veränderungen im Entscheidungsfeld sich zuerst auf die dort relevanten Aktionsziele auswirken. Folglich muß das Zielsystem eine Revision der für die einzelnen Elemente angesetzten Erwartungswerte zulassen.

Subjektive Bedeutung haben außerdem die zwei folgenden Kriterien: Die *Motivationseignung* fragt nach der Fähigkeit des Zielsystems, den zu seiner Erfüllung tätigen Entscheidungssubjekten ihren Willen zur Mitarbeit zu erhalten und ihnen Leistungsanreize zu vermitteln. Dazu muß das System realisierbar erscheinen und in seiner Formulierung von den Adressaten verstanden werden. Wünschenswert wäre insbesondere auch eine möglichst umfassende Komplementarität von persönlichen Zielen des jeweiligen Entscheidungsträgers und den durch seine Mitarbeit zu erreichenden Unternehmungszielen sowie eine Eignung der letzteren, die Kommunikation der Organisationsteilnehmer zu fördern, um durch gemeinsame, kooperative Tätigkeit den Erfüllungsgrad der Unternehmungsziele steigern zu helfen. Ebenfalls kann eine Komplementarität der unternehmerischen Ziele mit den Vorstellungen der Umwelt erstrebenswert sein, wenn die Ziele in der Umwelt beachtet werden und dort

---

[11] *E. Heinen*, ebenda, S. 117.

[12] Vgl. u. a. *P. Riebel*, Die Elastizität des Betriebes, Köln und Opladen 1954, S. 5 f., *W. Lücke*, Finanzplanung und Finanzkontrolle in der Industrie, Wiesbaden 1965, S. 59 f. — *U. Schmidt-Sudhoff*, a. a. O., S. 115, unterscheidet die „Anpassungsfähigkeit des Zielsystems (totale Elastizität)" von der „der einzelnen Zielelemente (partielle Elastizität)". Zur Notwendigkeit von Zeitangaben für die Realisation der Ziele vgl. ebenda, S. 111 f. und 116 („zeitliche Elastizität").

für die Unternehmung bedeutsame Reaktionen auslösen. Bei mangelnder Publizität der tatsächlich bestehenden Ziele können sich in der Öffentlichkeit eigene Vorstellungen darüber bilden. (Diese im positiven Sinne zu beeinflussen ist z. B. das — noch zu behandelnde — Ziel der Standingpflege bei Banken). Sofern die Unternehmung der Meinung der Umwelt Bedeutung beimißt — wovon man in einer Marktwirtschaft im allgemeinen ausgehen kann — kann sie ein Interesse daran haben, daß ihr Zielsystem (oder das in der Öffentlichkeit als das ihrige angesehene System) dort auch akzeptiert wird. Dieses öffentlichkeitsbezogene Kriterium für die Eignung eines Zielsystems ließe sich als *Umwelteignung* bezeichnen.

Anzustreben ist ferner, daß sich die einzelnen Elemente des Systems nicht widersprechen (*Kompatibilität)*, doch läßt sich diese Forderung im allgemeinen nur im Idealfall verwirklichen[13]. Keiner besonderen Erwähnung bedarf, daß allgemeine Planungsgrundsätze wie Vollständigkeit, Kontinuität und Wirtschaftlichkeit auch für den Entwurf von Zielsystemen gelten.

II. Das Zielsystem des Kreditinstituts als Bestimmungsgrundlage geldpolitischer Ziele

a) Ansätze zur Systembildung

Einen Ansatz zur Ordnung einer Zielmenge[1/2] bietet das Kriterium der Mittel-Zweck-Beziehung. Danach läßt sich folgende Stufung von Zielarten unterscheiden:

1. Meta-ökonomische Ziele
2. Ökonomische Oberziele der Unternehmung
3. Nachgeordnete Ziele
   a) Förderung des Rufes der Unternehmung
   b) Für spezifische betriebliche Funktionen gültige, operationale Zielkombinationen.

Wie einleitend dargelegt, befassen wir uns nicht mit der auf allen Stufen denkbaren Einwirkung meta-ökonomischer Ziele. Ökonomische Oberziele sind solche Maximen, die letztlich jedes wirtschaftliche Handeln einer Unternehmung erklären und die nicht auf ökonomische Ziele einer höheren Stufe zurückgeführt werden können. Von *einem* kon-

---

[13] s. dazu *U. Schmidt-Sudhoff*, a. a. O., S. 118 ff.

[1/2] *E. Heinen*, Das Zielsystem . . ., a. a. O., S. 89 ff.

kreten, für Banken allgemein gültigen ökonomischen „Oberziel" kann man nur dann sprechen, wenn es für Kreditinstitute jeglicher Art gleichermaßen zutrifft, also einen Erklärungswert besitzt[3], der nicht in Abhängigkeit von institutionellen Unterschieden variiert. Es ist also zu fragen, ob für Banken generell geltende wirtschaftliche Ziele bekannt sind, die sich nicht aus einem ökonomischen Unternehmensziel höherer Ordnung herleiten lassen. Unterzieht man die in der bankwissenschaftlichen Literatur genannten Ziele in dieser Hinsicht Falsifizierungsversuchen, so fällt das Ergebnis stets positiv aus.

Während man davon ausgehen darf, daß eine Privatbank, deren Mitglieder der Geschäftsführung mit den Eigentümern identisch sind, ihr Unternehmensziel in erster Linie in der Gewinnerzielung erblickt und anderen Zielen lediglich Mittelcharakter zuweist, kann etwa ein in öffentlicher Hand befindliches Kreditinstitut sich satzungsgemäß verpflichtet sehen, in erster Linie einen Leistungsauftrag der betreffenden Gebietskörperschaft zu erfüllen und diesem das Gewinnstreben unterzuordnen. Denkbar ist auch, daß das Liquiditätsstreben als Teil des bankbetrieblichen Sicherungsziels über das Gewinnstreben dominiert, nämlich dann, wenn einer Bank hauptsächlich die Aufgabe zufällt, für ihr angeschlossene Institute Sicherungsfunktionen wahrzunehmen. Eine bestimmte Zielsetzung, die für Banken allgemein als „ökonomisches Oberziel" zu qualifizieren wäre, ist nicht ersichtlich. Die Unterschiede in den Zielsetzungen resultieren offenbar aus institutionellen Gegebenheiten[4].

Die Zielmenge wird im Schrifttum u. a. in Sachziele und Formalziele[5] bzw. Leistungs- und Erfolgsziele[6] gegliedert. Soweit in der traditionellen Theorie überhaupt eine Rangordnung von Bankzielen aufgestellt

---

[3] Angesichts des Fehlens empirischer Untersuchungen ist der Wahrheitsgehalt von Aussagen über bankbetriebliche Zielsysteme hier lediglich definitionslogisch zu begründen, wobei die Wahl der Ausgangshypothesen für den Objektbereich charakteristisch sein muß.

[4] *E. Heinen,* Einführung in die Betriebswirtschaftslehre, a. a. O., S. 106, verneint die Fähigkeit der Betriebswirtschaftslehre, ein „Standard-Zielsystem" zu entwickeln, doch könnten gemeinsame Bestandteile betriebswirtschaftlicher Zielsysteme erarbeitet werden, die bei einer Beschränkung auf bestimmte Betriebstypen deutlicher hervorträten.

Nach *Prion* lassen sich drei Arten von Bankbetrieben unterscheiden: „a) der ertragswirtschaftliche (oder kapitalistische) b) der gemeinwirtschaftliche und c) der genossenschaftliche ...", *W. Prion,* Bankbetrieb, Lehre vom, in Handwörterbuch der Staatswissenschaften, 4. Aufl., Bd. II, Jena 1924, S. 126. Kriterium dieser Einteilung ist die Leitmaxime der wirtschaftlichen Betätigung (vgl. ebenda, S. 128).

[5] *E. Kosiol,* Erkenntnisgegenstand und methodologischer Standort der Betriebswirtschaftslehre, in ZfB, Jg. 31 (1961), S. 130.

[6] *R.-B. Schmidt,* Bemerkungen ..., a. a. O., S. 42. Versuche, „allein aus dem Erfolgsziel das Handeln der Unternehmung erklären zu wollen", lieferten „unvollständige Ergebnisse" (ebenda).

wird, sind die Oberziele Erfolgsziele, wobei in der Regel Rentabilität, Liquidität und Sicherheit genannt werden[7]. Vielfach führt die Literatur diese Maximen als Oberziele nur für bestimmte Bankengruppen auf[8] und hebt zum Teil das Gewinnstreben in vielfältigen Varianten als „oberste" Leitmaxime hervor, während Sicherheit und Liquidität „abgeleitete Prinzipien der Geschäftspolitik" darstellen[9]. Es finden sich auch Relativierungen nach dem zeitlichen Bezug der Ziele, wobei als Hauptziel die Leerformel „langfristige Gewinnmaximierung" postuliert und „auf kurze Sicht" der Liquidität Vorrang eingeräumt wird, „weil durch eine Gefährdung der Zahlungsfähigkeit die Gewinnerzielung unmöglich werden kann"[10]. Vorgeschlagen wird ferner als „umfassendere Zielsetzung" die „Sicherung des Bestandes und des Wachstums der Unternehmung"[11]. Vor allem sind schließlich auch die von *Lipfert* angegebenen Zielkataloge zu nennen[12], die sich zwar gegenüber den zuvor aufgeführten Quellen durch eine relativ vollständigere Aufzählung relevanter Formalziele auszeichnen, doch eine Systematisierung in Richtung einer operationalen Zielhierarchie vermissen lassen. — Außer diesen Formalzielen wird neuerdings auch das Leistungsziel einer bestimmten Bankengruppe dargestellt[13].

---

[7] Vgl. u. a. *W. Prion,* a. a. O., S. 128, der diese Ziele interessanterweise in der Reihenfolge Sicherheit, Liquidität (Beachtung der „goldenen Bankregel"), Rentabilität nennt, ohne jedoch direkt eine Rangordnung festzulegen. Auch Eisfeld nennt diese „drei Hauptgrundsätze" in der gleichen Reihenfolge. (*C. Eisfeld,* Die Grundsätze der Betriebspolitik der Kreditinstitute, in TFB Taschenbuch für den Betriebswirt, Berlin/Baden-Baden 1960, S. 361). — Früher schon werden bei *A. Wagner,* Beiträge zur Lehre von den Banken, Leipzig 1857, S. 163 ff., neben dem Gewinnstreben auch Liquiditäts- und Sicherheitsaspekte erwähnt. — Vgl. ferner *W. Kalveram* und *H. Günther,* Bankbetriebslehre, 3. Aufl., Wiesbaden 1961, S. 115 ff.

[8] So u. a. *Prion* (a. a. O., S. 128) für „ertragswirtschaftliche Bankbetriebe".

[9] So *O. Fischer* (a. a. O., S. 44 ff.) für die „Aktienbank", deren „oberste Zielsetzung" das „Streben nach maximalem Finanzerfolg" sei (S. 43). Ähnlich auch *K.-F. Hagenmüller,* Der Bankbetrieb, Bd. III, a. a. O., S. 289, der in dem Begriff „Geschäftspolitik der Kreditinstitute" das Gewinnstreben bereits *ex definitione* impliziert! In Anlehnung an O. Fischer ferner u. a. *R. Graf,* Die Finanzpolitik der Kreditbanken, Diss. München 1967, S. 24 ff., 43 ff.

[10] *B. Hartmann,* Bankbetriebsanalyse, a. a. O., S. 5. Die Fristigkeitsangaben werden nicht näher spezifiziert. Dieser Aussage entspricht die in der traditionellen unternehmungspolitischen Literatur herrschende Meinung, daß die Wahrung der Liquidität „kein selbständiges Ziel" sei, daß sie jedoch „in Notzeiten ... die Stelle des obersten Zieles" einnehme. (*Schmidt-Sudhoff,* a. a. O., S. 95). Sinngemäß auch *R.-B. Schmidt,* Bemerkungen ..., a. a. O., S. 43.

[11] *U. Weiss,* Marktforschung der Kreditinstitute, Berlin 1966, S. 47 f., sowie die dort angegebene Literatur.

[12] Vgl. *H. Lipfert,* System ..., a. a. O., S. 374 f., „Preispolitik", a. a. O., S. 166. Den herkömmlichen drei Zielen fügt Lipfert die „Standingpflege" sowie die „Einordnung in die Konkurrenzsituation" hinzu. Das letztere Ziel formuliert er in seinen Vorlesungen später um in „Behauptung oder Verbesserung des Marktanteils". (Vgl. auch *H. Bartschat,* Die Geschäftspolitik der Girozentralen, Diss. Hamburg 1968, S. 15).

[13] *R. Kroll,* a. a. O., besonders S. 49 ff., 70 ff., 99 f.

Die Realisierung der *Formalziele*, zu denen außer dem Gewinnstreben auch „Sicherheit", Liquidität, Prestige („Standing") und Unabhängigkeit zählen, dient der Erhaltung der „Unternehmung an sich" als selbständige Wirtschaftseinheit. Gegenstand von *Leistungszielen* sind in bestimmten Mengen[14] definierte Sach- oder Dienstleistungen, wie z. B. in einem definierten Zeitraum auszureichende Kredite bestimmter Art und Höhe. Das häufig genannte Ziel „Wachstum" stellt je nach seiner Bezugsgröße ein Formal- oder ein Leistungsziel dar. Jede Bank verfolgt Leistungsziele und — wie im folgenden zu begründen ist — ebenfalls einzelne Formalziele[15]. Nachstehend gehen wir von einer grundsätzlichen Gleichrangigkeit beider Zielarten aus, denn sie können alternativ als Oberzieltypus gewählt werden. Die in den Funktionsbereichen der Bank (vgl. Abschnitt C II d 2) zu verwirklichenden Leistungen dienen der Erreichung der vorgelagerten Leistungs- und/oder Formalziele. Damit der Leistungsprozeß gewährleistet ist, müssen stets auch bestimmte Formalziele realisiert werden (s. u.). Welche Zielart dem jeweils anderen Typus untergeordnet ist, hängt von institutionellen Faktoren ab. Während nach traditioneller Auffassung Formalziele, insbesondere das Gewinnstreben, dominieren, braucht diese Meinung keineswegs immer mit der Realität übereinzustimmen[16].

Wie für alle Unternehmungen sind auch für Banken nahezu beliebig viele, im einzelnen voneinander verschiedene Zielsysteme vorstellbar.

---

[14] Die Mengen sind dabei in absoluter Höhe angegeben oder als Quotienten auf Basis weiterer Größen gleicher Dimension (z. B. „Marktanteil" als relativer Anteil eigener Marktleistungen an der Gesamtheit der auf dem jeweiligen Markt abgesetzten Leistungen).

[15] Das Begriffspaar „Formal- und Leistungsziele" wurde gewählt, um eine mißverständliche Auslegung der alternativ möglichen Termini „Erfolgsziele" und „Sachziele" zu vermeiden. Banken erbringen in der Regel keine „Sachleistungen". „Erfolg" kann eine leistungswirtschaftliche ebenso wie eine monetäre Zielgröße darstellen. — Vgl. auch *R. Kroll*, a. a. O., S. 93 f.

[16] Die Bedeutung des Leistungsziels für bestimmte Bankengruppen wird nicht nur in der zitierten Arbeit von *Kroll* ersichtlich, sondern auch bei *H. Bartschat*, a. a. O., S. 98 ff., 107 ff. U. a. schreibt B. treffend: „Der Verzicht auf ein Gewinnstreben im erwerbswirtschaftlichen Sinne schließt eine Gewinnerzielung nicht aus, doch darf die Erfüllung der institutionellen Aufgaben nicht beeinträchtigt werden" (ebenda, S. 99). In § 5 (2) der Satzung der Girozentrale Düsseldorf heißt es: „Die Geschäfte der Bank sind unter Beachtung allgemeinwirtschaftlicher Gesichtspunkte und unter Berücksichtigung des Gemeinwohls nach kaufmännischen Grundsätzen zu führen. Die Erzielung von Gewinn ist nicht Hauptzweck des Geschäftsbetriebes." (Zitiert nach *Bartschat*, a. a. O., S. 105.) — Beispiele für eine solche geschäftspolitische Haltung lassen sich zwar viele finden, doch wurde bisher nicht untersucht, ob die zuständigen Entscheidungsinstanzen in der Realität stets nach derartigen Prinzipien handeln. Denkbar ist, daß das Leistungsziel zwar in der Satzung als vorrangig postuliert, aber von dem Kreditinstitut schlechthin oder in einzelnen seiner Bereiche de facto nicht eingehalten wird. (Vgl. auch *Bartschat*, a. a. O., S. 107.) Eine Nichtbeachtung des Leistungsziels wäre in einer wissenschaftlichen Analyse jedoch ebenso verfehlt, wie ein schlichtes Vertrauen auf die Gültigkeit von Satzungspostulaten.

Angesichts der Vielfalt möglicher Systemstrukturen soll im folgenden geprüft werden, ob sich Elemente eines Zielsystems finden lassen, die sowohl ihrer Art nach als auch in ihren Beziehungen zueinander *für Banken allgemein* gelten[17]. Zwar ist zu vermuten, daß bei diesem Ansatz gewisse „Leerräume" in dem zu entwickelnden Zielsystem hingenommen werden müssen, die erst im Einzelfall nach Kenntnis der individuellen, entscheidungsträgerabhängigen Determinanten ausgefüllt werden können. Diese Annahme spricht jedoch nicht im Prinzip gegen den Versuch, ein für Banken allgemeines — wenn auch möglicherweise rudimentäres — Zielsystem zu entwerfen, das einen befriedigenden Informationsgehalt aufweist.

Während das nachstehend entwickelte Ordnungsschema bankbetrieblicher Ziele dem Verfasser primär als *Ausgangsgrundlage zur Ableitung der geldpolitischen Ziele* dient, könnte es ggfs. überdies auch unter folgenden Perspektiven Interesse finden: Den zielsetzenden Instanzen einer Bank vermag das hier angestrebte Zielsystem u. U. ein Modell zu bieten, das als Orientierungshilfe bei der Bildung des unternehmensspezifischen Zielsystems Verwendung finden kann. Für die an solchen Entscheidungsprozessen weder als Aktoren noch als Beobachter beteiligten Interessenten innerhalb und außerhalb der Bank stellt die Kenntnis einer rational bestimmten, in den genannten Grenzen allgemeinen Ordnung von Bankzielen eine Voraussetzung zur Beurteilung von bankbetrieblichen Aktionen dar. Werden die Beziehungen zu den — extern angenommenen — Entscheidungskriterien nicht gesehen, so könnten manche, aus dem Zielsystem begründbare Maßnahmen nicht plausibel erscheinen.

b) Grundschema des Zielsystems

Um den Forderungen nach Operationalität und Vollständigkeit gerecht zu werden, muß das Zielsystem die zur Steuerung des Entscheidungsprozesses erforderlichen Ziele enthalten und für sie eine jeweils spezifische Stellung in der Gesamtstruktur vorsehen. Daraus ergibt sich eine bestimmte *Zielhierarchie*. Ausgehend von diesem Grundgedanken berücksichtigen wir nachstehend allerdings nur die Elemente des Systems, die für Banken als allgemein geltend begründet werden können, d. h., die unabhängig von gegebenen Rechtsformen, Eigentumsverhältnissen und weiteren entscheidungsträger- und situationsbedingten Einflüssen sind. Das aus diesen allgemeinen Bestandteilen zusammengesetzte Ordnungsschema reicht — wie noch nachzuweisen ist — für die Ableitung des für die Funktion Geldpolitik geltenden Zielsystems aus.

---

[17] Zur Allgemeingültigkeit vgl. *Joh. Bidlingmaier,* Unternehmerziele und Unternehmerstrategien, a. a. O., S. 78.

Für weitere Verwendungszwecke wäre dieses Schema ggfs. noch zu ergänzen, wobei allerdings die Gefahr besteht, daß mit zunehmender Berücksichtigung zusätzlicher Zielelemente und Zielbeziehungen der hier angestrebte allgemeine Charakter des Systems verloren geht.

Der Hierarchie der ökonomischen Ziele vorgelagert ist der „Grundauftrag“[18] der Bank, der auch als *oberste Leitmaxime* der Aktionen einer Wirtschaftseinheit bezeichnet werden kann. Der in der Regel nicht operational präzisierte *Grundauftrag* bildet keinen Bestandteil des Zielsystems. In der Literatur werden gemeinhin drei Maximen dieser Art unterschieden, nämlich das erwerbswirtschaftliche, das gemein- oder leistungswirtschaftliche und als Mischform das genossenschaftliche Prinzip[19]. So darf man beispielsweise davon ausgehen, daß eine Aktienbank, deren Aufsichtsratsmitglieder überwiegend privatwirtschaftliche Interessen vertreten, an ihren Vorstand einen erwerbswirtschaftlichen „Grundauftrag“ richtet, während bei öffentlich-rechtlichen Kreditinstituten meist anzunehmen ist, daß das leistungswirtschaftliche Prinzip dominiert. Insofern ergeben sich auch Unterschiede in der Struktur des bankbetrieblichen Zielsystems. Dieses wird von der Bankleitung im einzelnen festgelegt und zwar aufgrund der ihr erteilten Richtlinien[20], für die je nach Rechtsform, Eigentumsverhältnissen und ggfs. auch Mitbestimmungsregelungen unterschiedliche Instanzen zuständig sind. Mit diesen Gremien und den Interessen ihrer Mitglieder brauchen wir uns nicht zu befassen. Es genügt hier die Annahme, daß in Gestalt gesetzlicher Vorschriften, Satzungsregelungen, formalen Beschlüssen sonstiger Art oder auch — bei Nichtbestehen einer expressis verbis formulierten Leitmaxime — nur einer in sich inhaltlich konsistenten Entscheidungspraxis die Verbindlichkeit eines bestimmten Grundauftrags zum Ausdruck kommt.

Aus diesem Grundauftrag bildet die Bankleitung das operational formulierte *Hauptziel*[21] des Instituts. Zu seiner Erfüllung besteht die Bank als Wirtschaftseinheit. Ihre Mittelentscheidungen sind letztlich auf die Realisierung des Hauptziels ausgerichtet. Dieses Ziel läßt sich auf Dauer jedoch nur verwirklichen, wenn die Existenz der Bank gesichert

---

[18] *R. Henzler*, „Betriebswirtschaft“, — Bemerkungen zu den Grundbegriffen der Betriebswirtschaftslehre, in ZfB, Jg. 29 (1959) S. 540.

[19] Da der genossenschaftliche Grundauftrag der Mitgliederförderung sowohl eine leistungswirtschaftliche als ggf. auch eine erwerbswirtschaftliche Komponente hat, braucht er hier nicht weiter berücksichtigt zu werden.

[20] Bei Privatbanken ist die Bankleitung oft mit der den „Grundauftrag“ erteilenden Entscheidungsinstanz identisch, so daß solche „Richtlinien“ entfallen.

[21] *N. W. Chamberlain*, The Firm: Micro-Economic Planning and Action, New York/London 1962, S. 66 ff., unterscheidet „primary“ und „secondary goals“, wobei er — offenbar ausgehend von einem erwerbswirtschaftlichen Grundauftrag — der ersteren Art nur das Gewinnziel zurechnet.

ist[22]. Daraus folgt die Notwendigkeit eines *Sicherungsziels*, das im folgenden Abschnitt noch eingehend erläutert wird. Daß Unternehmensleitungen im allgemeinen den Bestand ihrer Unternehmungen langfristig zu erhalten wünschen, d. h. bis zum Planungshorizont keine Liquidation vorsehen, ist eine Erfahrungstatsache. Grundsätzlich gebührt dem Sicherungsziel dann Vorrang vor dem Hauptziel der Bank, wenn die Existenz des Instituts und damit die dauerhafte Realisierung des Hauptziels gefährdet erscheint. In solchen Situationen wird das Sicherungsziel anstelle des Hauptziels zum Oberziel der Bank. Angesichts der für Bankgeschäfte typischen Unsicherheit der Erwartungen darf man eine solche, latent bestehende Gefährdung ständig annehmen. Welche Folgerungen die Bankleitung daraus für das Gewicht und die Stellung des Sicherungsziels im Zielsystem zieht, hängt u. a. von ihrer Risikoneigung ab. Auf diese subjektive Determinante wird unten noch eingegangen.

Als *Oberziele* relevant sind demnach das Haupt- und das Sicherungsziel der Bank. Welches von beiden bei Zielkonflikten als vorrangig angesehen wird, variiert sowohl mit den objektiv gegebenen Datenkonstellationen als auch mit der intersubjektiv verschiedenen Risikoneigung. Es kann beiden Zielen auch das gleiche Gewicht beigemessen werden. Sieht man von der Frage der situations- und entscheidungsträgergebundenen Gewichtung ab, so läßt sich das Sicherungsziel formal als Nebenziel zum Hauptziel kennzeichnen. Hinsichtlich des Umfanges der Zielerreichung besteht jedoch ein grundsätzlicher Unterschied: Bei der Realisierung der das Sicherungsziel bildenden Teilziele (s. u.) wäre es nicht sinnvoll, maximale Ergebnisse anzustreben. Vielmehr ist das Sicherungsziel als ein „befriedigend" zu realisierendes „Anspruchsniveau"[23] zu formulieren; d. h. der Umfang ist auf das Maß begrenzt, das zur Existenzsicherung als erforderlich gilt[24]. Demgegenüber kann die Erfüllung des

---

[22] *C. Sandig* (Betriebswirtschaftspolitik, a. a. O., S. 77) schreibt: „Für den Betrieb ... ist die Sicherung der eigenen Wirtschaftsgrundlage das grundlegende und damit zugleich das allgemeingültige Ziel." *W. H. Starbuck*, Organizational Growth and Development, in: Handbook of Organizations, Hrsg. J. G. March, Chicago 1965, S. 463, betont für den Betrieb (als organisatorische Einheit) die Bedeutung des Überlebens, die im Gegensatz zu anderen Zielen eine logische Notwendigkeit sei.

[23] Zum *Begriff* vgl. *F. Hoppe*, Das Anspruchsniveau, in: Die Motivation menschlichen Handelns, Hrsg. H. Thomae, 3. Aufl., Köln-Berlin 1966, S. 217, *H. Heckhausen*, Motivation der Anspruchsniveausetzung, in: ebenda, S. 231 ff., der an anderer Stelle auch auf Verschiebungen der Zielhöhe in Abhängigkeit von Erfolgs- und Mißerfolgserfahrungen hinweist: *H. Heckhausen*, Leistungsmotivation, in: Hd Psych. Bd. 2, Teil II, a. a. O., S. 602—690, besonders S. 604 f., 613 f., 647 ff. Es sei „üblich geworden, unter Anspruchsniveau die definierte, absolute Zielhöhe bei der Verfolgung einer gegebenen Aufgabe zu verstehen". (Ebenda, S. 648.) Maxima oder Minima werden nicht angestrebt, sondern lediglich „befriedigende" Zielerreichungsgrade. Vgl. auch weiter unten sowie *W. Krelle*, Präferenz- und Entscheidungstheorie, Tübingen 1968, S. 28 f., 78 f.

[24] Dem hier entwickelten *Sicherungsziel*, das bestimmte Mindestanforderungen an die Gewinnhöhe und die Liquidität enthält, verwandt sind die in

Hauptziels gemäß Grundauftrag sowohl limitiert („befriedigend") als auch in dem maximal möglichen Umfang erfolgen.

Die im folgenden näher zu erläuternden, für Kreditinstitute allgemein geltenden Elemente des Zielsystems sind das Sicherungsziel, das Hauptziel, das Nebenziel „Standing" und die Ziele jeweils einzelner Funktionsbereiche. Die ersten beiden Elemente bilden die oberste Ebene in der Hierarchie der ökonomischen Ziele. Um die Bedeutung des *Hauptziels* gegenüber dem Sicherungsziel hervorzuheben, wird es in Abbildung 6 innerhalb dieser einen Ebene als Ziel*art* um eine Stufe höher gesetzt. Durch die in der graphischen Darstellung vorgenommene Aufspaltung des Hauptziels nach Art und angestrebtem Ausmaß wird einerseits die Betonung der Tatsache ermöglicht, daß die Bank als Wirtschaftseinheit schlechthin zur Erfüllung dieses Ziels besteht, andererseits jedoch auch gezeigt, daß das Zielausmaß nur unter Berücksichtigung des Sicherungsziels festgelegt werden kann[25]. (Die nach Art *und* Umfang bestimmten Ziele werden in Abb. 6 als Kreise dargestellt.) Sind beide Ziele quantitativ und in ihrem zeitlichen Bezug determiniert, so läßt sich nicht begründen[26], daß eines von beiden generell dominierend sei. Vielmehr muß aufgrund der im Zeitablauf eintretenden Datenänderungen das relative Gewicht dieser (sowie auch aller anderen) Ziele ständig neu überprüft werden. Die Einwirkung solcher, sich dem Einfluß der Bank entziehender Datenänderungen geht auch aus Abb. 6 hervor.

In Abb. 6 sind *Periodenziele* dargestellt, die als Formalziele ständig gelten bzw. als Leistungsziele nur mit Änderungen des Leistungsprogramms variieren. Allerdings sind die Leistungsziele ihrer Art nach ebenfalls meist langfristig festgelegt. Im Gegensatz zu den Formalzielen können einzelne von ihnen bisweilen jedoch bedeutungslos sein, und

---

der Literatur zuweilen genannten Kapitalerhaltungsziele. Vgl. u. a. *K. Hax*, Die Substanzerhaltung der Betriebe, Köln und Opladen 1957, S. 7 f., der von einem „Mindestziel", „Minimalziel der Betriebserhaltung" spricht, sowie die Arbeit von *H.-M. Lauffer*, Der notwendige Unternehmungsgewinn, Meisenheim am Glan 1968, passim, der auch die neuere Literatur zu diesem Thema berücksichtigt. Ferner *Joh. Bidlingmaier*, Unternehmerziele und Unternehmerstrategien, a. a. O., S. 108 f.

[25] Zur Begründung s. die Ausführungen über das Hauptziel im Abschnitt c 2 unten, in dem auch die Beziehungen zwischen dem Haupt- und dem Sicherungsziel und die in Abb. 6 enthaltenen Felder „Parameter" und „Wachstum" erläutert werden.

[26] Als Unterziel zum Hauptziel könnte das Sicherungsziel nur dann charakterisiert werden, wenn durch die quantitativ zunehmende Realisierung des Sicherungsziels sich gleichzeitig der Zielerfüllungsgrad des Hauptziels erhöht. Um das Sicherungsziel in diesem Sinne als „Unterziel" anzusehen, reicht es nicht, wenn es im Verhältnis zum Hauptziel lediglich den Charakter einer Bedingung trägt, d. h. seine Erreichung eine Voraussetzung zur Realisierung des Hauptziels bildet. „Unterziel" wäre es nur, wenn das Hauptziel durch das Sicherungsziel „für eine bestimmte Klasse von Entscheidungssituationen ... ersetzbar" wäre (vgl. *E. Heinen*, Das Zielsystem ..., a. a. O., S. 103). Dies trifft jedoch nicht zu.

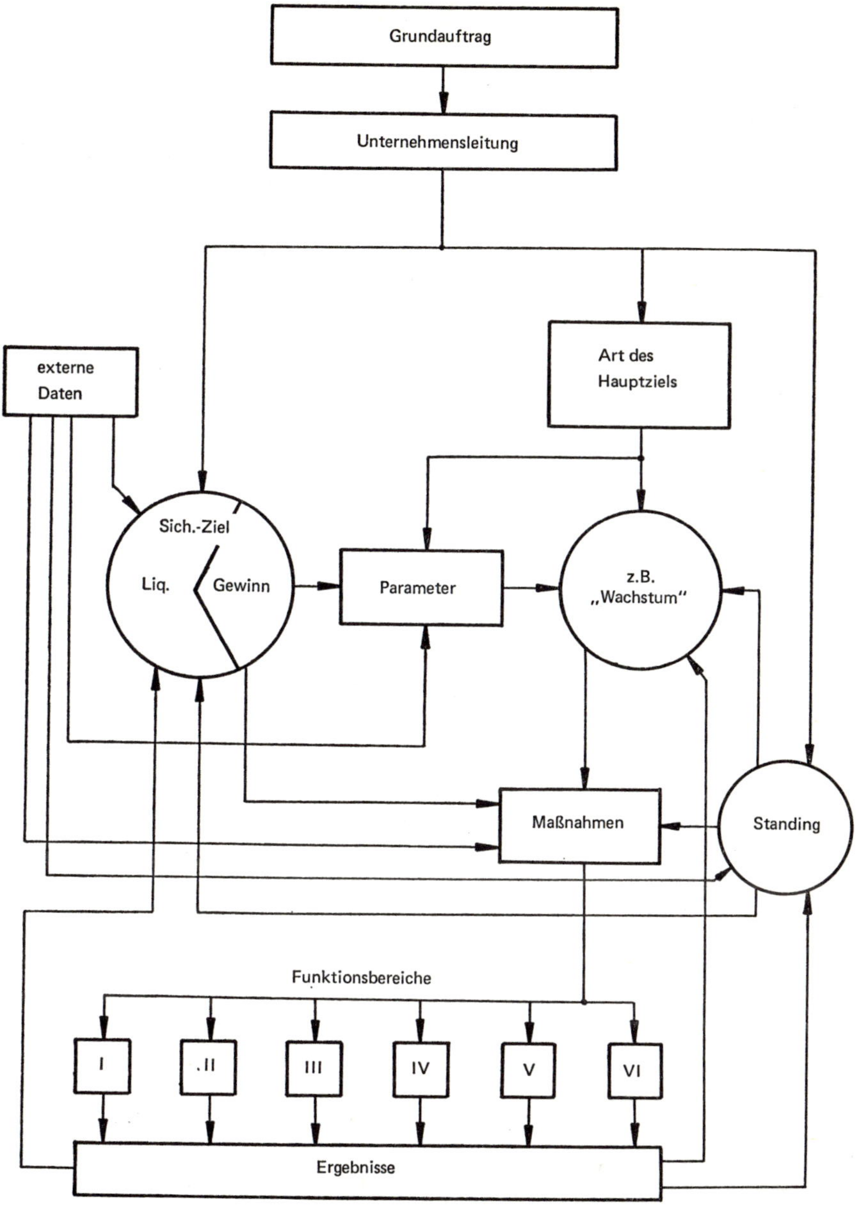

Abb. 6: Grundschema des allgemeinen bankbetrieblichen Zielsystems

zwar dann, wenn die entsprechenden Leistungen nicht erstellt zu werden brauchen. Ziele, die für Kreditinstitute nicht als allgemein geltend begründet werden können, wie u. a. die „Unabhängigkeit“ der Bank[27], werden nicht berücksichtigt. Vernachlässigt werden hier auch die zahlreichen Unter- und Nebenziele, die zu den in Abb. 6 enthaltenen Elementen gebildet werden könnten. Vielmehr soll in Abb. 6 der Zusammenhang zwischen den generell relevanten Bestandteilen des bankbetrieblichen Zielsystems aufgezeigt werden. Er ist durch die Pfeile angegeben. Bei allen Zielarten kann sich das jeweilige Gewicht der Zielelemente im Zeitablauf ändern. Verschiebt sich das relative Gewicht eines Elements, so kann dies seine Anordnung im System beeinflussen.

Hat die Bankleitung die Ziele inhaltlich konkret festgelegt (s. die Kreise in Abb. 6) und dabei die externen Daten berücksichtigt, so folgen die zur Zielerreichung erforderlichen *Maßnahmen*. Diese werden in den einzelnen *Funktionsbereichen* der Bank durchgeführt, die in Abb. 6 beispielhaft als I bis VI dargestellt sind. Je nach Größe des Instituts beschränkt sich die Bankleitung bei der Mittelwahl auf die Grundsatzentscheidungen und überläßt die Bestimmung der zielerreichenden Detailaktionen den von ihr jeweils dafür vorgesehenen nachgeordneten Instanzen. Um den für die Durchführung dieser Maßnahmen in den Bereichen verantwortlichen Entscheidungsträgern operationale Aktionskriterien vorgeben zu können, sind entsprechende Handlungsziele zu entwickeln (vgl. C II d 2). Die Ergebnisse der Maßnahmen wirken sich ihrerseits auf die Ziele aus, können also zu Änderungen des für jedes Element angestrebten Zielausmaßes (bzw. bei Leistungszielen ebenfalls der Zielart) führen. Unter Beachtung von inzwischen ggfs. auch eingetretenen Variationen der für den Objektbereich jeweils spezifischen externen Daten sind die Ziele aufgrund der Ergebnisse der vorangegangenen Entscheidungsphase nun einer Revision zu unterziehen.

c) Oberziele der Bank

1. Das Sicherungsziel

(11) Struktur und Abgrenzung

Das Sicherungsziel besteht aus zwei Komponenten, nämlich den — unten erläuterten — Teilzielen *Liquidität und Mindestgewinn*. Es ist streng von dem allgemeinen Sicherheitsbedürfnis eines Wirtschaftssub-

---

[27] Ein Nachweis für die allgemeine Relevanz des Strebens nach wirtschaftlicher Unabhängigkeit fehlt jedenfalls bisher. Besteht ein solches Ziel jedoch und ist es entgegen dem Willen der zielsetzenden Instanzen bedroht, so wäre es verständlich, wenn dieses Nebenziel für die Zeit seiner Gefährdung sogar als Oberziel gesetzt würde. Beispielsweise könnte die Bank dann auf mögliche Gewinne, die mit einer Einschränkung ihrer Unabhängigkeit erkauft werden müßten, verzichten.

jekts, d. h. hier der Bank, zu unterscheiden. Dieses Bedürfnis bzw., als Gegenbegriff dazu, die generelle *Risikoneigung* entspricht der grundsätzlichen Einstellung zum Risiko und äußert sich in dem „Risikoverhalten“[28]. Es ist die subjektive Reaktion des Entscheidungsträgers auf die Unsicherheit der jeweils relevanten, durch Schätzung ermittelten Erwartungswerte. Für den Entscheidungsprozeß ist das *Risikoverhalten* des Wirtschaftssubjekts[29] stets ein Datum.

In dem *Gewicht,* das die Bank dem *Sicherungsziel* im Rahmen ihres Zielsystems beimißt, kommt ihr *Verhalten gegenüber dem Existenzrisiko* zum Ausdruck. Dieses Risiko nimmt mit wachsender Höhe des Umfangs, in dem die beiden Komponenten des Sicherungsziels realisiert werden, ab. Für die beiden Teilziele, Liquidität und Mindestgewinn, sind also bestimmte, dem Risikoverhalten der Bank entsprechende Werte anzustreben. Diese Größen sind einerseits Mindestwerte, d. h. sie sollen einen im Sinne der *Anspruchsniveautheorie*[30] befriedigenden Umfang erreichen, stellen im Falle eines Konflikts mit dem Hauptziel andererseits jedoch auch Höchstwerte dar. Konflikte zwischen den beiden Komponenten des Sicherungsziels können durch einen Anspruchsanpassungsmechanismus gelöst werden (vgl. unten). — Bei einer befriedigenden Gewinn- und Liquiditätssituation ist auch ein Mindestniveau in Bezug auf das *Standing* erreicht, das vor allem für die Kreditwürdigkeit der Bank — und damit ebenfalls für ihre Existenzsicherung — von Bedeutung ist.

---

[28] Das Risikoverhalten läßt sich mit Hilfe von Chancenpräferenzfunktionen in einem „Chancenpräferenzfeld“ charakterisieren. Vgl. dazu *W. Krelle,* Präferenz- und Entscheidungstheorie, a. a. O., S. 142 ff., besonders S. 144: Auf der Abszisse wird die Nutzengröße und auf der Ordinate die Wahrscheinlichkeit abgetragen.

[29] Zum *Risikoverhalten* vgl. auch *H. Albach,* Das optimale Investitionsbudget bei Unsicherheit, in ZfB, Jg. 37 (1967), S. 507. — *W. Krelle,* Präferenz- und Entscheidungstheorie, a. a. O., S. 168, schreibt z. B.: „Das Verhalten zum Risiko, das in der Annahme eines bestimmten Axiomensystems und der Wahl der dazugehörigen Parameter oder Funktionen zum Ausdruck kommt, die innerhalb des gewählten Axiomensystems die Beurteilung von Chancenbündeln ermöglichen, ist ein nicht weiter ableitbarer *Grundentscheid* jeder Person.“

[30] Vgl. u. a. die Darstellung bei *U. Schmidt-Sudhoff* (a. a. O., S. 66—73), der auch die bis 1965/66 erschienene Literatur zu diesem Thema berücksichtigt; daneben vor allem *H. Sauermann* und *R. Selten,* Anspruchsanpassungstheorie der Unternehmung, in Zfg StW, Bd. 118 (1962), S. 577—597; *E. Gutenberg,* Unternehmensführung, a. a. O., S. 96 f., der unter Verzicht auf psychologische Erklärungen den Terminus „befriedigend“ als wirtschaftliche „Mindestanforderungen“ oder „Mindestbedingungen“ interpretiert (S. 97). *Sauermann/Selten* erläutern ebenfalls die „Ansprüche an die Zielvariablen“. Die Unternehmung strebe danach, „für jede Zielvariable eine bestimmte Mindesthöhe zu erreichen“. (ebenda, S. 591). Vgl. ferner *G. Katona,* a. a. O., S. 108 und auch die im Abschnitt A I c dieser Arbeit zitierte psychologische Literatur.

Betrachtet man die in der älteren Literatur übliche Aufzählung der Bankziele Sicherheit, Liquidität und Gewinn[31], ergibt sich aus unseren Überlegungen, daß „Sicherheit" so wie dort nicht eingeordnet werden kann. Der allgemeine Begriff der „Sicherheit" kann sich nur auf die Frage des Eintritts von *Risiken*[32] beziehen, die so zahlreich wie die gegebenen Entscheidungstatbestände sind[33]. Uns geht es hier allein um das *Existenzrisiko*. Es besteht in der *Gefahr des Eintritts eines Konkursgrunds* (Illiquidität oder Überschuldung). Existenzsicherung heißt also, den Gefahren der *Zahlungsunfähigkeit* und der *Überschuldung* durch geeignete Vorsorgemaßnahmen zu begegnen. Dazu müssen bestimmte Mindestanforderungen an die Liquidität und den Gewinn erfüllt sein, die sich als „Sicherungsziel" formulieren lassen[34]. Die beiden Teilziele Liquidität und Gewinn verhalten sich „langfristig" komplementär zueinander[35]. Diese Aussage ist für eine um operationale Entscheidungskriterien bemühte Bankleitung jedoch kaum mehr als eine Leerformel, da bei den ständig zu treffenden Einzelmaßnahmen das bekannte „Span-

---

[31] In der neuen unternehmungspolitischen Literatur finden sich abweichende Auffassungen. So wird das Sicherheitsstreben nach *E. Heinen* (Einführung in die Betriebswirtschaftslehre, a. a. O., S. 114) „vor allem in zwei Zielgruppen sichtbar, die als *Sicherung des Unternehmungspotentials* und als *Sicherung der Liquidität* bezeichnet werden". Das Sicherheitsstreben sei „kein selbständiges Ziel der Unternehmung", sondern wirke sich „als einschränkende Nebenbedingung aus". (*E. Heinen,* Die Zielfunktion der Unternehmung, a. a. O., S. 36).

[32] Unter „Risiko" verstehen wir negative Abweichungen von den Annahmen, die im Planungszeitpunkt über den gegenwärtigen Stand und/oder die künftige Entwicklung einer Plangröße aufgestellt werden. Zum Risikoproblem vgl. u. a. *H. Arnold,* Risikentransformation, Diss. Saarbrücken 1964, besonders S. 4 ff., S. 13 ff. („Erwartungen") und S. 108 ff., *W. Wittmann,* a. a. O., S. 35 ff.

[33] Die in der Literatur genannten Einzelrisiken bestehen aus den Ursachen der Abweichungen von den Plandaten oder kennzeichnen auch die Nichterfüllung von Zielen (z. B. „Illiquiditätsrisiko"). Ein Risiko ist einer jeden mit Erwartungen verbundenen Geschäftstätigkeit immanent. Risikolimitierung als ökonomisches „Ziel" kann man deshalb m. E. nur als Bestandteil inhaltlich definierter Ziele begreifen — da sinnvollerweise stets gesagt werden muß, was zu limitieren ist — oder als Nebenbedingung, die die zulässige Streuung der Erwartungswerte festlegt. — Bankbetriebliche Risiken werden im einzelnen dargestellt u. a. von *S. Apfelthaler,* Das Risikoproblem im Bankbetrieb, Wien 1939, passim, besonders S. 16 ff., 54 ff. und *K.-F. Hagenmüller,* Der Bankbetrieb, Bd. III, a. a. O., S. 346 ff.

[34] Vgl. auch *G. Gäfgen,* Theorie der wirtschaftlichen Entscheidung, a. a. O., S. 107, 129 f: Da es für die Handlungsalternativen im Bankgeschäft keine „völlig eindeutig bestimmte Konsequenzen" gibt, kann man hier von „Sicherzeit" lediglich i. S. von „Quasisicherheit" oder „stochastischer Sicherheit" sprechen.

[35] Gewinnerzielung verstärkt ceteris paribus die Eigenmittel, so daß sich bei konstantem Geschäftsvolumen der Fremdkapitalanteil und damit der insgesamt mögliche fremddeterminierte Zahlungsmittelentzug vermindert. Für die Sicherung jederzeitiger Zahlungsbereitschaft noch bedeutsamer ist die Erfahrungstatsache, daß dauerhafte Gewinnerzielung einer Bank ihre Kreditwürdigkeit bei anderen Instituten fördert (s. u.).

nungsverhältnis" von Liquidität und Gewinn in Erscheinung tritt. Das Streben nach Sicherheit verlangt einerseits eine hinreichende Liquiditätsvorsorge[36], sowie andererseits die Bindung von liquiden Mitteln zwecks Erzielung eines Gewinns, der zum Ausgleich ggf. eintretender Verluste herangezogen werden kann. Dem Postulat der Zahlungsfähigkeit muß durch einen bestimmten, jederzeit einsatzfähigen Bestand an Zahlungsmitteln entsprochen werden. Das für die Wahrung der Liquidität entscheidende Problem ist die Planung und Realisierung eines für die Tage des Planungszeitraums einerseits hinreichenden Zahlungsmittelbestands, der andererseits aufgrund des Gewinnziels limitiert werden muß. Es stellt sich daher einmal die Frage, wie hoch die *Zahlungsbereitschaftsreserve* im Hinblick auf die Anforderungen des Sicherungsziels zu sein hat, während zum anderen der erforderliche Mindestertrag der Nichtzahlungsmittel zu suchen ist. Diese Frage ist nicht notwendigerweise einer optimalen Lösung zuzuführen, sondern ihr kann auch mit der Festlegung „befriedigender" Werte entsprochen werden (s. o.).

(12) Die Liquiditätskomponente

Die Bank ist liquide, wenn ihr ZBG-Bestand zum jeweils gegenwärtigen Zeitpunkt zur Deckung aller fälligen sowie der formell zwar noch nicht fälligen aber materiell unabweisbaren Auszahlungsanforderungen ausreicht (vgl. die Abschnitte B I b 2 und B II a). Dieser nicht negative ZBG-Bestand ist die Zahlungsbereitschaftsreserve, die im Abschnitt C III b 1 im einzelnen dargelegt wird. Die übrigen Aktiva weisen je nach ihrer Nähe zum Geld eine jeweils unterschiedliche Liquidierbarkeit auf, aus der sich Annahmen über künftige Zahlungsmittelzugänge herleiten lassen. Anhand des Umfangs und der Struktur der Passiva sowie der bilanziell nicht erfaßten Verpflichtungen sind Schätzungen künftiger Auszahlungsanforderungen möglich. Voraussetzung aller Schätzungen sind Wahrscheinlichkeitsvorstellungen über die Verteilung der künftigen Ein- und Auszahlungen. Der Umfang und der Sicherheitsgrad der für einen bestimmten Zeitpunkt erwarteten Zahlungsein- und Ausgänge stellen wesentliche Bestimmungsfaktoren der dann zu haltenden Zahlungsbereitschaftsreserve dar. Ob diese Reserve auch Kreditfazilitäten einschließen sollte, wird noch geprüft[37].

Da die Bank zur Sicherung ihrer künftigen Liquidität mit *Erwartungsvariablen* zu arbeiten hat, deren Werte nur mit bestimmten Wahrschein-

---

[36] *G. Katona* (a. a. O., S. 284) spricht z. B. von einem „beruhigenden" Liquiditätsstatus. — Angesichts der Vielzahl von Abhandlungen zum Problem der Liquiditätssicherung kann aus Raumgründen nur auf wenige Quellen verwiesen werden (vgl. auch Abschnitt B I dieser Arbeit).

[37] Vgl. Abschnitt C III b 1 (11), wo auch auf die Bonität der Bank als Bestimmungsfaktor der Zahlungsbereitschaftsreserve eingegangen wird.

lichkeiten gelten, kann die *künftige Einhaltung des Liquiditätspostulats* ebenfalls nur innerhalb von Wahrscheinlichkeiten vorgesehen werden. Daraus folgt die Formulierung der einen Teilkomponente des Sicherungsziels als Liquiditäts*wahrscheinlichkeit* (L_w). Sie gibt an, mit welcher Wahrscheinlichkeit die Bank an einem bestimmten Plantag zahlungsfähig zu sein wünscht. Zu unterscheiden ist nun die durch den Umfang und die Sicherheit der erwarteten Zahlungsein- und Ausgänge objektiv determinierte L_w von der subjektiv als *Zielvariable* festgelegten L_w', für deren Höhe das Risikoverhalten der Bankleitung maßgeblich ist. Differenzen zwischen diesen beiden Größen werden durch geeignete geldpolitische Anpassungsmaßnahmen ausgeglichen (vgl. E III c). Durch solche Maßnahmen wird die Zahlungsbereitschaftsreserve erhöht oder vermindert. — Das Risikoverhalten beeinflußt nicht nur die geforderte L_w, sondern zudem auch alle weiteren unter Unsicherheit ermittelten Größen[38].

Sind die geldpolitischen Anpassungsmaßnahmen in Reaktion auf die Schätzung des aus den autonomen Zahlungsein- und Ausgängen resultierenden Saldos (geplant oder) erfolgt, ergibt sich daraus für den jeweiligen Plantag eine bestimmte (geplante) Zahlungsbereitschaftsreserve, aus der sich dann die (geplante) Liquiditätswahrscheinlichkeit für diesen Tag herleitet (vgl. auch C III b 1 [13]). Diese L_w hat grundsätzlich der auf Basis des Risikoverhaltens festgelegten L_w' zu entsprechen und garantiert in der Erwartung der Bank die Einhaltung des Liquiditätspostulats. Dieses Postulat ist bekanntlich eine im jeweils *gegenwärtigen* Zeitpunkt geltende „strenge *Nebenbedingung*“[39], deren Erfüllung in der *Zukunft* dann erwartet werden darf, wenn für die *Zielvariable* L_w' bestimmte Werte realisiert werden. — Zusammenfassend dargestellt wird dieser Gedankengang in Abb. 7, aus der auch der zielerfüllende Instrumentalcharakter der Zahlungsbereitschaftsreserve deutlich hervorgeht. Sofern bei der Zielerfüllung der jeweils gegenwärtige Zeitpunkt erreicht ist, entfällt das die L_w' als Zielvariable symbolisierende Kästchen, da sich dann herausstellt, ob das Liquiditätspostulat durch den Einsatz der Zahlungsbereitschaftsreserve erfüllt ist oder nicht. Tritt eine Änderung in den Erwartungsvariablen ein (Umfang und Sicherheit der autonomen Zahlungsein- und Ausgänge), so kann die Bank mit Hilfe der Aktionsparameter „geldpolitische Anpassungsmaßnahmen“ durch Variation der Zahlungsbereitschaftsreserve die angestrebte Liquiditätswahrscheinlichkeit realisieren.

---

[38] Vgl. die gestrichelten Linien in der untenstehenden Abb. 7. Zum Einfluß des Risikoverhaltens auf die Bildung von Erwartungswerten vgl. C III b 1 (131).

[39] s. Abschnitt B I b 1; *E. Witte,* Die Liquiditätspolitik der Unternehmung, a. a. O., S. 20; *W. Stützel,* Liquidität, a. a. O., S. 625.

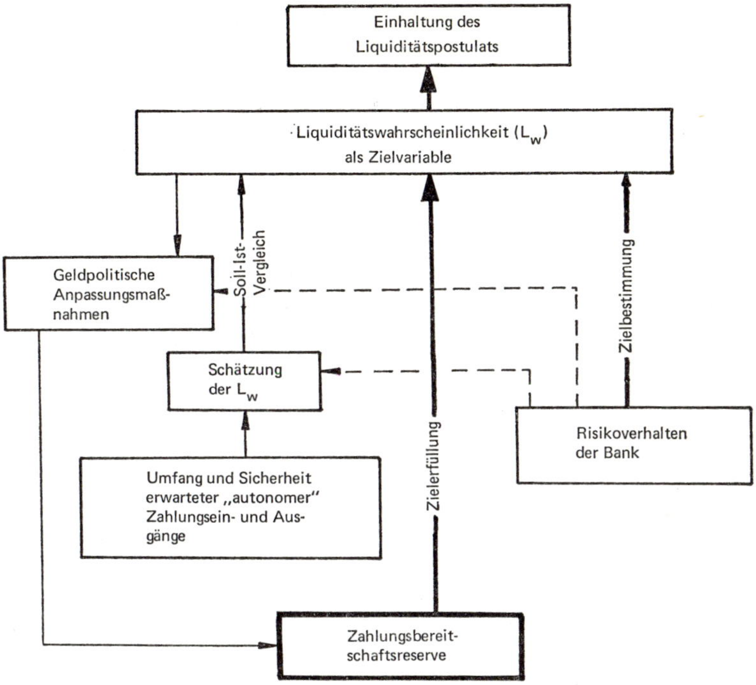

Abb. 7: Die Dimensionen des Liquiditätsziels im Strukturzusammenhang

Ob ein von der Bank erstrebter L_w-Wert, ggf. sogar der Höchstwert von $L_w' = 1$, realisierbar ist, hängt von der Höhe des noch zu erläuternden *Mindestgewinns* ab. Einerseits verlangt das Ziel der Existenzsicherung zwar eine möglichst hohe L_w, die eine entsprechende Bemessung der nicht oder kaum verzinslichen Zahlungsbereitschaftsreserve sowie generell eine liquiditätsorientierte Bilanzstruktur erfordert. Die bereits im Abschnitt B I c skizzierte Bedeutung der „strukturellen Liquidität" wird besonders bei Auszahlungsbegehren offensichtlich, die in der Planung nicht berücksichtigt wurden. Zu dem „Maximalbelastungsfall"[40] darf es die Bank nicht kommen lassen. Dieser Fall tritt ein, wenn alle Gläubiger, die der Bank Einlagen zur Verfügung gestellt und Geldleihen gewährt haben, unabhängig von den formellen Fälligkeitsterminen Rückzahlung verlangen. In der Literatur herrscht Übereinstimmung über die Notwendigkeit, daß Banken nicht nur allen formell fälligen, sondern darüber hinaus auch vielen weiteren, de facto unabweisbaren Auszahlungsforderungen nachkommen müssen, um eine lawinenhafte

[40] Dieser Begriff ist zurückzuführen auf W. *Stützel,* Ist die „Goldene Bankregel" eine geeignete Richtschnur für die Geschäftspolitik der Kreditinstitute? In: Vorträge für Sparkassenprüfer, Stuttgart 1959, S. 34 ff.

Ausweitung der Auszahlungsbegehren zu vermeiden, die als Folge eines erschütterten Vertrauens der Öffentlichkeit eintreten würde. Beispielsweise werden Banken die Auszahlung nicht fälliger Spareinlagen nicht verweigern können, da sie sonst in Höhe der rechtmäßigen Auszahlungsansprüche mehr und mehr Aktiva bei Fälligkeit der Verbindlichkeiten liquidieren müßten und damit in der Regel ihre Existenzgrundlage verlören.

Bei der Strukturierung ihres Vermögens müssen sich die Banken daher auch auf unerwartet hohe, umgehend zu befriedigende Auszahlungsanforderungen einrichten. Wie dies zu geschehen hat, ist in der Literatur umstritten[41]. Bei diesem Bemühen kann die Bank aber in Konflikt mit ihrer *Gewinnerwartung* (G_e) geraten. Wollte sie in Anlehnung an die „Goldene Bankregel" nicht nur auf jegliche positive Fristentransformation verzichten, d. h. Finanzmittel längerfristig anlegen als diese formell zur Verfügung stehen, sondern sogar aus Vorsichtsgründen teilweise eine negative Fristentransformation betreiben, um notfalls auch die noch nicht fälligen Auszahlungswünsche befriedigen zu können, dürfte sie kaum in der Lage sein, den Mindestgewinn zu erwirtschaften[42]. Der Konflikt „zwischen Gewinnerwartung und Liquiditätswahrscheinlichkeit"[43] wird hiermit deutlich. Verwendet man Einzahlungen aus der Liquidierung von Vermögensteilen zu einer Erhöhung der Zahlungsbereitschaftsreserve und verzichtet damit auf eine gewinnwirksame Anlage, ist mit der dadurch ceteris paribus erfolgenden Erhöhung der Liquiditätswahrscheinlichkeit eine Minderung der Gewinnerwartung verbunden[44].

Stellt sich im Einzelfall heraus, daß die Gewinn- und die Liquiditätsanforderungen im Rahmen des Sicherungsziels unvereinbar sind, so müßten die konkurrierenden Ansprüche im Rahmen eines Nutzen-

---

[41] Seit ihrer Begründung durch *Adolph Wagner* (1857) entwickelte sich die *Bodensatztheorie* im Schrifttum wie auch in der Praxis zur weitgehend herrschenden Meinung, wurde jedoch im letzten Jahrzehnt namentlich von *Stützel* und seinen Schülern zunehmend kritisiert. Vgl. *A. Wagner*, a. a. O., besonders S. 167. Sehr eingehend setzt sich H. Hoffmann (a. a. O.) mit dem Problem auseinander. — Vgl. *H. Hoffmann* (besonders S. 176 f.), der Dispositionen nach der Bodensatzregel als „spekulativ" verwirft (S. 178, 184) und eine Begrenzung der Vermögensverlustrisiken für den Fall der Zwangsrealisierung von Vermögensteilen zur Wahrung der Liquidität fordert (S. 236, 281). Durch Abtretung könnten u. a. Debitoren liquidisiert werden (S. 243). — Ferner *W. Stützel,* Bankpolitik heute und morgen, Frankfurt/Main 1964, S. 20 f., 33 f., 42 ff., *K.-F. Hagenmüller,* Der Bankbetrieb, Bd. III, a. a. O., S. 390. — Kriterien der Verwertbarkeit von Bankaktiva im Belastungsfall nennt *H.-J. Krümmel,* Liquiditätssicherung im Bankwesen, a. a. O., S. 283 f.

[42] Sofern in einem Grenzfall sämtliche Aktiva zur Sicherung der Liquidität in Zahlungsbereitschaftsreserve (einschließlich Ausleihungen als täglich fälliges Geld an erste Adressen) zu retransformieren wären, könnte dies aufgrund der Gewinnerfordernisse nur während sehr kurzer Planperioden geschehen.

[43] *E. Heinen,* Einführung in die Betriebswirtschaftslehre, a. a. O., S. 217.

[44] Vgl. auch *E. Heinen,* ebenda, S. 116 und 216.

modells gegeneinander ausgewogen oder mit Hilfe eines Anspruchsanpassungsschemas einem Gleichgewicht zugeführt werden. Auf ein derartiges Nutzenmodell sei hier nicht eingegangen[45]. Eine befriedigende — wenn auch nicht stets optimale — Lösung des Konflikts kann im Wege eines *Anspruchsanpassungsprozesses*[46] erfolgen. Voraussetzung dafür ist, daß die Bank Vorstellungen über die Liquiditätswahrscheinlichkeit L_w und die Gewinnerwartung G_e in Abhängigkeit von verschiedenen alternativ möglichen geschäftspolitischen Strategien δ_i entwickelt hat. Jeder möglichen Strategie können bestimmte L_w- und G_e-Werte je Periode zugeordnet werden. Dazu muß neben der Gewinnerwartung also auch die Liquiditätswahrscheinlichkeit in ein Periodenziel transformiert werden[47], so daß sich L_w nicht, wie sonst anzunehmen wäre, nur auf einen Tag bezieht.

Unterstellt man vereinfachend eine periphere, kontinuierliche Substitution zwischen dem Realisierungsumfang jeweils der beiden Teilziele, so ergibt sich für jede Strategie δ_i eine funktionale Beziehung zwischen L_w und G_e, wie sie in Abb. 8 anhand von 4 Beispielen ($i = 1, 2, 3, 4$) dargestellt wird. Es sei angenommen, daß die Bank zunächst die Werte $L_w = 1$ und $G_e = 10$ wünscht, dann bei der Prüfung aller in Betracht kommenden Strategien jedoch die Unvereinbarkeit dieser beiden Grössen feststellt. Die Bank sucht nun die relativ günstigste Strategie zur bestmöglichen Erfüllung des Sicherungsziels. Sie sei bereit, ihre Gewinnansprüche auf ein niedrigeres Niveau zurückzunehmen, bevor sie sich mit einer geringeren Liquiditätswahrscheinlichkeit begnügt[48]. Erweist sich dann die Verminderung der einen Zielvariablen als unzureichend, werden auch die Ansprüche an die andere Zielvariable herabgesetzt. Der in Abbildung 8 dargestellte Anpassungsprozeß wird solange fortgesetzt[49],

---

[45] Die Nutzenmaximierung bei zwei konkurrierenden Zielen wird in der Literatur abgehandelt. Vgl. *E. Heinen*, Das Zielsystem . . ., a. a. O., S. 152 f., für stochastische Entscheidungssituationen, ebenda, S. 174 f.; *E. Heinen*, Vorwort zu W. Kirsch, Gewinn und Rentabilität, Wiesbaden 1968, S. 12 f., *G. Gäfgen*, a. a. O., S. 165 ff. und auch S. 266 ff. — Die der Kombination zu einem Nutzengesamt (Index) vorausgehende Bewertung der Kriterien ist notwendigerweise subjektiv. Vgl. dazu die Analyse *Gäfgens*, ebenda, S. 110 ff.

[46] Vgl. *Sauermann* und *Selten*, a. a. O., passim.

[47] Daß dies möglich ist, zeigt die Arbeit von H. Düchting, deren hier relevante Ergebnisse im Abschnitt C III b 1 (133) dargelegt werden.

[48] *J. W. McGuire*, Theories of Business Behavior, Englewood Cliffs, N. J. 1964, S. 208 f., folgt *Cyert* und *March* (a. a. O., S. 123) in der Auffassung, daß die Anpassung der Variablen des Anspruchsniveaus einen Lernprozeß darstelle, der von den in den *Vorperioden* angestrebten Zielen und den dann gemachten Erfahrungen ausgehe. — Zum Anspruchsniveau vgl. auch ebenda, S. 97 ff.

[49] In welchem Umfang die Ansprüche an die beiden Teilziele jeweils reduziert werden, hängt einerseits von den für die folgende(n) Periode(n) erwarteten Datenkonstellationen ab und andererseits von dem — ggf. unterschiedlichen — Verhalten gegenüber den durch die Herabsetzung der Zielwerte entstehenden Risiken.

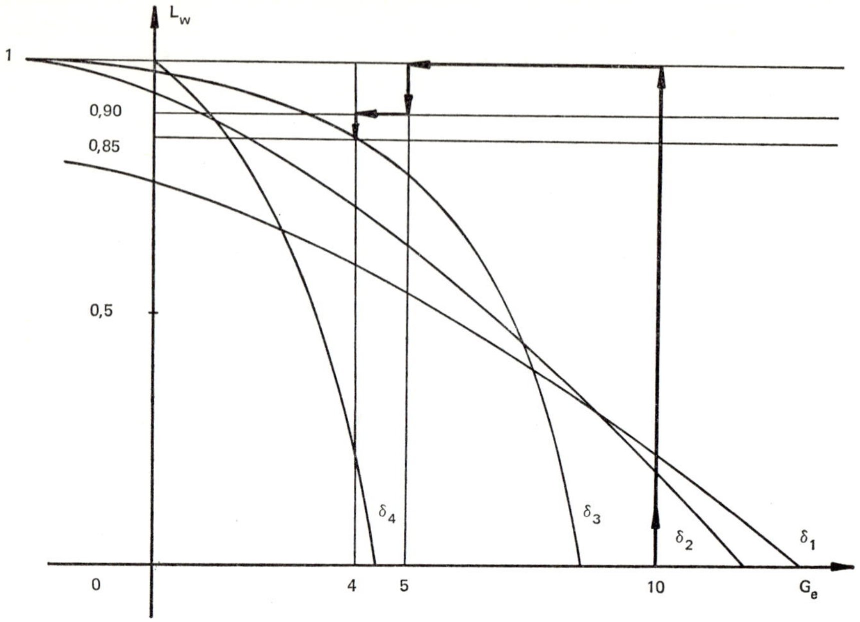

Abb. 8: Anspruchsanpassung bei zwei konkurrierenden Teilzielen

bis die unter den gegebenen Umständen *befriedigende Strategie* ausgemacht ist. Die Pfeile in Abb. 8 kennzeichnen die Richtung der Anspruchsanpassung. In unserem Beispiel ergibt sich die Strategie δ_3 mit den Werten $L_w = 0{,}85$ und $G_e = 4$ als realisierbar.

Die Darstellung des Konflikts zwischen Liquiditätswahrscheinlichkeit und Gewinnerwartung, der im Rahmen des Sicherungsziels einer Lösung zugeführt werden muß, zeigt, daß diese beiden Größen durch einen Anspruchsanpassungsprozeß miteinander in Einklang gebracht werden können, wenn auch ggf. auf einem reduzierten Anspruchsniveau. Durch solche Zielkompromisse auf ermäßigtem Niveau erhöht sich zwangsläufig das Existenzrisiko.

(13) Die Gewinnkomponente

Nach der Analyse von L_w, der Liquiditätskomponente des Sicherungsziels, soll nun geprüft werden, warum zur Existenzsicherung ein bestimmter *Mindestgewinn*[50] notwendig ist. Funktion dieses Gewinns ist es

---

[50] Das in der Literatur oft genannte „Angemessenheitsprinzip" ließe sich als Streben nach einem Gewinn dieser Höhe interpretieren. Vgl. *K.-F. Hagen-*

primär, die *haftenden Eigenmittel* der Bank in einem Umfang zu *gewährleisten,* der die Gefahr der Überschuldung ausschließt. (Die dafür als erforderlich erachtete Höhe des Eigenkapitals richtet sich nach dem Risikoverhalten der Bank). Es entspricht der Haftungsfunktion des Eigenkapitals, daß es zur Deckung zeitweilig auftretender Verluste herangezogen werden kann, ohne daß dadurch die Existenz der Unternehmung gefährdet wird. Sofern eine Bank nicht mit Subventionsleistungen zum Ausgleich von Verlusten rechnen oder keine Zahlungen seitens bestimmter Gewährträger zur Erhöhung ihres Eigenkapitals erwarten kann, muß sie ihre haftenden Mittel aus eigener Kraft auf einen angemessenen Stand bringen (bzw. halten). Auch wenn Banken — meist zur Erfüllung gemeinwirtschaftlicher Aufgaben — ein bestimmtes haftendes Kapital von Außenstehenden garantiert ist, dringen die entsprechenden Gewährträger in der Regel darauf, daß sie aus dieser Garantie nach Möglichkeit nicht in Anspruch genommen werden. Um auch Verluste künftig decken zu können, müssen solche Banken daher Gewinne in einem Umfang thesauriert haben, der die in manchen Perioden ggf. auftretenden Verluste zu kompensieren vermag.

Es ist also davon auszugehen, daß die Bank — zumindest überwiegend — selbst die Verantwortung für ihre Existenzsicherung trägt und ein ihrem Risikoverhalten entsprechendes Verhältnis des Geschäftsumfangs zum Eigenkapital einzuhalten bestrebt ist. Die Aufbringung von Eigenkapital geschieht bekanntlich als Selbst- oder als Eigenfinanzierung. Anstelle der Gewinnthesaurierung kann eine „Schütt' aus — Hol' zurück"-Politik betrieben werden, d. h. unmittelbar nach Ausschüttung der erzielten Gewinne werden Mittel in mindestens gleicher Höhe (oft jedoch auch in einem die Ausschüttung weit übersteigenden Umfang) von den Eigentümern als Eigenkapital wieder eingebracht, so daß sich die Haftungsreserven dadurch per Saldo nicht vermindern. Besonders für wachsende Kreditinstitute ist die Eigenfinanzierung unentbehrlich, wenn das Eigenkapital durch Gewinnthesaurierung allein nicht der Ausweitung des Geschäftsvolumens angepaßt werden kann[51]. Die Kapitaleigner sind zur

---

müller, Der Bankbetrieb, Bd. III, a. a. O., S. 296. Zur Gewinnlimitierung s. auch *J. Bidlingmaier,* Unternehmerziele . . ., a. a. O., S. 109, *U. Weiss,* a. a. O., S. 46 f. („Mindestgewinn"). *H. Lipfert* (System . . ., a. a. O., S. 375) spricht von einer „zumindest ausreichenden Rentabilität".

Die These eines Mindestgewinns im unternehmerischen Zielsystem wird eingehend dargelegt von *W. J. Baumol,* Business Behavior, Value and Growth, New York 1959. Der Gewinn sei lediglich Nebenbedingung zur Realisierung anderer Ziele, vor allem Umsatzmaximierung. S. 31 f.: „. . . profits do not constitute the prime objective of the large modern business enterprise" und S. 43, 47 f., 49, 68.

[51] *K.-F. Hagenmüller,* Der Bankbetrieb, Bd. I, a. a. O., S. 187, spricht von einer „Bremsfunktion" des Eigenkapitals („Funktion der Begrenzung des Geschäftsvolumens"). Zur Bedeutung des Eigenkapitals für den Wachstumsprozeß vgl. auch *H.-D. Deppe,* Bankbetriebliches Wachstum, a. a. O., S. 175, in

Bereitstellung zusätzlichen haftenden Kapitals im allgemeinen jedoch nur bereit, wenn die Bank einen ihren Erwartungen entsprechenden Mindestgewinn in Zukunft erzielen wird. Sind die Kapitaleigner erwerbswirtschaftlich motiviert, so dürften sie die Kapitalaufbringung meist mit höheren Gewinnerwartungen verbinden als wenn sie dem von der Bank zu erzielenden Mindestgewinn lediglich die Aufgabe zuerkennen würden, ein „Polster" von Reserven zum intertemporären Verlustausgleich zu bilden.

Vermögensverluste können der Bank durch eine unerwartete Häufung von Auszahlungsbegehren der Fremdkapitalgeber und der dadurch erzwungenen Liquidation von Vermögensteilen entstehen. Können diese Einbußen nicht durch die haftenden Eigenmittel gedeckt werden, droht der Konkurs wegen Zahlungsunfähigkeit oder Überschuldung. Besonders bei Eintritt des „Maximalbelastungsfalls" wäre die Existenz der Bank angesichts unzureichender Eigenmittel unmittelbar gefährdet[52]. Hat die Bank bis dahin die „Goldene Bankregel" zwecks Gewinnerzielung zur Anreicherung ihres Eigenkapitals mißachtet, so hat sie zwar auf den Nichteintritt maximaler Auszahlungsanforderungen gehofft, ist jedoch latent in ihrer Existenz bedroht. Eine Mittelbeschaffung durch Eigenfinanzierung würde das Risiko verringern. Grundsätzlich gilt, daß die Haftungsreserven der Bank durch Selbst- oder durch Eigenfinanzierung auf dem Stand gehalten werden müssen, der bei Eintritt der in der Geschäftstätigkeit involvierten Vermögensverlustgefahren die Existenz der Bank noch zu gewährleisten in der Lage ist. Bei wachsendem Geschäftsumfang sind, langfristig gesehen, Periodengewinne bestimmter Mindesthöhe für die Bank daher unverzichtbar und zwar *unabhängig von der Leitmaxime ihrer Geschäftspolitik!* In einzelnen Perioden können sich solche Mindestgewinne allerdings als nicht realisierbar erweisen, so daß die bei der Erfüllung des Teilziels „Mindestgewinn" dann auftretenden Fehlbeträge in anderen Perioden ausgeglichen werden müssen. Wenn die Geschäftslage eine Kompensation der zuvor ohne Erfolg angestrebten Gewinnbeträge zuläßt, muß die Bank dann ihre als Teil des Sicherungsziels zu realisierenden Gewinnerwartungen in entsprechendem Umfang steigern.

---

dessen Modellen das Eigenkapital (sowie das Zweigstellennetz) der „limitierende Faktor" ist, „den die Bank von sich aus ... vergrößern kann". — Deppe spricht von einem direkten „Wachstum durch Erhöhung der haftenden Mittel"; ebenda, S. 116 und passim. Die „Kapazität" (ebenda, S. 11, 28 f.) sei an die Höhe des Eigenkapitals gebunden.

[52] Hat das Eigenkapital noch nicht die Höhe erreicht, die zur Deckung der unvermeidlichen Vermögensverluste erforderlich wäre, welche im Maximalbelastungsfall bei der Transformation nicht liquider Aktiva in Zahlungsmittel auftreten, so muß die Bank zu ihrer Existenzsicherung zwangsläufig nach Gewinn streben.

Die Gewinnerzielung ist nicht nur Voraussetzung für die Durchführbarkeit der Selbst- und der Eigenfinanzierung, sondern ist auch für die Fremdfinanzierung der Bank von Bedeutung. Für bestimmte Gruppen von Fremdkapitalgebern, vor allem Kreditinstitute und andere Großeinleger, ist die Ertragskraft ein wichtiges Kriterium zur Beurteilung der *Bonität der Bank*. Ihre Gewinne müssen mit dem wachsenden Geschäftsumfang Schritt halten und dürfen nicht hinter dem branchenüblichen Maß zurückbleiben. Außer der Ertragskraft gilt die Höhe des Eigenkapitals als das für die Bonität maßgebliche Kriterium, da das Ausfallrisiko für die Fremdkapitalgeber mit zunehmenden Haftungsreserven der Bank abnimmt, so daß auch somit eine direkte Beziehung zwischen Bonität und Gewinnsituation besteht (s. o.). Eine nach Meinung der potentiellen Refinanzierungsadressen zu dürftige Eigenkapitaldecke und/oder mangelnde Ertragskraft kann u. a. am Geldmarkt zur Adressenrepudiation führen, d. h. der Bank werden Geldmarktkredite verweigert und zwar gerade dann, wenn sie auf solche Kredite zur Abwendung von Vermögensverlusten angewiesen ist.

Hiermit wird deutlich, daß sich die „erforderliche" Höhe der Eigenmittel letztlich nach dem Urteil der Gesamtheit der potentiellen *Refinanzierungsstellen*[53] richtet, die im Bedarfsfall für eine Kreditgewährung in Betracht kommen. (Unabhängig davon ist jedoch eine Eigenkapitalhöhe anzustreben, die auch bei Ausbleiben erhoffter Fremdmittelzuflüsse die Existenz der Bank noch gewährleistet und zwar gerade dann, wenn durch die Befriedigung unerwartet hoher Auszahlungsanforderungen Vermögensverluste hingenommen werden müssen.) Läßt man die Refinanzierung durch bilanzverlängernde Geldgeschäfte außer acht und betrachtet eine für die Liquiditätssicherung ebenfalls höchst wichtige Möglichkeit der ZBG-Beschaffung durch Umstrukturierung, nämlich den Wechsel-Rediskont bei der Zentralbank, so kann sich auch hier die Höhe des Eigenkapitals einschränkend auswirken: In manchen Ländern, u. a. der BRD, werden die Rediskontkontingente auf Basis der haftenden Eigenmittel berechnet. Schließlich trägt die Erzielung von Gewinnen ebenfalls zur Stärkung der Funktion des Eigenkapitals bei, „Vertrauen in der Öffentlichkeit zu schaffen"[54]. Vor allem im internationalen Geschäftsverkehr wird hohen ausgewiesenen Eigenmitteln vielfach ein akquisitorischer Effekt zugeschrieben[55]. Dieser wirkt wachstumsfördernd.

---

[53] Die Zentralbank sei davon ausgenommen, da sie als Refinanzierungsquelle der Bank gegenüber als Behörde auftritt.

[54] *K.-F. Hagenmüller*, Der Bankbetrieb, Bd. I, a. a. O., S. 189. H. spricht in diesem Zusammenhang von einer „Werbe- oder Repräsentationsfunktion" des E K (ebenda, S. 187). — (Wie oben dargelegt, wird das E K *durch Gewinnerzielung* direkt durch Gewinnthesaurierung oder indirekt durch Förderung der Eigenfinanzierung gestärkt.)

[55] Vgl. ebenda, S. 189.

Aufgrund der genannten Sachverhalte muß die Bank *Gewinn unabhängig von der Art ihres Hauptziels* anstreben. Gewinnerzielung wirkt sich auf jede Form der Finanzmittelbeschaffung positiv aus. Besteht das Hauptziel nicht im Gewinnstreben, so beschränkt sich die Bank auf den „Mindestgewinn" im Rahmen des Sicherungsziels. Es ist allerdings eine enge Beziehung zwischen der *Höhe* dieses Mindestgewinns und dem Hauptziel gegeben. Grundsätzlich muß die erforderliche Gewinnerwartung in Bezug auf den Mindestgewinn mit der Zunahme der Vermögensverlustrisiken wachsen, die aus den Strategien zur Realisierung des Hauptziels resultieren[56]. Der Mindestgewinn hängt also auch ab von der *Risikenbelastung des Vermögens,* die durch die Art des Hauptziels sowie die Intensität seiner Verfolgung bedingt ist. Somit sind bei der Festlegung des Mindestgewinns einerseits die Anforderungen der Liquiditätskomponente des Sicherungsziels zu beachten und andererseits die der Bank durch ihr Hauptziel gesetzten Gewinnerfordernisse.

Auf das Problem des Gewinnausweises kann hier nicht näher eingegangen werden[57]. Ausgewiesene Gewinne sind zwar publizitätswirksam und stärken somit ceteris paribus das Vertrauen der Einleger sowie der potentiellen Kreditgeber, vor allem am Geldmarkt. Um dieses Vertrauen zu erhalten, muß die Bank den Ausweis von Verlusten zu vermeiden suchen und benötigt zu ihrer Abdeckung daher stille Reserven[58].

(14) Daten des Entscheidungsprozesses

Bei den Entscheidungen über den Inhalt und den Umfang ihrer Ziele, also auch der beiden Komponenten des Sicherungsziels, hat die Bank-

---

[56] Ist die Gewinnerzielung Hauptziel der Bank, so könnte man die Gewinnkomponente des Sicherungsziels dem Hauptziel zuordnen und dort als Mindestgewinn berücksichtigen. Es bestünde in diesem Fall ein direktes Spannungsverhältnis zwischen Sicherungsziel (Liquiditätssicherung) und Hauptziel (Gewinnstreben). (Dann könnte jedoch eine zu hoch vorgegebene Liquiditätswahrscheinlichkeit die Gewinnerzielung gänzlich verhindern oder die Erreichung des Mindestgewinns unmöglich machen. Durchführbar wäre allerdings ein Anspruchsanpassungsprozeß, wie in Abb. 8 schematisch dargestellt.) Da eine Zuordnung des Mindestgewinns zum Hauptziel keine neue Erkenntnis ergibt, erscheint es hier sinnvoll, sich den Mindestgewinn als im Rahmen des Sicherungsziels angestrebt vorzustellen.

[57] Auf die Tatsache, daß insbesondere Banken im Interesse ihres „goodwill" den Ausweis von Verlusten vermeiden müssen, verweisen u. a. *H. Lipfert,* System ..., a. a. O., S. 376; *G. Spohr,* Das Prinzip der Gewinnmaximierung in seiner Bedeutung für die Kreditinstitute, in ÖBA, 7. Jg. (1959), S. 340. — *R. Graf* (a. a. O., S. 144 f.) betont, daß sich das Eigenkapital im Rahmen der „Angemessenheitsvorstellungen der Öffentlichkeit" bewegen müsse, um ihr „Vertrauen ... in die Sicherheit der Bank" zu gewährleisten, daß andererseits aber auch die stillen Rücklagen anzureichern seien, um ihrer „Funktion des intertemporären Gewinn- und Verlustausgleichs in vollem Umfang gerecht" zu werden.

[58] *K.-F. Hagenmüller,* Der Bankbetrieb, Bd. I, a. a. O., S. 190, verweist auf den Einsatz stiller Rücklagen zum „intertemporären Verlustausgleich" mit Hilfe bilanzpolitischer Bewertungsmaßnahmen.

leitung eine Vielzahl extern determinierter Daten zu berücksichtigen, auf die sie (oder die Instanz, der sie verantwortlich ist) keinen Einfluß hat. Man kann diese Daten in zwei Gruppen ordnen: Erstens handelt es sich um *hoheitliche Bestimmungen* zur Durchsetzung gesamtwirtschaftlicher Ziele. Zu dieser Gruppe zählen u. a. die gesetzlichen und aufsichtsamtlichen Regelungen, die die dargelegten betriebswirtschaftlich notwendigen Anforderungen an die Höhe des Haftungskapitals und die Liquidität allgemein verbindlich institutionalisieren[59].

Eine einzelne Bank muß allerdings von diesen extern determinierten Bestimmungsfaktoren ihre intern festgelegten Ansprüche unterscheiden, die inhaltlich über die Anforderungen der Behörden hinausgehen können. Zum Teil sind die extern auferlegten Restriktionsbedingungen lediglich stichtagbezogene Größen. Eine undifferenzierte Übernahme dieser Bedingungen als für alle Tage der Periode relevante Festwerte[60] in die einzelwirtschaftliche Planung würde zweierlei übersehen[61]:

(a) Möglichkeiten der Unterschreitung zwischen den Stichtagen,

(b) ggf. aus einzelwirtschaftlich begründeter Vorsicht notwendige Überschreitungen.

Die ihr von den Behörden in quantitativer und zeitlicher Hinsicht auferlegten Mindestbedingungen muß die Bank allerdings erfüllen, wenn sie sich nicht der Gefahr andernfalls drohender Sanktionen aussetzen will. In der BRD beispielsweise kann die Zentralbank die Refinanzierung verweigern, wenn die Bank die in den „Grundsätzen“ fixierten Strukturnormen nicht einhält[62].

Als zweite Gruppe von Daten, die grundsätzlich von der Bank nicht beeinflußt werden können, sind die für das Institut relevanten *Markt-*

---

[59] Es handelt sich dabei um eine Normierung von Mindestanforderungen zum Schutz der Bankgläubiger. Vgl. u. a. *E. Aust,* a. a. O., S. 229. In der Bundesrepublik sind dies insbesondere die „Grundsätze über das Eigenkapital und die Liquidität der Kreditinstitute“ gemäß §§ 10 und 11 KWG, in denen Normen für die horizontale Bilanzstruktur aufgestellt sind: Abgedruckt in der Neufassung vom 20. 1. 1969 in MB Bbk., Jg. 21, Nr. 3, März 1969, S. 41—43.

[60] D. h. Mindestwerte aufgrund behördlich erlassener Regelungen *und* gleichzeitig Höchstwerte, über die die Bank selbst nicht hinauszugehen beabsichtigt.

[61] In Bezug auf die „Grundsätze“ gemäß §§ 10 und 11 KWG ist zu beachten, daß diese als Regeln für das laufende Geschäft der Kreditinstitute grundsätzlich nicht allein für bestimmte Stichtage relevant sind. (*L. Schork,* Gesetz über das Kreditwesen, Kommentar, Köln/Berlin/Bonn/München 1965, S. 174.) Jedoch werden die Banken in der Praxis auf die Einhaltung dieser Grundsätze hin im Regelfall nur aufgrund von stichtagbezogenem Material überprüft: Die Überprüfung durch die Aufsichtsbehörde erfolgt auf Basis der bilanzstatistischen Meldungen (§ 25 KWG), die jeweils den letzten Tag des Monats als Stichtag haben.

[62] s. auch *H.-J. Krümmel,* Liquiditätssicherung ..., a. a. O., S. 276 und *L. Schork,* a. a. O., S. 175.

bedingungen zu nennen[63]. Die von der Notenbank gesetzten Daten lassen sich auf die beiden hier erwähnten Gruppen aufteilen, je nachdem ob die Zentralbank gegenüber den Banken als Behörde auftritt oder als Marktpartner (wie z. B. bei Devisen- und Offenmarktgeschäften). Überwiegend werden die von der Notenbank fixierten Parameter jedoch nicht von Angebot und Nachfrage am Markt bestimmt, sondern sind wirtschaftspolitisch determinierte Größen, wie im wesentlichen die Refinanzierungs- und die Mindestreservebestimmungen.

Eine Sonderstellung nehmen u. a. den Grundauftrag formulierende Satzungsregelungen ein, die einerseits zwar „intern" fixierte Daten darstellen, andererseits jedoch faktisch für die Bankleitung eher den externen Daten vergleichbar sind, da sie nicht durch Entscheidungen der Bankleitung geändert werden können. Solche der Bank im Rahmen des Grundauftrags auferlegten spezifischen Bedingungen[64], wie z. B. besonders strenge Anforderungen an die Liquidität, können das Institut aus der Sicht der Bankleitung gegenüber konkurrierenden Instituten insofern benachteiligen, als Daten dieser Art die Dispositionsmöglichkeiten der Bank stärker einschränken. Die Erfüllung eines bestimmten Ziels, beispielsweise des Mindestgewinns, kann für eine mit solchen zusätzlichen Beschränkungen arbeitende Bank daher schwerer sein als für die auf dem gleichen Markt konkurrierenden Institute. Allerdings kann dieser Nachteil durch von vornherein niedriger gesetzte Ansprüche an die Zielvariablen aufgewogen werden. So brauchen z. B. die Sparkassen in der BRD ihre Anforderungen an den Mindestgewinn nicht ganz so hoch ansetzen wie die mit ihnen im Wettbewerb stehenden Privatbanken, weil die Sparkassen aufgrund der Gewährträgerhaftung ggf. mit einem niedrigeren haftenden Kapital auskommen können. — Charakterisieren lassen sich alle hier genannten Daten als objektive Rahmenbedingungen des Zielbildungsprozesses, die von der Bankleitung lediglich zu interpretieren sind, nicht aber von ihr variiert werden können.

(15) Zwischenergebnis

Innerhalb der vorgegebenen Daten muß die Bank, vertreten durch die Bankleitung, bestimmte Mindestgewinne erzielen und ihre Zahlungsfähigkeit wahren. Die *Teilzielvariablen des Sicherungsziels* sind daher *eine bestimmte Gewinnerwartung und Liquiditätswahrscheinlichkeit je Periode.* Aufgrund der für das Entscheidungsfeld von Banken typischen

---

[63] Eine Analyse des Datencharakters von „Marktbedingungen", die die Beschaffung von Produktionsfaktoren — insbesondere Finanzierungsmitteln — und den Absatz von Bankleistungen beeinflussen, würde im Rahmen dieser Arbeit zu weit führen. Vgl. u. a. *E. Aust,* a. a. O., S. 26 f., 54 ff., *H.-D. Deppe,* Bankbetriebliches Wachstum, a. a. O., S. 97 f., 110 f., *H. Brandes,* a. a. O., S. 11 f.

[64] Ein Beispiel sind die Sondervorschriften für Sparkassen in der BRD. Vgl. u. a. *K.-F. Hagenmüller,* Der Bankbetrieb, Bd. III, a. a. O., S. 370 f.

unvollkommenen Information, insbesondere über die künftigen Ein- und Auszahlungen, sind die Erwartungen in bezug auf die Erfüllung der Ziele Liquidität und Mindestgewinn durch Unsicherheit gekennzeichnet, so daß die Werte der Zielvariablen keine deterministischen Größen sind, sondern sich innerhalb eines Bereiches bei jeweils geforderten Wahrscheinlichkeiten bewegen. Die Geschäftspolitik der Bank ist so auszurichten, daß für die Erwartungswerte der beiden Teilziele jeweils ein bestimmter *Mindestwert* nicht unterschritten wird. Beim Teilziel Liquidität wurde dieser Erwartungswert als „Liquiditätswahrscheinlichkeit" (L_w) bezeichnet. Da der Zustand der Liquidität[65] bei Sicherheit (wie sich zum jeweils gegenwärtigen Zeitpunkt erweist) durch den Wert 1 gekennzeichnet ist, gilt $0 < L_w \leq 1$. Die Zahlungsfähigkeit im jeweils gegenwärtigen Zeitpunkt wird sichergestellt durch eine *Zahlungsbereitschaftsreserve,* deren Höhe ex ante durch die von der Bank angestrebte Liquiditätswahrscheinlichkeit L_w' bestimmt wird (vgl. Abb. 7). Die L_w für einen Plantag, die sich durch Änderung der für diesen Tag vorgesehenen Zahlungsbereitschaftsreserve endogen variieren läßt, sollte dem Wert 1 grundsätzlich möglichst nahekommen.

Die Teilziele L_w und G_e (Gewinnerwartung) verhalten sich in konkreten Entscheidungssituationen jedoch konkurrierend zueinander. Die Wahrscheinlichkeit, daß an einem bestimmten Plantag ein positiver Zahlungsmittelbestand vorhanden ist, nimmt cet. par. ab, wenn Zahlungsmittel zum Zwecke der Gewinnerzielung nicht liquiden Anlageformen zugeführt werden. Ob ein L_w-Wert von 1 in der Planung der geschäftspolitischen Strategie realisierbar ist, ohne daß die Bank das Gewinnziel in einem ihr unvertretbar erscheinenden Maße vernachlässigen muß, ist im Einzelfall zu prüfen. Erweisen sich die Ansprüche an L_w und/oder G_e als zu hoch, muß ein Kompromiß gesucht werden. Ansätze dazu bieten, wie dargelegt, die Anspruchsanpassungs- und die Nutzentheorie. — Für den Umfang des Mindestgewinns sowie die Höhe der Wahrscheinlichkeiten, die für die Realisierung dieses Gewinns und der Liquiditätsbedingung gefordert werden, ist das *Risikoverhalten* der Bank maßgeblich.

Von den Zielansprüchen, d. h. den für L_w und G_e geforderten Werten, sind die für diese Größen aus Schätzungen resultierenden Werte zu unterscheiden, die sich auf Basis der relevanten Erwartungsparameter[66]

---

[65] Quantitativ formuliert ist dieser Zustand ein nicht negativer Zahlungsmittelbestand.

[66] Beliebige Kombinationen von Erwartungsparametern ergeben jeweils eine *Datenkonstellation.* Die Bank steht vor dem Problem, bestimmte Datenkonstellationen als relevant zu erkennen, um dann die daraus abzuleitenden Erwartungsparameter quantitativ schätzen zu können. Die prognostizierten Ergebnisse ihrer Maßnahmen werden für die nächstfolgende Entscheidungssituation zu Erwartungsparametern. — Vgl. auch *E. Gutenberg,* Unternehmensführung, a. a. O., S. 89.

ohne Berücksichtigung spezifischer zielerreichender Maßnahmen ergeben. Sofern die durch diese Schätzungen ermittelten, zu erwartenden „Ist"-Werte von den für die Ziele festgelegten „Soll"-Werten abweichen[67], sind die Differenzen durch geeignete Anpassungsmaßnahmen zu beseitigen. Erweisen sich solche Aktionen als nicht realisierbar, so kommt die Bank nicht umhin, ihre Anforderungen an die Zielvariablen herabzusetzen[68]. Bei ihrer Mittelwahl entscheidet sich die Bank grundsätzlich nur für solche Alternativen, bei denen die Streuung der Erwartungswerte ein als jeweils vertretbar fixiertes Maß nicht überschreitet. Abweichungen von Erwartungsgrößen können die Realisierung der beiden Teilziele unterschiedlich betreffen. Eine Verzögerung von Einzahlungen braucht sich auf den Gewinn kaum auszuwirken, während die Liquidität dadurch gefährdet werden kann. Hingegen berührt der Eintritt von Zinsänderungsrisiken hauptsächlich den Gewinn.

Demnach können sich die Gewichte der beiden Teilziele im Verhältnis zueinander mit den Erwartungsbildungen der Bankleitung verändern. Besondere Schwierigkeiten bereitet die Einschätzung der Verhaltensweisen anderer Banken, die vor allem für die Liquiditätssicherung bedeutsam ist. Situativ bedingte Änderungen im Risikoverhalten der Bank können ebenfalls zu Variationen der Zielgewichte für L_w und G_e führen.

Wie jede Wirtschaftseinheit bildet auch die Bank *Reserven* zum Ausgleich negativer Abweichungen von den jeweils relevanten Erwartungsgrößen. Um das Existenzrisiko zu begrenzen, muß einerseits eine zur Sicherung der Liquidität ausreichende Zahlungsbereitschaftsreserve vorhanden sein (deren Bestimmungsfaktoren im einzelnen im Abschnitt C III b 1 dargelegt werden) und andererseits eine Haftungsreserve von Eigenmitteln, die durch die Erzielung eines Mindestgewinns gewährleistet ist. Erstere Reserve schützt vor Illiquidität, letztere vor Überschuldung. Ist für eine künftige Periode eine bestimmte Zahlungsbereitschaftsreserve vorgesehen, ergibt sich daraus eine bestimmte Liquiditätswahrscheinlichkeit für diese Periode. Diese bildet zusammen mit dem für den Gewinn geforderten Erwartungswert das — in seinem Umfang und zeitlichen Bezug somit festgelegte — Sicherungsziel der Bank.

Dieses Ziel wurde hier relativ ausführlich behandelt, weil es die Ausgangsgrundlage zur Bestimmung des wichtigsten geldpolitischen Ziels

---

[67] Alle Erwartungsparameter sind subjektive Größen und zwar sowohl die Schätzungen der Ausgangsdaten als auch die von den Anpassungsmaßnahmen erhofften Ergebnisse. Bei den Annahmen über die künftigen Ein- und Auszahlungen sowie die Gewinnentwicklung bleibt ein „großer Ermessensspielraum". (*H.-D. Deppe*, Bankbetriebliches Wachstum, a. a. O., S. 106. s. auch Abschnitt C III b 1 [131]).

[68] Vgl. *H. Sauermann* und *R. Selten*, a. a. O., S. 586 f. („Auf die Erwartungsbildung folgt die Anspruchsanpassung.") — Eine Erhöhung der Zielwerte ist bei entsprechender Datenkonstellation ebenfalls möglich, jedoch nicht erforderlich, wenn dem Risikoverhalten Rechnung getragen ist.

der Bank ist und außerdem die drei weiteren geldpolitischen Ziele beeinflußt (s. u.). Ferner erscheint die eingehendere Darlegung des Sicherungsziels auch deswegen sachgerecht, weil ihm bei Banken aufgrund des durch eine verhältnismäßig hohe Risikoaversion gekennzeichneten Risikoverhaltens dieser Institute eine besondere Bedeutung zukommt. Größere Aufmerksamkeit verdient auch das bankbetriebliche Standingziel, das nach der nun folgenden Kennzeichnung des Hauptziels erläutert wird.

2. Das Hauptziel

Das Hauptziel besteht — je nach Grundauftrag — aus dem Formalziel Gewinnerzielung oder aus Leistungszielen. Im letzteren Falle stellt es stets ein jeweils spezifisches „Bündelziel" dar[69]. Als Formalziel kommt nur das Streben nach *Zusatzgewinnen* in Betracht, da der zur Existenzsicherung notwendige Mindestgewinn bereits als ein Teil des Sicherungsziels anzusehen ist (s. o.). Ein nach Art gegebenes Hauptziel ist durch *Parameter* inhaltlich so zu bestimmen, daß es als Entscheidungskriterium konkreter Maßnahmen dienen kann. Die Determinanten dieser Parameter gehen aus Abb. 6 hervor. Bestimmungsgrößen sind u. a. die Komponenten des Sicherungsziels, denn die zur Existenzsicherung zu verwirklichenden Zielwerte schränken den Realisierbarkeitsbereich des Hauptziels ein. Besteht es im Streben nach Zusatzgewinnen, ergibt sich der oben skizzierte Konflikt zum Liquiditätsziel, und im Falle von Leistungszielen kann außerdem noch die Erfüllung des Mindestgewinns in Frage gestellt sein. Daher *müssen* auch Gewinnüberlegungen den Umfang und die Struktur des Leistungsangebots beeinflussen, dessen Realisierung sich die Bank zum Hauptziel setzt.

Der in Abb. 6 als Zielinhalt gewählte Ausdruck „Wachstum" symbolisiert eine Vielzahl möglicher Zielvariablen[70], einschließlich Kombina-

---

[69] Vgl. *R. Kroll*, a. a. O., S. 43. Da das Leistungsziel der Bank aus mehreren Teilzielen bestehen kann, „ist ein Bündelziel insgesamt zur Erfüllung gesetzt". Die Teilziele werden in einem Verbund zugleich angestrebt. Zur Verbindung dieser Teilziele und ihrer Realisierungskontrolle vgl. *R. Kroll*, ebenda, S. 98 ff.

[70] „Wachstum" selbst bedeutet lediglich „Vergrößerung einer Maßzahl". (*H. Albach*, Zur Theorie des wachsenden Unternehmens, in: Theorien des einzelwirtschaftlichen und des gesamtwirtschaftlichen Wachstums, Hrsg. W. Krelle, Berlin 1965, S. 10). — Eine Definition des bankbetrieblichen Wachstums findet sich u. a. bei *H.-D. Deppe*, Bankbetriebliches Wachstum, a. a. O., S. 11 („Vergrößerung der Leistungsfähigkeit"). Nach *Deppe* (ebenda, S. 93) sind „Wachstumsprozesse dadurch gekennzeichnet, daß sie die limitierenden Einflußgrößen so verändern, daß der Bedingungsrahmen als Ergebnis der Wachstumsprozesse eine quantitativ und/oder qualitativ vergrößerte Leistungserstellung zuläßt".

tionen von Teilzielen. Zu messen ist das *Wachstum* an dem *Hauptziel*[71] der Bank. Die Art der Parameter zur inhaltlichen Fixierung des Hauptziels hängt naturgemäß von dem Ziel ab: Bei Leistungszielen sind sie Mengen- oder Wertgrößen bestimmter Leistungsarten und beim Gewinnstreben nur Beträge, die über den im Sicherungsziel jeweils festgelegten Umfang hinausgehen. — Während für das Sicherungsziel lediglich befriedigende Werte angestrebt werden, kann für das Hauptziel unter einer Vielzahl von Nebenbedingungen ein Maximum oder Minimum zu realisieren sein. Denkbar wäre etwa die Maximierung des Periodenzusatzgewinns oder die Minimierung der Kosten des Leistungsbündels. Plant die Bank Maßnahmen zur Realisierung des Hauptziels, so hat sie die *Anforderungen des Sicherungsziels als strenge Nebenbedingungen* zu betrachten[72], so daß das Hauptziel nur im Rahmen seiner Kompatibilität mit dem Sicherungsziel verfolgt wird. Eine Nebenbedingung könnte auch die Streuung der zulässigen Gewinnerwartung beschränken, so daß dadurch Entscheidungsalternativen mit großer Streuung (relativ unsichere Gewinne) ausgeschaltet werden und somit eine sonst ceteris paribus notwendige Erhöhung der Anforderungen an die Gewinnkomponente des Sicherungsziels entfällt.

Die Art der *Leistungsziele* variiert naturgemäß mit dem Leistungsprogramm. Zielinhalt kann der Absatz bestimmter Leistungsmengen, ggf. an einen bestimmten Abnehmerkreis, sein oder die Erringung eines Anteils eines nach bestimmten Kriterien abgegrenzten Marktes. Besteht das Hauptziel der Bank in der Erweiterung ihres Marktanteils[73] bei gleichzeitiger Erzielung eines befriedigenden Zusatzgewinns, so könnten diese beiden Teilziele mit Hilfe eines Anspruchsanpassungsvorgangs miteinander in Einklang gebracht werden. Bei Leistungszielen bezieht sich „Wachstum" generell auf eine absolute oder eine relative Erhöhung bestimmter Leistungsmengen, wie z. B. den Absatz einer bestimmten Art von Krediten, die Annahme von Spareinlagen spezifischer Bevölkerungsgruppen oder etwa auch das Angebot einer für notwendig erachteten

---

[71] So auch *W. Busse von Colbe*, Verwaltungs- und Vertriebskosten wachsender Industrieunternehmen, in: ZfbF, Jg. 16 (1964), S. 308, der das Hauptziel als „langfristige" Zielvariable bezeichnet.

[72] Vgl. auch *H.-D. Deppe*, Bankbetriebliches Wachstum, a. a. O., S. 12, der von einer „*angemessenen* Sicherheit" spricht und die unumgängliche Subjektivität dieses Begriffes begründet (S. 9 sowie S. 106). Vgl. auch ebenda, S. 76 und 78 f., wo die Nebenbedingungen Wahrung der Zahlungsfähigkeit und Vermeidung einer Überschuldung quantifiziert werden. Zur Limitierung des Gewinns zugunsten der Liquiditätssicherung, s. auch *J. Bidlingmaier*, Unternehmerziele und Unternehmerstrategien, a. a. O., S. 106 f.

[73] Das heißt Gewinnung zusätzlicher Marktanteile zu Lasten der Konkurrenten. Marktanteile sind nicht nur im Aktiv- und Dienstleistungsgeschäft von Bedeutung, sondern ebenfalls im Bereich der Fremdmittelbeschaffung. Vgl. hierzu *U. Rameken*, Die Konkurrenzpolitik der Kreditbanken, Diss. Hamburg 1965.

Zahl von Bankstellen. Müssen verschiedene Leistungsarten um knappe Produktionsfaktoren (wie z. B. Finanzmittel oder auch Arbeitskräfte) konkurrieren, so sind die einzelnen Teilzielvariablen des Leistungsbündels nach ihrer Dringlichkeit zu ordnen[74]. Die in der Entscheidungssituation jeweils dringlichste Variable könnte maximiert werden, während die übrigen Teilziele, für die Mindest-Niveaus angestrebt werden, im Entscheidungskalkül Nebenbedingungen wären[75]. — Wie für alle Ziele gilt auch für das Hauptziel, daß der Umfang der Anforderungen an die zu realisierenden Zielvariablen letztlich durch subjektive Entscheidung der Bank festgelegt wird und den Veränderungen im Entscheidungsfeld jeweils anzupassen ist.

d) Nachgeordnete Ziele

Von dem Sicherungs- und dem Hauptziel der Bank lassen sich diesen nachgeordnete Ziele[76] unterscheiden, die im Verhältnis zu diesen ausschließlich eine Hilfsmittelfunktion besitzen. Es handelt sich um das *Standingziel* sowie die *Bereichsziele* der Bank. Ihre Erfüllung trägt zu der angestrebten Realisierung der übergeordneten Ziele bei. Während Standingpflege als Nebenziel der Bank eine für das Institut insgesamt bedeutsame Zielvariable darstellt, gelten Bereichsziele als Unterziele definitionsgemäß nur für jeweils bestimmte Funktionsbereiche.

1. Standingpflege

Das Standing[77] der Bank ist ihr allgemeines *Ansehen* in der für sie relevanten Öffentlichkeit[78]. Man könnte es auch als den *Ruf*[79] bezeichnen, den sie bei gegenwärtigen und potentiellen Marktpartnern sowie bei den

---

[74] Zumindest im Aktivgeschäft der Bank darf diese Zielkonkurrenz im allgemeinen angenommen werden (vgl. u. a. *R. Kroll*, a. a. O., S. 105).

[75] Bestehen zwischen mehreren Teilzielen Substitutionsbeziehungen derart, „daß verschiedene Kombinationen ... als indifferent angesehen werden", so sind diese Teilziele nicht Zielvariablen, sondern vielmehr „ein Index, der die Kombinationen dieser Variablen bewertet". (*Sauermann* und *Selten*, a. a. O., S. 590). In diesem Fall müßten für die betroffenen Teilziele Mindestanforderungen festgelegt werden, da alternative Substitution ausgeschlossen ist.

[76] Unter „nachgeordneten" Zielen werden hier Nebenziele und Unterziele verstanden. Vgl. u. a. *E. Heinen*, Das Zielsystem ..., a. a. O., S. 103 f., 107 f.

[77] Der *Begriff* „Standingpflege" wurde unseres Wissens von *H. Lipfert* (Zahlungsverkehr, a. a. O., S. 27; System einer theoretischen Bankbetriebspolitik, a. a. O., S. 374) in Anlehnung an die Bankpraxis in die deutschsprachige bankwissenschaftliche Literatur eingeführt und fand seitdem zunehmende Verbreitung: Vgl. u. a. *H. Brandes*, a. a. O., S. 161, 214, 276; *K. Greshake*, a. a. O., S. 872; *H.-J. Krümmel*, Liquiditätssicherung im Bankwesen, a. a. O., S. 272; *H.-D. Deppe*, Bankbetriebliches Wachstum, a. a. O., S. 69, 97, 136.

[78] Die von *H. Lipfert* (System ..., a. a. O., S. 374) formulierte Definition („Pflege des Ansehens bei den Kunden und den anderen Kreditinstituten") wurde hier erweitert, um staatliche Adressaten ebenfalls einzubeziehen. Unter

Instanzen genießt, die der Bankleitung Daten setzen können (z. B. Aufsichtsbehörden, die Zentralbank oder Kapitaleigentümer). Wir können hier davon ausgehen, daß die Bank Standingpflege nicht (oder zumindest nicht allein) zwecks eines meta-ökonomischen Prestige- oder Machtstrebens betreibt[80], sondern zu einer besseren Verwirklichung ihrer obersten ökonomischen Ziele. Wenn es ausschließlich als ein meta-ökonomisches Ziel anzusehen wäre, brauchte diese Arbeit auf das Ziel der Standingpflege nicht weiter einzugehen. — Im Vorgriff auf den Abschnitt C III b 3 ist nun anzumerken, daß bestimmte in der Wirklichkeit vorzufindende bankbetriebliche Verhaltensweisen ökonomischer Art sich unmittelbar nur aus dem Bestreben zur Wahrung oder Hebung des Standing erklären lassen, zumal sich derartige Maßnahmen in den relevanten Aktionsperioden negativ auf die Zielvariablen Gewinn oder Liquidität auswirken können und bei Nichtexistenz eines Standingziels widersinnig erscheinen müßten. Aufgrund ihres spezifischen Erklärungswertes darf die Standingpflege als ein Zielelement im bankbetrieblichen Zielsystem nicht fehlen. Dies gilt insbesondere für die Erklärung des noch zu analysierenden „*window-dressing*“ der Banken.

Grundsätzlich ist ein gutes Ansehen der Bank zwar allen Arten von Bankgeschäften dienlich, doch werden insbesondere die Möglichkeiten

---

diesen ist vor allem das Standing gegenüber der Zentralbank von Bedeutung (vgl. auch *H. Lipfert,* Der Geldmarkt, a. a. O., S. 61).

Bereits *C. Eisfeld* (Die Grundsätze der Betriebspolitik der Kreditinstitute, a. a. O., S. 361 f.) verweist auf den Einfluß der „Ansichten der Öffentlichkeit ... auf die betriebspolitischen Maßnahmen der Kreditinstitute“, der staatliche Aktionen auslösen könnte. — „Das Standing eines Unternehmens besitzt bei Kreditinstituten eine größere Bedeutung als bei Produktions- und Handelsbetrieben ...“ (*R. Brand,* Wesen und Eignung des Effektenlombards als eine Form passiven und aktiven Bankkredits, Berlin 1968, S. 83).

[79] Nach *C. Sandig,* Der Ruf der Unternehmung, in: Veröffentlichungen der Wirtschaftshochschule Mannheim, Reihe 2, Heft 8, Stuttgart 1962, S. 10, ist der Ruf „die anerkannte Leistungsfähigkeit der Unternehmung“. Die vor allem bei jungen, neu gegründeten Unternehmen bestehenden Diskrepanzen zwischen der Leistungsfähigkeit und deren Anerkennung müßten durch die „Rufpolitik“ überwunden werden. Vgl. auch *P. O. Breyer,* Ruf und Rufpolitik, Eine Studie über das Wesen des Rufes und der betriebswirtschaftlichen Rufpolitik, Diss. Mannheim 1962, besonders S. 135 ff., 151 f., 199, der die Bedeutung des Rufes für das Verhalten Dritter darlegt.

[80] s. auch Abschnitt A I c dieser Arbeit. Auf Zielkonflikte zwischen dem Prestige- und Machtstreben einerseits und ökonomischen Zielen wie Gewinn und Wachstum andererseits verweist *E. Heinen,* Die Zielfunktion ..., a. a. O., S. 25. Angesichts der hier gewählten Definition des Standing als *ökonomisches* Ziel mit Hilfsmittelfunktion beziehen sich die für uns relevanten möglichen Zielkonflikte auf Entscheidungssituationen, in denen Prioritäten für die maßgeblichen *wirtschaftlichen* Ziele festzulegen sind und zwar in sachlicher und zeitlicher Hinsicht. So können Maßnahmen zur Standingpflege den Periodengewinn schmälern, jedoch zur Erreichung des Liquiditätsziels beitragen, oder sie verringern zwar den Periodengewinn, lassen jedoch eine relativ größere Gewinnsteigerung auf längere Sicht erwarten.

der *Finanzmittelbeschaffung* von dem Standing der Bank beeinflußt[81], denn für potentielle Gläubiger ist das Standing mit der *Bonität* des Instituts gleichbedeutend. Die Standingpflege soll daher vor allem

(a) den Nettozugang von Einlagen fördern[82] und

(b) die Kreditwürdigkeit der Bank am Geldmarkt pflegen[83].

Beide Aufgaben dienen primär der dauerhaften Liquiditätssicherung. Ein erstklassiges Standing trägt nicht nur dazu bei, daß die Bank benötigte Finanzmittel überhaupt erhält, sondern senkt auch die Kosten der Geldbeschaffung (s. u.). Offenkundig wird die Bedeutung des Ansehens der Bank vor allem in Ausnahmesituationen, beispielsweise wenn in der Öffentlichkeit Zweifel an der Zahlungsfähigkeit von Banken aufkommen. Ein gutes Standing der Bank vermag gerade in einer solchen Situation den Abzug von Einlagen in Grenzen zu halten und den Verlust dann benötigter „Kreditreserven" bei den potentiellen Refinanzierungsstellen zu verhindern[84]. — Die Hilfsmittelfunktion der Standingpflege erstreckt sich auf die Wahrung oder ggf. Erreichung jener Mindestbedingungen, die die von der Bank gewünschte *Kreditwürdigkeit* verbürgen, die Erzielung des Mindestgewinns ermöglichen sowie günstige Voraussetzungen zur Realisierung des Hauptziels schaffen. Daher müßte die Bank auf Geschäfte verzichten, die beispielsweise relativ hohe Gewinne versprechen, jedoch eine Minderung des Ansehens der Bank unter den für erforderlich gehaltenen Grad nach sich ziehen würden[85]. Im Verhältnis zu dem Sicherungs- und dem Hauptziel kommt dem Standing insofern der Charakter einer Nebenbedingung zu.

Eine quantitative Bestimmung des Standingziels wäre nur im Wege einer mengenmäßigen Erfassung der Auswirkungen von Maßnahmen möglich, d. h. die bei den Adressaten erzielten *Ergebnisse* müßten ge-

---

[81] *H. Lipfert*, System ..., a. a. O., S. 376, verweist darauf, daß die „Standingpflege ... die Marktposition einer Bank" stärke.

[82] Vgl. *H. Lipfert*, ebenda, S. 375.

[83] s. auch *H. Lipfert*, Der Geldmarkt, a. a. O., S. 26 und 40, sowie *F. Höfermann*, a. a. O., S. 50, und *H.-D. Deppe*, Bankbetriebliches Wachstum, a. a. O., S. 97 f. und 136. — Ferner *K.-F. Hagenmüller*, Der Bankbetrieb, Bd. I, a. a. O., S. 247: In Abhängigkeit von Größe und *Ansehen* bestünden große Unterschiede zwischen den Banken in Bezug auf ihre Kreditaufnahmemöglichkeiten am Geldmarkt.

[84] Vgl. auch C III b 1 (11). — In einer akuten Vertrauenskrise kann eine Bank Zweifel in ihre Zahlungsfähigkeit nur durch Erfüllung sämtlicher Auszahlungswünsche beseitigen, auch wenn derartige Forderungen noch nicht fällig sind (Vgl. *H. Hoffmann*, a. a. O., S. 187) und muß gerade dann über die notwendigen Kreditlinien verfügen. Ebenso auch *K.-F. Hagenmüller*, Der Bankbetrieb, Bd. III, a. a. O., S. 390. — „Sonst gut arbeitende Banken" dürften von den von der Krise nicht betroffenen Instituten stets unterstützt werden, damit die Krise keine weiteren Kreise zieht (*W. Braun*, a. a. O., S. 26).

[85] *C. Sandig* (Der Ruf der Unternehmung, a. a. O., S. 30) hält die „Gewinnmaximierung auf kurze Sicht" mit der Erhaltung eines guten Rufes nicht für vereinbar.

messen werden. Standing schlechthin ist nicht quantifizierbar[86], doch berührt diese Tatsache nicht den Erklärungswert dieses Ziels, denn es läßt sich eine Vielzahl zweckgerichteter Handlungen[87] beobachten, die durch andere ökonomische Ziele gar nicht oder nur indirekt erklärt werden könnten[88]. Allerdings können *Hilfsgrößen* eine quantitative Erfassung des Standingziels ermöglichen, sofern sich für diese ein direkter Bezug zu den Zielen nachweisen läßt, für deren Erfüllung das Standing relevant ist. In der Ziel-Mittel-Kette sind diese Hilfsgrößen Mittel zur Erreichung der bestehenden Gewinn-, Liquiditäts- und Leistungsziele. Hinsichtlich des Liquiditätsziels könnte das Standing mit Hilfe der *Bonität* der Bank[89] erfaßt werden, die als das Volumen der im Bedarfsfall verfügbaren Kredite im Verhältnis zum Eigenkapital quantifiziert werden könnte. Besteht das Hauptziel im Streben nach einem bestimmten Marktanteil, wäre das Standing als das „akquisitorische Potential"[90] zu

---

[86] Einige Kriterien zur Beurteilung des Standing einer Bank nennt *H. Brandes*, a. a. O., S. 216.

[87] *Beispiele:* Kulanz bei Auszahlung von Beträgen vor Fälligkeit; „window-dressing"; Kurspflege eigener Aktien zur Verhinderung eines überdurchschnittlichen Kursrückgangs, der zu einer negativen Beurteilung der Bonität Anlaß geben könnte; ferner Aufbau eines bestimmten Image durch Werbemaßnahmen und Öffentlichkeitsarbeit (public relations), z. B. mittels zusätzlicher Geschäftsberichte zwischen der Veröffentlichung der Jahresbilanzen. (Vgl. ZfgK, Jg. 22 [1969], S. 766.)

[88] Zur Frage der Rückzahlung von Verbindlichkeiten vor Fälligkeit vgl. auch Abschnitt B I b 2 und *F. Worret*, a. a. O., S. 78: „Selbst bei ... Kündigungsgeldern wird es die Bank als einen Grundsatz geschäftlicher Kulanz ansehen, die Gelder auch dann zurückzuzahlen, wenn der Kündigungstermin nicht eingehalten ist." — Sogar begebene, rechtlich noch nicht fällige Kapitalmarkttitel kann sich die Bank de facto einzulösen gezwungen sehen, wenn sie z. B. durch eine Kurspflegepolitik ihre Solvenz öffentlich bekunden möchte (s. auch Fußnote 94 am Ende dieses Abschnitts).

[89] Vgl. auch *H. Hoffmann*, a. a. O., S. 250 f.: „Gerade Depositenbanken, die in hohem Maße ständiger Refinanzierung bedürfen, sind gezwungen, ihre Geschäftspolitik an den Qualitätsvorstellungen der potentiellen Refinanzierungsstellen auszurichten." Die Bedeutung des Standing zeigt sich auch an der Tatsache, daß Banken in der Praxis in „erste", „zweite" und sogar „dritte" *Adressen* eingeteilt werden (vgl. ebenda, S. 228). Die Qualitätsanforderungen der Refinanzierungsstellen können allerdings „erheblich voneinander divergieren". Entscheidend sei die *Beurteilung durch die potentiellen Gläubiger*, nicht dagegen „die eigenen Vorstellungen über eine ‚solide' Geschäftspolitik". (ebenda, S. 251). „Die Depositenbanken müssen .. ihre Geschäftspolitik selbst dann an den herrschenden Konventionen ausrichten, wenn sie diese subjektiv für unrichtig halten ..." (ebenda).

[90] Vgl. *E. Gutenberg*, Grundlagen der Betriebswirtschaftslehre, Bd. II, Der Absatz, 10. Aufl., Berlin/Heidelberg/New York 1967, S. 238 ff.; 242 f., 283 f. — Ein quantitativer Ausdruck ließe sich in der Theorie zwar bilden, etwa dergestalt, daß Umsatzänderungen in Abhängigkeit bestimmter Maßnahmen — z. B. Preisänderungen — definiert werden, doch bliebe dann der empirische Gehalt solcher Definitionsgleichungen nachzuweisen. Dies bereitet in der Praxis jedoch große Schwierigkeiten, denn Variationen einer Determinanten des Erfolgs können nicht unter der notwendigen ceteris paribus Bedingung durchgeführt werden. Diese Bedingung wäre jedoch notwendig, um den Erfolgsbeitrag eines Faktors zu isolieren.

begreifen. — Unterschiede im Standing verschiedener Banken eines Währungsgebietes lassen sich auch aus den Zinskonditionen am Geldmarkt ersehen: Für geldnehmende „erste“ und „zweite Adressen“ an den Tages- und Termingeldmärkten gelten zum gleichen Zeitpunkt *unterschiedliche Zinssätze*[91]. Disparitäten könnten auch die Kurse von Geldmarktpapieren gleicher Verzinsungs- und Tilgungsbedingungen aufzeigen, sofern die emittierenden Banken auf eine Kurspflege verzichten[92]. Sofern die Bank nicht als „erste Adresse“ gilt, dürfte sie bestrebt sein, als solche akzeptiert zu werden, um ihre Refinanzierungskosten zu senken. Wird ihr Standing hingegen bereits als erstrangig eingestuft, kann sich die Bank mit der Pflege des erreichten Status begnügen. Die auszuwählenden Maßnahmen richten sich nach den bankbetrieblichen Sachverhalten, die der maßgeblichen Öffentlichkeit als Beurteilungskriterien dienen[93].

Zusammenfassend läßt sich das Standingziel als ein als Anspruchsniveau angestrebtes Nebenziel der Bank charakterisieren. Die Maßnahmen zur Pflege dieses Ziels dienen letztlich zwar der Realisierung des Haupt- und des Sicherungsziels, doch ergibt sich eine positive Auswirkung auf diese Ziele erst nach Verwirklichung der angestrebten Einflußnahme auf das *Standing*. Die angesichts der Quantifizierungs- und Zurechnungsproblematik bestehenden Schwierigkeiten bei der Erfolgskontrolle schränken zwar die Operationalität des Standing als Zielvariable in konkreten Entscheidungssituationen ein, mindern jedoch nicht grundsätzlich seinen Wert zur Erklärung nachweisbarer bankbetrieblicher Verhaltensweisen, die anderenfalls abwegig erscheinen müßten[94].

---

91 Vgl. *H. Lipfert*, Der Geldmarkt, a. a. O., S. 40 und *H. Brandes*, a. a. O., S. 214 ff. Lipfert spricht von einer „Kreditrisikoprämie“ für Ausleihungen an Adressen nicht erstklassiger Bonität.

92 Eine *Kurspflege*, durch die der Emittent besonders positiv am Markt auffallen möchte, läßt sich zuweilen beobachten; so zeitweilig für die 5 % Kassenobligationen der *Dresdner Bank* von 1967, die beträchtlich über pari notierten, als vergleichbare Emissionen konkurrierender Institute (Girozentralen) deutlich unter pari verkehrten. — Von Banken emittierte Geldmarktpapiere werden allerdings in nur wenigen Ländern gehandelt.

93 Vgl. u. a. *R. Graf*, a. a. O., S. 110 f. „Inländische Bankeneinleger“ achteten „mehr auf den guten Ruf“, ausländische Banken als Gläubiger vor allem auch auf die Einhaltung bestimmter Bilanzrelationen und das ausgewiesene Eigenkapital.

94 Hierzu drei *Beispiele: Kurspflege eigener Aktien* (s. o.) wirkt sich auf Gewinn und Liquidität zunächst nur negativ aus. — *„Window-dressing“* schmälert bei gesicherter Zahlungsfähigkeit den Gewinn. — Bei angespannter Geldmarktsituation im Inland sucht die Bank einen *Geldbedarf* auch dann *im Ausland zu decken*, wenn die effektiven Kreditkosten dort vergleichsweise etwas höher liegen, da ihr Standing leiden könnte, wenn sie häufiger als geldsuchende Adresse in dem relativ eng begrenzten Kreis inländischer Banken bekannt würde. (Vgl. hierzu auch *H. Brandes*, a. a. O., S. 161, und die Aus-

2. Bereichsziele

Als arbeitsteilige Wirtschaftseinheit ist die Bank organisatorisch in *Bereiche* gegliedert, *in denen die Maßnahmen* zur Realisierung des Sicherungs- und des Hauptziels sowie des Nebenziels Standing *auszuführen sind.* Diese Maßnahmen bestehen in der Durchführung der bankbetrieblichen Funktionen, d. h. kurz gesagt, der Beschaffung von Produktionsfaktoren[95] und dem Absatz von Bankleistungen. Da das mit der Durchführung betraute Personal zweckmäßigerweise auf bestimmte Sachaufgaben spezialisiert ist, darf man davon ausgehen, daß die funktionelle Gliederung des Bankbetriebs die Grundlage seiner organisatorischen Einteilung bildet. Diese Annahme entspricht weitgehend der Bankpraxis, wo beispielsweise eine Kredit- und eine Sparabteilung üblich sind. Wenn die Ausführung mehrerer Funktionen in einer *Abteilung* zusammengefaßt ist, wie z. B. in der Geldstelle (vgl. Abschnitt E II), läßt sich diese *organisatorische Instanz* gedanklich in reine Funktionsbereiche aufspalten, auch wenn die für diese verantwortlichen Entscheidungsträger miteinander identisch sind. Theoretisch darf man von einem Funktionsbereich daher auch dann sprechen, wenn dieser mit anderen zusammen in räumlicher und personeller Hinsicht eine organisatorische Instanz bildet. Kennzeichen eines *Funktionsbereichs*[96] ist eine jeweils bestimmte Gesamtheit ihm von der Unternehmensleitung auf Dauer übertragener Aufgaben[97].

Aus Gründen begrifflicher Klarheit wären, streng genommen, Funktionsziele von Bereichszielen, d. h. den für eine organisatorische Einheit geltenden Zielen, zu unterscheiden: Während durch das Zusammenwirken der Funktionen die Ziele der Bankleitung erreicht werden sollen und die Funktionen aus dieser Sicht Mittelcharakter haben, sind die Mittel innerhalb einer Funktion jeweils Ergebnisse der Ausführung von

---

führungen über zweckmäßiges Taktieren am Geldmarkt im Abschnitt D III.) Auf „Prestigegeschäfte" im Geldhandel wird noch im Abschnitt D I b hingewiesen.

[95] Dazu zählt nicht nur die Finanzmittelbeschaffung sowie die Auswahl von Personal, sondern auch die Beschaffung von Sachleistungen und Diensten, wie z. B. Werbung. — Realisierte Dienstleistungen der Bank sind der Absatzsphäre zuzurechnen.

[96] Vgl. *K. Bleicher,* Zur Zentralisation und Dezentralisation des Entscheidungsprozesses in der Unternehmungsorganisation, Berlin 1966, S. 59 f., der bei „Sachaufgaben" „Verrichtungsaufgaben" und „Objektaufgaben" unterscheidet. Vgl. auch ebenda, S. 76 f., sowie *W. Hasenack,* Funktionenlehre, betriebswirtschaftliche, a. a. O., Sp. 2096.

[97] Allerdings kann von einer Gesamtheit von einer betriebswirtschaftlichen Funktion zuzurechnenden Aufgaben ein Teil nicht von dem für sie geschaffenen Bereich, sondern von anderen Funktionsbereichen oder der Bankleitung selbst wahrgenommen werden. Generelle Aussagen über das Maß der Aufgabendelegation auf den für eine bestimmte Funktion bestehenden Bereich sowie den Umfang der Delegation auf andere Bereiche lassen sich nicht machen.

Unterfunktionen. Solche Ergebnisse können jeweils als durch die Funktion zu verwirklichende Leistungsziele gekennzeichnet werden. Funktionsziele sind Leistungsziele. Die Formalziele Gewinn und Liquidität können keine Funktionsziele sein, da sie erst durch den Einsatz der Leistungen, die durch die Ausführung der Funktionen jeweils erbracht wurden, realisiert werden können. Gewinn und Liquidität können nur Ziele von *Wirtschaftseinheiten* sein. (Wirtschaften setzt Beschaffen und Verwerten voraus, also die Durchführung wenigstens zweier Funktionen). Funktionsziele haben für das betriebliche Geschehen allerdings nur dann eine materielle Bedeutung, wenn sie als Bereichsziele begriffen werden (mit Ausnahme der Leistungsziele, die von der Bankleitung selbst verfolgt werden).

In der Regel darf aber von einer Delegation der Leistungserstellung auf die Bereiche ausgegangen werden. Die von der Bankleitung den Funktionsbereichen aufgegebenen Maßnahmen stellen in der Praxis umfangreiche Bündel dar, die in zahlreiche Aktionen zur Realisierung von Teilleistungen zerfallen. Durch einen Entscheidungsakt realisierbar ist immer nur eine dieser Teilleistungen. Um die ihm zugewiesenen Aufgaben nach Art, Menge und verlangtem Termin verwirklichen zu können, muß der für den Funktionsbereich verantwortliche Entscheidungsträger entsprechende *Leistungsziele* vor Augen haben. — Entscheidungskriterien der in den Bereichen durchzuführenden Aktionen sind jedoch nicht nur Leistungsziele. Die einzelne Teilleistung ist auch anhand der *Formalziele* im Zielsystem der Gesamtbank zu beurteilen, denn die Bank handelt letztlich zur Erfüllung ihrer ökonomischen Oberziele, zu denen die genannten Formalziele ebenfalls gehören. Die Formalziele gelten grundsätzlich in allen Funktionsbereichen und müssen daher neben Leistungszielen in dem für einen Bereich jeweils spezifischen Zielbündel enthalten sein. Aufgrund der leistungsbezogenen Funktionsgliederung kommen aus der Vielzahl möglicher Leistungsziele einer Bank für einen einzelnen Bereich in der Regel nur wenige in Betracht. Es läßt sich zusammenfassend sagen, daß das für einen Bereich gültige Zielbündel grundsätzlich aus allen Formalzielen sowie bereichsspezifischen Leistungszielen besteht.

Die generelle Zweckmäßigkeit von *quantifizierbaren Bereichszielen als Unterziele einer Wirtschaftseinheit* wird in der unternehmungspolitischen Literatur bereits hinreichend begründet[98]. Oberziele erweisen sich oft als ungeeignet, den Entscheidungsträgern in den Bereichen als Richt-

---

[98] s. u. a. *J. Bidlingmaier,* Zielkonflikte und Zielkompromisse im unternehmerischen Entscheidungsprozeß, a. a. O., S. 37 f. und 115 f., *K. Bleicher,* a. a. O., S. 139 und 166 f. *E. Heinen,* Das Zielsystem ..., a. a. O., S. 215 ff., *H. Griem,* a. a. O., S. 67 f., *Herbert Hax,* Die Koordination von Entscheidungen, a. a. O., S. 101 f.

größen zu dienen, so daß Unterziele zur „Suboptimierung“ solcher Entscheidungsvorgänge herangezogen werden[99]. Aus den Oberzielen, die „für die Abteilungen häufig abstrakte, nicht operational formulierte Imperative“ darstellen[100], werden mit Hilfe der Zweck-Mittel-Betrachtung für die Bereiche praktikable Zielbündel abgeleitet. Solche Zielkombinationen müssen nicht nur den einzelnen Entscheidungsträgern in den Bereichen als Handlungskriterien zur Verfügung gestellt werden, sondern sind auch zur Erklärung bankbetrieblicher Vorgänge durch externe Beobachter notwendig, da häufig kein direkter Zusammenhang zwischen den Oberzielen und den Ergebnissen der Maßnahmen in den Bereichen ersichtlich ist. — Aus der Sicht der Bankleitung können in Bereichsziele transformiert werden:

(a) ökonomische Oberziele (Leistungsziele oder Gewinn und Liquidität),

(b) das Nebenziel Standing,

(c) Daten des Entscheidungsprozesses.

Zu (a) und (b): Die multivariable Ausgangszielsetzung gilt für einzelne oder alle Bereiche[101] insofern, als die Zielelemente ihrer Art nach, nicht dagegen in ihrer zeitlichen Dimension, Rangfolge und Gewichtung bestimmt sind. Es kann sich als zweckmäßig erweisen, einem Bereich die Realisierung genau des erstrebten Umfangs einer Zielvariablen der Gesamtbank zu übertragen. Wie noch zu zeigen sein wird, eignen sich dafür besonders das Liquiditätsziel sowie auch Leistungsziele, deren Erfüllung dem für diese Leistungen vorgesehenen Funktionsbereich obliegt[102]. Dem Bereich können beispielsweise zur Erfüllung gesetzt sein:

— bestimmte Marktleistungen im Aktiv-, Passiv- und im Dienstleistungsgeschäft der Bank[103],

— ein Beitrag zu einer angestrebten Struktur der Aktiva und Passiva, die dem Bereich die Erreichung bestimmter Bestände aufgibt,

— ein unter Nebenbedingungen maximaler oder begrenzter Periodenerfolg oder Deckungsbeitrag des Bereichs.

---

[99] Vgl. u. a. *E. Heinen*, Das Zielsystem ..., a. a. O., S. 105, 135 ff. und 216. Die Realisierung des Bereichsziels als abgeleitetes Ziel muß dabei stets ein geeignetes Mittel zur Erreichung des übergeordneten Ziels darstellen. — Auf Konflikte zwischen den Zielen der Gesamtunternehmung und denen einzelner Unternehmungssektoren geht *J. Bidlingmaier* (ebenda, S. 114 ff.) ein.

[100] *E. Heinen*, ebenda, S. 215. — „Ausgehend von den Oberzielen werden die generellen Imperative durch Zwischen- und Unterziele in zunehmendem Maße konkretisiert, bis sie schließlich als singuläre Imperative unmittelbare Handlungsanweisungen darstellen.“ (Ebenda, S. 216.)

[101] „Alle Bereiche“ gilt nur für Formalziele.

[102] Für das Liquiditätsziel gilt diese Aussage insofern, als die Realisierung einer bestimmten, quantitativ meßbaren Bestandsgröße angestrebt wird. In der Erreichung dieser Größe könnte man auch ein Leistungsziel erblicken.

[103] So kann ein Bereichsziel beispielsweise auch aus der Sicherung oder Ausweitung des Marktanteils für bestimmte Leistungen bestehen.

Zu (c): Die Beachtung von *Daten,* insbesondere behördlich fixierter Nebenbedingungen des Entscheidungsprozesses, wird zweckmäßigerweise oft bestimmten Bereichen übertragen. Diese Daten werden für die dafür verantwortlichen Entscheidungsträger dann zu *Zielen.* So ist beispielsweise die Einhaltung der Mindestreservebestimmungen Datum für die Maßnahmen der Bankleitung, stellt für diejenige Instanz, die für die Durchführung der Funktion Geldpolitik verantwortlich ist, jedoch — wie im folgenden Kapitel ausgeführt wird — ein Entscheidungsziel dar.

Grundsatzentscheidungen über die in den Bereichen zu vollziehende Mittelwahl[104] werden von der *Bankleitung* getroffen, wobei die konkrete Festlegung der einzelnen Maßnahmen und ihr zeitlicher Einsatz durchaus dem Bereich überlassen werden können. — Bereichsziele eignen sich erst dann als Wahlkriterien, wenn sie in einem Zielkalkül erfaßt sind, das Rangordnung und Gewichtung der Zielvariablen definiert. Diese Ordnung liegt entweder bereits konstitutiv fest, oder sie ändert sich aufgrund des in Abb. 6 dargestellten Rückkopplungs-Effekts situationsbedingt, nämlich dann, wenn die Entscheidungssituation des Bereichs sich in Abhängigkeit von den Ergebnissen vorher durchgeführter Maßnahmen verändert hat und die Dringlichkeit einzelner Zielvariablen dadurch variiert[105]. Dem Bereich sind von der Bankleitung daher laufend Anweisungen über die Veränderung des Stellenwerts der betroffenen Ziele zu übermitteln. Nach Art, Umfang und zeitlichem Bezug variieren die Bereichsziele stärker als die ihnen vorgelagerten Ziele. Ein Bereichsziel ändert sich als zu erbringende Marktleistung mit dem Leistungsprogramm der Unternehmung, als zu realisierendes, extern gesetztes Datum mit den entsprechenden Datenänderungen und variiert außerdem mit den von der Unternehmensleitung neu beschlossenen, in dem Bereich durchzuführenden Maßnahmen (vgl. auch Abb. 6). Wie oben bereits angedeutet, lassen sich aus den Bereichszielen jeweils wieder Unterziele ableiten, deren Erfüllung dem Erfolg der Bereichsmaßnahmen dienlich ist.

Zusammenfassend ist zu sagen, daß die Vorgabe von Bereichszielen den komplexen Entscheidungsprozeß erleichtert und in stark gegliederten Wirtschaftseinheiten — wie es Kreditinstitute in der Regel sind — zur optimalen Realisierung der Oberziele unumgänglich ist. Pro-

---

[104] U. a. sind solche Grundsatzentscheidungen notwendig, um die Verwendung von im Hinblick auf die Realisierung der Oberziele insgesamt unzweckmäßigen Mitteln zu verhindern. So könnte eine in einem Bereich an sich vorteilhafte Maßnahme negative Folgen in anderen Bereichen bedingen, die den zunächst erzielbaren Vorteil überkompensieren. — Weitere Entscheidungen der Bankleitung, welche aus der Sicht des Bereichs nicht als Ziele, sondern als Daten zu charakterisieren sind, beinhalten die personelle Besetzung der Entscheidungsinstanzen des Bereichs sowie die Bestimmung des Entscheidungsspielraums.

[105] Vgl. auch *E. Heinen,* Das Zielsystem ..., a. a. O., S. 122, und *H. Griem,* a. a. O., S. 69 f., der von „situativen" Zielen spricht.

bleme für eine praktikable Formulierung des Zielsystems in einem Bereich ergeben sich vor allem aus der multiplen Zielsetzung der Bank, die Konflikte zwischen Zielen verschiedener Bereiche oft unvermeidlich entstehen läßt, sowie aus der unvollkommenen Information zum Entscheidungszeitpunkt, die vielfach — ex post gesehen — zu einer falschen Gewichtung einzelner Zielvariablen führt. Dennoch sollte versucht werden, operationale Handlungsziele in den Bereichen zu entwickeln, um die Wahrscheinlichkeit und das Ausmaß von Fehlentscheidungen zu verringern, die mangels Orientierungsfähigkeit an der Politik der Bankleitung sowie ihren Daten drohen. Für die Funktion Geldpolitik werden im folgenden die Handlungsziele dargelegt, die für die mit der Durchführung der entsprechenden Aufgaben betrauten Instanzen relevant sind.

III. Das Zielsystem der Geldpolitik

a) Funktionelle Einordnung der geldpolitischen Ziele

Die geldpolitischen Ziele der Bank sollen nun als *operationale und quantifizierbare Funktionsziele* entwickelt werden, so daß ihre Formulierung keine Fehlinterpretation durch die für ihre Erfüllung verantwortlichen Entscheidungsträger zuläßt. Ausgangsgrundlage zur Bestimmung dieser Ziele ist das zuvor skizzierte Grundschema des bankbetrieblichen Zielsystems. Die geldpolitischen Zielelemente können aus einzelnen seiner Bestandteile unmittelbar hergeleitet werden. Außerdem lassen sich aus der Struktur des bankbetrieblichen Zielsystems Aussagen über die Dringlichkeitsordnung der geldpolitischen Ziele entnehmen. Auf diese Rangordnung wird im Zusammenhang mit der Analyse der Strategienwahl im Teil D eingegangen.

Für die Geldpolitik maßgeblich ist vor allem das *Sicherungsziel* der Bank, denn aus ihm leitet sich das Ziel „Realisierung der optimalen Zahlungsbereitschaftsreserve“ her. Wie bereits dargelegt, sind das Reservemedium die Zentralbankguthaben, deren Höhe im Spannungsverhältnis von geforderter Liquiditätswahrscheinlichkeit und angestrebter Gewinnerwartung festgelegt wird. Durch das Gewinnstreben der Bank wird die Höhe der ZBG-Bestände nach oben begrenzt. Dies gilt nicht nur für den zur Sicherung der Zahlungsfähigkeit gehaltenen Bestand. (Für die Intensität des Gewinnstrebens im Rahmen der Geldpolitik — vgl. Abschnitt D I a 2 (23) und D II b — ist ferner die Art des Hauptziels relevant). — Als weiteres Ziel der Bank ist die *Standingpflege* für die Geldpolitik von besonderer Bedeutung, denn aus diesem Ziel folgt das Bestreben des Instituts, zum Bilanzstichtag einen ZBG-Bestand bestimmter Höhe auszuweisen. Schließlich obliegt der Geldpolitik auch die Erfüllung der Anforderungen, die sich aus der *Mindestreservepflicht* als einem extern determinierten Datum ergeben. — Die Bestandteile des allgemeinen bankbetrieblichen Zielsystems (vgl. Abb. 6), aus denen sich die geldpolitischen Ziele herleiten, wurden oben eingehend behandelt. Es sind:

I. Liquiditätssicherung,

II. Erfüllung der Mindestreserveverpflichtung (Datum)[1],

III. Standingpflege,

IV. Gewinnerzielung (als Teil des Sicherungs- und ggfs. auch des Hauptziels).

Aus diesen Größen resultieren die vier geldpolitischen Ziele:

1. Realisierung der optimalen Zahlungsbereitschaftsreserve (aus I. und IV.),
2. Erfüllung des Mindestreserve-Solls (aus II. und IV.),
3. Erreichung des zum Bilanzstichtag angestrebten ZBG-Bestands (aus III. und IV.),
4. Gewinnerzielung (aus IV. in Verbindung mit 1. bis 3.)[2].

Diese Ziele sind die für die geldpolitischen Maßnahmen relevanten *Aktionskriterien*. Geldpolitische Maßnahmen sind — wie im Abschnitt B II a erläutert — stets auf eine *Variation des ZBG-Bestands* gerichtet[3], der das für die Geldpolitik charakteristische Aktionsobjekt bildet. Die Zusammenfassung der aus den vier geldpolitischen Zielen abzuleitenden Aufgaben zu einer bankbetrieblichen Funktion (Geldpolitik) liegt aufgrund des einheitlichen Aktionsobjekts (ZBG) nahe. Die Geldpolitik hatten wir definiert als die Gesamtheit der dispositiven Handlungen, die die Bank primär in der Absicht einer jeweils bestimmten Veränderung ihres ZBG-Bestands unternimmt (vgl. B II a). Es geht uns nun um die genaue Kennzeichnung der Handlungskriterien.

Die Grundstruktur der Funktion „Geldpolitik" und die Beziehungen zwischen dieser Funktion und der Bankleitung sowie den oben erläuterten Größen I. bis IV. werden in Abbildung 9 dargestellt. Der Handlungszusammenhang wird durch den in dieser Abbildung schematisierten Ziel-Mittel-Umschlag deutlich. Er beginnt mit der Übertragung einer bestimmten Gruppe von Aufgaben (Mittel der Bankleitung), die zur Realisierung der Elemente I. bis IV. durchzuführen sind, auf die Funk-

---

[1] Das „Ziel" Nr. II ist in diesem Zusammenhang kein Ziel, sondern für die Bankleitung ein Datum; daher wurde es in Abb. 9 als Kästchen gezeichnet.

[2] Das Gewinnziel der Bank (IV.) ist stets ein Periodenziel, während Nr. 4 stets ein Aktionsziel darstellt (vgl. dazu Abschnitt C III b 4 [41]).

[3] Für die indirekte ZBG-Variation durch Einflußnahme auf das Mindestreserve-Soll (vgl. B III c) gilt dies nur mittelbar, denn hier ist der unmittelbare Aktionsgegenstand die reservepflichtigen Verbindlichkeiten. Die Variation des Reserve-Solls wird im folgenden nur noch am Rande behandelt.

tion Geldpolitik. Die Aufgaben sind die *Ziele der Geldpolitik* und stellen zugleich die Voraussetzung für die Existenz dieser Funktion dar. Die zur Verwirklichung der geldpolitischen Ziele zu treffenden Maßnahmen sind auf eine entsprechende Veränderung des ZBG-Bestands gerichtet, wobei eine Anzahl — im Zeitablauf variabler — Rahmenbedingungen zu beachten ist. Der Funktionszusammenhang im Rahmen der Geldpolitik ist innerhalb des in Abb. 9 durch eine gestrichelte Linienführung dargestellten großen Rechtecks beschrieben. Die geldpolitisch induzierte Variation des ZBG-Bestands ermöglicht die Realisierung der für die Bank als Wirtschaftseinheit relevanten Größen I. bis IV. Das Ziel I. und das Datum II. müssen dadurch in vollem Umfang erreicht werden, während die Realisierung der Ziele III. und IV. durch entsprechende Änderungen des ZBG-Bestands nur gefördert, nicht aber voll verwirklicht werden kann, da zur Standingpflege und Gewinnerzielung noch eine Vielzahl weiterer Maßnahmen erforderlich ist. — Mit den geldpolitischen Aktionen werden nach Menge und zeitlicher Auswirkung bestimmte Ergebnisse angestrebt. Die Menge wird stets in Zentralbankgeldeinheiten gemessen. Zur Variation des ZBG-Bestands setzt die Bank die im Abschnitt B III b vorgestellten Instrumente ein[4].

b) Analyse der einzelnen Ziele

1. Realisierung der optimalen Zahlungsbereitschaftsreserve

Das Aktionsziel der Bestrebungen zur kurzfristigen Liquiditätssicherung ist aus den in den Abschnitten B I b 2, B II a und C II c 1 (12) dargelegten Gründen ein bestimmter ZBG-Bestand, der die Funktion einer Sicherheitsreserve erfüllt[5]. Die Zahlungsfähigkeit als Eigenschaft einer Unternehmung kann bekanntlich nur als jeweils gegenwärtig gegeben oder nicht gegeben konstatiert (doch nicht optimiert) werden, aber sie ist keine Größe, deren Stand anzeigt, ob der Zustand Liquidität *in der Zukunft* gefährdet erscheint oder nicht. Dieser Indikator ist für die Bank der ZBG-Bestand, den sie für den entsprechenden künftigen Zeitpunkt vorsieht. Der Geldpolitik obliegt die *Realisierung des optimalen,* d. h. des *unter Liquiditätsaspekten minimalen und im Hinblick auf das Gewinn- oder Leistungsziel maximalen ZBG-Bestands* für diesen Zeitpunkt, der noch näher zu beschreiben ist. Höhere ZBG-Bestände wären nur in Sonderfällen sinnvoll, und zwar dann, wenn dadurch Leistungen für andere Kreditinstitute erbracht würden, beispielsweise wenn eine Bank

---

[4] In einer konkreten Entscheidungssituation vollzieht sich der Mitteleinsatz meist als ein aus mehreren Einzelaktionen bestehendes Maßnahmebündel, beispielsweise aus einer Anzahl von Geldgeschäften sowie dem Timing bestimmter Zahlungsvorgänge. Zur Frage der Strategie vgl. D I a.

[5] Vgl. auch *R. Wittgen,* Geldpolitik . . ., a. a. O., S. 26—28, 32.

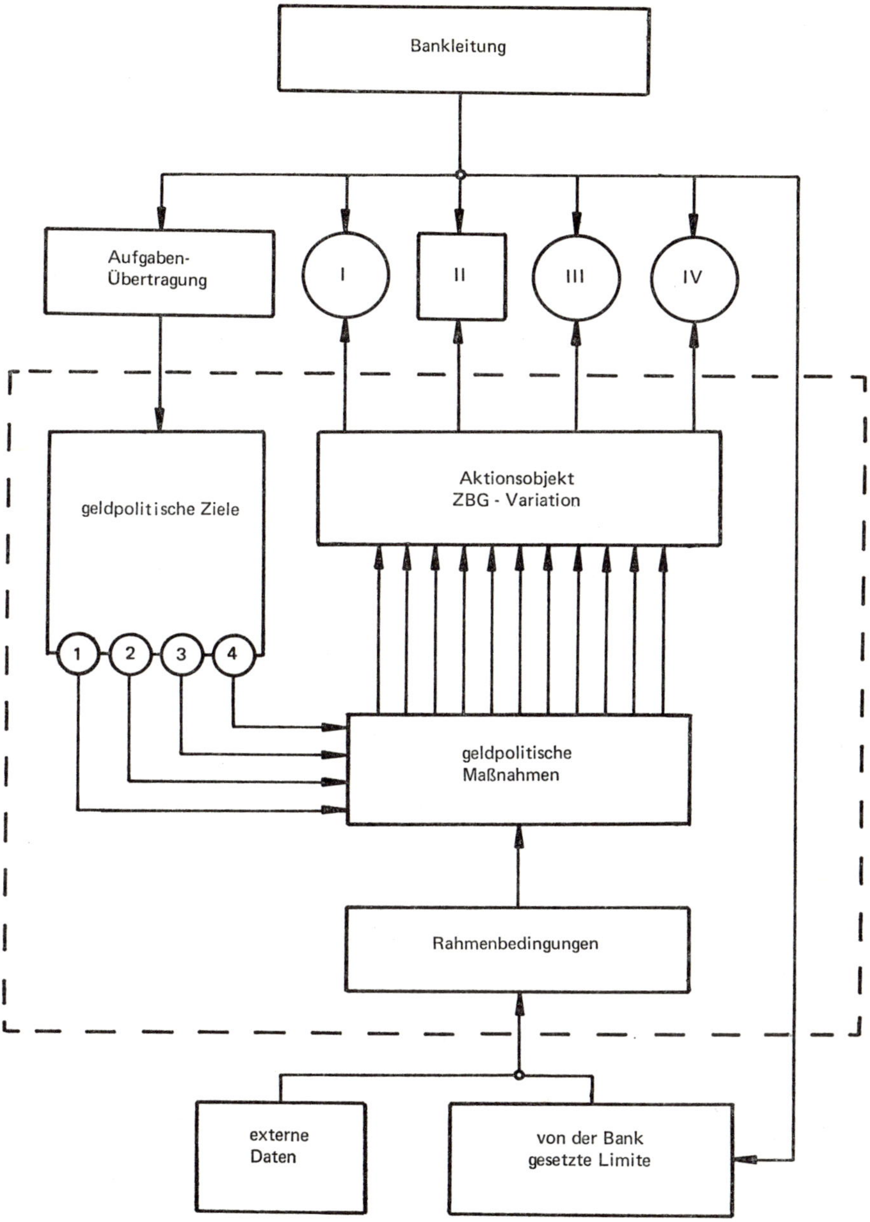

Abb. 9: Ableitung und Grundstruktur der Funktion „Geldpolitik“

für eine Gruppe ihr angeschlossener Institute die notwendige Reservehaltung teilweise übernimmt. Die Höhe der ZBG eines solchen Spitzeninstituts richtet sich dann nach dem Umfang der auftragsweise durchgeführten Reservehaltung. Auf diesen Ausnahmefall wird im folgenden nicht weiter eingegangen.

(11) Bestimmungsfaktoren des Reserveumfangs

Als Gründe für die Notwendigkeit einer Zahlungsbereitschaftsreserve wurden im Abschnitt B I b 2 erstens die auch bei sicheren Erwartungen bestehenden *Ungleichgewichte* in den „autonomen" Ein- und Auszahlungen sowie zweitens das *Unsicherheitsproblem* genannt. Zur Ausschaltung der dadurch bedingten Liquiditätsrisiken kommen einerseits die „Transaktions"- und andererseits die „Vorsichtskasse" in Betracht. Diese in der volkswirtschaftlichen Literatur[6] getroffene Unterscheidung kann bei der Bestimmung der optimalen Reservehaltung insofern nutzen, als sie die Abtrennung von Bereichen anregt, in denen sichere Erwartungen über die Ein- und Auszahlungen im Betrachtungszeitraum unterstellt werden können. Eine nach dem Kriterium dieser Informationsqualität vorgenommene Aufspaltung der Bank in Teilbereiche hilft bei der Ermittlung des als Zahlungsbereitschaftsreserve zu haltenden ZBG-Bestands (s. u.). Das Verfahren setzt sinnvollerweise bei den funktionalen Bestimmungsgründen der Ein- und Auszahlungen an. — Könnte die Bank in ihren Dispositionen von sicheren Erwartungen ausgehen, so ließe sich die benötigte Transaktionskasse leicht ermitteln. Schwierig wird die Bestimmung der Zahlungsbereitschaftsreserve dadurch, daß über die künftigen Ein- und Auszahlungen ex ante weitgehend keine sicheren Aussagen gemacht werden können[7].

Auf den Einfluß der Struktur der Aktiva und Passiva auf den Umfang, Zeitpunkt und Sicherheitsgrad der zu erwartenden Ein- und Auszahlungen wurde bereits im Abschnitt B I c hingewiesen. Neben den bilanzwirksamen Zahlungen treten Zahlungsvorgänge auf, die die Bilanz i. e. S. nicht verändern, sondern in die Aufwands- und Ertragsrechnung eingehen. Diese Vorgänge, zu denen u. a. die Zins- und die Gehaltszahlungen zählen, resultieren teilweise aus bestimmten Bilanzpositionen

---

[6] *J. M. Keynes,* The General Theory of Employment, Interest and Money, New York, o. J. (1936), S. 195 f., *E. Schneider,* Einführung in die Wirtschaftstheorie, III. Teil, a. a. O., S. 79.

[7] Zur Frage einer „Liquiditätsreserve", die wegen der Unsicherheit über die effektiv wirksam werdenden Ein- und Auszahlungen notwendig zu halten ist, vgl. ferner *W. Braun,* a. a. O., S. 35; *H.-J. Krümmel,* Grundsätze der Finanzplanung, a. a. O., S. 231 f., der an dieser Stelle auch zum Problem der Abgrenzung „liquider" Vermögensteile Stellung nimmt und im Rahmen der Planung für ihre Anordnung nach der Liquidationsdauer plädiert (S. 234).

und haben einen geringeren Einfluß auf die Liquidität als bilanzverändernde Ein- und Auszahlungen[8]. Aufgrund des hohen Fremdkapitalanteils sowie der Tatsache, daß Banken de facto auch Auszahlungsbegehren in bezug auf noch nicht fällige Forderungen befriedigen müssen (vgl. B I b 2), gilt für Banken ein entsprechend hohes Kapitalabzugsrisiko, das im Falle des vielgenannten „run" materiell zur Auswirkung gelangt. Den bei gegebener Kapitalstruktur erwarteten Auszahlungswünschen kann die Bank — sehen wir von der Möglichkeit der Kreditaufnahme hier einmal ab — nur durch eine Anpassung ihrer Vermögensstruktur nachkommen. — Aus der Zusammensetzung der Verbindlichkeiten lassen sich ggfs. Aussagen über die Höhe und den Sicherheitsgrad von Auszahlungsanforderungen an künftigen Tagen herleiten[9].

Die Struktur der Aktiva[10] bestimmt die zu erwartenden — zeitabhängigen — Disagios bei Liquidisierung von Vermögensteilen[11]. Die *Bilanzstruktur* wirkt sich auf die Zahlungsbereitschaftsreserve also insofern aus, als diese Reserve dem aus der Struktur der Verbindlichkeiten resultierenden Liquiditätsrisiko Rechnung zu tragen und die Zeitabhängigkeit der Liquidisierung von Vermögensteilen[12] sowie die Unsicherheit über den Liquidationserlös zu berücksichtigen hat. Zur Einhaltung des Liquiditätspostulats müssen die Aktiva daher eine Zahlungsbereitschaftsreserve enthalten, die (1) den Auszahlungsbedarf deckt, welcher bis zum Eintreffen der aus der Liquidation von Vermögensteilen resultierenden Einzahlungen zu befriedigen ist, die zur Kompensation dieser Auszahlungsanforderungen vorgesehen sind, und die (2) zusätzlich einen Betrag enthält, der den erwähnten Risiken Rechnung trägt, d. h. zur Deckung

---

[8] Vgl. auch *H.-D. Deppe*, Bankbetriebliches Wachstum, a. a. O., S. 174: Die „aus der Erfolgsrechnung abzuleitenden Zahlungsströme" hätten „für die Liquiditätsdisposition der Bank in der Regel eine geringere Bedeutung" und seien im Verhältnis zu den liquiditätswirksamen Veränderungen der Bilanzpositionen „nicht übermäßig groß".

[9] Dabei sind u. a. auch Daten wie z. B. Kundenstruktur und konjunkturelle Situation zu berücksichtigen.

[10] Vgl. dazu auch *E. Witte*, Die Liquiditätspolitik der Unternehmung, a. a. O., S. 8 f., 82 f.; Zur Liquidität von Banken insbesondere *H. Hoffmann*, a. a. O., S. 241 f., 284, 288. Nach H. ist für die Liquiditätssicherung die Vermögensstruktur entscheidend und vor allem das „Haftungsvermögen" (also das Eigenkapital?!), das von „potentiellen Refinanzierungsstellen" als ausreichend betrachtet werden müsse (S. 289); *O. Fischer*, a. a. O., S. 136 ff., *K.-F. Hagenmüller*, Bd. III, a. a. O., S. 376 f., 380. — Zur Bedeutung der „Sekundärreserven" vgl. auch den Unterabschnitt b (132) dieses Kapitels unten.

[11] Vgl. Abschnitt B I c. — Zur Analyse der Deckungsverhältnisse zwecks Beurteilung der Liquiditätslage mit Hilfe von Strukturuntersuchungen der Aktiv- und Passivseite der Bankbilanz vgl. *B. Hartmann*, a. a. O., S. 164 ff.

[12] Tendenziell vermindern sich die bei der Veräußerung von Aktiva hinzunehmenden Disagios im Zeitablauf, d. h. sie sind um so niedriger, je mehr Zeit sich die Bank zwischen der Planung der Veräußerung und der tatsächlichen Liquidation läßt.

eines unerwarteten und somit zusätzlichen Auszahlungsbedarfs sowie zur Kompensation vorgesehener, jedoch ausgebliebener Einzahlungen eingesetzt werden kann.

Die an den einzelnen Plantagen zu haltende Zahlungsbereitschaftsreserve könnte die Bank durch die Einplanung von *Kreditbeschaffungen* vermindern. Ob und ggfs. inwieweit eine Bank solche Kredite als sicher gegeben, d. h. als in einer bestimmten Höhe bei Bedarf sofort einsatzfähig betrachtet und daher als Teil der Zahlungsbereitschaftsreserve berücksichtigen kann, hängt objektiv von dem tatsächlichen Vorhandensein entsprechender „*Kreditreserven*" ab, worüber die Bank im allgemeinen jedoch keine hinreichende Kenntnis besitzen kann. Für die Beschaffbarkeit benötigter Kredite ist die *Bonität* der Bank im Bedarfsfall maßgeblich. Die Bonität kann qualitativ als Ausdruck des Adressenrisikos, das die Bank für ihre (potentiellen) Kontrahenten zu einem gegebenen Zeitpunkt verkörpert, angesehen werden, und quantitativ als die Summe der zu diesem Zeitpunkt auf dem Kreditwege beschaffbaren Zahlungsmittel[13], bezogen auf das Eigenkapital[14]. Da die Bank ihre eigene Bonität nicht genau kennt[15], kann sie auch nicht sicher wissen, ob ihr bei Bedarf die Kreditfazilitäten zur Verfügung stehen, auf die sie zur Erhöhung ihres Zahlungsmittelbestands ggfs. angewiesen ist. Es hängt daher von der *Liquiditätspräferenz der Bank*, d. h. ihrer subjektiven Einstellung zum Risiko der Illiquidität ab, ob sie Kreditfazilitäten, die nicht als uneingeschränkt sicher verfügbar gelten können, in ihre Zahlungsbereitschaftsreserve einbezieht oder nicht. Nun erscheint es realistisch, für Banken im allgemeinen eine sehr hohe Liquiditätspräferenz anzunehmen, so daß wir darauf verzichten wollen, solche „Kreditreserven" als Zahlungsbereitschaftsreserve zu berücksichtigen[16].

Steht hingegen unzweifelhaft fest, daß die Bank bei Bedarf Zahlungsmittel in bestimmter Höhe auf dem Kreditwege rechtzeitig beschaffen

---

[13] Siehe auch *W. Stützel*, Bankpolitik heute und morgen, a. a. O., S. 33: „Die Liquidität im Sinne der gesamten — auch unsichtbaren — liquiden Reserven ist das Spiegelbild der Bonität, und Bonität zuweilen nur ein anderer Name für diese Liquidität im Sinne des gesamten noch nicht in Anspruch genommenen Kredits."

[14] Als *quantitativer Ausdruck der Bonität* wird ein Quotient dem absoluten Betrag (Summe der Kreditmittel) vorgezogen, weil nur aufgrund einer gemeinsamen Bezugsbasis (Eigenkapital) vergleichende Aussagen über die Bonität verschieden großer Banken möglich sind.

[15] *H. Hoffmann*, a. a. O., S. 256 f., verweist auf die Tatsache, daß die — im Zeitablauf variable — Bonitätsbeurteilung durch die potentiellen Gläubiger von deren Zukunftserwartungen hinsichtlich der Zahlungsfähigkeit der Bank abhängt.

[16] Eine nicht so handelnde Bank könnte zur Kompensation des erhöhten Risikos höhere Wahrscheinlichkeitskoeffizienten bei der Schätzung der Auszahlungen und niedrigere bei der der Einzahlungen vorgeben (s. u.) und auch eine größere Liquiditätswahrscheinlichkeit anstreben.

kann, so mag es vertretbar erscheinen, wenn die Bank solche Kreditfazilitäten als Teil ihrer Zahlungsbereitschaftsreserve betrachtet. Jedoch ist zu beachten, daß die entsprechenden Zahlungsmittel *rechtzeitig* zur Verfügung stehen müssen. Ob dies etwa von der Mittelbeschaffung durch Rediskontierung bei der Zentralbank gesagt werden kann, wird im folgenden Abschnitt untersucht. Das Ergebnis sei kurz vorweggenommen: Die Inanspruchnahme eines sicher vorhandenen Rediskontkontingents kann nicht immer rechtzeitig erfolgen. Da außerdem die Gewährung eines Lombardkredits nicht als sicher gelten kann (s. u.), darf die Bank nicht mit *Sicherheit* davon ausgehen, daß sie einen ZBG-Bedarf während ihrer Geschäftsstunden *jederzeit* bei der Zentralbank decken kann. Ein dort als Zahlungsbereitschaftsreserve gehaltener ZBG-Bestand ist naturgemäß jedoch sicher verfügbar. — Sowohl für bilanzverlängernde Geldgeschäfte, die in der Regel am Geldmarkt oder mit der Zentralbank getätigt werden, als auch für Refinanzierungen bei der Zentralbank durch Transformation von Vermögensteilen benötigt die Bank jeweils eine bestimmte Zeitspanne, bis ihr die Gegenleistung in Form von Zentralbankguthaben zur Verfügung steht. Angesichts der Zeit*punkt*bezogenheit des Liquiditätspostulats eignet sich der ZBG-Bestand der Bank als Reservemedium besser als am Plan*tag* selbst unzweifelhaft zur Verfügung stehende Kreditfazilitäten, da bei diesem Bestand die zur Geldbeschaffung sonst erforderliche Reaktionszeit[17] entfällt.

Bevor wir auf die hiermit angesprochene Zeitdimension der Reservehaltung näher eingehen, seien noch einige Anmerkungen zur Frage der *„Kreditreserve"* gestattet: Als Instrument der Kreditbeschaffung durch bilanzverlängernde Geldgeschäfte würden sich vornehmlich Geldmarktkredite in ZBG eignen. Die Bank müßte das Volumen an ZBG zu schätzen versuchen, das sie am fraglichen Plantag am inländischen Geldmarkt zu für sie tragbaren Konditionen aufnehmen könnte, und dieses um den ZBG-Gegenwert von ggfs. im Ausland durchführbaren Geldaufnahmen erhöhen. Ob sich solche Schätzungen im Ernstfall als zutreffend erweisen, muß aufgrund der Subjektivität der Erwartungswerte und der schwachen Fundierung von Wahrscheinlichkeitsannahmen in diesem Bereich zweifelhaft erscheinen. — Als Anhaltspunkt für die Höhe der „Kreditreserven"[18] könnten ggf. die ausgewiesenen haftenden *Eigenmittel* des Kreditinstituts gelten, jedoch nur im Zusammenhang mit einer Würdigung der Vermögensstruktur. Vorausgesetzt, die potentiellen Gläubiger der Bank sind nur dann zu einer Kreditgewährung bereit, wenn sie ein Ausfallrisiko nicht für gegeben halten, wäre für sie die

---

[17] *R. Wittgen,* Geldpolitik . . ., a. a. O., S. 52, 113 f.

[18] s. auch *L. Mülhaupt,* Umsatz-, Kosten- und Gewinnplanung einer Kreditbank, in: ZfhF, N. F., 8. Jg. (1956), S. 15 und 20 ff., der von „Kreditreserven" in Form von Geldmarktkrediten spricht.

Höhe des Eigenkapitals insofern von Bedeutung, als die Eigenmittel mindestens die Disagios zu decken hätten, die im Falle einer Zwangs-Liquidation von Vermögensteilen entstehen würden[19]. Ob das Verhalten der potentiellen Refinanzierungsstellen außerhalb der Zentralbank tatsächlich von solchen Erwägungen geleitet wird, dürfte der Bank kaum bekannt sein. Ein Vertrauen darauf, daß bereits eine bestimmte Eigenkapitalhöhe „Kreditreserven" in einer feststehenden Relation dazu garantiert, ist daher wenig fundiert. Die Berücksichtigung von „Kreditreserven" in mathematisch formulierten Planungsmodellen darf nicht über die Schwierigkeiten ihrer konkreten Bestimmung hinwegtäuschen. Für die Annahme irgendeines Verschuldungsmultiplikators am Geldmarkt[20] bleibt ein so weiter Ermessensspielraum, daß man von einer fast willkürlichen Festlegung sprechen könnte[21].

Wenn auch manches für die Annahme spricht, daß die Refinanzierungsmöglichkeiten der Bank am Geldmarkt mit steigendem Eigenkapital quantitativ zunehmen, so muß aufgrund der mangelnden Bestimmbarkeit solcher „Kreditreserven" ihre Einplanung als fester Bestandteil der Zahlungsbereitschaftsreserve unter dem Aspekt des Strebens nach Liquiditätssicherung als höchst problematisch erscheinen. Von der Einhaltung des Grundsatzes, solche „Reserven" bei der Liquiditätsplanung daher nicht zu berücksichtigen, streng zu unterscheiden ist die tatsächliche Inanspruchnahme von Geldmarkt- und Zentralbankkrediten im Bedarfsfall. Sollte sich herausstellen, daß die für den Plantag vorgesehene Zahlungsbereitschaftsreserve wider Erwarten nicht ausreicht, dann handelt die Bank nur rational, wenn sie den Fehlbetrag durch einen Geldmarktkredit zu decken versucht, bevor sie zu einer unvorteilhafteren Liquidisierung von Aktiva schreitet. Für solche relativ selten und vorübergehend auftretenden „Notfälle" bietet sich die Kreditaufnahme am Geldmarkt an. Um für solche Fälle gerüstet zu sein, bedarf die Bank

[19] Vgl. auch B I c. — Dies gilt besonders für den Fall einer überraschend aufgetretenen, ungewöhnlich hohen Vermögensminderung der Bank. Insolvenzgerüchten kann sie nur durch umgehende Befriedigung aller Auszahlungsansprüche entgegentreten.

[20] Mit einer Feststellung wie „Aus der Bankpraxis ist bekannt, daß ... das gesamte Volumen der Refinanzierung einer Bank am Geldmarkt auf ein Mehrfaches des haftenden Eigenkapitals begrenzt ist" (*H.-D. Deppe*, Bankbetriebliches Wachstum, a. a. O., S. 69) läßt sich wenig anfangen. — D. nimmt einerseits an, daß die „Kreditreserve" voll ausgenutzt sei (ebenda, S. 68 und S. 175), geht aber zugleich davon aus, „daß für die Bank keine Verpflichtung besteht, in bestimmtem Umfang auch passive Geldmarktkredite zu gewähren". (S. 57, Fußnote 52). Eine einseitige Beanspruchung des Geldmarktes dürfte bald zu einer Minderung des *Standing* der Bank führen.

[21] Siehe aber *H.-D. Deppe*, ebenda, S. 97 f. und S. 136, wo D. eine „Geldmarkt-Standing-Bedingung" formuliert. Es wird hier nicht bestritten, daß aufgrund des Standing eine „Obergrenze der Verschuldung am Geldmarkt" existiert, nur läßt sich diese nicht so leicht quantifizieren. D. rechnet mit einem Verschuldungsmultiplikator von 2 (ebenda, S. 159).

nicht nur eines geeigneten technischen Apparates (vgl. Abschnitt E II), sondern muß auch über ein Mindest-Standing am Geldmarkt verfügen. — Braucht die Bank aufgrund einer sich in der Regel ex post als zutreffend erweisenden Liquiditätsplanung am Geldmarkt kaum in Erscheinung zu treten (als Geber wie als Nehmer), so kann es ihr allerdings zweckmäßig erscheinen, sich dort mit eigens zur Adressenpflege betriebenen Geschäften in Erinnerung zu bringen[22].

(12) Die Zeitdimension der Reservehaltung

Wir gehen im folgenden davon aus, daß der für die Höhe des ZBG-Bestands in seiner Eigenschaft als Zahlungsbereitschaftsreserve maßgebliche Zeitraum *einen Tag* beträgt. Diese Annahme, die eine erhebliche Vereinfachung gegenüber den im Abschnitt B I b 1 auf der Grundlage sehr viel kleinerer Zeiträume durchgeführten Überlegungen bedeutet, ist nicht willkürlich, sondern in Übereinstimmung mit international weit verbreiteten Abrechnungsusancen zwischen Kreditinstituten einschließlich der Zentralbanken gewählt. Soweit Banken bei der Planung ihrer Zahlungsbereitschaftsreserve nicht von bestimmten, etwa durch zentrale Clearing-Stellen institutionell festgelegten Abrechnungsterminen während des Tages ausgehen müssen, könnten sie aus Sicherheitsgründen den jeweils frühestmöglichen Fälligkeitszeitpunkt annehmen. Da eine Bank negative Salden, die sich im Zahlungsverkehr für sie ergeben haben, stets durch den Einsatz von Zentralbankguthaben ausgleichen kann, sind die *von der Zentralbank fixierten Abrechnungszeitpunkte* letztlich als *maßgeblich* anzusehen. Um welche Termine es sich dabei im einzelnen handelt, ist von Land zu Land verschieden geregelt. Je nach Art des Zahlungsverkehrsinstruments oder auch des Domizils des Zahlungsempfängers können die Zeitpunkte, bis zu denen die Bank für den betreffenden Tag wirksame Auszahlungen in ZBG veranlassen kann, im Tagesverlauf variieren[23]. Um ihren Gläubigern gegenüber als zahlungsfähig zu gelten, muß die Bank diese Termine beachten.

Bis kurz vor dem für die Feststellung des Saldos der Ein- und Auszahlungen maßgeblichen Buchungsschnitt bei der Zentralbank kann der ZBG-Bestand der Bank buchhalterisch vorübergehend negativ werden. Da zwischen zwei Abrechnungszeitpunkten kein Saldo gezogen wird, treten solche Minuspositionen nicht in Erscheinung. Jedoch muß der

---

[22] Vgl. C II d 1 sowie die Erläuterung des publizitätsorientierten Durchhandelns in D I b.

[23] So gelten in der Bundesrepublik bestimmte Termine für den Abrechnungsverkehr, wobei der Zeitpunkt für Platzübertragungen später liegt als für solche nach auswärts, und den vereinfachten Scheck- und Lastschrifteneinzug der Deutschen Bundesbank. Vgl. hierzu u. a. *Hagenmüller* und *Diepen,* a. a. O., S. 200 ff.

Fehlbetrag bei Buchungsschluß ausgeglichen sein. Zahlungsfähig ist die Bank, wenn ihr ZBG-Bestand nach Erfüllung aller Auszahlungsverpflichtungen nach Buchungsschluß des letzten täglichen Abrechnungstermins der Zentralbank größer oder gleich Null ist. Dieser Zeitpunkt ist der für die Planung der täglichen Zahlungsbereitschaftsreserve relevante Termin.

Daß Abrechnungen von Zahlungsmittelbewegungen bei Banken üblicherweise mindestens einmal täglich erfolgen, ergibt sich bereits aus der Tagesbezogenheit der Zinsberechnung sowie auch der von den Banken aufgrund ihrer Stellung als Zahlungsverkehrsmittler geforderten Arbeitsgeschwindigkeit, denn die Zahlungsverkehrsteilnehmer erwarten von der beauftragten Bank eine möglichst schnelle Ausführung. Wie häufig die Bank an jedem Geschäftstag Abrechnungen erstellt, hängt einerseits von den erwähnten institutionellen Gegebenheiten ab, d. h. den Usancen der externen Clearing-Stellen und andererseits auch von dem intern von der Bank jeweils gewünschten Informationsstand sowie den Kosten seiner Erstellung. Je aktueller die Information über die Entwicklung der in den einzelnen Teilbereichen des Zahlungsverkehrs im Tagesverlauf bereits aufgetretenen Salden ist, desto zeitiger können Ausgleichsmaßnahmen getroffen werden. Häufigere Scontrationen stellen also zusätzliche Entscheidungshilfen zur Auslösung notwendiger Anpassungsvorgänge mittels dispositionsbestimmter Ein- und Auszahlungen dar. — Die laufende Aufzeichnung der Geldbewegungen auf dem Zentralbankkonto ist Aufgabe der Gelddispositionsstelle, die jederzeit über den vorhandenen ZBG-Bestand Auskunft zu geben in der Lage sein muß.

Der Ausgleich einer errechneten Minusposition auf dem Zentralbankkonto hat, wie gesagt, spätestens zum letztmöglichen Zeitpunkt vor dem für den Tag maßgeblichen Buchungsschnitt der Zentralbank zu geschehen. Soll die Kompensation im Wege einer Transformation von Vermögensteilen oder einer Geldaufnahme bei anderen Geschäftsbanken erfolgen, so kann die Bank in der Regel nicht bis zu diesem späten Zeitpunkt warten, sondern muß bis etwa zum frühen Nachmittag gehandelt haben[24]. Der Grund dafür liegt einerseits in den Abrechnungsmodalitäten bei der Zentralbank, die für bestimmtes, meist in großen Mengen eingeliefertes Buchungsmaterial, wie z. B. Wechsel, einen relativ frühen Buchungsschluß festlegt, so daß etwa ein *Wechselrediskont* nach diesem Termin am selben Tag nicht mehr möglich ist. Andererseits sind auch Geldaufnahmen am Geldmarkt nachmittags kaum

[24] In der BRD ist ein Wechselrediskont oder eine Kreditaufnahme am Geldmarkt in der Regel nach 14 Uhr nicht mehr möglich, während Lombardkredite der Bundesbank noch bis zum Buchungsschluß am Tagesende gewährt werden (s. u.).

durchführbar, denn die dafür in Betracht kommenden Adressen möchten durch eine Geldhergabe nicht selbst u. U. in eine Minusposition geraten. Kurz vor dem letzten Abrechnungstermin der Zentralbank kann ein erforderlicher Ausgleich daher oft nur durch einen von ihr gewährten Kredit oder durch einen unerwarteten, nicht dispositionsbestimmten Zahlungseingang erfolgen. Mit einem Ausgleich auf diesem Wege kann die Bank in der Regel jedoch nicht rechnen[25]. In den meisten Ländern hat das Refinanzierungsangebot der Notenbank zudem lediglich die Form einer „weichen" Zusage[26].

Zur Vermeidung der Nachteile, die ihr im Falle einer nach Ablauf des Geschäftstags realisierten Minusposition auf dem Zentralbankkonto drohen[27], wird die Bank bemüht sein, einen ausreichenden ZBG-Bestand als Reserve zu halten[28]. Aus dieser Sicht besteht kein Widerspruch zwischen der Zeitraumbezogenheit der Reservehaltung (ein Tag) und der Zeitpunktrelevanz ihres Erfolgs: Die Bank muß während des Tages über eine bestimmte Sicherheitsreserve verfügen, damit ihre Liquidität gegenüber der Zentralbank gewahrt ist. — Auf die Reserve könnte die Bank nur dann verzichten, wenn sie sicher weiß, daß ein Minussaldo auf ihrem Zentralbankkonto bei Schluß der letzten Tagesabrechnung durch einen Kredit der Zentralbank automatisch ausgeglichen wird. Ob dies tatsächlich zutrifft, ist von Land zu Land zu prüfen. (In der Bundesrepublik beispielsweise steht den Banken unter bestimmten Voraussetzungen[29] eine Kreditlinie bei den für sie jeweils zuständigen Landeszentralbanken zur

[25] Dies gilt grundsätzlich auch für die Einräumung eines *Lombardkredits* durch die Deutsche Bundesbank (s. u.). Vgl. die in den Jahres-Geschäftsberichten der Bundesbank abgedruckten Bestimmungen im Abschnitt „Kreditpolitische Regelungen, 1. Bundesbankfähige Kreditpapiere, Lombardgeschäft", im Bericht für 1968 auf S. 112: „Ob ein Lombardkredit gewährt wird, richtet sich nach der allgemeinen kreditpolitischen Lage und nach den individuellen Verhältnissen des Kreditnachsuchenden. Ein Lombardkredit soll grundsätzlich nur gewährt werden, wenn es sich um die kurzfristige Überbrückung eines vorübergehenden Liquiditätsbedürfnisses handelt und keine Bedenken gegen den Zweck der Kreditaufnahme bestehen (Beschluß vom 17./18. Dezember 1952)."

[26] So *H. Hoffmann,* a. a. O., S. 275, der dabei näher auf die Federal Reserve Banken der USA eingeht.

[27] Als Beispiel für mögliche Sanktionen der Zentralbank in der Bundesrepublik sei der Ausschluß der Bank vom Abrechnungsverkehr genannt. (Vgl. *v. Spindler, Becker* und *Starke,* Die Deutsche Bundesbank, Kommentar, 2. Aufl., Stuttgart 1960, S. 195.) Die Skala der in den einzelnen Ländern möglichen Maßnahmen der Geldbehörden reicht von der Erhebung eines Strafzinses auf die Minusposition bis zur Schließung der Bank. Vgl. auch Abschnitt C III b 2 (21).

[28] In der BRD können die Banken ihr Bundesbank-Girokonto nicht überziehen. Vgl. auch *H. Rittershausen,* Die Zentralnotenbank, a. a. O., S. 113.

[29] Vgl. AGB der Deutschen Bundesbank, VI. Lombardverkehr. Die zur Beleihung geeigneten Effekten sind in dem „Verzeichnis der bei der Deutschen Bundesbank beleihbaren Wertpapiere" (Lombardverzeichnis) aufgeführt.

Verfügung, sofern sie bei diesen ein Depot lombardfähiger Wertpapiere unterhalten.) Der mit der technischen Abwicklung einer Krediteinräumung normalerweise verbundene Zeitaufwand könnte nur durch eine selbsttätige Kreditgewährung seitens der Zentralbank vermieden werden, so daß dadurch der erforderliche sofortige Ausgleich eines Debetsaldos erfolgen kann. Die Deutsche Bundesbank ist zu einer solchen „automatischen“ Kreditgewährung im Wege des *„Giroüberzugslombards“*[30] lediglich berechtigt, aber nicht verpflichtet.

(13) Zur Bestimmung des Optimums

Der optimale Umfang der zu dem jeweils maßgeblichen Abrechnungszeitpunkt zu realisierenden Zahlungsbereitschaftsreserve erreicht, wie oben mehrfach dargelegt, einerseits gerade die Höhe, die bei gegebenem Risikoverhalten der Bank zur Sicherung ihrer Liquidität als notwendig erscheint, soll andererseits dieses Maß jedoch auch nicht überschreiten, denn zusätzliche ZBG-Bestände würden sonst unnötig zu Lasten des Periodengewinns gehen oder die Möglichkeiten zur Realisierung bestimmter Bankleistungen verringern, die den Einsatz von ZBG erfordern. Diese Reserve läßt die bestmögliche Verwirklichung der Gewinn- und/oder Leistungsziele bei gewahrter Zahlungsfähigkeit zu. Die konkrete Berechnung der zur Liquiditätssicherung erforderlichen Reserve bereitet in der Praxis allerdings erhebliche Schwierigkeiten. Mit dieser Ermittlung wollen wir uns nun befassen. — Wie bereits in Abb. 7 skizziert, beginnt die Bank mit der *Schätzung* des Umfangs und der Sicherheit der erwarteten *„autonomen“ Zahlungsein- und Ausgänge für jeden Tag* der Planperiode. Sicher bekannt ist der Bank zunächst nur der ZBG-Endbestand des letzten vergangenen Geschäftstages. Den Umfang und die zeitliche Verteilung der nachfolgenden, den ZBG-Bestand verändernden Zahlungen muß die Bank schätzen, wobei für die einzelnen erwarteten Ein- und Auszahlungen in der Realität unterschiedliche Wahrscheinlichkeiten gelten.

Unter „autonomen“ Zahlungen verstehen wir in diesem Zusammenhang geldpolitisch nicht beeinflußbare, d. h. „fixe“ Zahlungen. Dies sind (1) von der Bank schlechthin nicht variierbare Zahlungen und (2) solche, die grundsätzlich zwar disponibel sind, jedoch in der jeweiligen Entscheidungssituation geldpolitisch fixen Charakter haben, d. h. sich für eine bestimmte Variation des ZBG-Bestands nicht eignen. *„Disponible“ Zahlungen* können dagegen geldpolitisch eingesetzt werden (vgl. dazu Abschnitt B III b 1 (11) und 2). Werden zu erwartende, an sich disponible

[30] AGB der Deutschen Bundesbank, VI., vor allem Nr. 13. — Zur technischen Abwicklung vgl. ebenda sowie u. a. *Hagenmüller* und *Diepen*, a. a. O., S. 271.

Zahlungen geldpolitisch nicht beeinflußt, so gelten sie als fix. Die Frage der Disponibilität bezieht sich hier auf die Art und den Termin der Zahlung, d. h. auf den Tag, an dem durch sie der ZBG-Bestand verändert wird. Da sich die Planung der Zahlungsbereitschaftsreserve jedoch nicht auf nur einen Tag allein beschränkt, sondern als ein im Zeitablauf kontinuierlicher Prozeß aufzufassen ist, hat die Bank dabei den Umstand zu beachten, daß eine am Tage t_1 disponible Zahlung in t_2 oder t_n fix sein kann (z. B. eine vorzunehmende Auszahlung, die spätestens in t_2 zu leisten ist). Bei Anwendung des geldpolitischen Instruments Timing sind alle zunächst disponiblen Zahlungen zu einem späteren Zeitpunkt fix. Geldgeschäfte sind hingegen stets durch die Disponibilität der durch sie ausgelösten Zahlungen charakterisiert.

(131) Schätzung der aus fixen Zahlungen resultierenden ZBG-Bestände

Zur Bestimmung des als Ergebnis fixer Zahlungen erwarteten täglichen ZBG-Bestands hat die Bank drei Arten von Ein- und Auszahlungen zu unterscheiden:

1. Sichere Zahlungen,
2. Zahlungen mit einer objektiven Wahrscheinlichkeitsverteilung,
3. Zahlungen, denen sich keine objektiven Häufigkeitswerte i. S. der Wahrscheinlichkeitstheorie zuordnen lassen[31].

Zu 1.: Zahlungen, deren Umfang und zeitlicher Eintritt als *sicher* bekannt gelten kann, sind nach Möglichkeit getrennt von den lediglich mit einer objektiven oder subjektiven Wahrscheinlichkeit auftretenden Zahlungen zu erfassen. Betrachtet man beispielsweise den Teilbereich „Rediskontierungen bei der Zentralbank“, so kann man diesen weiter zerlegen in „Einzahlungen“ (die mangels Konstanz der Umweltbedingungen nur auf der Grundlage einer Annahme subjektiver Wahrscheinlichkeiten geschätzt werden können und disponiblen Charakter haben) und „Auszahlungen“, die dann sicher sind, wenn rediskontierte Kundenwechsel fällig werden, denn die Wechselsumme wird in diesem Fall automatisch vom Zentralbankkonto der Bank abgebucht. Entsprechende Beispiele ließen sich für den Bereich „Geldmarktgeschäfte“ bilden, denn auch dort sind Umfang und Termin der Ein- bzw. Auszahlungen bekannt, wenn solche Geschäfte kontrahiert werden[32].

---

[31] Vgl. hierzu u. a. *G. Gäfgen,* Theorie der wirtschaftlichen Entscheidung, a. a. O., S. 325 ff.

[32] Als *quasi-sichere Einzahlungen* können ferner z. B. auch die Beamten- und Angestelltengehälter im öffentlichen Dienst angesehen werden, wenn die Bank den spätesten dafür vorgesehenen Termin in ihrer Disposition ansetzt. Dabei wird angenommen, daß Veränderungen im Niveau der Dienstbezüge

Zu 2.: In einzelnen Teilbereichen bankbetrieblicher Aktivität, in denen die Ein- und Auszahlungen zwar nicht sicher sind, jedoch täglich einen i. S. der mathematischen Statistik hinreichenden Umfang aufweisen, kann der Eintritt eines bestimmten Volumens von Ein- und Auszahlungen mit befriedigender Sicherheit[33] vorausgesagt werden. Einen solchen Bereich kann beispielsweise das Spargeschäft einer Großbankfiliale darstellen. Aus den Verteilungen dieser Zahlungen, die sich auf jeweils spezifische Arbeitstage beziehen (z. B. jeder erste Geschäftstag eines Monats), läßt sich ein bestimmter Sicherheitsgrad entnehmen[34], den die Bank je nach der von ihr gewählten Breite des zentralen Schwankungsintervalls selbst bestimmen kann. Es liegt auf der Hand, daß dabei allerdings ein Konflikt zwischen dem Bestreben nach einer möglichst großen Sicherheit der Prognose einerseits sowie möglichst günstigen Plangrößen (d. h. hohe Einzahlungen und niedrige Auszahlungen) andererseits auftritt: Mit zunehmender Breite des zentralen Intervalls werden die in der Planung anzusetzenden Werte bei den Einzahlungen nach unten und bei den Auszahlungen nach oben verschoben, da aus Vorsichtsgründen die An-

---

der Bank zum Planungszeitpunkt bekannt sind und daß die Salden, die aufgrund von Schwankungen des Personalbestandes und der Vergütungsmerkmale der Beschäftigten gegenüber der Vorperiode entstehen, nicht ins Gewicht fallen.

[33] Aufgrund von laufend durchgeführten Beobachtungen der Zahlungsströme in der Vergangenheit könnte die Bank empirische Häufigkeitsverteilungen ermitteln. Die Zufallsvariablen sind dabei die Gesamtbeträge der täglichen Ein- bzw. Auszahlungen.

[34] Aus Raumgründen soll die Methode zur Bestimmung des Sicherheitsgrads nur kurz skizziert werden: Auf der Ordinate des Koordinatenkreuzes werden die Anzahl der für die Berechnung vergleichbaren Tage und auf der Abszisse die Größenklassen der Beträge eingetragen, so daß die Bank ersieht, wie oft eine bestimmte Größenklasse realisiert wurde. Die Bank wählt die Größenklasse mit der größten relativen Häufigkeit und bezeichnet sie als das Intervall p. Da ein möglichst hoher Anteil aller erfaßten Tage in p enthalten sein sollte, ist es u. U. sinnvoll, mehrere benachbarte Größenklassen zu p zusammenzufassen. Diese stellen dann die zentrale p%-Breite der Häufigkeitsverteilung dar. Als brauchbar können in der Regel nur solche Ergebnisse gelten, bei denen p mindestens 85—90 % aller Tage enthält. Den für die Liquiditätsplanung maßgeblichen Wert kann die Bank dann auf der Abszisse ablesen: Für die Einzahlungen gilt die Untergrenze des Intervalls p, bezeichnet als E_{min}, und für die Auszahlungen die Obergrenze, bezeichnet als A_{max}.

Sind die nicht in dem Intervall p von beispielsweise 90 % erfaßten Tage zu gleichen Teilen beiderseits des Intervalls verteilt, so ist unter Liquiditätsgesichtspunkten jeweils nur die Hälfte der (100-p) Tage relevant: Lediglich an 5 % der Tage wird in diesem Beispiel E_{min} nicht erreicht bzw. A_{max} überschritten. Dies gilt natürlich nur für den betrachteten Bereich k_i der Bank. Die errechneten Unterschreitungen von $E_{min\,k}$ und die Überschreitungen von $A_{max\,k}$ dürften sich bei einer Gesamtbetrachtung aller Bereiche, für die objektive Häufigkeitswerte ermittelbar sind, weitgehend kompensieren. Die Intervalle können durchaus eine verschiedene Breite aufweisen, die nachstehend durch den Index P_E bzw. P_A angegeben wird. Zur Methode vgl. u. a. *J. Pfanzagl,* Allgemeine Methodenlehre der Statistik, Bd. I, 3. Aufl., Berlin 1966, S. 144 ff.

nahme der unteren bzw. oberen *Grenzwerte* anstelle der Zentralwerte sich als zweckmäßig erweist. Dadurch dürften in der Realität die Auszahlungen niedriger und die Einzahlungen höher liegen als die Planwerte auf der Grundlage der Intervallgrenzen, ohne daß diese Abweichungen jedoch objektiv ex ante quantifizierbar wären[35]. Eine vorsichtige Bildung der Erwartungsgrößen entspricht dem *Risikoverhalten* der Banken.

Diese statistische Methode führt nur dann zu brauchbaren Prognosen, wenn die die Ein- bzw. Auszahlungen im Erfassungszeitraum determinierenden Daten annähernd konstant sind. Angesichts der ständigen Veränderungen der Umweltbedingungen kann dieses Verfahren nur für Bereiche angewendet werden, in denen die Auswirkung bestimmter objektivierbarer Schwankungen durch Korrekturfaktoren rechnerisch beseitigt werden kann. Welche Arten von Veränderungen auszuschalten sind, richtet sich nach dem Maß ihres Einflusses sowie ihrer Erfaßbarkeit. Weisen die Ein- bzw. Auszahlungen in einem Bereich beispielsweise ein kontinuierliches Wachstum auf, dessen Ursachen zumindest teilweise festgestellt werden können (z. B. Lohnerhöhungen), so sind die in die Häufigkeitsverteilung eingehenden Vergangenheitswerte zur Neutralisierung dieses Effekts entsprechend zu erhöhen, da andernfalls der Erwartungswert für den Plantag zu niedrig angesetzt würde. So ließe sich z. B. eine Steigerung der Einzahlungen auf Sparkonten prognostizieren. Zu berichtigen sind auch durch besondere kalendarische Verhältnisse entstehende Verzerrungen[36]. — Versuche zur Ermittlung objektiver Wahrscheinlichkeitsverteilungen von Zahlungen sind wenig sinnvoll, wenn die Eingangsgrößen zu wesentlichen Teilen eine Resultante nicht neutralisierbarer Änderungen der Umweltbedingungen sind und je nach Wahl der der Rechnung zugrundeliegenden Beobachtungsperiode sich für den Plantag stark unterschiedliche Ergebnisse herausstellen.

Zu 3.: Reicht das Zahlenmaterial der Vergangenheit zur Erstellung hinreichend großer Stichproben nicht aus und/oder führt die Rechnung mit statistisch objektiven Verteilungen infolge von Datenänderungen in

---

[35] Weitere Abweichungen der realisierten von den rechnerisch erwarteten Werten ergeben sich aus der Nichterfassung der Größen außerhalb der Intervallgrenzen. Die Struktur ihrer Häufigkeitsverteilung müßte hinreichend bekannt sein, um die Einbeziehung auch dieser Werte in das Kalkül zu ermöglichen, etwa derart, daß sie zu bestimmten Prozentsätzen berücksichtigt werden. Um die daraus ermittelten Werte wären dann die aus den Intervallgrenzen ersichtlichen Beträge zu modifizieren.

[36] *Beispiel:* Vor Beginn bestimmter Feiertage und der Schulferien sind erhöhte Bargeldauszahlungen zu leisten, da die Bevölkerung zusätzliche Beträge in bar für Einkaufszwecke und Reisetätigkeit benötigt. Treffen solche besonderen Verhältnisse für den Plantag zu, für den der Erwartungswert zu ermitteln ist, so sind entweder nur die Werte vergleichbarer Tage für die Ermittlung der Verteilung heranzuziehen, oder sämtliche berücksichtigten Vergangenheitswerte sind durch Bereinigung vergleichbar zu machen.

der Umwelt zu unbrauchbaren Ergebnissen, so muß die Bank die Erwartungswerte mit *subjektiven Wahrscheinlichkeiten*[37] ermitteln. Vor diese Notwendigkeit sieht sich die Bank in vielen Bereichen gestellt. Voraussetzung einer wissenschaftlich vertretbaren Bildung subjektiver Wahrscheinlichkeiten ist die Formulierung von Hypothesen[38]. Diese sind zunächst über die für die Entwicklung der relevanten Zahlungsströme maßgeblichen Umweltbedingungen aufzustellen. Die Bank könnte einer Anzahl standardisierter Umweltmodelle jeweils bestimmte Gewißheitsgrade zuordnen und in einem zweiten Schritt aus diesen Bedingungen jeweils bestimmte Wahrscheinlichkeiten für die möglichen Tagesergebnisse der Ein- und Auszahlungen ableiten[39]. Bei letzteren kann es sich dann je nach den tatsächlichen Gegebenheiten um objektive oder um subjektive Häufigkeitsannahmen handeln. — Eine wichtige Planungshilfe können *Avise* von Zahlungen darstellen, wobei sich die Bank ein Urteil über die Zuverlässigkeit solcher Ankündigungen zu bilden hat. Sofern auf avisierte, nicht intern verrechenbare Zahlungen ein nennenswerter Anteil der Zahlungsvorgänge entfällt, könnten diese von den übrigen Zahlungen in dem Bereich getrennt angesetzt werden.

Nach diesen Bemerkungen zur Schätzung künftiger Zahlungsgrößen wird nun ein Ansatz zur Ermittlung des Erwartungswertes definiert, der sich im Plantag t als Saldo aller fixen Ein- und Auszahlungen in t ergibt. Dieser Wert sei als $B_{t\,\min}$ bezeichnet, da es sich um den ZBG-Bestand handelt, der in t mindestens erwartet wird, wobei die durch die Schätzungsverfahren bedingte Unsicherheit[40] allerdings nicht berücksichtigt ist[41].

---

[37] Vgl. *G. Gäfgen*, a. a. O., S. 329 ff., 335 ff. Vgl. ferner *K. Sroka*, Probleme der Messung der Fremdfinanzierungsrisiken und deren Bedeutung in der Theorie der finanziellen Führung, Diss. Frankfurt/M. 1966, S. 40 ff.

[38] *G. Gäfgen*, a. a. O., S. 332 f., S. 407 f.

[39] Von der Feststellung solcher Erwartungswerte ist das Verhalten der Bank ihnen gegenüber zu unterscheiden (*Risikoverhalten*). Vgl. dazu auch C II c 1 (11). — Das objektive Risiko kommt in der Standardabweichung der Salden der Ein- bzw. Auszahlungen zum Ausdruck. Auf die Bildung der „objektiven" Erwartungswerte wirkt das Risikoverhalten allerdings auch ein. So hat die Bank zu entscheiden, ob ein — und ggf. welcher — Mittelwert innerhalb des Streubereichs der Einzelerwartungen oder ein Grenzwert als Erwartungsgröße gewählt wird, etwa ein oberer Grenzwert für die Aus- und ein unterer Grenzwert für die Einzahlungen.

[40] Die Unsicherheit ergibt sich, wie oben dargelegt, (1) aus der Annahme eines zentralen Schwankungsintervalls, (2) der unbekannten Verteilung außerhalb des Intervalls, (3) den Irrtumswahrscheinlichkeiten bei Verwendung subjektiver Wahrscheinlichkeiten. Letztere sind „nicht unabhängig von der Einstellung des Messenden gegenüber dem Risiko". (*K. Sroka*, a. a. O., S. 45) Vgl. ferner *W. Krelle*, Präferenz- und Entscheidungstheorie, Tübingen 1968, S. 198, der subjektive Wahrscheinlichkeiten zwar „genauso wie objektive" W. verwendet, jedoch auf ihren umstrittenen Charakter verweist.

[41] Im Bereich k_{II} (objektive Wahrscheinlichkeitsverteilung) werden mögliche negative Auswirkungen dieser Unsicherheit jedoch in einem von der Intervallbreite abhängigen Umfang aufgehoben, weil die Bank mit den Werten $E_{t\,\min}$ und $A_{t\,\max}$ rechnet.

— Aufgrund der oben beschriebenen drei Arten von Zahlungen lassen sich *drei Erfassungsbereiche* k_{I}, k_{II}, k_{III} unterscheiden, die jeweils Teilbereiche der bankbetrieblichen Funktionsbereiche darstellen. In k_{II} und k_{III} stellen die Zahlungsgrößen, wie erläutert, als Grenzwerte der Schwankungsintervalle relative Minima bei den Einzahlungen und relative Maxima bei den Auszahlungen dar[42]. In k_{I} werden abgrenzungsgemäß nur sichere Zahlungen erfaßt. Der Erwartungswert $B_{t\,\min}$, der durchaus auch negativ sein kann, ist unter Berücksichtigung des Bestands zu Beginn des Plantages[43]:

$$(4.01)\qquad B_{t\,\min} = B_{t-1} + \sum_{k_{\mathrm{I}}=1}^{m} {}_f(E_t - A_t) + \sum_{k_{\mathrm{II}}=1}^{n} {}_f(E_{t\,\min\,P_i} - A_{t\,\max\,P_i}) + \sum_{k_{\mathrm{III}}=1}^{o} {}_f(E_{t\,\min'\,P_i} - A_{t\,\max'\,P_i}) \,.$$

Die Intervallbreite P_i kann grundsätzlich jeden Wert bis einschließlich 100 annehmen, sollte jedoch mindestens 80 bis 90 Prozent aller erfaßten Tage enthalten.

Bei der hier skizzierten Methode kann es sich nur um einen groben Versuch handeln, einen Ansatz zur Ermittlung des ZBG-Bestands aufzuzeigen, den die Bank zum Zeitpunkt t ohne eigene geldpolitische Tätigkeit zu erwarten hätte. Jeder so errechnete Betrag ist nicht mehr als eine *Orientierungsgröße zur Durchführung von Anpassungsmaßnahmen* durch Einsatz *disponibler* Zahlungsgrößen ${}_dE$ und ${}_dA$. Ein besonderes Problem stellt die Schätzung der fixen Auszahlungen dar, je nachdem ob die Bank vom „Normalfall“ oder von dem bei der Darstellung des Sicherungsziels erwähnten Maximalbelastungsfall ausgeht. Je höher ihre Sicherheitsanforderungen sind, desto mehr wird die Bank ihre Planung auf den Fall maximaler Auszahlungsansprüche ausrichten. Angesichts der aufgezeigten Unsicherheitsfaktoren wäre es abwegig, die betragsgenaue Realisierung des Planwertes $B_{t\,\min}$ zu erwarten. Auf die durch die Annahme subjektiver Wahrscheinlichkeiten entstehenden Probleme

---

[42] Die Apostrophierung in k_{III} deutet, im Gegensatz zu k_{II}, auf die Annahme subjektiver Wahrscheinlichkeiten hin.

[43] Die Symbole bedeuten:

t : Index der Plantage ($t = 1, 2, 3, \ldots$ l)

B_{t-1} : Anfangsbestand an Zentralbankguthaben, d. h. realisierter Bestand am Ende des letzten, abgelaufenen Geschäftstags

${}_fA$: fixe Auszahlungen;

${}_fE$: fixe Einzahlungen

Die A- und E-Größen beziehen sich stets nur auf das Zentralbankkonto, enthalten also keine bei der Bank intern verrechneten Ein- und Auszahlungen.

kann im Rahmen dieser Arbeit zwar nicht näher eingegangen werden, doch ist leicht einzusehen, daß mit wachsendem Anteil von k_{III} an $B_{t\,\min}$ die nicht eliminierbare Unsicherheit zunimmt. Die Irrtumswahrscheinlichkeit steigt zudem mit der Länge der Planperioden (vgl. Abschnitt E III b 2).

(132) Bedeutung der „Sekundärreserven" für die Bestimmung der disponiblen Einzahlungen

Hat die Bank $B_{t\,\min}$ geschätzt und daraufhin festgestellt, daß dieser Erwartungswert nicht der Zahlungsbereitschaftsreserve entspricht, die die angestrebte Liquiditätswahrscheinlichkeit für den Plantag t gewährleisten soll, so muß sie diesen Wert durch dispositiv bestimmte Zahlungen auf den Stand der optimalen Zahlungsbereitschaftsreserve bringen. Ist $B_{t\,\min}$ zu hoch, so läßt sich der überschüssige Betrag meist unschwer gewinnwirksam und/oder als Beitrag zur Realisierung der Leistungsziele durch entsprechende Auszahlungen anlegen. Ein zu niedriger (oder gar negativer) $B_{t\,\min}$-Wert erfordert Einzahlungen, bis die notwendige Reserve erreicht ist. Entscheidungsproblem für die Bank ist somit die Frage, welchen Betrag ${}_dE_t$ sie zur Sicherung ihrer Zahlungsfähigkeit zu beschaffen hat bzw. welche Summe ${}_dA_t$ ihr ohne Gefährdung der Liquidität zur Verfügung steht. Sieht die Bank die Beschaffung der benötigten ${}_dE_t$ erst für den Zeitpunkt t vor, so droht ihr Illiquidität, wenn diese Einzahlungen nicht wie vorgesehen eintreffen. Daher eignen sich dafür nur als quasi-sicher vorhersehbare Einzahlungen. Da dies für erhoffte Kreditbeschaffungen in der Regel nicht gilt, sind für den Bedarfsfall „Sekundärreserven"[44] zu halten. Ein stets für den Maximalbelastungsfall ausreichend bemessener ZBG-Bestand[45] verbietet sich in der Regel aufgrund der Gewinnanforderungen des Sicherungsziels. Die Bank muß daher einen Teil ihrer primär der Sicherung der Zahlungsfähigkeit dienenden Aktiva verzinslich anlegen, sie jedoch bei Bedarf umgehend in ZBG umwandeln können. Unter Liquiditätsaspekten sind *Sekundärreserven* grundsätzlich nur solche Aktiva, die sich noch am gleichen Geschäftstag in ZBG transformieren lassen[46], sobald die Bank den Bedarf erkannt hat.

---

[44] *H.-D. Deppe,* Zur Rentabilitäts- und Liquiditätsplanung von Kreditinstituten, a. a. O., S. 325, verwendet den Ausdruck „Polster an Sekundärliquidität". Ders., Bankbetriebliches Wachstum, a. a. O., S. 50. — *M. Hein,* Die internationalen Geldmarktgeschäfte . . ., a. a. O., S. 19 u. 28, spricht von „Sekundärreserve".

[45] Vgl. dazu u. a. die Forderung *H. Hoffmanns* (a. a. O., S. 284 et passim) nach einer Vermögensstruktur, die die Zahlungsfähigkeit auch bei „maximal möglichen" Auszahlungsanforderungen gewährleistet.

[46] Um den Begriff der „Sekundärreserve" nicht zu eng zu fassen, ließe sich die zulässige Transformationsfrist bis auf maximal zwei Werktage ausdehnen, damit Fremdwährungsanlagen nicht von vornherein ausgeschlossen blieben.

Mit zunehmender Gewinnwirksamkeit der Sekundärreserven wächst die Zeitspanne zwischen der Auslösung des Transformationsvorgangs und seiner Auswirkung auf den ZBG-Bestand, d. h. die *Liquidierbarkeit* dieser Aktiva sinkt entsprechend[47]. Für die Struktur der Sekundärreserve ist daher entscheidend, *wann* die Gefahr für die Liquidität erkennbar wird[48]. Da ex ante nicht sicher ist, ob die Bank die erforderliche Transformation in ZBG rechtzeitig vornimmt, ist sie gut beraten, wenn sie dies in ihrer Zahlungsbereitschaftsreserve berücksichtigt. — Mittels eines in dieser Reserve enthaltenen *Risikozuschlags*[49] kann die Bank im Bedarfsfall negative Planabweichungen kompensieren, die sich (a) aus der Unzulänglichkeit der Schätzung von $B_{t\,\min}$ und (b) aus der Unsicherheit des rechtzeitigen Eintreffens der ${}_dE_t$ ergeben können. (Bei der Bestimmung dieses Risikozuschlags ist bei den Ursachen der Schätzfehler von $B_{t\,\min}$ und der Art der ${}_dE_t$ anzusetzen.) Dieser Zuschlag stellt einen bestimmten ZBG-Betrag dar.

Bezeichnet man den in t als Zahlungsbereitschaftsreserve zu haltenden ZBG-Bestand mit $B_{t\,\min}{}^*$ und den gerade erwähnten Risikozuschlag mit Q_t, läßt sich die folgende Beziehung aufstellen:

$$B_{t\,\min}{}^* = B_{t\,\min} + {}_dE_t - {}_dA_t + Q_t \qquad (4.02)$$

Dabei sind ${}_dE_t$ und ${}_dA_t$ in Abhängigkeit von dem Vorzeichen des zuvor errechneten $B_{t\,\min}$-Bestands alternative Größen, so daß $B_{t\,\min}{}^* = Q_t$ die geplante Zahlungsbereitschaftsreserve darstellt, wenn im Idealfall $B_{t\,\min} + {}_dE_t = 0$ bzw. $B_{t\,\min} - {}_dA_t = 0$. Der Ausdruck (4.02) gilt in der Realität nur unter der Voraussetzung einer die Verfügbarkeit von ${}_dE_t$ in der Erwartung der Bank gewährleistenden Struktur der Aktiva. Die Fristigkeitsstruktur der Sekundärreserve muß in betraglicher Hinsicht mit der zeitlichen Verteilung der voraussichtlich benötigten ${}_dE_t$ abgestimmt sein. Diese Notwendigkeit setzt längerfristige Schätzungen der $B_{t\,\min}$-Bestände voraus. Da die Unsicherheit der Schätzwerte mit der Länge der Planperiode wächst, nehmen auch die Risikozuschläge Q_t entsprechend zu, wodurch sich ceteris paribus die *vorzusehenden* ${}_dE_t$ ebenfalls erhöhen, die als ${}_dE_t'$ bezeichnet werden können.

(133) Risikozuschlag und Liquiditätswahrscheinlichkeit

Wenn sich die Bank nicht mit einer intuitiven Ermittlung von Q_t begnügen möchte, sondern eine rationale Bestimmung anstrebt, sind auf-

---

47 Vgl. u. a. *W. Stützel*, Liquidität, a. a. O., und *H. Düchting*, Liquidität und unternehmerische Entscheidungsmodelle, Diss. München 1965, S. 45 ff.

48 *E. Witte*, Zur Bestimmung der Liquiditätsreserve, in: ZfB, 34. Jg. (1964), S. 770.

49 Zur „Einhaltung von Sicherheitsmargen" vgl. auch *G. Gäfgen*, a. a. O., S. 356 ff.

wendige Rechnungen unvermeidlich, die zudem auch kaum ein positives Ergebnis erwarten lassen[50]. Vielmehr erscheint es zweckmäßiger, von einem Bestand $B_{t\,\min}{}^*$ auszugehen, der als Zahlungsbereitschaftsreserve nach (4.02) den Risikozuschlag Q_t bereits enthält. Aus diesem Bestand ergibt sich, wie im Abschnitt C II c 1 (12) und Abb. 7 gezeigt, eine bestimmte *Liquiditätswahrscheinlichkeit* L_w. Die für den Plantag t *angestrebte* L_w, die mit $L_{wt}{}'$ bezeichnet werden kann, erfordert andererseits einen bestimmten $B_{t\,\min}{}^*$-Bestand:

$$(4.03) \qquad B_{t\,\min}{}^* = f\,(L_{wt}{}')$$

Es könnte demnach auf Basis alternativer ZBG-Bestände die jeweils dazugehörige Liquiditätswahrscheinlichkeit L_w errechnet werden. — Die Ableitung von L_w nimmt *Düchting* in drei Stufen vor, die für unseren Gedankengang die Ermittlung von Wahrscheinlichkeiten für (1) einen positiven oder negativen[51] Saldo $(E - A)_t$, (2) Zahlungsfähigkeit in t unter Berücksichtigung der Wahrscheinlichkeiten positiver $B_{t\,\min}$-Bestände an den Vortagen[52] und (3) Zahlungsfähigkeit während der gesamten Planperiode[53] bedeuten. Autonome und disponible Zahlungen sind dabei jeweils zusammengefaßt. Schließlich wird auch der „Einfluß der Liquiditätsreserven und ihrer Liquidierbarkeit" auf L_w untersucht[54], wobei die Wahrscheinlichkeit für die Höhe der jeweiligen Liquiditätslücke anhand einer graphischen Darstellung gezeigt wird[55]. — Ein schwerwiegender Einwand muß gegen die Prämisse *Düchtings* vorgebracht werden, daß die Zufallsvariablen stochastisch voneinander unabhängig seien[56], denn in der betrieblichen Realität, vor allem bei Banken, vollziehen sich die Zahlungen in t vielfach keineswegs unabhängig von denen in $(t—1)$ oder $(t + 1)$. Diese für stochastische Modelle übliche Prämisse ist jedoch aus methodischen Gründen erforderlich. — Wegen des Fehlens der Voraussetzung stocha-

---

[50] Vgl. auch *H. Düchting*, a. a. O., S. 86 ff., besonders S. 93. — Für unser Problem heißt dies, daß sich eine Wahrscheinlichkeit dafür, ob die geschätzten $B_{t\,\min}$-Bestände sich ex post als richtig erweisen sowie die geplanten $_dE_t$-Größen als adäquat, nicht sinnvoll errechnet werden kann. (Es läßt sich u. a. nicht voraussehen, ob etwa ein seit langem zugesagter aber noch nicht in Anspruch genommener Großkredit zu einem bestimmten Termin abgerufen wird oder ob ein Großeinleger seine Termineinlage vor Fälligkeit zurückverlangt.) Die Errechnung eines Risikozuschlags steht daher auf einer im wirtschaftlichen Sinne fragwürdigen Grundlage.

[51] *H. Düchting*, a. a. O., S. 98 ff. („Positive oder negative ‚Kasse' in den einzelnen Teilperioden.")

[52] Ebenda, S. 109 ff.

[53] Ebenda, S. 111 f.

[54] *H. Düchting*, a. a. O., S. 112 ff.

[55] Das Ergebnis ist hier allerdings recht trivial: Die Lücken sind durch ausreichende Reserven zu schließen. Wird die Unternehmung dennoch illiquide, so weil die Liquidierungsdauer der Reserven größer ist als die Zeitspanne vom Erkennen der Liquiditätslücke bis zu ihrer Schließung.

[56] Ebenda, S. 91 und 96.

stischer Unabhängigkeit der Ein- und Auszahlungen ist die Ermittlung von L_w für nur einen Tag allerdings nicht sinnvoll. L_w sollte vielmehr stets für eine Folge von Tagen errechnet werden.

Es erscheint zweckdienlich, einerseits die Zielvariable L_{wt}' vorzugeben, um daraus $B_{t\,\min}{}^*$ festlegen zu können, und andererseits auch in dem Ausdruck

$$(B_{t\,\min} + {}_dE_t - {}_dA_t + Q_t)$$

einen fiktiven Wert Q_t zu variieren und somit probeweise verschieden große $B_{t\,\min}{}^*$-Werte zu errechnen. Da die drei übrigen unabhängigen Variablen in der Planung der Bank bereits fixiert sind, ergibt sich ein Wert Q_t als jene Größe, durch die die rechte Seite der Gleichung (4.02) den Umfang erreicht, der der von der Bank geforderten *Zahlungsbereitschaftsreserve* entspricht. Ist der „richtige" Wert Q_t nach einer Anzahl von Versuchen gefunden, resultiert aus dem damit ebenfalls determinierten $B_{t\,\min}{}^*$-Bestand die geforderte L_{wt}'.

Anstatt L_{wt}' als Ziel vorzugeben, kann diese Größe — wie bei *Düchting* — auch errechnet werden. Da zu jedem $B_{t\,\min}$ auch ein bestimmter L_{wt}-Wert gehört, kann im Wege eines Suchverfahrens schließlich die L_{wt} gefunden werden, die aus $B_{t\,\min}{}^*$ resultiert und somit der Zielvariablen L_{wt}' entspricht. Wird nun bemerkt, daß sich die Größen ${}_dE_t$, ${}_dA_t$ und Q_t als überflüssig herausgestellt hätten, weil zur Errechnung von L_{wt} auch die Bezugsgrundlage parametrisch variierter $B_{t\,\min}$-Bestände ausreiche, so würde ein solcher Einwand eine hier eingangs für notwendig gehaltene Voraussetzung übersehen: Wir hatten angenommen, daß die Bank bei der Strukturierung ihrer Aktiva den ${}_dE_t$-Erfordernissen Rechnung trägt. Diese ${}_dE_t$ müssen also ermittelt werden. Da Q_t in $B_{t\,\min}{}^*$ enthalten ist, würde die Ermittlung dieses Mindest-ZBG-Bestands mit Hilfe der vorgegebenen L_{wt}' ausreichen mit der Einschränkung, daß ${}_dE_t$ dann als sicher vorausgesetzt werden müßten (Q_t würde dann nur Schätzfehler bei der Ermittlung von $B_{t\,\min}$ berücksichtigen). Ist $B_{t\,\min}{}^* > B_{t\,\min}$, so muß die Bank den Differenzbetrag durch ${}_dE_t$ ausgleichen, während sie im umgekehrten Falle ${}_dA_t$ vornehmen kann.

Bei der Planung von Anpassungsmaßnahmen auf der Grundlage der geschätzten $B_{t\,\min}$-Bestände muß die Bank folgende stochastische *Nebenbedingungen* beachten. (Die Wahrscheinlichkeit eines Wertes soll dabei größer oder gleich einer bestimmten, vorgegebenen Größe sein. Diese Größe ist für uns die geforderte Mindest-Liquiditätswahrscheinlichkeit L_{wt}')[57]. Bezeichnet man den Ausdruck

$$(4.04) \qquad [B_{t-1} + {}_f(E_t - A_t)] \qquad \text{mit } {}_fY_t,$$

[57] Vgl. auch *E. Gutenberg*, Die Finanzen, a. a. O., S. 378 sowie Abschnitt C II c 1 (11) dieser Arbeit, wo auf das *Risikoverhalten* der Bank als Bestimmungsfaktor von L_{wt}' eingegangen wird.

so gilt

(4.05a) $W\,({}_dE_t \geq -\,{}_fY_t) \quad \geq L_{wt}'$ wenn ${}_fY_t < 0$

(4.05b) $W\,({}_dA_t \leq {}_fY_t) \quad \geq L_{wt}'$ wenn ${}_fY_t \geq 0$.

Die Wahrscheinlichkeit eines positiven ZBG-Bestands muß mindestens gleich L_{wt}' sein. — Unter Anwendung der Sensitivitätsanalyse wären sowohl Variationen von L_{wt}' als auch solche von $B_{t\,\min}{}^*$ sinnvoll, denn ggf. wird die Bank ihre L_{wt}' erst dann endgültig festlegen wollen, wenn sie die entsprechende Auswirkung auf die — gewinnmindernde — Zahlungsbereitschaftsreserve kennt und prüfen kann, ob diese Reserve etwa die Erreichung des Mindestgewinns verhindert. Andererseits läßt eine Änderung von $B_{t\,\min}{}^*$ auch einen Effekt auf L_{wt} erwarten[58].

Zur Darstellung der Entwicklung der Liquiditätssituation eines Unternehmens im Zeitablauf werden seit einigen Jahren *Simulationsverfahren* vorgeschlagen[59]. Mit Hilfe von Simulationen läßt sich zwar kein Optimum finden, doch bietet die durch sie mögliche Abbildung voraussichtlicher künftiger Zustände eine wertvolle Entscheidungshilfe. So kann die Bank daraus ersehen, ob ihre Liquiditätsanforderungen in Gestalt bestimmter Mindestbestände erfüllt sind und ggfs. in welchem Umfang Anpassungen vorzunehmen sind. Zu den in jüngster Zeit entwickelten Simulationsmodellen, die zur Bestimmung einer Zahlungsbereitschaftsreserve verwendet werden könnten, gehört das von *E. Gutenberg*[60]. Es kann hier nur kurz skizziert werden, inwiefern dieses auf unser Problem Anwendung finden könnte. Grundsätzlich bedingen Simulationen eingehende Fallstudien. Der Grundgedanke des Modells besteht bei gegebenen Aktionsparametern in der Messung der relativen Häufigkeit der Illiquidität und in der Feststellung der Wirkung, die eine anschließende Anpassung der Parameter auf das System ausübt. Aus den relativen „Häufigkeiten für das Auftreten, die Höhe und die Dauer von Überziehungskrediten"[61] lassen sich Aussagen über das Liquiditätsrisiko machen. Die „Überziehung des Kreditlimits" heißt für uns „negativer ZBG-Bestand". Für jeweils drei verschiedene Trendverläufe (die im Fall einer Bank für die Entwicklung unterschiedlicher gesamtwirtschaftlicher

---

[58] Vgl. auch *H. Düchting*, a. a. O., S. 142 f. („Die Liquiditätsreserven werden endogen bestimmbare Variable des Modells. Denn ihre Höhe beeinflußt maßgeblich die Liquiditätswahrscheinlichkeit.")

[59] Zur Funktionsweise von Simulationsmodellen vgl. u. a. *W. Müller,* Die Simulation betriebswirtschaftlicher Informationssysteme, Wiesbaden 1969, S. 61 ff. und 151 ff., *K. Sroka* (a. a. O., S. 108 ff.) nennt eine Anzahl von Simulationsmodellen finanzwirtschaftlicher Entscheidungen. Zur Frage der praktischen Durchführung von Simulationen vgl. *K. Sroka,* ebenda, S. 111 ff., besonders S. 113.

[60] *E. Gutenberg,* Die Finanzen, a. a. O., S. 390 ff.

[61] Ebenda, S. 399.

Umweltbedingungen stehen könnten) errechnet *Gutenberg* aus seinen Ausgangsgrößen ein „maximales" und ein „durchschnittliches Defizit" und gibt die kumulierten Häufigkeiten dafür an. Die Unternehmung kann daraus sehen, mit welcher Wahrscheinlichkeit ein Defizit von bestimmter Höhe bei gegebenem Trendverlauf aufzutreten droht. Durch Parameteränderungen im System können dann Wege zur Senkung des Defizits bei gegebener L_w gesucht und auch Zeitpunkt und Umfang überschüssiger Zahlungsmittel ausgemacht werden. Ob das Gutenberg'sche Modell für den Gebrauch in Banken abgewandelt werden könnte, bedarf einer eingehenden Prüfung, die hier nicht erfolgen kann.

(14) Zwischenergebnis

Die *optimale Zahlungsbereitschaftsreserve* ist ein am jeweiligen Plantag *t*, und zwar mindestens in der Zeit unmittelbar vor der letzten Abrechnung der Zentralbank, zu haltender *ZBG-Bestand*. Ihre optimale Höhe wird im wesentlichen von der geforderten *Liquiditätswahrscheinlichkeit* bestimmt. Diese Höhe hat die Reserve bei einem Umfang erreicht, der gerade dem durch diese L_w geforderten Volumen entspricht (also weder größer noch kleiner ist) und nicht in Konflikt mit dem Ziel des *Mindestgewinns* steht. Besteht ein solcher Konflikt, so muß ein Anspruchsanpassungsprozeß erfolgen (vgl. als Beispiel die Darstellung in Abb. 8). Insofern wirkt die zweite Komponente des Sicherungsziels auf die Höhe der Zahlungsbereitschaftsreserve ein. Neben diesen zwei originären Bestimmungsgrößen der Reserve sind als derivative Einflußfaktoren zu nennen:

(a) Die Unsicherheit der Erwartungen in bezug auf die „autonomen" Zahlungsein- und Ausgänge am jeweils relevanten Plantag,

(b) der Umfang und die Struktur der „Sekundärreserven"[62].

In (b) ist außerdem die — wenn auch marginale — Unsicherheit darüber enthalten, ob die zur Erhöhung des ZBG-Bestands vorgesehenen disponiblen Einzahlungen aus der Liquidierung von Sekundärreserven wie erwartet eintreffen. Geht man davon aus, daß — bei gegebenem Risikoverhalten der Bank — ihre Sekundärreserven nach Höhe und Fristigkeitsstruktur zur Vornahme der disponiblen Einzahlungen ausreichen, durch die die Zahlungsbereitschaftsreserve auf den angestrebten Stand gebracht werden soll, so liegt das Problem der Bestimmung der Zahlungsbereitschaftsreserve hauptsächlich in der *Schätzung der auto-*

---

[62] Vgl. auch Abschnitt B I c —. Nach *E. Witte* (Zur Bestimmung der Liquiditätsreserve, a. a. O., S. 767) beispielsweise ist die „Liquiditätsreserve nicht als *ein* Betrag aufzufassen ..., sondern als gestaffelte Reihe reservierter Vermögensteile und Finanzierungsmöglichkeiten".

nomen Ein- und Auszahlungen an den künftigen Plantagen. Möglichkeiten dazu wurden aufgezeigt. Allerdings muß die Bank hierbei weitgehend auf subjektive Wahrscheinlichkeiten zurückgreifen, die in der Literatur umstritten sind. Nach Schätzung der aufgrund autonomer, d. h. geldpolitisch nicht beeinflußter Zahlungen an den einzelnen Plantagen sich ergebenden ZBG-Bestände (die auch negative Werte annehmen können) kann die Bank disponible Ein- und Auszahlungen vornehmen, für die jeweils eine Wahrscheinlichkeitsbedingung formuliert wurde. Durch geldpolitische Anpassungsmaßnahmen in Gestalt solcher disponiblen Zahlungen wird die Zahlungsbereitschaftsreserve dem Stand angeglichen, der der angestrebten Liquiditätswahrscheinlichkeit entspricht. Die Wechselbeziehung zwischen diesen beiden Größen wurde untersucht.

In der Bankpraxis dürfte vor allem die Beschaffung brauchbarer Erwartungswerte auf erhebliche Schwierigkeiten stoßen. Die Anwendbarkeit unserer theoretischen Überlegungen hängt entscheidend von der Fähigkeit der Bank ab, die Tagessalden der autonomen Ein- und Auszahlungen hinreichend genau zu schätzen. Die Praxis ist außerdem zu recht bestrebt, den mit der Anwendung der Prognoseverfahren verbundenen Aufwand im Verhältnis zu dem Ertrag zu sehen, den die dadurch erzielte Verbesserung der Zahlungsdispositionen erbringt. — Eine betragsgenaue Realisierung der optimalen Zahlungsbereitschaftsreserve erübrigt sich allerdings aufgrund der ohnehin durch unvermeidliche Schätzfehler verringerten Aussagefähigkeit der Plandaten. Insofern ist dieser ZBG-Bestand als eine Größe zu begreifen, die eine gewisse Schwankungsbreite umfaßt. Der rein rechnerische Betrag hat lediglich nominelle Bedeutung.

Auf die Einbeziehung von *„Kreditreserven“* in die Zahlungsbereitschaftsreserve hatten wir, wie im Abschnitt (11) oben begründet, verzichtet. Werden „Kreditreserven“ dennoch berücksichtigt, könnte das dadurch erhöhte Liquiditätsrisiko durch entsprechende Modifikationen[63] der vorgegebenen Wahrscheinlichkeiten kompensiert werden. Wenn sich die Zahlungsbereitschaftsreserve als nicht ausreichend erweist, wird die Funktionsfähigkeit der Geldpolitik einer schweren Belastungsprobe ausgesetzt, denn die Bank wird dann u. U. zum Rückgriff auf Kreditlinien gezwungen. Sie wird dann Kredite aufnehmen, vor allem am Geldmarkt, wenn ihr dies unter Kostenaspekten vorteilhafter als eine Liquidierung von Vermögensteilen erscheint. Während uns eine ex-ante-Einbeziehung von „Kreditreserven“ in die Zahlungsbereitschaftsreserve als bedenklich erschien, ist jedoch gegen die ad hoc Inanspruchnahme von Krediten zur Vermeidung von Vermögensverlusten nichts einzuwenden. Tenden-

[63] D. h. durch eine höhere L_{wt}' und/oder niedrigere Streuungsgrenzen bei der Schätzung der Ein- und Auszahlungen.

ziell gilt, daß je seltener und dem Umfang nach je weniger eine Bank am Geldmarkt als Nehmer auftritt (vielmehr jedoch als Geberadresse bekannt ist), desto bereitwilliger ihr Geldmarktkredite gewährt werden[64]. Kleine und relativ selten auftretende ZBG-Fehlbeträge sind daher in der Regel unbedenklich. Jedoch hat die Bank im Falle fehlender oder zu teurer Kreditaufnahmemöglichkeiten ihre Zahlungsfähigkeit durch Liquidierung von Vermögensteilen sicherzustellen.

In der BRD decken die ohnehin als Mindestreserven vorzusehenden ZBG im allgemeinen auch den für die Zahlungsbereitschaftsreserve bestehenden Bedarf. In der Literatur herrscht Übereinstimmung, daß die monatliche Summe der in der BRD täglich als Zahlungsbereitschaftsreserve zu haltenden Mindestbestände kleiner als das oder höchstens gleich dem kumulativen Mindestreserve-Soll ist[65]. (Auf die Beziehungen zwischen der Planung der Zahlungsbereitschaftsreserve und der der Mindestreserve wird im Kapitel D eingegangen.) Zur Sicherung ihrer Zahlungsfähigkeit können die Banken in der BRD daher meistens auf die für die Mindestreservehaltung *vorgesehenen* Beträge zurückgreifen. Ein weiterer, wenn auch nicht völlig sicherer Schutz vor Illiquidität besteht in der Möglichkeit der Inanspruchnahme des Giroüberzugslombards der Deutschen Bundesbank[66].

2. Erfüllung des Mindestreserve-Solls

Der ZBG-Bestand einer Bank stellt nicht nur das entscheidende Reservemedium zur Sicherung ihrer Zahlungsbereitschaft dar, sondern dient zugleich unmittelbar der Erfüllung der Mindestreserveverpflichtung[67], sofern die Mindestreserven in Form eines bestimmten ZBG-Be-

---

[64] Auf die Pflege des Kreditspielraums wurde bei der Erörterung des Standingziels eingegangen. s. auch *H.-D. Deppe*, Bankbetriebliches Wachstum, a. a. O., S. 136.

[65] Vgl. u. a. *R. Wittgen*, Geldpolitik ..., a. a. O., S. 36, *R. Graf*, a. a. O., S. 249, *H.-D. Deppe*, Bankbetriebliches Wachstum, a. a. O., S. 50.

[66] Vgl. den vorangegangenen Abschnitt (12) oben. — Nicht nur wegen der — allerdings marginal zu veranschlagenden — Unsicherheit über die Kreditgewähr, sondern auch aus Kostengründen ist es für eine Bank empfehlenswert, sich ex ante nicht auf eine Inanspruchnahme des Lombardkredits zu verlassen, denn dieser Kredit ist im allgemeinen vergleichsweise teuer: Der Lombardsatz der Bundesbank liegt zwischen 1/2 % und 3 %, meist um 1 %, über dem Diskontsatz. — Vgl. MB Bbk., Tabelle V 1.

[67] Weit verbreitet im Schrifttum ist die Auffassung, die Mindestreserven hätten insofern einen „Doppelcharakter“, als sie den Banken zur Liquiditätssicherung und der Notenbank zur Steuerung des Kreditvolumens dienten. Vgl. hierzu auch die kritische Analyse von *E. Floss*, Auswirkungen der Mindestreservepflicht unter besonderer Berücksichtigung der Sparkassen, Berlin 1956, S. 23 ff. und *F. Huhle*, Mindestreserve als Mittel der Währungspolitik, in Sparkasse, Jg. 6 (1952), S. 371 f. Ausführlich diskutiert wird die Frage des „Doppelcharakters“ der Mindestreserven auch bei *C. Eisfeld*, Mindestreserven, a. a. O., Sp. 3998 f. und 4005; *v. Spindler*, *Becker* und *Starke*, Die Deutsche Bundesbank, Kommentar, a. a. O., S. 191 ff., Geschäftsbericht der Deutschen Bundesbank für das Jahr 1957, Frankfurt 1958, S. 9.

stands zu halten sind. Ob ein zur Erfüllung des Mindestreserve-Solls vorgesehener ZBG-Bestand auch zur Sicherung der Zahlungsfähigkeit eingesetzt werden kann, hängt allerdings von der Regelung in dem jeweiligen Land ab. Im allgemeinen ist ein solcher Einsatz zulässig. Ohne nähere Prüfung der tatsächlichen Gegebenheiten kann eine Verwendung von als Mindestreserven gebundenen ZBG für Zahlungszwecke jedoch nicht unterstellt werden. Es ist durchaus denkbar, daß die Zentralbank solche Bestände für Auszahlungsverfügungen seitens der Banken nicht freigibt[68]. Dies muß zumindest erwähnt werden, obwohl sehr viel dagegen spricht, weil die Sicherung der Funktionsfähigkeit des Bankwesens im allgemeinen zu den Aufgaben der Notenbank gehört und Insolvenzen von Banken eben diese Funktionsfähigkeit beeinträchtigen würden. Wir gehen hier davon aus, daß die Bank über ihren täglichen ZBG-Bestand frei verfügen kann.

(21) Zielinhalt

Das Mindestreserveziel der Bank besteht in der *Erfüllung der* ihr auferlegten *Mindestreserveverpflichtung.* Gegenüber dem Ziel der Solvenzsicherung — sowie auch den übrigen geldpolitischen Zielen — ist das Mindestreserveziel durch einen spezifischen Wesensunterschied gekennzeichnet: Da sein Inhalt abhängig von den in den einzelnen Ländern jeweils gültigen Regelungen ist, ergibt sich daraus für dieses Ziel unmittelbar ein enger Raum-Zeit-Bezug, der für die drei übrigen Ziele der Geldpolitik nicht konstatiert werden kann[69]. Auch hinsichtlich des anzustrebenden Zielausmaßes unterscheiden sich das Mindestreserveziel einerseits und die drei übrigen Ziele andererseits wesentlich: Bei ersterem kann die Bank keinen direkten Einfluß auf den Umfang der Zielgröße nehmen, sondern allenfalls indirekt und dann nur in sehr begrenztem Maße durch *Variation des Reserve-Solls.* Bei den drei anderen Zielen ist jedoch auch der zu erreichende Umfang stets Gegenstand von Zielentscheidungen der Bank, während das Mindestreserveerfordernis ganz überwiegend von externen Instanzen bestimmt wird.

Da das Mindestreserveerfordernis ein für die Bank verbindliches Postulat darstellt, dessen Nichterfüllung *Sanktionen* der zuständigen

---

[68] Eine solche Regelung war beispielsweise in dem 1968 eingebrachten Gesetzentwurf zur Änderung des Bundesgesetzes über die *Schweizerische Nationalbank* vorgesehen. Allerdings sollten danach die Mindestreserven nicht auf den Bestand, sondern lediglich auf den Zuwachs an Verbindlichkeiten berechnet werden. Vgl. auch *F. A. Lutz,* Mindestreserven und direkte Kreditkontrolle, in: NZZ, Fernausgabe, Nr. 315, 16. 11. 1968, S. 15; ferner Fußnote 3 am Anfang dieser Arbeit.

[69] Dies gilt nur für die allgemeine Form des Zielinhalts, naturgemäß nicht dagegen für seine quantitative Gewichtung, d. h. das Volumen des aufgrund eines bestimmten geldpolitischen Ziels anzustrebenden ZBG-Bestands, das stets situationsbedingt variiert.

Währungsbehörden zur Folge hat — oder, wenn dies nicht der Fall ist, zumindest gegen allgemein akzeptierte Konventionen verstößt —, ist die Realisierung dieses Erfordernisses unabhängig von seiner konkreten Form stets als Ziel zu betrachten. Zur Ableitung des Zielcharakters dieses Postulats läßt sich feststellen: Sanktionen wegen Nichterfüllung der Mindestreserveverpflichtung haben negative Auswirkungen auf die Rentabilität und/oder die Liquidität der Bank[70] und bei Bekanntwerden auch auf ihr Standing. Wenn die Mindestreservehaltung keine Rechtspflicht auf gesetzlicher Grundlage darstellt, sondern eine auf ausdrücklicher oder stillschweigender Konvention beruhende Übereinkunft ist[71], schädigt die Verfehlung des Reserve-Solls infolge der negativen Abweichung von als verbindlich akzeptierten Normen das *Standing* der Bank.

Daraus ergibt sich, daß das Reserve-Soll durch Haltung einer entsprechenden Ist-Reserve erfüllt werden muß. Seiner Natur nach ist das Mindestreservepostulat ein *Mindestziel,* das aus sich heraus keine Obergrenze kennt. In Entscheidungsmodellen zur Lösung bankbetrieblicher Optimierungsprobleme wird es als Nebenbedingung angesetzt. Neben dem Ausmaß ist der zeitliche Bezug dieses Ziels von großer Bedeutung, d. h. die Frage, in welchem *Zeitraum* das Soll erfüllt werden muß. Ist das Reserve-Soll täglich zu realisieren, so sind die Mindestreserven Bestandteil der täglichen ZBG-Mindestbestände M_j. Sofern das Soll nicht täglich, sondern lediglich im Durchschnitt aller Tage eines bestimmten Zeitraums erfüllt zu werden braucht, hat die zeitliche Verteilung der Reservehaltung dispositiven Charakter. Ein sog. Mindestreserve-„Tages-

---

[70] So kann z. B. ein besonders hoher Sollzins auf den Fehlbetrag erhoben werden. In der BRD beträgt dieser 3 % über Lombardsatz (s. § 10 Abs. 1 AMR in Verbindung mit MB Bbk., Tabelle V, 1). Das Liquiditätsziel kann u. a. durch eine Kürzung der Refinanzierungskontingente bei der Zentralbank gefährdet werden. (Vgl. auch *H.-J. Krümmel,* Liquiditätssicherung ..., a. a. O., S. 276 f.) Spricht sich dies unter Banken herum, verschlechtert sich das *Standing* des betroffenen Instituts und damit auch die ihm gestellten Marktkonditionen. — Vgl. ferner auch Abschnitt C III b 1 (12) und *v. Spindler, Becker* und *Starke,* a. a. O., S. 195 f. (u. a. Ausschluß vom Scheckeinzugsverfahren und Einschaltung der Bankaufsichtsbehörde als Sanktionsmaßnahmen). Bei Nichtausgleich eines Debet-Saldos auf dem Zentralbankkonto kann die Abrechnungsstelle nach ihren „Geschäftsbestimmungen" das Vertragsverhältnis mit der Bank fristlos kündigen. (Vgl. auch *Hagenmüller* und *Diepen,* a. a. O., S. 201 f.)

[71] Solche *Übereinkünfte* brauchen nicht unbedingt von Dauer zu sein, sondern können auch befristet in einer bestimmten, als vorübergehend betrachteten währungspolitischen Situation abgeschlossen werden. So wurde die „freiwillige Vereinbarung über die Haltung von Mindestguthaben bei der Schweizerischen Nationalbank" vom 15. Juni 1955, die die Neutralisierung „überschüssiger" täglich disponibler Bankaktiva auf „freiwilliger" Basis anstrebte und der alle Schweizer Banken mit einer Bilanzsumme von über 50 Mio sfr. beitraten, im März 1958 wieder aufgehoben. Ein ähnliches gentlemen's agreement gab es auch in den Niederlanden. Vgl. *Acht Europäische Zentralbanken,* Hrsg. Bank für Internationalen Zahlungsausgleich, Frankfurt 1963, S. 351 und 412 f. Vgl. auch Fußnote 3 am Anfang dieser Arbeit.

erfordernis" stellt dann allenfalls eine gewisse Orientierungshilfe für die Bank dar, jedoch keine Zielgröße. Das Mindestreserveziel ist in diesem Fall nur eine unter mehreren Determinanten des täglichen ZBG-Bedarfs. Von einem „Tageserfordernis" i. S. eines bestimmten ZBG-Bedarfs kann man daher erst nach Berücksichtigung aller Determinanten, d. h. der vier geldpolitischen Ziele, sprechen[72].

Es kann nicht zu den Aufgaben dieser Arbeit gehören, eingehend Unterschiede in den Mindestreservegegebenheiten der einzelnen Länder zu analysieren[73]. Vielmehr sollen typische Grundlagen der Bemessung des Reserve-Solls und Möglichkeiten zur Realisierung der Ist-Reserve aufgezeigt werden, um aus diesen Modalitäten Ansatzpunkte für geldpolitische Maßnahmen ersichtlich zu machen. Solche Aktionen können — wie in den Abschnitten B II b und B III c am Beispiel der Regelungen in der BRD eingehend dargelegt — entweder direkt durch Variation des ZBG-Ist-Bestands oder auf indirektem Wege durch Einflußnahme auf die Höhe des Reserve-Solls erfolgen. Bei einer Variation des Reserve-Solls ist auch zu beachten, daß die zeitliche Bemessungsgrundlage des Solls dem Zeitraum der Realisierung der Ist-Reserve zumindest teilweise vorangeht. Wie dieser Umstand geldpolitisch genutzt werden kann, wird im Abschnitt D I c gezeigt.

Bei der Diskussion über die Frage, ob Mindestreserven auch „Liquiditätsguthaben" darstellten, also auch als *Zahlungsmittel* Verwendung finden könnten[74], handelt es sich um einen müßigen Streit, der offensichtlich durch eine Begriffsverwirrung entstanden ist. Die Entscheidung der Bank, ob ein bestimmter ZBG-Bestand für Zahlungszwecke oder zur Mindestreservehaltung verwendet wird, ist spätestens am Ende eines jeden Geschäftstages zu treffen. Sinnvoll wäre nur die Frage, ob der jeweils verbliebene Saldo, also der Anfangsbestand des folgenden Arbeitstages, von der Bank als Zahlungsmittelreserve oder als Mindestreserve *vorgesehen* ist. Ob Mindestreserven gehalten wurden, läßt sich stets nur ex post feststellen, sei es daß diese auf ein Sonderkonto (s. u.) eingezahlt oder auf dem allgemeinen Zentralbankkonto realisiert wurden. ZBG sind erst dann *Mindestreserven*, wenn sie der Bank auf dem dafür bestimmten Konto am Tages*ende* gutgeschrieben sind. Auf dem Zahlungsverkehrskonto können Mindestreserven also immer nur als Restbetrag

---

[72] Vgl. auch die Abschnitte B III c 1 und D I a dieser Arbeit.

[73] Vgl. hierzu u. a. *K. P. Tudyka*, a. a. O., passim. Berücksichtigt wird dieser Gegenstand auch in dem in Vorbereitung befindlichen 3. Band des dreibändigen Werkes von *O. Hahn*, Die Währungsbanken der Welt, Stuttgart, sowie in: Acht Europäische Zentralbanken, a. a. O., und bei *O. Veit*, Grundriß der Währungspolitik, Frankfurt 1961, S. 271 ff.

[74] Vgl. dazu u. a. *O. Pfleiderer*, a. a. O., S. 355 f. und *E. Floss*, a. a. O., S. 28 f. sowie die dort angegebene Literatur; ferner auch *v. Spindler, Becker* und *Starke*, a. a. O., S. 68.

anfallen. Da über die Mindestreserveeigenschaft der ZBG stets täglich — bei Einzahlung auf ein für diesen Zweck bestehendes Sonderkonto ex ante und sonst ex post — entschieden wird, können die somit festgelegten ZBG nicht nochmals für Zahlungszwecke disponiert werden, besitzen also *keine Liquiditätseigenschaft.* Für die Planung künftiger ZBG-Bestände ist das Mindestreserveziel zwar ein wichtiges Kriterium, doch erscheint es wenig sinnvoll, die zur Erfüllung dieses Ziels vorgesehenen Plangrößen bereits als „Mindestreserven" zu bezeichnen, da sie am Plantag bei veränderten Daten durchaus anderweitig (als Zahlungsmittel) verwendet werden könnten. Man sollte die Begriffe „Mindestreserven" und „Liquiditätsreserven" scharf voneinander trennen, da erstere keine Reserve von Zahlungsmitteln darstellen können[75].

(22) Bemessungsgrundlagen des Reserve-Solls (Exkurs)

Obwohl das in diesem Abschnitt angesprochene Mindestreserveziel der Bank lediglich in der Erfüllung des Reserve-Solls besteht, erscheint hier ein kurzer Seitenblick auf das Zustandekommen dieses Solls angebracht, da wenn nicht das Mindestreserveziel, so doch das Gewinnziel der bankbetrieblichen Geldpolitik eine Einflußnahme auf das Soll nahelegen kann[76]. Hinsichtlich der vielfältigen Möglichkeiten bei der Wahl der Bemessungsbasis muß auf die Literatur verwiesen werden[77]. Die Bemessungsgrundlage hängt von den — gesamtwirtschaftlichen — Zielvorstellungen der sie bestimmenden Instanz(en) ab, wobei im allgemeinen zwei Varianten bestehen:

(a) Beeinflussung des Kreditgewährungsspielraums der Banken,

(b) Sicherung der Liquidität der Kreditinstitute[78].

Als Ansatzpunkte bieten sich demnach entweder die Aktiv- oder die Passivseite der Bankbilanz an, je nachdem, welches Ziel als vorrangig gilt. Es liegt nahe, im Falle (a) das *Kreditvolumen* zu wählen und im Falle (b) die *Verbindlichkeiten* der Bank. Dabei können die Mindestreserven die einzelnen Arten von Krediten bzw. Verbindlichkeiten unterschiedlich stark belasten und/oder sich ausschließlich auf die Zu-

---

[75] Sehr treffend stellt z. B. auch *F. Huhle* (a. a. O., S. 371) fest: „Die Doppelfunktion der Mindestreserve ist ein perspektivischer Irrtum."

[76] Vgl. Abschnitt D I a 2 (21).

[77] Vgl. u. a. *O. Pfleiderer,* a. a. O., S. 353, *O. Veit,* a. a. O., S. 279 ff., der dort auch auf die Tatsache verweist, daß die Reservevorschriften „häufig ... lediglich auf freier Vereinbarung zwischen Währungsbank und Geschäftsbanken" beruhen.

[78] Dieses Anliegen widerspricht nicht der Tatsache, daß „Mindestreserven" nicht „Liquiditätsreserven" sind. Vielmehr können die Banken durch das Mindestreservepostulat veranlaßt werden, höhere ZBG-Bestände *vorzusehen,* als sie anderenfalls halten würden. Diese Bestände lassen sich an dem relevanten Geschäftstag jedoch auch für Zahlungszwecke verwenden (s. o.).

wächse beziehen, die nach einem bestimmten Bezugszeitraum eintreten. Wenn „Mindestreserven auf Krediten statt auf Einlagen in keinem Land bisher eingeführt worden“ sind[79], so spricht dies jedoch keineswegs gegen ihre Eignung zur Begrenzung der Kreditgewährungsfähigkeit, denn letztere hängt entscheidend von dem Umfang der nach Abzug der Mindestreserve frei verfügbaren Finanzmittel ab. Die lediglich auf Passivposten der Bankbilanz erhobenen Mindestreserven können Umstrukturierungsvorgänge auf der Aktivseite naturgemäß nicht erfassen[80]. In ihren Dispositionen im Aktivgeschäft ist die Bank durch das Mindestreserveerfordernis daher Beschränkungen nur insoweit unterworfen, als der Gesamtbestand der nach Erfüllung der Mindestreserveverpflichtung verbleibenden Mittel limitiert wird.

Bezüglich der Verbindlichkeiten gegenüber anderen inländischen Kreditinstituten sind unterschiedliche Formen der Reservebelastung möglich. Sichtverbindlichkeiten sind z. B. in den USA generell — d. h. einschließlich derjenigen gegenüber Banken — reservepflichtig, jedoch nur in der Höhe, die sich nach Abzug der bei anderen Inlandsbanken gehaltenen Sichtguthaben ergibt. Durch die Abzugsfähigkeit der Nostroguthaben ermäßigt sich also die Reservepflicht der Primärinstitute (denen die Einlage im Modell „ursprünglich“ zufloß). Begünstigt werden somit Banken mit großer Liquiditätspräferenz. In der BRD bleibt die Verwendung der Mittel dagegen unberücksichtigt, während andererseits sämtliche Verbindlichkeiten gegenüber (inländischen) Kreditinstituten von der Reservepflicht freigestellt sind. Begünstigt werden hier also die Sekundär- oder Zentralinstitute[81]. Die unterschiedlichen Konsequenzen für die bankbetriebliche Geldpolitik in Bezug auf die durch die Mindestreserveerfordernisse bedingten, kalkulatorischen Refinanzierungskosten sind unmittelbar einsichtig. — Auf die vielfältigen Kombinationsmöglichkeiten bei einer Spaltung der Bemessungsgrundlage und einer weiteren Variation der Modalitäten hinsichtlich Größe und Domizil der Bank, Herkunft der Mittel und Bestandsentwicklung der von der Reservepflicht betroffenen Positionen kann nicht näher eingegangen werden. Denkbar wäre z. B. eine dem Liquiditätsziel angemessene Reservebelastung der

---

[79] *F. A. Lutz,* a. a. O., S. 15.

[80] So würde eine dem Hauptziel entsprechende Erhöhung etwa der Debitoren zu Lasten von Geldmarktanlagen die Höhe der Mindestreservepflicht nicht berühren. — Mindestreserven gelten nur dann als „marktkonform“, wenn sie auf Passivpositionen erhoben werden: Vgl. *F. Leutwiler,* Rüstzeug für den Notfall, in: NZZ, Fernausgabe, Nr. 679, 3. 11. 1968, S. 34.

[81] Vgl. hierzu u. a. auch *O. Pfleiderer,* Mindestreservenpolitik, a. a. O., S. 353. — In der BRD können somit die bei anderen inländischen Kreditinstituten beschafften Mittel ohne Abzug eines Mindestreserveanteils voll ertragbringend verwendet werden, so daß die durch die Mindestreservehaltung sonst entstehenden kalkulatorischen Refinanzierungskosten entfallen. Begünstigt werden also Banken mit Nostroverpflichtungen.

Verbindlichkeiten bei gleichzeitiger Erhebung einer Mindestreserve auf den Zuwachs ausgereichter Kredite oder auch getätigter Wertpapierkäufe.

(23) Ermessensspielraum bei der Zielerfüllung

Die zur Erfüllung der Ist-Reserve anwendbaren Modalitäten weisen von Land zu Land ebenfalls erhebliche Unterschiede auf. Wir befassen uns hier nur mit Banken, die ständig zur Mindestreservehaltung verpflichtet sind. Dispositionsmöglichkeiten, die sich aus einer nur vorübergehenden Mindestreservepflicht ergeben können, interessieren daher nicht. Grundlage der Zielerreichungsentscheidungen ist die Kenntnis des Reserve-Solls, der zulässigen *Reservemedien* und erlaubten Variationsmöglichkeiten der Reservehaltung im Zeitablauf sowie eine Übersicht über die relevante Zinssituation. (Dabei stellt sich nicht nur die Frage nach der grundsätzlichen Verzinslichkeit der Reservemedien, sondern auch die der Voraussicht über die künftige Entwicklung der für die einzelnen Medien geltenden Zinssätze im Planungszeitraum). Länder, die auf Mindestreserven Zinsen vergüten, wie z. B. Italien[82], sind allerdings Ausnahmeerscheinungen[83]. Sofern neben Zentralbankgeld auch andere Medien der Reservehaltung zugelassen sind, werden diese im allgemeinen verzinst. In Betracht kommen hier vor allem Geldmarktpapiere, seltener nicht-geldmarktfähige Staatspapiere. Werden diese auf die Ist-Reserve angerechnet (meist innerhalb bestimmter Grenzen), so könnte sich bei hinreichender Laufzeiteignung eine durch das Gewinnstreben (s. u.) begründete Präferenz der Bank für diese Medien entwickeln. *Zentralbankgeld* ist als Reservemedium nicht nur in Form von ZBG anzutreffen. In manchen Ländern, u. a. in den USA, werden auch Bargeldbeträge in Inlandswährung, die die Banken als Kassenbestände halten, der Ist-Reserve zugerechnet. Diese Regelung bietet den Kreditinstituten gegenüber den z. B. in der BRD geltenden Bestimmungen der Nichtanrechnung insofern Vorteile, als umfangreichere Bargeldbestände zur Verfügung stehen. Es entfallen dadurch die Aufwendungen, die durch die aus dem Bestreben zur Erhöhung der Ist-Reserve resultierenden knappen Kassendispositionen entstehen[84].

---

[82] Vgl. *Acht Europäische Zentralbanken,* a. a. O., S. 301 f. Die Reservehaltung erfolgt in Form von Termineinlagen und Schatzwechseln, für die derselbe Zinssatz gilt. — Die „special deposits“ in Großbritannien werden mit dem Schatzwechselsatz verzinst. Vgl. *H. Rittershausen,* Die Zentralnotenbank, Ein Handbuch ihrer Instrumente, ihrer Politik und ihrer Theorie, Frankfurt/M. 1962, S. 112.

[83] Vgl. *O. Veit,* a. a. O., S. 281. — Die vielfach als einziges Reservemedium zugelassenen ZBG sind in der Regel unverzinslich. Es findet sich allerdings auch die Regelung, nach der auf ZBG-Beträge, die einen bestimmten Stand überschreiten, Zinsen vergütet werden.

[84] Für eine Anrechnung der *Kassenbestände* an Notenbankgeld in der

Die Mindestreservehaltung braucht demnach keineswegs immer auf ZBG beschränkt zu sein. Mit zunehmender Zahl der Reservemedien erhöht sich naturgemäß der Dispositionsspielraum der Bank. Begrenzt werden die Entscheidungsmöglichkeiten allerdings nicht allein durch die Zahl der Medien und u. U. bestehende Quoten, sondern auch durch eine denkbare Nichteinbeziehung der Mindestreserven in die aufgrund anderer Bestimmungen zu haltenden „Liquiditätsreserven" — wie jene auch immer definiert sein mögen. Da für die Abgrenzung der Mindestreserven in dieser Arbeit jedoch entscheidend ist, daß die Bank diese im Zentralbanksystem zu halten hat, interessiert die mögliche Einbeziehung weiterer Aktiva hier nicht.

Einen Ermessensspielraum bei der Erfüllung des Mindestreserveziels eröffnet die bereits mehrfach angesprochene Möglichkeit einer *variablen zeitlichen Verteilung der Ist-Reserve* auf die Tage des Realisierungszeitraums. Besonders bedeutsam ist diese Möglichkeit für die ZBG-Disposition unter dem Aspekt des Gewinnstrebens (s. Kapitel D) sowie auch im Hinblick auf die ordnungsgemäße Erfüllung der Reservepflicht. Werden die der Reservehaltung dienenden ZBG nicht auf ein Sonderkonto eingezahlt, sondern als der Tagesendstand des allgemeinen Zahlungsverkehrskontos ermittelt, kann bei täglich zu erfüllender Reservepflicht das Ziel oft leicht verfehlt werden, da im Zahlungsverkehr häufig nicht vorhergesehene Abgänge an ZBG auftreten. Dadurch entstehende Defizite können nur durch eine höhere Dotierung der Bestände vermieden werden, womit die Wahrscheinlichkeit einer Realisierung von Überschußreserven zunimmt. Ist das Soll hingegen innerhalb eines Zeitraums von mehreren Tagen zu erfüllen, so braucht die Bank erst am letzten Tag für die Anschaffung des noch fehlenden Betrags zu sorgen, so daß trotz unerwartet niedriger Bestände an den Vortagen das Soll noch erreicht werden kann. Es liegt auf der Hand, daß der Dispositionsspielraum mit zunehmender Länge der für die Erfüllung maßgeblichen Periode und steigenden Reservesätzen wächst. Diese Gegebenheiten unterscheiden sich naturgemäß von Land zu Land. So beträgt der Zeitraum z. B. in den USA für an Bankplätzen domizilierende Institute eine Woche, für solche an Nebenplätzen zwei Wochen und in der BRD sowie Kanada generell einen Monat[85].

Für alle Länder, in denen bei der Erfüllung des Solls mehr als ein Geschäftstag zur Verfügung steht, gilt die im Abschnitt B II b darge-

---

BRD auf das Reserve-Ist bei gleichzeitiger Beseitigung der niedrigeren Mindestreservesätze für Nebenplätze plädiert *W. Könneker*, Kassenhaltung und Mindestreserve, in: ZfgK, Jg. 19 (1966), S. 326 ff. Die Bargeldbewegungen zwischen der Bank und der zuständigen Niederlassung der Zentralbank ließen sich dadurch merklich reduzieren.

[85] Vgl. *O. Pfleiderer*, a. a. O., S. 355.

legte Wirkungs-Interdependenz der Parameter Volumen und Zeitpunkt bei der Variation des ZBG-Bestands. Die an jener Stelle entwickelten Modelle sind allgemein anwendbar, denn die für die Länge des Zeitraums vorgesehene Größe n (d. h. die Anzahl der Kalendertage) kann eine beliebige ganzzahlige Zahl darstellen. (Die Modellbetrachtung ging zwar nur von ZBG-Beständen als Reservemedium aus, doch könnte eine Einbeziehung auch anderer Medien aufgrund der Umwandlungsfähigkeit der ZBG erfolgen.)

Sofern eine *indirekte Mindestreservehaltung*[86] zulässig ist, wenn also eine Bank ihrer Reservepflicht auch durch Sichteinlagen bei einem Zentralinstitut genügen kann — wobei dieses Institut seinerseits für die Mindestreserven der ihm angeschlossenen Banken durch entsprechende Einlagen bei der Notenbank aufzukommen hat —, sind ggfs. Absprachen zwischen dem Zentralinstitut und den nachgeordneten Kreditinstituten hinsichtlich der Gestaltung ihrer Einlagenpolitik möglich. Der Dispositionsspielraum der angeschlossenen Banken könnte dadurch in Bezug auf die zeitliche Verteilung der Pflichteinlagen erweitert werden. Für die Verhältnisse in der BRD ist diese Überlegung jedoch gegenstandslos. Einerseits sehen die Bestimmungen grundsätzlich nur die direkte Reservehaltung vor, andererseits steht zur Erfüllung des Solls allgemein ein voller Monat zur Verfügung, so daß der verfügbare Zeitraum recht groß ist. (Lediglich für ländliche Kreditgenossenschaften, die einer Zentralkasse angeschlossen sind und kein Bundesbank-Girokonto unterhalten, besteht in der BRD nach § 5 Abs. 2 AMR die Pflicht zur indirekten Reservehaltung.)

3. Erreichung des zum Bilanzstichtag angestrebten ZBG-Bestands

(31) Standingpflege als Zwecksetzung

Neben der Realisierung der optimalen Zahlungsbereitschaftsreserve sowie der Erfüllung der Mindestreservepflicht verfolgt die Bank, wie sich in der bankbetrieblichen Wirklichkeit nachweisen läßt, ein weiteres geldpolitisches Ziel, für das im Gegensatz zu den beiden ersteren Zielen keine durch die Rechtsordnung festgelegte Grundlage besteht. Es handelt sich um den *Ausweis eines bestimmten ZBG-Bestands am Bilanzstichtag*. (Die Hypothese, daß es sich bei dem Bestreben der Bank zur Erreichung eines bestimmten ZBG-Bestands am Bilanzstichtag um ein eigenständiges geldpolitisches Ziel handelt, wird in Kapitel F einem eingehenden Falsifizierungsversuch unterzogen, der negativ verläuft.) Zur Verwirklichung dieses Ziels sind Bestandsveränderungen erforderlich,

[86] Vgl. dazu u. a. W. *Könneker*, Deutsche Bundesbank, in: E. L. Geld-, Bank-, Börsw., Bd. I, S. 367 f.

die sich in der Richtung, dem zeitlichen Bezug und dem Volumen von den Maßnahmen zur Erreichung der beiden ersten geldpolitischen Ziele erheblich unterscheiden können. Dieser ZBG-Bestand am Bilanzstichtag ist ein *Aktionsziel*, das allein aus dem Bestreben der Bank nach einem möglichst günstigen Standing folgt. Zur Standingpflege bietet sich bekanntlich u. a. die *Bilanz* an und zwar aufgrund ihrer *Publizitätseigenschaften*. Mit Hilfe der Bilanzgestaltung suchen die Banken „die Wertungsvorstellungen, welche die Öffentlichkeit ihnen entgegenbringt, zu beeinflussen"[87].

Für publizitätspolitische Zwecke besonders geeignet ist die Gestaltung des Volumens des auszuweisenden ZBG-Bestands, da sowohl seine Höhe sowie auch sein Anteil an der Bilanzsumme wesentliche Kriterien der Beurteilung der Bank durch für sie wichtige Teile der Öffentlichkeit darstellen und er sich außerdem leicht variieren läßt. Das *Interesse der Öffentlichkeit* richtet sich insbesondere auf die *Liquidität* der Bank. Mangels Kenntnis der relevanten Strömungsgrößen bleibt ein Außenstehender bei der Analyse der Liquiditätslage auf die Interpretation bestimmter Strukturmerkmale angewiesen. Diesen in der Öffentlichkeit bestehenden Informationsmangel kann die Bank nutzen, indem sie Einfluß auf Bilanzpositionen nimmt, wie vor allem den ZBG-Bestand, deren Höhe von externen Interessenten besondere Bedeutung beigemessen wird[88]. Dadurch will sich die Bank der Außenwelt in einem möglichst günstigen Bild darstellen. Begründet ist das Bemühen der Bank, einen bestimmten ZBG-Bestand am Bilanzstichtag ausweisen zu können, insbesondere im Verhalten der Gläubiger, die „sich am Ansehen, welches das Kreditinstitut in der gesamten Öffentlichkeit genießt und das vom Bilanzbild mitbestimmt wird", orientieren[89]. Wichtigstes Kriterium für die Entscheidungen der Gläubiger über Hingabe und Abzug von Finanzmitteln ist das *Vertrauen in die jederzeitige Zahlungsfähigkeit* der Bank. Um dieses Vertrauen zu gewährleisten, hat die Bilanz (als das für ex-

---

[87] *R. Wittgen*, Die publizitätsorientierte Bilanzgestaltung von Aktienbanken, in ZfB, Jg. 35 (1965), S. 724. — Die Bilanzgestaltung variiert das Zahlenwerk der Buchhaltung durch eigens diesem Zweck dienende Geschäftsvorfälle vor oder an dem Bilanzstichtag aus „steuerpolitischen", „gewinn- und dividendenpolitischen" oder „publizitätspolitischen" Gründen. (Vgl. ebenda, S. 725 f.) — Zum Mittelcharakter der Bilanzpolitik vgl. auch *U. Harder*, a. a. O., S. 50.

[88] Diese Bedeutung ergibt sich aus der Tatsache, daß die ZBG das primäre Zahlungsmedium der Bank sind (vgl. B II a) und daher in Relation zu den Verbindlichkeiten, vor allem denen mit täglicher Fälligkeit, gesehen werden. — Daß aus der Sicht der Bank außerdem die Struktur der Aktiva für die Höhe der Zahlungsbereitschaftsreserve maßgeblich ist, wurde in den Abschnitten B I c und C III b 1 (132) gezeigt. Einem externen Analytiker ist die Beurteilung der Höhe des ZBG-Bestands an Hand dieses Kriteriums jedoch kaum möglich, da er die Risikenbelastung der Aktiva und die angewendeten Gestaltungsmöglichkeiten bei der Bewertung in der Regel nicht kennt.

[89] *R. Wittgen*, Die publizitätsorientierte Bilanzgestaltung ..., a. a. O., S. 726.

terne Betrachter verfügbare Informationsinstrument zur Beurteilung der Liquidität) bestimmten Strukturnormen zu genügen, deren Einhaltung durch die Bank eine Bedrohung der Zahlungsfähigkeit auf „längere Sicht", d. h. während der bestehenden oder in Aussicht genommenen Dauer der Geschäftsbeziehung, in der Erwartung der Gläubiger ausschließt. Um unter Beweis zu stellen, daß ihre Zahlungsfähigkeit über alle Zweifel erhaben ist, möchte die Bank daher einen hohen ZBG-Bestand ausweisen. Außerdem korreliert dieses Bestreben positiv mit dem Bemühen, ein publizitätswirksames „Wachstum" vorzuweisen, da als Maßstab des Wachstums in der Öffentlichkeit meist die Entwicklung der *Bilanzsumme*[90] gilt und der ZBG-Bestand sich unschwer mit Hilfe bilanzverlängernder Geldgeschäfte erhöhen läßt. Diese müssen stets dem „Prinzip der Stichtagrelevanz genügen"[91]. Tatsächlich wird durch bilanzgestaltende Maßnahmen allein jedoch weder die Liquidität verbessert[92], noch Wachstum erreicht.

Vielmehr wird „die Lage der Bank.. der Öffentlichkeit.. zu günstig dargestellt"[93], jedenfalls dann, wenn der Bilanzausweis nicht auch für die Situation zwischen den Stichtagen charakteristisch ist. Offenbar nehmen die Banken nicht zu unrecht an, daß die *Stichtagbezogenheit* der Ausweise bei den Adressaten weitgehend übersehen wird. Auf die Verschleierung der Lage mit Hilfe einer *Bilanzfrisur* — und um nichts anderes handelt es sich bei der publizitätsorientieren Gestaltung des ZBG-Bestands — deutet treffend der Ausdruck „window-dressing"[94] hin, mit dem dieser Tatbestand im Sprachgebrauch der Bankpraxis belegt wird.

---

[90] Der publizitätswirksame Charakter der Bilanzsumme wird u. a. dargelegt bei *R. Wittgen*, Die publizitätsorientierte Bilanzgestaltung ..., a. a. O., S. 727, und *F. Malt*, Grundlagen der Ergebnisausweispolitik bei Aktienbanken, Diss. Hamburg 1968, S. 118 f.: „Die absolute Höhe der Bilanzsumme einer Bank vermittelt einen Eindruck ihrer geschäftlichen Aktivität ... (und) übernimmt damit ... weitgehend die Funktionen, die bei industriellen Unternehmen die Umsatzgröße erfüllt ...". „Auf dem nationalen und internationalen Geldmarkt werden Veränderungen der Bilanzsummenentwicklung genau registriert." Vgl. auch ebenda, S. 119 und 121.

[91] s. dazu *R. Wittgen*, ebenda, S. 730.

[92] Der *Liquiditätssicherung* dient die optimale Zahlungsbereitschaftsreserve, nach deren Erreichung die Beschaffung zusätzlicher Zahlungsmittel sinnlos ist.

[93] *R. Wittgen*, ebenda, S. 737.

[94] Nach der Definition des E. L. Geld-, Bank-, Börsw., Bd. II, S. 1835: „Bilanzfrisur vor der Veröffentlichung zwecks Demonstrierung größerer Liquidität." Vgl. auch *K.-F. Hagenmüller*, Der Bankbetrieb, Bd. I, a. a. O., S. 230, und *E. Brehmer*, a. a. O., S. 105 f. sowie *H. Lipfert*, Der Geldmarkt, a. a. O., S. 16. — Zuweilen wird auch von „Bilanzverschönerung" gesprochen. „Window dressing, zu deutsch ‚Fenster schmücken', bedeutet, daß die Kreditinstitute aus Gründen der Bilanzoptik möglichst hohe Bestände an Zentralbankguthaben ... auszuweisen versuchen, um auf diese Weise eine hohe Liquidität vorzeigen zu können." (Deutsche Sparkassenzeitung, Nr. 70, vom 9. Sept. 1966, S. 1, Artikel „window dressing".)

Als *Publizitätsinstrument* betrachten die Kreditinstitute nicht nur die *Jahresbilanz,* sondern vor allem auch die *unterjährigen Bilanzen,* sofern diese veröffentlicht werden[95]. Diese „Bilanzen" dienen im Gegensatz zur Jahresbilanz allein der Information der Öffentlichkeit, nicht dagegen als Besteuerungsgrundlage oder zur Erfolgsermittlung. Es liegt für die betroffenen Banken nahe, gerade in diesen Ausweisen ebenfalls die Höhe des am Stichtag verbuchten ZBG-Bestands zu beeinflussen (vgl. die empirische Untersuchung in Kapitel F). — Die Realisierung des publizitätsorientierten Ziels der Geldpolitik ist mit *Kosten* verbunden, die bei Verzicht auf eine bilanzgestaltende Beeinflussung des ZBG-Bestands nicht anfallen würden. Deutlich wird diese Tatsache besonders am Jahresultimo: Die Banken leihen sich ZBG, deren Laufzeit diesen Tag einschließt, untereinander zu wesentlich höheren Zinssätzen aus als unter sonst gleichen Umständen[96, 97]. Außer Geldaufnahmen mit bilanzverlängerndem Effekt kommen auch Umstrukturierungen auf der Aktivseite in Betracht, so etwa die Veräußerung von Geldmarktpapieren zwecks Erhöhung des ZBG-Bestands. Die Bank nimmt im letzteren Falle Opportunitätskosten in Kauf.

Beim *„window-dressing"* handelt es sich um eine bankbetriebliche Verhaltensweise, die auf die Existenz des *Standingziels* hindeutet, da sie sich anders nicht erklären läßt. Die Bestrebungen zur Erreichung eines bestimmten ZBG-Bestands am Bilanzstichtag lassen keinen direkten Bezug zu den ökonomischen Oberzielen der Bank erkennen. Im Verhältnis zu diesen Zielen ist ein komplementärer Charakter des „window-dressing" nicht festzustellen, denn keinerlei Anzeichen lassen auf eine unmittelbare Steigerung der Erfüllungsgrade bei den Oberzielen durch die öffentlichkeitsmotivierte Variation des ZBG-Bestands schließen. Solche Maßnahmen würden aufgrund der damit verbundenen Aufwendungen

---

[95] In der BRD veröffentlichen die drei Großbanken sowie drei große Regionalbanken regelmäßig *„Zweimonatsbilanzen"* und zwar freiwillig aus Publizitätsgründen. Vgl. *K.-F. Hagenmüller,* Der Bankbetrieb, Bd. III, a. a. O., S. 154 f. — Bereits *W. Rieger* (a. a. O., S. 280) verweist auf die Bedeutung der „Zweimonatsbilanzen", die von der Öffentlichkeit hauptsächlich unter Liquiditätsgesichtspunkten betrachtet würden.

[96] Dies gilt ebenfalls, wenn auch nicht in so starkem Maße, für die Stichtage unterjähriger Bilanzen. Bereits *L. Mülhaupt* (Umsatz-, Kosten- und Gewinnplanung einer Kreditbank, a. a. O., S. 54) verweist auf die Tatsache, daß die Banken in Deutschland für Ultimogeld bereitwillig hohe Geldbeschaffungskosten hinnehmen und dabei ihr Gewinnstreben vernachlässigen.

[97] Vgl. auch die in der Wirtschaftspresse veröffentlichten *Zinssätze für Ultimogeld.* So wurden in der BRD beispielsweise am 30. 12. 1968 für Tagesgeld nur $1^3/_4$ % gezahlt, für Ultimogeld hingegen 5 %. Diese Zinskonstellation zeigt, daß das Interesse der Banken an Geldaufnahmen zwecks Sicherung ihrer Zahlungsfähigkeit und Erfüllung ihrer Mindestreserveverpflichtung sehr gering war, während eine sehr hohe Bereitschaft bestand, Geld zum Bilanzstichtag aufzunehmen. — Ende 1969 betrugen die Sätze für Tagesgeld am 30. 12. 3 %, am 31. 12. dagegen $11^1/_2$—$12^1/_2$ %.

unterbleiben, wenn sie aus der Sicht der Bank zur *Eigenadressenpflege* nicht erforderlich wären. In Bezug auf Veränderungen des bilanziell ausgewiesenen Liquiditätsbildes spricht man von „window-dressing“ nur, wenn damit ein für die Bank vorteilhaftes Ergebnis angesteuert wird, in der Regel in Form höherer ZBG[98]. Im Gegensatz zum „window-dressing“, das die Bank bei Außenstehenden stets in einem besonders günstigen Licht erscheinen lassen soll, stehen andere, sich auf den Erfolgsausweis richtende bilanzgestaltende Maßnahmen, mit deren Hilfe die Bank ihre Lage zu schlecht darzustellen trachtet. Dieser Bereich fällt nicht in den Rahmen des Themas[99].

(32) Periodische Wiederholung und Umfang des „window-dressing“

Eine publizitätsorientierte Bilanzgestaltung kann nicht ohne Beachtung der Verhaltensgrundsätze *Kontinuität* und *Konformität*[100] betrieben werden. Da die Interessenten, deren Verhalten die Bank zu beeinflussen trachtet, die ausgewiesenen Positionen mit den entsprechenden Zahlen der Vergangenheit vergleichen, hat die Bank die *Kontinuität zu den jeweils vorangegangenen Bilanzausweisen* zu wahren. Der Umfang bilanzpolitisch motivierter ZBG-Variationen hängt daher u. a. von den entsprechenden Maßnahmen in den vorangegangenen Zeiträumen ab[101]. Teilt man den Bestand am Stichtag gedanklich einerseits in einen Betrag, der das Ergebnis „autonomer“, d. h. hier bilanzpolitisch nicht beeinflußter Zahlungsvorgänge ist, und andererseits den auf bilanzpolitische Maßnahmen zurückzuführenden Teil, so kann der letztere keineswegs als über mehrere Perioden konstant angesehen werden. Vielmehr ist er ein Differenzbetrag, der sich aus dem angestrebten ZBG-Bestand, über dessen Größenordnung die Bank auf der Grundlage ihres Standingziels unter Beachtung des Konformitätskriteriums ganz bestimmte Vorstellungen entwickelt, abzüglich des aus „autonomen“ Vorgängen resultierenden Teils ergibt.

---

[98] Lediglich in extremen Ausnahmefällen könnte die Bank im Falle von die Liquiditätserfordernisse erheblich überschreitenden ZBG-Beständen an ihrer Verminderung interessiert sein. In solcher Absicht erfolgende Maßnahmen werden jedoch nicht als „window-dressing“ charakterisiert, da sie primär zur Erreichung von Gewinn- oder Leistungszielen geschehen und der Zweck der Bilanzgestaltung dabei nicht im Vordergrund steht. Sekundär sind in diesem Zusammenhang Standingaspekte allerdings insofern relevant, als ein „zu hoher“ ZBG-Bestand auf eine niedrige Ertragskraft oder mangelndes Leistungsstreben der Bank schließen lassen könnte, was Teile der Öffentlichkeit negativ bewerten könnten.

[99] U. a. versucht die Bank durch eine niedrige Bemessung ihrer ausgewiesenen Gewinne die Dividendenwünsche der Aktionäre zu dämpfen. Zu Fragen der „Ergebnisausweispolitik“ vgl. *F. Malt*, a. a. O., passim.

[100] Vgl. *R. Wittgen*, Die publizitätsorientierte Bilanzgestaltung ..., a. a. O., S. 728.

[101] *R. Wittgen*, ebenda, S. 736.

Wird der ZBG-Bestand einmal nicht im angestrebten Umfang ausgewiesen, so könnte dies Vermutungen über eine ungünstige Geschäftsentwicklung bei der Bank Auftrieb verleihen, für die kein realer Anlaß besteht. Da in der Vergangenheit aber der ausgewiesene ZBG-Bestand bilanzpolitisch mehr oder weniger aufgebläht wurde, um günstige Verhaltensweisen auszulösen bzw. nachteilige zu vermeiden, erwächst daraus ceteris paribus bei unveränderter Zielsetzung ein Zwang zur periodischen Fortsetzung des „window-dressing“. Der Umfang der publizitätspolitisch bestimmten Erhöhung richtet sich, wie bereits angedeutet, nach der zum Stichtag angestrebten Zielgröße und dem als Ergebnis „autonomer“ Zahlungsvorgänge erwarteten ZBG-Bestand.

Zur Erklärung des Wiederholungscharakters des „window-dressing“ muß neben dem Kontinuitäts- auch das *Konformitätsstreben* erwähnt werden, das in dem Bemühen um Angleichung des eigenen Bilanzbildes an das konkurrierender Banken besteht. Dieses Verhaltensprinzip veranlaßt die Bank zu einer ständigen Anhebung der ZBG-Planwerte zum Bilanzstichtag, da aufgrund des allgemeinen Wachstums des Geschäftsvolumens bei allen Banken auch bei unveränderten Strukturnormen zu erwarten ist, daß die konkurrierenden Institute ihren auszuweisenden ZBG-Bestand erhöhen. Durch das Konformitätsstreben kann das „window-dressing“ besonders dann übertrieben werden[102], wenn Banken hinter ihren Konkurrenten zurückzubleiben fürchten. Die Bilanzen der übrigen Institute sind naturgemäß erst nach Abschluß der eigenen Dispositionen bekannt[103]. Um einen ungünstigen Eindruck zu vermeiden, werden die Banken eher einen zu hohen als einen zu niedrigen Bestand ausweisen wollen, denn die ihnen drohenden Nachteile bei schwindendem Vertrauen in ihre Solvenz erscheinen weit größer als die anzunehmenden negativen Auswirkungen von Zweifeln an ihrer Ertragsfähigkeit. — In der Regel orientieren sich die Banken bei der Fixierung der Planwerte an einem *„Gruppenstandard“*, der zu einem „Normalverhalten“ führt[104]. Je mehr man sich innerhalb einer Gruppe an den Standard hält, desto stärker müssen Abweichungen von der Norm auffallen. Weitgehend homogene Gruppen, wie z. B. die Großbanken in der BRD, bewegen sich daher nahezu „im Gleichschritt“. Es kommt den Instituten darauf an, daß die Öffentlichkeit nicht auf nach Meinung der Banken „zufallsbedingte“ Schwankungen aufmerksam wird, die Anlaß zu spe-

---

[102] *R. Wittgen*, ebenda, S. 736.

[103] In der Praxis können einzelne Banken auch bei standardisiertem Bilanzverhalten eine *Führungsrolle* ausüben. „In der Gegenwart wird eine derartige Leitfunktion von der Vereinsbank in Hamburg wahrgenommen, die traditionsgemäß ihre (Jahres-)Bilanz als erste veröffentlicht und damit Maßstäbe für die anderen Banken setzt.“ (*F. Malt*, a. a. O., S. 127.)

[104] *F. Malt*, a. a. O., S. 124 und S. 126. Das Normalverhalten kann sich jedoch aufgrund von Datenänderungen wandeln.

kulativen Überlegungen hinsichtlich Liquidität und Ertragsfähigkeit geben könnten. Daher soll der Ausweis solcher Schwankungen verhindert werden. Um so das Bekanntwerden diskontinuierlicher Entwicklungen zu vermeiden, und um außerdem das Bilanzbild innerhalb des Gruppenstandards zu halten, wendet die Bank das Regulativ[105] der Bilanzgestaltung an. Ein zu manchen Stichtagen in großem Umfang betriebenes „window-dressing“ läßt sich aufgrund des Kontinuitätserfordernisses nur sehr langsam und nur bei bestandserhöhenden, über dem Gruppendurchschnitt liegenden Ergebnissen der „autonomen“ ZBG-Bewegungen abbauen. Dieser Umstand erkärt, warum gelegentlich aus zwingenden geschäftspolitischen Gründen notwendig gewesene, umfangreiche „window-dressing“-Aktionen sich noch viele Jahre später auswirken.

Selbst wenn eine einzelne Bank die in der Vergangenheit geübte Praxis des „window-dressing“ etwa aufgrund der ihr dadurch entstehenden Kosten aufzugeben erwägt, werden das Kontinuitäts- sowie das Konformitätsstreben solchen Erwägungen entgegenwirken. Eine Änderung erreichen ließe sich wohl nur durch ein gentlemen's agreement seitens aller maßgeblich beteiligten Banken, die dann auch die Öffentlichkeit über den Sachverhalt aufzuklären hätten, um ungünstige Rückwirkungen zu vermeiden[106]. Zumindest in der BRD ist das „windowdressing“ derzeit eine im Bankgewerbe geübte und akzeptierte Praxis, über deren Umfang bei einzelnen Instituten nur gelegentlich etwas durch Insider bekannt wird[107].

---

[105] Regulativ ist die B. nach *Malt* (a. a. O., S. 122) insofern, als „sie einmal die optimale Einordnung in die Konkurrenzsituation ermöglicht und zum anderen Reaktionen der Gläubiger verhindert, die infolge ihrer Kettenwirkung geeignet sind, die Existenz der Bank in Frage zu stellen, obwohl hierzu bei sachgerechter Beurteilung der Lage ursprünglich kein Anlaß bestand“.

[106] Die anhaltend weite Verbreitung des „window-dressing“ ist kaum durch mehr zu begründen als „mit Gewohnheit und vor allem mit allgemeinem Brauch“. (*M. Hein,* Die internationalen Geldmarktgeschäfte ..., a. a. O., S. 73.) Hein (ebenda, S. 219) zitiert auch ein Schreiben der Bundesbank an die Spitzenverbände des Bankgewerbes vom 4. 12. 1962, in dem die Institute „auf die devisenpolitisch unerwünschte Auswirkung solcher vorwiegend einem fragwürdigen ‚window-dressing‘ dienenden Transaktionen“ aufmerksam gemacht werden. — s. dazu auch *H. Brandes,* a. a. O., S. 187. — „Window-dressing“ ist auch im Ausland üblich. Vgl. *F. H. Klopstock,* Der internationale Geldmarkt, in Weltwirtschaftliches Archiv, Bd. 96 (1966 I), S. 269.

[107] Vgl. z. B. „Die Luft-Geschäfte der IHB“, (o. V.), in Capital, 8. Jg. (1969), Nr. 5, S. 34 ff.: Ein entlassener Prokurist der IHB verweist das Management der Bank sowie die zuständigen Aufsichtsbehörden auf „Bilanzverfälschungen“ der Bank, die die Aktionäre, Kunden und die Wirtschaftsöffentlichkeit täuschen würden. Zum Ultimo sei die Bilanzsumme durch „window-dressing“ in Zusammenarbeit mit befreundeten Unternehmen um „Hunderte von Millionen“ DM aufgebläht worden. Auf die Vorwürfe reagierten die Angesprochenen abweisend. Es wurde weder eine detaillierte Stellungnahme dazu abgegeben, noch wurden Schritte gegen die Bankleitung unternommen. Die Angesprochenen hatten an diesem „ökonomischen Unfug“ offenbar nichts zu beanstanden.

4. Gewinnerzielung

(41) Begründung des Gewinnziels

Aus Gesprächen mit in der Gelddisposition tätigen Bankpraktikern ergibt sich zuweilen, daß diese ihre Aufgaben allein in der Bereitstellung des erforderlichen ZBG-Bestands erblicken wollen und nicht gewinnorientiert zu handeln behaupten. Diese Haltung ließe auf das Bestehen eines Leistungsziels schließen, das eine aus den drei zuvor theoretisch nachgewiesenen geldpolitischen Zielen zusammengesetzte Größe darstellt. Ein solches Leistungsziel muß allerdings stets eine Erfolgskomponente enthalten, da jede Leistungserstellung Kosten verursacht, für deren zulässige Höhe das ökonomische Prinzip gilt. Man müßte demnach von einem Gewinnstreben in der bankbetrieblichen Geldpolitik zumindest insofern sprechen, als die *Aufwendungen* für die Bereitstellung der angestrebten ZBG-Bestände *möglichst niedrig* gehalten werden[108]. Aus dem ökonomischen Prinzip (2. Variante) folgt weiterhin, daß mit *überschüssigen ZBG möglichst hohe Erträge* zu erwirtschaften sind. Grundsätzlich läßt sich die Bedeutung des Gewinnziels für die Geldpolitik daher nicht leugnen. Fraglich ist lediglich sein Gewicht. — Im übrigen ist die Existenz eines Gewinnziels in der Geldpolitik Voraussetzung für die Fixierung von *Obergrenzen der drei ersten geldpolitischen Ziele.* Eine Übererfüllung dieser Ziele verursacht nicht notwendige Aufwendungen oder bedeutet entgangene Erträge. Daß jede Bank unabhängig von der spezifischen Form ihres Grundauftrags Gewinn i. S. einer positiven Differenz der gesamten Aufwendungen und Erträge anzustreben hat, wurde im Rahmen der Analyse des Sicherungsziels erläutert. Über diesen Grundsatz hinaus kann allerdings keine für den Bereich der Geldpolitik räumlich und zeitlich unabhängige Aussage formuliert werden, denn das Gewinnstreben kann nach Art und Ausmaß institutionell bedingt stark variieren (s. u.).

Während das Gewinnziel der Gesamtbank seinem Wesen nach immer ein Periodenziel ist, soll das der Funktion Geldpolitik als *Aktionsziel*[109] verstanden werden, da die durch Funktionen zu verwirklichenden Unterziele als Kriterien für das Verhalten in konkreten, für die Durchführung der Funktion typischen Entscheidungssituationen geeignet sein müssen[110]. Dies schließt allerdings nicht aus, daß Gewinn in der Geld-

---

[108] Vgl. Abschnitt D I a 1 und 2 (22).

[109] Zur Unterscheidung von Perioden- und Aktionsziel vgl. *Joh. Bidlingmaier,* Unternehmerziele und Unternehmerstrategien, a. a. O., S. 86 f.

[110] Vgl. auch Abschnitt C II d 2. — Das Verhältnis des geldpolitischen Ziels „Erreichung des zum Bilanzstichtag angestrebten ZBG-Bestands“ zum Standingziel der Bank läßt sich ebenfalls mit Hilfe der Unterscheidung von Aktionsziel und Periodenziel charakterisieren. Das Aktionsziel steht stets im Dienste des mit seiner Verwirklichung jeweils erstrebten Periodenziels.

politik — wie noch zu erläutern ist — auch als eine Periodengröße angestrebt werden kann. (Auf das Problem der funktionalen und zeitlichen Abgrenzung des Gewinnziels wird im folgenden Kapitel eingegangen). Wenn in dieser Arbeit von dem geldpolitischen Gewinnziel gesprochen wird, handelt es sich — sofern nicht anders definiert — stets um ein Aktionsziel in Form der „Gewinnwirksamkeit"[111] der zur Wahl stehenden Alternativen.

(42) Varianten des Gewinnstrebens

Ist die Mindesthöhe der aufgrund der drei ersten geldpolitischen Ziele täglich zu haltenden ZBG-Bestände eindeutig bestimmt, so liegen die nach dem Wirtschaftlichkeitsprinzip mindestens zu beschaffenden bzw. höchstens zu verwertenden Beträge ebenfalls fest. Die Wahl der Laufzeiten erfolgt dabei auf Basis von Schätzungen der im weiteren Verlauf der Planperiode erwarteten Bestände (vgl. Abschnitt E III c). Wenn die zeitliche Verteilung der Mindestreservehaltung variiert werden kann und wenn die Summe der Pflichtreserven — für den jeweiligen Rest des für die Erfüllung des Solls maßgeblichen Zeitraums — die Summe der aufgrund des Zahlungsbereitschafts- und des Publizitätsziels noch zu haltenden Mindestbestände überschreitet, kann die Bank diese Tatsache in den Dienst des Gewinnstrebens stellen. Sie kann aber auch auf eine gewinnorientierte Planung der für die Mindestreservehaltung vorgesehenen ZBG verzichten und statt dessen die entsprechenden Beträge zeitlich gleichmäßig verteilen. Darauf wird im einzelnen in den Abschnitten D I a und D II a eingegangen.

Weitere Erscheinungsformen des Gewinnstrebens, bei denen die Ist-Reserve allerdings nicht tangiert wird, sind die Variation des Reserve-Solls (vgl. B III c) sowie das „Durchhandeln". Kann die Bank ihr Reserve-Soll erfolgreich herabdrücken und dadurch mit Hilfe der beschriebenen Methoden ihren nicht in Form von Mindestreserven gebundenen ZBG-Bestand erhöhen, so kann sie mit den ceteris paribus zusätzlich bereitstehenden Mitteln Zinserträge erwirtschaften, die gewinnsteigernd wirken. Das Soll ist Nebenbedingung bei der Minimierung des Reserve-Ist, so daß sich durch Ermäßigung dieser Nebenbedingung auch das Ist als Zielgröße vermindert[112]. — Während die bisher dargelegten Varianten des Gewinnstrebens stets eine Veränderung des am Tagesende verbuchten ZBG-Bestands zur Folge hatten, trifft dies für das *„Durchhandeln"* nicht zu. Unter diesem der Bankpraxis entnommenen Begriff sol-

---

[111] Vgl. auch *R. Wittgen*, Geldpolitik ..., a. a. O., S. 81.

[112] Das Bemühen, durch eine Minimierung der Ist-Reserve möglichst hohe, für Aktivgeschäfte frei verfügbare ZBG zu erhalten, geschieht auch im Hinblick auf die Leistungsziele der Bank, denn die Steigerung von Leistungsmengen setzt meistens zusätzliche ZBG voraus.

len *innerhalb eines Tages* zu valutierende Aufnahmen und Hergaben von ZBG verstanden werden, die sich per Saldo unter Betrags- und Fristigkeitsaspekten ausgleichen und der Erzielung von Zinserträgen dienen. Aktionsgegenstand ist zwar auch hier, wie bei allen anderen geldpolitischen Maßnahmen, eine Veränderung des ZBG-Bestands, doch lediglich innerhalb eines Tages.

Charakteristisch für das „Durchhandeln" ist, daß die Bank beim Einsatz dieses Instruments den Ausgleich von Beschaffung und Verwendung der ZBG von vornherein vorsieht und zwar innerhalb kürzester Zeit, spätestens bis Tagesende. Außerdem unterscheidet sich das „Durchhandeln" von den anderen geldpolitischen Instrumenten insofern, als sich seine Auswirkungen allein auf den Funktionsbereich Geldgeschäft beschränken, da die Handelsobjekte nur ZBG sind und Rücksichtnahmen auf andere Bereiche daher entfallen. (Sofern sich allerdings die Fristigkeitsstruktur der aufgenommenen und ausgeliehenen ZBG nicht entspricht, sind risikopolitische Gesichtspunkte in Bezug auf die Liquidität zu beachten, die ein Einvernehmen mit der Bankleitung erforderlich machen). Die übrigen Maßnahmen der Geldpolitik können grundsätzlich hingegen nur nach Abstimmung mit anderen Funktionsbereichen getroffen werden. Zu beachten sind beim „Durchhandeln" allerdings die von der Bankleitung gesetzten Limite (vor allem auch bei der Inanspruchnahme von Zentralbankkredit, der in den meisten Ländern nur besichert als Lombardkredit gewährt wird) sowie die Einhaltung bestimmter Formen von Verhaltensweisen (vgl. Abschnitt D III), da diese das Standing der Bank berühren. — Zur Bedeutung des „Durchhandelns" läßt sich zusammenfassend sagen, daß dadurch die Bank ohne Bereitstellung von ZBG Zinserträge erwirtschaftet, die gewinnerhöhend wirken und auch einen gewissen Beitrag zur Liquiditätssicherung leisten.

c) Leistungsziele und Gewinnstreben in der Geldpolitik

Alle vier geldpolitischen Ziele sind durch einen gemeinsamen Aktionsgegenstand gekennzeichnet, nämlich die Veränderung des ZBG-Bestands. Im Gegensatz zu dem Gewinnziel stellen die drei übrigen geldpolitischen Ziele stets Leistungsziele dar. Bei zweien dieser Ziele (Erreichung der optimalen Zahlungsbereitschaftsreserve sowie des zum Bilanzstichtag angestrebten ZBG-Bestands) ist die Zielvariable in Gestalt des täglichen Mindestbestands M_j eine Bestandsgröße und beim Mindestreserveziel eine Strömungsgröße, die am letzten Tag der Mindestreserveperiode allerdings ebenfalls zu einer Bestandsgröße wird. Ausgehend von der am Beispiel der BRD im Abschnitt B III c 1 begründeten Annahme, daß die aufgrund des Mindestreserveziels zu realisierende Strömungsgröße größer oder gleich der Summe der täglichen Bestände M_j ist, ergibt sich, daß ein polares Verhältnis unmittelbar nur zwischen zwei geldpolitischen Zielen besteht, nämlich dem *Mindestreserve-* und dem *Gewinnziel.* Wie bereits im Abschnitt C III b 4 hervorgehoben, fordert das Gewinnziel die Minimierung der ZBG, die der freien Verfügung der Bank durch die Mindestreservepflicht entzogen werden, und zwar sowohl durch eine Einflußnahme auf das Reserve-Soll als auch durch eine optimale Bemessung der Ist-Reserve i. S. der Vermeidung von Überschußreserven. — Soweit das Gewinnziel der Geldpolitik sich auf das Streben nach einer Maximierung der für die Bank frei verfügbaren ZBG durch Minimierung des Reserve-Solls und der Überschußreserven bei Erfüllung des Reserve-Ist beschränkt; stellt es die Transformation des Oberziels Periodengewinn in ein spezifisches Aktionsziel dar. Wie im folgenden gezeigt wird, finden sich jedoch noch weitere Erscheinungsformen des Gewinnziels in der Geldpolitik im Zusammenhang mit der zeitlichen Verteilung der Reservehaltung.

Die Höhe der am Ende der einzelnen Tage der Mindestreserveperiode auf dem Zentralbankkonto der Bank zu haltenden Bestände wird — bei gegebenen täglichen Mindestbeständen M_j — von der Strategie der Reservehaltung bestimmt, der wir uns nun zuwenden. Da die zeitliche Verteilung der aufgrund des liquiditäts- und des publizitätspolitischen Ziels vorzusehenden M_j-Größen so zu planen ist, daß ihre Summe die zur Erfüllung der Mindestreservepflicht noch benötigten Beträge nicht überschreitet, sind die zur Erfüllung des Mindestreserveziels einzuplanenden Beträge *je Tag* größer oder mindestens gleich den aufgrund der beiden übrigen geldpolitischen Leistungsziele zu realisierenden Tagesendbeständen. Somit wird die Erfüllung der Reservepflicht zum einzigen Leistungsziel der Geldpolitik, denn im Falle der angenommenen Datenkonstellation und einer entsprechenden Planung der Reservehaltung sind die oben erwähnten M_j-Größen stets in den zur Realisierung des Mindestreserveziels vorgesehenen Beträgen enthalten. Aus diesem Grunde ist für die meisten Banken in der BRD auch das Problem einer möglichst genauen Fixierung der optimalen Zahlungsbereitschaftsreserve nicht relevant, sofern sie übersehen, daß die zur Erfüllung der Reservepflicht im Verlauf der Mindestreserveperiode je Tag zu realisierenden (variablen) Beträge ohnehin erheblich höher sind. Je näher das Ende der laufenden Mindestreserveperiode heranrückt, desto bedeutsamer wird jedoch auch für diese Banken die Kenntnis ihrer optimalen Zahlungsbereitschaftsreserve, vor allem für den letzten Geschäftstag der Periode. Sofern nämlich aufgrund unerwarteter Zahlungseingänge an den Vortagen höhere Mindestreserven realisiert wurden als vorgesehen, sind die für das Ende der Periode geplanten Bestände dementsprechend nach unten zu revidieren, so daß sich die Frage nach ihrer durch die M_j-Größen bestimmten Mindesthöhe stellt.

D. Strategien

I. Geldpolitische Verhaltensweisen

Eine Strategie ist ein *Verhaltensplan,* der *zur Realisierung von Zielen* aufgestellt wird. Er umfaßt die Art, den Umfang und den zeitlichen Ablauf des Mitteleinsatzes, wobei angesichts unsicherer Erwartungen allerdings hinreichende Flexibilität innerhalb dieser drei Faktoren gegeben sein muß. Namentlich im Hinblick auf den Umfang und den zeitlichen Ablauf der Maßnahmen befaßt sich die Strategie lediglich mit der *Rahmenplanung,* während die Festlegung der einzelnen Aktionen situativ bei genauerer Kenntnis der dann relevanten Datenkonstellationen unter Beachtung taktischer Erfordernisse erfolgt (s. u.). Innerhalb einer Strategie wird demnach eine Folge von Entscheidungen geplant, über deren Umfang und zeitliche Auswirkung im einzelnen erst von Fall zu Fall entschieden wird. Die Strategie selbst liegt über einen längeren Zeitraum fest.

Geschäftspolitische Strategien der Gesamtbank[1] enthalten u. a. Entscheidungen über die Beteiligung der betrieblichen Funktionen an den Maßnahmen zur Zielerreichung sowie über die Instanzen, die mit dem Einsatz der Instrumente betraut werden. Abgeleitet von diesen „Globalstrategien" können *Partialstrategien* entwickelt werden, deren Gegenstand der Mitteleinsatz innerhalb einer Funktion und/oder eines Bereichs ist. Wir befassen uns nur mit den für die Funktion Geldpolitik relevanten Partialstrategien. Die in der konkreten Entscheidungssituation zu beschließende, quantitativ und in ihrer zeitlichen Auswirkung festgelegte Kombination von Instrumenten richtet sich somit nach

(1) der gewählten Partialstrategie, die ihrerseits von den Bereichszielen sowie den intern und extern determinierten Rahmenbedingungen (vgl. C III a) abhängt, und

(2) ferner auch bestimmten Verhaltensgrundsätzen.

Die *Verhaltensgrundsätze,* auf die am Ende dieses Kapitels kurz eingegangen werden soll, sind bestimmte Handlungsanweisungen, deren Beachtung bei der Durchführung der Strategie Voraussetzung ihres Erfolges ist.

---

[1] Vgl. auch Abbildung 8 im Abschnitt C II c 1 (12).

a) Gewinn und zeitliche Verteilung der Mindestreservehaltung

1. Alternative Strategien

Aus den zur Realisierung der geldpolitischen Ziele geeigneten *Instrumenten* lassen sich nahezu beliebig viele *Kombinationen* zusammenstellen, so daß die Zahl der denkbaren Strategien grundsätzlich kaum limitiert ist. Die Grenzen der möglichen Kombinationen wurden im Abschnitt B II b, ausgehend von den Verhältnissen in der BRD, aufgezeigt. Es sind nun die dort als ε_i angesprochenen Strategien näher zu kennzeichnen (vgl. auch (2.01) bis (2.03) ebenda). In diesen Grenzen sind die unter Beachtung der täglichen Mindestbestände M_j bestehenden Möglichkeiten, die einer Bank zur Verteilung der für die Erfüllung der Reservepflicht vorgesehenen ZBG offenstehen, lediglich durch die Teilbarkeit der Beträge beschränkt. — Aus der Vielzahl der *Strategien*, die sich *für den zeitlichen Vollzug der Mindestreservehaltung* einer Bank anbieten, werden jetzt zwei typische Varianten gegensätzlicher Art ausgewählt. Der hier mit der Mindestreserveperiode identische Planungszeitraum sei t_1 bis t_n. Graphisch veranschaulicht sind die als Beispiele gewählten Strategien ε_1 und ε_2 in Abbildung 10: Das (erst im Verlauf der Mindestreserveperiode endgültig bekannte) Reserve-Soll S ist als eine gestrichelt gezeichnete Gerade dargestellt.

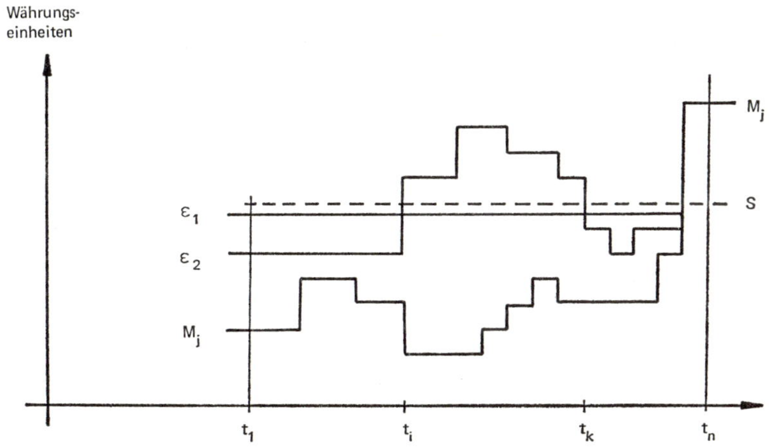

Abb. 10: Alternative Strategien der Mindestreservehaltung

Die *täglichen Mindestbestände* M_j (mit $j = 1, 2, 3, \ldots, n$) der als *Ist-Reserve* zu haltenden ZBG erreichen am letzten Geschäftstag des Monats aus bilanzpolitischen Gründen einen Höchststand. Um welchen Betrag der Soll-Bestand M_j das durchschnittliche Reserve-Soll S am letzten Tag der Planperiode (t_n) überschreitet, sei der Bank so rechtzeitig bekannt, daß sie das rechnerische „Tages-Soll" bis zum Tag t_{n-1} immer leicht unterschreiten kann, wenn der Ausgleich der dadurch im Verlauf kumulierten „Defizite" am letzten Geschäftstag sichergestellt scheint. Diesen Fall stellt die Strategie ε_1 dar, die durch eine konstante Reservehaltung bis zum Tag t_{n-1} gekennzeichnet ist, wobei S bis dahin stets leicht unterschritten wird. Die Bank handelt hier insofern wirtschaftlich, als sie die Realisierung von Überschußreserven zu vermeiden trachtet, die angesichts des hohen Mindestbestands in t_n zwangsläufig anfallen würden, wenn sie das durchschnittliche Reserve-Soll täglich voll erfüllte. — Im Falle der Strategie ε_2 führt die Bank dagegen eine im Zeitablauf variable Reservehaltung durch, weil sie im Zeitraum zwischen t_i und t_k ein relativ niedriges Zinsniveau erwartet und diese Periode daher zur verstärkten Mindestreservehaltung nutzt (s. u.).

Da die alternative Verwendung der im allgemeinen unverzinslichen Mindestreserven Erträge bringen würde, verursacht die *Reservehaltung Opportunitätskosten*. Eine Berechnung von Opportunitätskosten für die gesamte Mindestreserve wäre unsinnig, da die Beträge M_j nicht disponibel sind, d. h. auch ohne bestehende Reservepflicht gehalten werden müßten[2]. Nützlich unter dem Aspekt des Gewinnstrebens ist dagegen die Kenntnis des entgangenen Ertrags, der auf den über M_j hinaus (allein zu Mindestreservezwecken) realisierten ZBG-Betrag entfällt. Zur Erfüllung der Mindestreserveverpflichtung strebt die Bank einen täglichen Bestand R_j an (vgl. (3.01) und (3.02) im Abschnitt B III c 1). Die R_j-Bestände sind abhängig von der jeweiligen Strategie ε_h. Wir hatten dafür zwei Beispiele ($h = 1,2$) unterschieden.

$$R_{jh} = f(\varepsilon_h) \tag{5.01}$$

Um die Opportunitätskosten der Reservehaltung zu ermitteln, ist die Differenz zwischen R_j und M_j mit einem Zinsfaktor π zu gewichten, der mit j zur Bezeichnung des Tages und i zur Angabe der relevanten Form (s. u.) indiziert wird. Die Kosten K_h während der Periode t_1 bis t_n sind zu minimieren.

Bei der Wahl der Strategie ε_1 ist die vorgesehene Reservehaltung abgesehen von der am Tag t_n konstant. Die variablen M_j-Beträge liegen ebenfalls fest. Die zu minimierenden Kosten betragen im Falle ε_1:

$$\sum_j K_{j1} = \sum_{j=1}^{n-1} (R_{j1} - M_j)\, \pi_{ij} \rightarrow \text{min!} \tag{5.02}$$

---

[2] Die meist geringfügig verzinslichen *Geschäftsbankenguthaben* können die ZBG aus mehreren in vorangegangenen Abschnitten erörterten Gründen nicht ersetzen, u. a. weil die Zentralbank meist die Clearing-Funktion im Zahlungsverkehr übernimmt und die Zahlungsmittel-Qualität der ZBG zumindest graduell höher als die der Nostroguthaben einzuschätzen ist.

Dabei wird angenommen, daß $R_n = M_n$, d. h. die geplante Ist-Reserve in t_n wird durch den Mindestbestand determiniert. Ist $R_n > M_n$, beispielsweise wenn kein Bilanzstichtag zu beachten ist, so müssen beide Seiten der Gleichung jeweils nicht nur bis $(n—1)$, sondern bis n aufsummiert werden. Dies gilt auch für den Ausdruck (5.04) unten.

Im Gegensatz zu ε_1 liegen die R_j-Werte bei Wahl der Strategie ε_2 nicht von vornherein fest (außer in t_n), sondern variieren in Abhängigkeit bestimmter Erwartungsparameter, im wesentlichen der Zinsentwicklung. Da somit $\varepsilon_2 = f(\pi_{ij})$, gilt nach (5.01) auch

(5.03) $$R_{j2} = f(\pi_{ij})$$

Um die R_{j2}-Werte festlegen zu können, muß die Bank daher die erwarteten π_{ij}-Sätze zu schätzen in der Lage sein. In Anlehnung an (5.02) gilt:

(5.04) $$\sum_j K_{j2} = \sum_{j=1}^{n-1} (R_{j2} - M_j)\, \pi_{ij} \rightarrow \min!$$

Spricht man von der „Minimierung“ der Opportunitätskosten der Mindestreservehaltung, so sind zwei Sachverhalte zu unterscheiden, auf die sich diese „Minimierung“ beziehen kann:

(a) Eine Strategie ε_h zur zeitlichen Verteilung der R_{jh}-Werte ist gegeben, so daß dann lediglich die zum Ansatz kommenden Zinsfaktoren π_{ij} zu minimieren sind,

(b) Das Minimierungsbestreben schließt die Wahl der Strategie ebenfalls ein. Ob die Strategie ausschließlich unter solchen Kostenaspekten gewählt wird, wird nachstehend noch geprüft.

Als *Zwischenergebnis* sei festgehalten: Der Vielzahl möglicher Strategien zur Realisierung der Ist-Reserve ist gemeinsam, daß keine höheren Beträge gehalten werden, als es das Reserve-Soll erfordert. Die Strategie täglich konstanter Reservehaltung ist ein Spezialfall. Dieser erscheint für Banken in der BRD als eine durchaus gangbare Alternative, wenn auf „window-dressing“ verzichtet wird und somit für alle Tage der Mindestreserveperiode ZBG-Beträge gleicher Höhe vorgesehen werden. In Abbildung 10 wurde allerdings eine Strategie ε_1 angenommen, in der die Bank im Zeitpunkt t_n aufgrund bilanzoptischer Überlegungen von dem sonst eingehaltenen Grundsatz konstanter Reservehaltung nach oben abweicht. Um dennoch keine Überschußreserven realisieren zu müssen, hält die Bank von t_1 *bis* t_{n-1} relativ zum Reserve-Soll etwas niedrigere ZBG-Bestände und gleicht den bis dahin kumulierten Fehlbetrag in t_n aus. Die anfängliche Unterschreitung der Geraden S ist also publizitätspolitisch begründet.

Wählt die Bank eine Strategie, die durch weitere Abweichungen der Ist-Reserve von dem Soll S gekennzeichnet ist, d. h. beschränkt sie sich nicht nur auf die Abweichung zum Bilanzstichtag, so ist dafür das *Gewinnstreben* maßgeblich. Die Bank erwartet dann, ihre Mindestreservepflicht kostengünstiger als bei konstanter Reservehaltung erfüllen zu können. Sofern die zur Sicherung der Zahlungsbereitschaft dienenden Beträge (wie angenommen) S nicht überschreiten, erklären sich geplante Abweichungen von S aus dem Publizitäts- und/oder dem Gewinnziel der Bank in der Geldpolitik. Liegt der Bilanzstichtag am Ende der Mindestreserveperiode und strebt die Bank zu diesem Termin einen über dem durchschnittlichen Soll liegenden ZBG-Bestand an, so erfordert das Gewinnziel dem Stichtag vorangehende Unterschreitungen der Geraden S. *Unterschreitungen des durchschnittlichen Reserve-Solls* sind demnach *nur durch das* geldpolitische *Gewinnziel begründet* und werden bei ausgeprägtem „window-dressing" notwendig.

Variationsmedium geldpolitischer Maßnahmen ist stets nur der Teil der zur Erfüllung der Reservepflicht benötigten ZBG, der die täglichen Mindestbestände M_j überschreitet. Da das Gewinnziel institutionell bedingt einen sehr unterschiedlichen Umfang hat (s. u.), kann nicht allgemein gesagt werden, für welche Strategie sich die Bank entscheidet. Vergleiche der Kosten der in Betracht kommenden Alternativen kann die Bank auf Basis der oben dargelegten Ausdrücke (5.02) und (5.04) anstellen, sofern sie über hinreichend genaue Eingangsdaten verfügt. Wie unten noch näher zu erläutern ist, richtet sich die Wahl der Strategie auch nach der Bedeutung, die dem Gewinnziel im Rahmen der Geldpolitik grundsätzlich beigemessen wird.

Zwischen der Alternative ε_1, die sich mit der *Vermeidung von Überschußreserven* begnügt, und der Strategie ε_2, welche die Verteilung der Reservehaltung während der Mindestreserveperiode unter dem Aspekt der kalkulatorischen *Zinskosten* zu *optimieren* trachtet, sind in der Praxis nahezu beliebig viele Zwischenformen denkbar. Diese verzichten zwar auf den Versuch der Kostenminimierung — u. a. weil die Erwartungsdaten, vor allem die π_{ij}-Werte, so sehr mit Unsicherheit belastet sind, daß Optimierungsrechnungen nicht zu brauchbaren Ergebnissen zu führen versprechen —, ohne jedoch eine fast konstante Reservehaltung, wie im Falle ε_1, vorzunehmen. Die Praktizierung solcher *Zwischenformen* wäre allerdings sinnvoll, wenn die Bank erwartete Zinsschwankungen, insbesondere am Tagesgeldmarkt, dennoch zu nutzen gedenkt. Sie könnte zu diesem Zweck die im Abschnitt B II b dieser Arbeit entwickelten Formeln, vor allem (2.17) bis (2.20) anwenden, wobei die Eingabe von Zinssätzen nicht vorgesehen ist. Mit Hilfe dieser dort dargelegten Methode wird die Bank die zeitliche Verteilung der Reservehaltung nur variieren, wenn sie im Zeitablauf wenigstens größenordnungsmäßig bedeutsame Unterschiede im Zinsniveau erwartet. Es genügt, wenn die Bank mit einer ihr hinreichend erscheinenden Wahrscheinlichkeit annimmt, daß das Zinsniveau an einem künftigen, von ihr ins Auge gefaßten Plantag sich gegenüber dem Ausgangszeitpunkt t_a (an dem sie die Variation überlegt) so stark unterscheidet, daß eine Erhöhung des ZBG-Bestands (bei unerwartetem Anstieg der Zinssätze) bzw. eine Verminderung (bei künftig niedrigeren Sätzen) in t_a grundsätzlich vorteilhaft ist. Ob eine solche bestandsverändernde Maßnahme in t_a tatsächlich ergriffen wird, hängt von dem relativen Umfang des erwarteten Zinsunterschieds, seiner Eintrittswahrscheinlichkeit sowie allgemein auch der Risikoneigung der Bank ab.

Als Entscheidungshilfe dazu wäre ein Streuungsdiagramm dienlich, in dem für einen bestimmten Plantag gegenüber dem Ausgangszeitpunkt erwartete Zinsänderungen mit den dazugehörigen Wahrscheinlichkeiten eingetragen werden[3]. Die Bank hätte außerdem Mindestbedingungen für die Zinsänderungen und die diesen entsprechenden Wahrscheinlichkeiten festzulegen (beispielsweise ±25 % und 0,8), die zur Vornahme einer ZBG-Variation gegeben sein müßten. In der Zusammensetzung dieser Mindestanforderungen kommt die *Risikoneigung* der Bank zum Ausdruck. — Wenn sich die Bank auf diesem Wege für eine Variation in einer bestimmten Richtung entschieden und zuvor auch den Zeitpunkt t_j der künftigen Auswirkung festgelegt hat, setzt sie anschließend den Umfang fest. Sie kann dabei bis an die Grenzen (2.14) bzw. (2.15) gehen (vgl. Abschnitt B II b). Für einen Verzicht auf die Ausschöpfung der mindestreservetechnisch gegebenen Grenzen sind Risiko-Überlegungen maßgeblich: Angesichts der über die künftigen Zahlungsein- und Ausgänge bestehenden Unsicherheit[4] kann die Bank unerwartete Zahlungsanforderungen sowie das Ausbleiben erwarteter Eingänge nicht ausschließen, so daß sich eine Variation des ZBG-Bestands um $-\Delta Z_x$ ex post als zu hoch herausstellen könnte. Analog gilt dies gleichermaßen für nicht vorhergesehene Eingänge und wider Erwarten ausgebliebene Auszahlungen, die eine Erhöhung um $+\Delta Z_x$ ex post als unnötig qualifizieren würden. Das Maß der Variation am Tage t_x um $\pm\Delta Z_x$ wird somit weitgehend von der subjektiv einzuschätzenden Zuverlässigkeit der Zahlungserwartungen sowie dem Risikoverhalten der Bank bestimmt. Dies trifft gleichermaßen für die Wahl einer evtl. vorgesehenen Kompensation dieser Variation am Tage t_y zu.

Allgemein darf gesagt werden, daß die Bank mit abnehmender Voraussicht über die künftigen Zahlungsein- und Ausgänge sich in zunehmendem Maße an der oben als ε_1 typisierten Strategie ausrichten, d. h. die Zahl und den jeweiligen Umfang der Abweichungen von der Geraden S

[3] Die Wahrscheinlichkeit wird auf der Ordinate und die Änderung der Zinssätze $\Delta\,\pi_i$ auf der Abszisse abgetragen.

[4] Vgl. vor allem die Abschnitte B I a und b sowie C III b 1 (131). Die Schätzungen können das objektive Risiko jedoch nicht ausschalten.

relativ gering halten wird. Der zuletzt dargelegte, auf eine Quantifizierung der Kosten verzichtende Weg der ZBG-Variation ist nicht mehr als ein aus dem Umstand unsicherer Erwartungsgrößen resultierender Behelf, der zwar keine kostenminimale Disposition ermöglicht, jedoch der Geldpolitik die Möglichkeit bietet, zur Erreichung des *Gewinnziels* der Bank einen Beitrag zu leisten. Sind die erwarteten Zinsdifferenzen zu gering und/oder ihr Eintritt mit zu hohem Risiko behaftet, verzichtet die Bank auf eine gewinnorientierte ZBG-Variation.

2. Präzisierung des Gewinnziels im Hinblick auf die Strategienwahl

(21) Beziehung des geldpolitischen Gewinnziels zu dem der Gesamtbank

Das geldpolitische Gewinnziel wurde erstens dahingehend charakterisiert, daß es unter Nebenbedingungen die *Minimierung der durch die Reservepflicht gebundenen ZBG* postuliert. Ob bzw. inwieweit, zweitens, das Streben nach möglichst niedrigen Kosten der Reservehaltung stets Inhalt des geldpolitischen Gewinnziels ist, wird später zu klären sein. In jedem Fall schließt dieses Ziel das Bemühen der Bank um *Vermeidung von Überschußreserven* ein. Die Minimierung der durch die Reservepflicht gebundenen ZBG ist nur durchführbar, wenn die ZBG-Dispositionen sämtlicher Funktionsbereiche im Hinblick darauf koordiniert werden. Kriterien dieser Minimierung sind jedoch keineswegs allein geldpolitische Ziele, sondern die im Rahmen einer Zielfunktion geordneten Ziele der Gesamtbank. Die drei Leistungsziele der Geldpolitik erhalten dabei die Form von Nebenbedingungen, d. h. die Erreichung dieser Mindestziele ist Datum des Optimierungsvorgangs. Die Minimierung erfolgt, wie dargelegt, in zwei Stufen, nämlich der Einflußnahme auf das Reserve-Soll und der anschließenden Bemessung der Ist-Reserve. Auf der ersten Stufe müssen ggfs. vorhandene Leistungsziele anderer Funktionen, die einer geldpolitisch motivierten Minimierung entgegenstehen, als zusätzliche Nebenbedingungen formuliert werden. — Liegt das im Verlauf der Mindestreserveperiode zu realisierende Soll fest, so bestimmt dann die für die Geldpolitik gewählte Partialstrategie, welchen Beitrag diese Funktion zur Erfüllung des Gewinnziels der Gesamtbank zu leisten vermag. Die bisher bekannten Bankmodelle sehen zur Erreichung des Reserve-Solls während der Mindestreserveperiode täglich konstante ZBG-Beträge vor, mißverstehen also den Durchschnittswert S als eine für jeden Tag relevante Größe. Wie nachfolgend erläutert wird, ist das dabei realisierbare Gewinnmaximum der Gesamtbank keineswegs mit dem identisch, das bei variabler Mindestreservehaltung erwirtschaftet werden könnte.

Es ergibt sich, daß das geldpolitische Gewinnziel somit als Teil des Gewinnziels der Gesamtbank aufzufassen ist. Optimale Entscheidungen können daher nicht innerhalb einer Funktion, der Geldpolitik, allein getroffen werden. Sie sind unter Berücksichtigung aller relevanten Oberziele nur im Rahmen eines Planungsmodells[5] zu vollziehen, das sämtliche Funktionsbereiche erfaßt, in denen über Zu- und Abgänge von Finanzmitteln entschieden wird. Es fehlt derzeit noch eine Methode zur funktionalen Aufteilung des Umfangs, in dem ein Formalziel in einer Periode erreicht wurde, selbst wenn man unterstellt, daß die Periodenabgrenzung gelöst ist. Der Gewinnbeitrag geldpolitischen Handelns ist deshalb insofern nicht meßbar[6]. Daraus folgt jedoch nicht, daß auch der Versuch zur Ermittlung eines Abteilungserfolgs im Bereich der Geldpolitik sinnlos wäre. Durch Kenntnis des Erfolgs des Funktionsbereichs erhielte die Bank u. a. ein Maß für die Beurteilung der Leistung der für die Planung und Ausführung der Geldpolitik Verantwortlichen.

Erfolgsermittlung ist nur in Wirtschaftseinheiten möglich. Im betrieblichen Leistungsprozeß entsteht Gewinn als positiver monetärer Periodenerfolg durch das Zusammenwirken einer Vielzahl von Beschaffungs-, Umwandlungs- und Verwertungsakten. Da ohne einen Erlös bei der Leistungsverwertung kein Gewinn erzielt und ohne Beschaffung keine Verwertung erfolgen kann, ist eine Wirtschaftseinheit nur dann zur Gewinnerzielung in der Lage, wenn sie mindestens die Beschaffungs- und die Absatzfunktion ausübt. Betriebliche Funktionsbereiche sind keine Wirtschaftseinheiten, wenn sie — wie in der Regel — sich auf die Durchführung nur einer Funktion beschränken. Die Geldpolitik nimmt unter den bankbetrieblichen Funktionen insofern eine Sonderstellung ein, als sie die Verrichtung von Beschaffungs- und Absatzaufgaben verlangt, während andere Funktionen, deren an Hand ihres Anteils an der Bilanzsumme gemessene Bedeutung weit größer ist, entweder nur Absatz- (z. B. Kreditgewährungen) oder nur Beschaffungsaufgaben (z. B.

[5] Derartige Planungsmodelle sind erst in jüngster Zeit in Ansätzen entwickelt worden, ohne jedoch in der bisher bekannten Form aufgrund von — bislang offenbar unumgänglichen — Vereinfachungen bei den Grundannahmen und der Modellkonzeption den Gegebenheiten in der Realität voll entsprechen zu können. In der BRD vgl. die Modelle *H.-D. Deppes* (Bankbetriebliches Wachstum, a. a. O.), der auf deren weitere Entwicklungsbedürftigkeit an mehreren wesentlichen Stellen selbst verweist, u. a. auf S. 183 f.

[6] Dies gilt vor allem auch im Hinblick auf den „Hilfscharakter" der Geldpolitik (vgl. Abschnitt E I b), denn geldpolitische Aktionen werden vielfach nur als notwendige, sich zwangsläufig ergebende Folge der Durchführung sonstiger Funktionen vorgenommen. Um deren Durchführbarkeit zu sichern, obliegt der Geldpolitik, täglich für einen bestimmten ZBG-Bestand Sorge zu tragen. In der Erfüllung dieses Mindestbestands besteht ihre Leistung für die anderen Funktionen. Zu dem Umfang, in dem das Gewinnziel der Gesamtbank realisiert wird, trägt die Geldpolitik insofern bei, als sie den ihr eingeräumten Entscheidungsspielraum bei den Durchführungsmodalitäten gewinnorientiert nutzt.

Einlagenbeschaffung) wahrnehmen. Sofern geldpolitische Tätigkeiten sich einem *Funktionsbereich,* besonders dem Geldgeschäft, zuordnen ließen, könnte für diesen Bereich ggfs. auch der Gewinnbeitrag der Geldpolitik ermittelt werden.

(22) Ansatz zur Quantifizierung der Gewinnwirksamkeit geldpolitischer Strategien

Der Aufwand und Ertrag einzelner geldpolitischer Aktionen ist jeweils für sich genau meßbar[7]. Die *Gewinnwirksamkeit einer Aktion* kann damit im Verhältnis zu der einer alternativ anwendbaren Maßnahme beurteilt werden. Gleiches gilt für alternativ mögliche Strategien, wie die oben erläuterten Beispiele ε_1 und ε_2 gezeigt haben. Dabei läßt sich in einer hinreichend langen Periode (mindestens ein Jahr)[8] die *Gewinnwirksamkeit einer Strategie relativ zu der einer anderen* messen. Als Basis könnte z. B. ε_1 (kein über die Vermeidung von Überschußreserven hinausgehendes Gewinnstreben) dienen. Während das Streben nach Vermeidung von Überschußreserven eine Mindestanforderung an die Geldpolitik darstellt, sind Gewinne, die durch Anwendung von oben als Zwischenformen zwischen ε_1 und ε_2 gekennzeichneten Strategien entstehen, als zusätzlicher Beitrag der Geldpolitik anzusehen. Es liegt daher nahe, den durch geldpolitische Aktionen erzielten Gewinn quantifizieren zu wollen, der sich über den Beitrag hinaus ergibt, welcher durch Anwendung der Strategie ε_1 erzielt würde.

Für derartige Quantifizierungen können der Geldpolitik die als Grundlage der Messung dienenden Instrumente allerdings nicht schlechthin zugeordnet werden. Denn die Geldpolitik wurde mittels eines Aktionsgegenstands (Veränderung der ZBG-Bestands) gekennzeichnet, und nur solche Maßnahmen wurden als geldpolitische Instrumente betrachtet, deren spezifische Aufgabe in einer jeweils bestimmten Variation des ZBG-Bestands besteht[9]. Hingegen wäre es fallweise möglich zu ermitteln, in welchem Umfang einzelne geldpolitische Aktionen in bezug auf alternativ anzuwendende Maßnahmen jeweils zu einer Verminderung des Aufwands bzw. Erhöhung des Ertrags beitragen. Ob ein solches Vorgehen sinnvoll ist, kann nur in Verbindung mit dem damit verfolgten Zweck gesagt werden. Wünscht die Bank den Abteilungserfolg des

---

[7] Eine bestimmte Form der Geldbeschaffung verursacht Aufwendungen in Höhe von x — und eine der Geldverwertung von y — Währungseinheiten. Vgl. auch *R. Wittgen,* Geldpolitik . . ., a. a. O., S. 84.

[8] Kürzere Perioden sind für Gewinnvergleiche angesichts der sich im Jahresverlauf ändernden Zinsentwicklung während der einzelnen Mindestreserveperioden nicht sinnvoll.

[9] Diese Betrachtungsweise bot für die Beurteilung der Erreichung der drei ersten geldpolitischen Ziele kein Hindernis, da es sich bei diesen um Leistungsziele handelt, deren Erfüllungsgrad am Leistungsergebnis abzulesen ist.

Bereichs Geldgeschäft zu ermitteln, so erfaßt sie nur einen Teil des Gewinnbeitrags geldpolitischer Aktionen. Andererseits ist davon auszugehen, daß dieser im Abschnitt E II definierte Bereich allein der Geldpolitik dient, so daß die in ihm durchgeführten Geschäfte ausschließlich Geldgeschäfte sind. Wenn eine geeignete Bezugsbasis besteht, ließe sich insofern der relative Gewinnbeitrag bestimmen, den Aktionen dieses Bereichs liefern.

Als Bezugsgrundlage wird die oben dargestellte Strategie ε_1 zusammen mit einem zur ZBG-Variation erforderlichen Instrument vorgeschlagen. Dieses Instrument sei aufgrund seiner Laufzeit- und Verzinsungseigenschaften das tägliche Geld am Bankengeldmarkt. Angesichts der zwischen Laufzeit, Mobilitätsgrad und Gewinnwirksamkeit bestehenden Interdependenzen[10] werden die beiden ersten Kriterien zusammengefaßt, so daß lediglich das bereits erläuterte zweidimensionale Spannungsverhältnis *Fristigkeit vs. Gewinn* gegeben ist. Auf die Alternative Laufzeit- vs. Erfolgspräferenz kommen wir im folgenden Abschnitt zurück. Täglich fälliges Geld als die in zeitlicher Hinsicht kleinste Aktionseinheit der Bank zur Variation des ZBG-Bestands besitzt als handelbares Gut in der Regel einen Preis, den Tagesgeldzins. Da die Zinssätze für Geldmarktkredite im allgemeinen[11] mit ihrer Laufzeit zunehmen, gilt für tägliches Geld — verglichen mit den sonstigen geldpolitisch verwendungsfähigen Instrumenten — im Normalfall das relativ niedrigste Zinsniveau. Der hier dargelegte Ansatz zur Quantifizierung der Gewinnwirksamkeit geldpolitischer Strategien versucht nicht, den gesamten Gewinnbeitrag einer Strategie zu bestimmen, sondern nur die *Differenz zum Beitrag der Strategie* ε_1. Daraus folgt, daß die Vermeidung von Überschußreserven in diesem Sinne keinen hier relevanten Gewinnbeitrag leistet, da dieses Postulat in allen Strategien zu beachten ist, also auch für die Basis-Strategie ε_1 gilt. Vielmehr ist die Gewinnwirksamkeit einer Strategie unter dem Aspekt der relativen *Kosten*verursachung interessant. In dieser Hinsicht ist eine Strategie dann vorteilhafter als ε_1, wenn sie niedrigere Kosten der Mindestreservehaltung verursacht.

Zur Messung des Erfolgsbeitrags einer jeden Strategie wird jeweils von allen Zahlungsbewegungen auf dem ZBG-Konto ein täglicher Saldo gebildet, der mit dem jeweils geltenden *Tagesgeldzins* (π_{1j}) bewertet wird. Die täglichen Anfangsbestände sind als Einzahlungen zu betrachten. Die

---

10 Vgl. auch *R. Wittgen,* Geldpolitik ..., a. a. O., S. 75 ff., 83 ff. und Abschnitt B III b 1 (13) der vorliegenden Arbeit.

11 So u. a. *H. Hohlfeld,* Die Systematik des Kreditmarkts, in ZfhF, N. F., Jg. 7 (1955), S. 33. — Vgl. aber auch *E. Brehmer,* a. a. O., S. 153: Bei einem „äußerst schweren Anspannungstermin von kurzer Dauer" wird „die Präferenz der Nachfrager für kurzfristige Geldmarktkredite relativ stärker sein als für längerfristige Geldmarktkredite", so daß dann die Sätze für tägliches Geld die Termingeldsätze übersteigen können.

täglichen Mindestbestände werden — wie zuvor begründet — ausgenommen. Kalkulatorisch führen die Einzahlungen E_j zu Kosten und die Auszahlungen A_j zu Erträgen. Diese für Geldgeschäfte stets zutreffende Annahme ist auch für alle übrigen Geldbewegungen auf dem ZBG-Konto zulässig, wenn man den Zweck der Rechnung betrachtet: Da dieser Zweck lediglich in einem Vergleich mit den Ergebnissen besteht, die die Anwendung der Strategie ε_1 voraussichtlich erbracht hätte und diese sonstigen Geldbewegungen in jeder Strategie rechnerisch gleich behandelt werden, hat lediglich die Gruppe der *Geldgeschäfte* einen Einfluß auf das Resultat des Vergleichs. Die Differenzen zwischen den täglichen ZBG-Ist-Beständen und den Mindestbeständen werden hier ebenfalls mit den (jeweils ex post bekannten) Tagesgeldsätzen bewertet. Dabei wird angenommen, daß die Bank ihren ZBG-Ist-Bestand stets zum jeweiligen Tagesgeldsatz auf das durch ε_1 geforderte Niveau auffüllen bzw. abbauen könnte. *Für jede Strategie* läßt sich die Summe der kalkulatorischen Kosten der Mindestreservehaltung unter diesen Voraussetzungen dann leicht ermitteln:

(5.05)
$$\sum_{j=1}^{n} K_j = \sum_{j=1}^{n} (E_j - A_j - M_j) \cdot \pi_{1j}$$
$$(\pi_i = \pi_1 \text{ für Tagesgeld})$$

Ein *Vergleich* der so errechneten K_j einer beliebigen Strategie mit der im Falle ε_1 anfallenden Kostensumme zeigt der Bank, ob und inwieweit die tatsächlich angewandte (bzw. geplante) Strategie zu niedrigeren *Kosten* geführt hat (bzw. in der Erwartung der Bank führen würde). Das Ergebnis des Vergleichs ist eine Resultante des in Abhängigkeit von den Zinserwartungen am Tagesgeldmarkt erfolgenden Verhaltens der Bank beim Abschluß von Geldgeschäften. Beschränkt die Bank den Vergleich auf im Funktionsbereich Geldgeschäft durchgeführte (bzw. durchzuführende) Maßnahmen und hat sie diesem Bereich die alleinige Verantwortung für die Erfüllung der Mindestreservepflicht übertragen, so läßt sich mit solchen über einen längeren Zeitraum durchgeführten Vergleichen die Leistung[12] der Entscheidungsträger beurteilen, wobei die Strategie ε_1 als „Standardverhalten" unterstellt wird.

Wollte man π_{ij}-Zinssätze berücksichtigen, d. h. neben dem täglichen Geld weitere Instrumente einbeziehen, so sind aussagefähige Kostenvergleiche kaum möglich. Wenn für die Geldgeschäfte innerhalb der Strategie je nach Instrument unterschiedliche Sätze zum Ansatz kämen, also ebenfalls die etwa für Termingelder und Geldmarktpapiere gezahlten oder erzielten Zinssätze, dürfte sich der Betrachtungszeitraum aufgrund der

---

[12] Die Leistung besteht vor allem in der — ex post gesehen — „richtigen" Vorausschätzung der Zinsentwicklung, einem entsprechenden Timing der Geldgeschäfte und in deren quantitativ optimaler Dosierung.

längeren Laufzeit der Instrumente nicht auf jeweils eine Mindestreserveperiode beschränken. Versuche zur Berücksichtigung der effektiven Aufwendungen und Erträge für alle Geschäftsformen stoßen innerhalb unserer Vergleichsrechnung nicht nur auf Schwierigkeiten bei der Periodenabgrenzung, sondern auch bei der Durchführbarkeit des Vergleichs selbst: In ε_1 dürfte dann nicht mehr nur der Tagesgeldzins gewählt werden, sondern es wären fiktive Zinssätze für die Beträge mit längerer Laufzeit und geringerem Mobilitätsgrad anzusetzen. Ob solche Rechnungen angesichts des spekulativen Charakters ihrer Ausgangsdaten sinnvoll wären, muß fraglich erscheinen.

Als *Zwischenergebnis* können wir festhalten: Die Gewinnwirksamkeit von Strategien läßt sich in bestimmten Grenzen beurteilen. Ein Vergleich der Gewinnwirksamkeit alternativ anwendbarer Strategien ist vor allem in dem ausschließlich der Geldpolitik dienenden Funktionsbereich Geldgeschäft aussagefähig. Als Bezugsgrundlage des Vergleichs dient eine Strategie (nahezu) konstanter Reservehaltung. Die übrigen Strategien sind dadurch gekennzeichnet, daß sie eine in Abhängigkeit von erwarteten Zinssatzveränderungen am Tagesgeldmarkt variable zeitliche Verteilung der Mindestreservehaltung vorsehen. Wendet die Bank eine dieser Strategien an, so ist ihr gesamter Periodengewinn nicht gleich dem, der bei nahezu konstanter Reservehaltung (Strategie ε_1) zu erwarten ist, weil bei der Veränderung des ZBG-Bestands durch Geldgeschäfte dann alle drei Aktionsparameter (vgl. B II b) anders als im Falle ε_1 eingesetzt werden und durch die Zeitwahl sich die Aufwands- und Ertragsstruktur ändert. Die bisher in Deutschland bekannten Planungsmodelle bankbetrieblicher Gewinnmaximierung vernachlässigen diesen Aspekt und beschränken sich auf eine konstante Mindestreservehaltung[13]. — Den Vollzug der Strategie, im wesentlichen durch Geldgeschäfte, und die Frage des Planungszeitraums erörtern wir im Kapitel E III. (Wenn Termingelddispositionen zum geldpolitischen Instrumentarium der Bank gehören, muß der Planungszeitraum die Mindestreserveperiode überschreiten.) — Auf die Quantifizierung der Gewinnwirksamkeit von Arbitragegeschäften wird im Abschnitt D I b eingegangen.

(23) Grundtypen des geldpolitischen Gewinnziels

Das Gewinnstreben der Bank beeinflußt, wie begründet, die Höhe des Reserve-Solls und den Umfang der Ist-Reserve. Bei gegebenem Reserve-Soll lassen sich drei Varianten des Gewinnziels in der Geldpolitik unterscheiden: Wie am Beispiel der Strategie ε_1 beschrieben, kann dieses Ziel

---

[13] So bei *H.-D. Deppe,* Bankbetriebliches Wachstum, a. a. O., S. 124, 126 ff.

zunächst einmal nur i. S. eines Wirtschaftlichkeitsstrebens bei der Erfüllung der Mindestreservepflicht verstanden werden. Dieses Streben erfordert die *Vermeidung von Überschußreserven,* ein für jede geldpolitische Strategie geltendes Postulat. Das Wirtschaftlichkeitsprinzip besagt jedoch nicht allein, daß nicht mehr ZBG im Verlauf der Mindestreserveperiode zu halten sind als für die Erfüllung des Reserve-Solls notwendig ist, sondern es muß stets auch bei den Beschaffungs- und Verwertungsakten beachtet werden, die beim Vollzug einer Strategie erforderlich werden. Hat die Bank die für Mindestreservezwecke täglich zu realisierenden ZBG geplant, wobei diese Bestände die aufgrund des Zahlungsbereitschafts- und des Publizitätsziels zu realisierenden Mindestbestände ebenfalls einschließen, so ergeben sich als Differenz zu den als Auswirkung autonomer Zahlungsvorgänge erwarteten (fiktiven) ZBG-Beständen solche Beträge auf dem ZBG-Konto, die nach dem Wirtschaftlichkeitsprinzip mindestens zu beschaffen bzw. höchstens zu verwerten sind. Bei gegebenen Fristigkeitseigenschaften zur Verfügung stehender Geldgeschäftsmöglichkeiten wählt die Bank cet. par. die Alternative des *niedrigsten Aufwands bei der Beschaffung* benötigter ZBG und strebt den *höchsten Ertrag bei der Verwertung* überschüssiger Beträge an.

Die erste Variante des geldpolitischen Gewinnziels besteht somit im *Wirtschaftlichkeitsstreben,* das für jede Bank gilt. Wie auch bei den zwei weiteren Grundtypen wird die Zielerfüllung dabei durch die unvollkommene Information erschwert. Wegen der Unsicherheit über die Zahlungsein- und Ausgänge ist die Realisierung von Überschußreserven ggf. unvermeidlich. Solche überschüssigen Beträge können durch fremddeterminierte, kurz vor dem Ende der Mindestreserveperiode eingehende Zahlungen entstehen. Wenn die Zahlungseingänge in t_n, mit denen die Bank zur Erfüllung des Reserve-Solls rechnet, nicht sicher sind, hält die Bank zur Einschränkung des Risikos der Nichterfüllung zwischen t_1 *und* t_{n-1} etwas höhere ZBG-Bestände, als es ohne Berücksichtigung dieses Risikoaspekts optimal wäre. Es würden dadurch allerdings zwangsläufig Überschußreserven gebildet, wenn sich diese erhöhte Reservehaltung in t_n als überflüssig erweist und dieser Termin ein Bilanzstichtag ist, an dem die Bank den aus bilanzoptischen Gründen angestrebten ZBG-Bestand realisiert.

Das Gewinnziel beschränkt sich in der Geldpolitik auf das Streben nach Wirtschaftlichkeit vor allem dann, wenn die Bank die Geldpolitik ausschließlich als Hilfsfunktion und stets allein als im Dienste des Sicherungsziels stehend betrachtet. Von dieser Ausprägung des Gewinnziels unterscheidet sich die zweite Variante (s. u.) grundlegend. Sie tritt auf, wenn die Bank ihre für Mindestreservezwecke vorgesehenen ZBG im Verlauf der Mindestreserveperiode aufgrund erwarteter Zinssatzänderungen variiert. Während dem „Wirtschaftlichkeitsstreben" die oben als ε_1 gekennzeichnete Strategie zugrunde liegt, macht die zweite Variante des Gewinnziels die Anwendung der Strategie ε_2 oder die einer der Zwischenformen erforderlich. Ob dieser zweite Grundtyp ebenfalls als eine Form der „Wirtschaftlichkeit" zu charakterisieren ist, bedarf als bloße Definitionsfrage hier keiner näheren Erörterung. Der Ausdruck „Wirtschaftlichkeit" wäre insofern angebracht, als mit Hilfe der Strategien variabler ZBG-Bestände eine Senkung der Kosten der Mindestreservehaltung angestrebt wird. Diese Begriffsverwendung würde jedoch verwirren.

Im Vergleich zu der Strategie ε_1, die den Anforderungen des Wirtschaftlichkeitsstrebens in der Geldpolitik genügt, geht die Bank bei Anwendung der Strategien von Tag zu Tag variabler Reservehaltung erhöhte Risiken ein. Die Strategien letzterer Art bieten zwar die Chance niedrigerer Opportunitätskosten der Mindestreserveerfüllung, beinhalten jedoch zugleich auch ein höheres Risiko bei der Realisierung der geldpolitischen Leistungsziele einerseits und der Forderung nach Vermeidung von Überschußreserven andererseits. Auf diesen Aspekt gehen wir im Abschnitt D II a ein. Die besonderen, mit den Strategien variabler Reservehaltung verbundenen *Risiken* verleihen der Anwendung dieser Strategien eine *spekulative* Note. Deutlich wird dies vor allem, wenn man an die Schwierigkeiten einer dafür notwendigen Vorausschätzung der relevanten Zinsentwicklung denkt. Die neben dem Wirtschaftlichkeitsstreben ggf. verfolgte zweite Variante des geldpolitischen Gewinnziels wird daher als *Streben nach Zinsspekulationsertrag* bezeichnet. Sie besteht dann, wenn die Bank ihre tägliche Reservehaltung aufgrund von während der Mindestreserveperiode erwarteten Zinsschwankungen variiert.

Der dritte Grundtyp des Gewinnziels ist das *Streben nach Zinsarbitrageertrag.* Dieses ist streng genommen zwar kein geldpolitisches Ziel, weil Aktionsgegenstand der im Hinblick darauf durchgeführten Maßnahmen nicht die Veränderung des ZBG-Tagesendbestands gegenüber dem des Vortags ist, doch kann es als Nebenziel berücksichtigt werden, weil es in dem Funktionsbereich Geldgeschäft, der sonst ausschließlich der Geldpolitik dient, als Handlungsmaxime zum Gewinn der Bank beiträgt. Bei Bestehen dieses Funktionsbereichs verursachen durch ihn herbeigeführte Arbitragegeschäfte ohnehin keine zusätzlichen fixen Aufwendungen (s. u.)[14]. — Ob die Bank in der Geldpolitik nicht nur nach

---

[14] Vgl. auch *L. Voß,* Die Gelddisposition einer Regionalbank unter besonderer Berücksichtigung der Rolle der Erwartungen, Diss. Münster 1967, S. 16, der als weiteren Grund für Arbitragegeschäfte die Tatsache nennt, daß „häufigere und wechselseitige Geschäfte das Verhältnis zwischen den Banken (verbessern), so daß im Bedarfsfalle sicherer ... eine Geldlücke bei der eigenen Bank geschlossen werden kann". Vgl. ferner ebenda, S. 38 f.

Wirtschaftlichkeit, sondern auch nach Zinsspekulationserträgen und/oder im Geldgeschäft nach Zinsarbitrageerträgen streben soll, ist konstitutiv (s. u.) festzulegen. Eine Entscheidung zugunsten der Arbitrage ist dabei weit weniger problematisch als eine solche zugunsten der Spekulation, da das Risiko hier sehr limitiert ist.

b) Zinsarbitrage durch Geldgeschäfte (Exkurs)

Unter *Zinsarbitrage* wollen wir den Versuch verstehen, „aus den Zinsdifferenzen, die täglich auf den einzelnen Elementarmärkten festzustellen sind, Nutzen zu ziehen"[15]. Von Bedeutung ist hier nur die „Differenzarbitrage"[16]. Arbitrage kann mittels Inlandsvalutageldgeschäften oder auch durch Einschaltung von Auslandsvalutageldgeschäften durchgeführt werden. Letztere muß die Bank mit Inlandsvalutageldgeschäften verbinden, da sonst der ZBG-Bestand nicht variiert wird[17]. Allerdings sind für uns Zinsarbitragegeschäfte nur insofern relevant, als sie Geldgeschäfte darstellen, durch die der Tagesendstand auf dem Zentralbankkonto ceteris paribus nicht verändert wird. Wir betrachten also nur das im Abschnitt C III b 4 bereits erläuterte „Durchhandeln". Das gehandelte Gut besteht bei Inlandsvalutageldgeschäften aus Zentralbankguthaben und bei Auslandsvalutageldgeschäften auch aus Geschäftsbankenguthaben. Die Initialzahlung wirkt bei einem Arbitragegeschäft stets bilanzverlängernd[18].

Geldgeschäfte lassen abgrenzungsgemäß die Übernahme von Ausfall- und Terminrisiken nicht zu. Bei Ausleihungen an Adressen minderer Bonität handelt es sich daher nicht um Geldgeschäfte, da die Reversionszahlung dann risikobehaftet wäre. Die Zinsarbitrage unter Ausnutzung von Bonitätsunterschieden kann demnach nicht Gegenstand unseres Themas sein. Da bei der Arbitrage im Geldhandel der *Zeitpunkt* als *ein Geschäftstag* definiert ist, können im Tagesverlauf offene Positionen entstehen. Diese können Risiken in der Form mit sich bringen, daß die Aus-

---

[15] *O. Hahn,* Geld- und Devisenhandel, a. a. O., S. 19. — Zum Wesen der Arbitrage vgl. *F. Schmidt,* Internationaler Zahlungsverkehr und Wechselkurse, 2. Aufl., Leipzig 1922, S. 237 ff. — Den Arbitragebegriff, nach dem Geschäft und Gegengeschäft zum gleichen Zeit*punkt* getätigt sein müssen, wollen wir nicht übernehmen, denn im Gegensatz zum Devisenhandel kommen solche zeitpunktgleichen Transaktionen im Geldgeschäft kaum vor. Unser Kriterium zur Abgrenzung von Arbitrage und Spekulation ist die Frage der Veränderung des *täglichen* ZBG-Bestands bei annähernd konstanter Risikensituation (s. u.).

[16] *F. Schmidt,* a. a. O., S. 238.

[17] s. auch *R. Wittgen,* Geldpolitik . . ., a. a. O., S. 59 f. — Eine eingehende Auswertung der Literatur über internationale Geldmarktgeschäfte findet sich auf knappem Raum u. a. bei *H. Brandes,* a. a. O., S. 30 ff.

[18] Maßnahmen zur Umstrukturierung von Bankaktiva, etwa zwecks Steigerung ihrer Gewinnwirksamkeit, beziehen wir in den Arbitragebegriff nicht mit ein.

gleichsgeschäfte nicht zu den erwarteten Konditionen abgeschlossen werden können. Aufgrund der geringen Zeitdifferenz zwischen dem Abschluß der die Position bildenden Geschäfte einerseits und dem (den) Gegengeschäft(en) andererseits sind die Risiken bei der Zinsarbitrage allerdings sehr begrenzt. (Dies gilt jedoch nicht, wenn eine wesentliche Änderung der relevanten Datenkonstellation im weiteren Tagesverlauf zu erwarten steht. Das Halten offener Positionen würde dann dem Wesen der Arbitrage widersprechen.)

Die Arbitrage ist durch die Vornahme einer jeweils beliebigen Zahl von Beschaffungs- und Absatzakten in einem Handelsgut an einem Arbeitstag gekennzeichnet. Die Gesamtheit der Geldbeschaffungen muß die gleiche Betragshöhe aufweisen wie die des Absatzes, wobei die Strukturen der Laufzeiten und des Mobilitätsgrads innerhalb der beiden Gesamtheiten sich jeweils entsprechen müssen[19]. Eine Verschlechterung der Risikenstruktur würde die Gesamtbank als Wirtschaftseinheit treffen. Durch autonome Entscheidungen innerhalb der Geldpolitik darf die Risikensituation daher nur in sehr engen Grenzen variiert werden. Ausgehend von der Prämisse der Risikoneutralität veranschaulicht Abbildung 11 die oben genannten Bedingungen je Abschlußtag. Die Intra-Struktur der beiden Kriterien Mobilitätsgrad und Laufzeit ergibt sich nach der Gewichtung durch die Betragshöhe des jeweiligen Abschlusses[20].

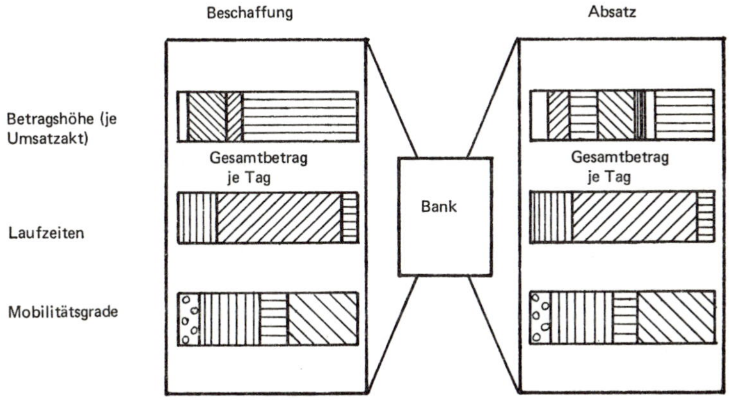

Abb. 11: Merkmale der Arbitrage durch Geldgeschäfte

[19] Nicht der Arbitrage, sondern der Spekulation zuzuordnen wäre z. B. eine Fristentransformation dergestalt, daß eine Bank tägliches Geld aufnimmt und es längerfristig in der Erwartung ausleiht, den ausgeliehenen Betrag stets auf gleiche Weise refinanzieren zu können. Vgl. das Beispiel von *O. Hahn*, Geld- und Devisenhandel, a. a. O., S. 20.

[20] Als Meßgröße dienen die Einheit „Tag" für die Laufzeit und eine subjektiv bestimmte Maßzahl für den Mobilitätsgrad. Jede Gewichtung dieser

Zinsarbitragegeschäfte werden in der Regel *zur Gewinnerzielung* betrieben. Im Gegensatz zu den zwecks Veränderung des täglichen ZBG-Bestands durchgeführten Geldgeschäften bereitet die Ermittlung des Gewinnbeitrags der Zinsarbitrage nur geringe Schwierigkeiten. Der kalkulatorische Erfolg läßt sich für jeden Geschäftstag errechnen, da die Kriterienkonstellation auf der Beschaffungsseite der auf der Absatzseite entspricht. Es besteht hier also keine Notwendigkeit, zur Gewinnermittlung eine zeitliche Abgrenzung vorzunehmen, wie bei den oben analysierten geldpolitischen Strategien. In der Zinsarbitrage braucht man sich daher nicht mit der Ermittlung der Gewinnwirksamkeit der Maßnahmen zu begnügen, sondern kann das Gewinnstreben auch als Periodenziel verfolgen. Dieses aus der Summe der Tagesgewinne während eines bestimmten Zeitraums bestehende Ziel läßt sich als ein *Nebenziel der Geldpolitik* charakterisieren. — Die Aufwendungen sind den einzelnen Arbitragegeschäften direkt zurechenbar. Fixe Aufwendungen brauchen nur berücksichtigt zu werden, wenn sie unmittelbar aus der Arbitragetätigkeit resultieren[21] und nicht durch die außerhalb der Arbitrage ohnehin durchgeführten ZBG-Dispositionen bedingt sind. Der Arbitragegewinn läßt sich daher durch Saldierung der Erträge und Aufwendungen leicht errechnen. Da wir die Nutzung von Bonitätsunterschieden durch Geldgeschäfte als nicht zulässig betrachtet haben, hängt die Möglichkeit der Gewinnerzielung durch Arbitrage weitgehend von einem überdurchschnittlich hohen Informationsstand ab, dessen Erreichung mit entsprechend hohen Aufwendungen verbunden ist. Außerdem kann eine gewinnbringende Arbitrage durch Präferenzen eröffnet werden, die die Fremdadressen der Bank entgegenbringen. Solche Präferenzen können u. U. durch Standingpflege gefördert werden.

Letztlich können Arbitrageoperationen selbst auch *Mittel der Standingpflege* sein. Dies gilt namentlich für die Eigenadressenpflege an den internationalen Geldmärkten. Es wird berichtet, daß im wesentlichen „mittlere und kleinere Banken“ zeitweilig nur deswegen Geld aufnehmen oder abgeben, um ihren Namen am Markt im Gespräch zu halten[22]. Allerdings kann gerade die Zinsarbitrage aufgrund ihres bilanz-

---

auf das jeweilige Geschäft zutreffenden Einheiten ergibt einen Wert pro Geschäft, der z. B. für die Laufzeit bei DM 1 Mio Monatsgeld 30 Mio beträgt. Die laufzeitgleichen Geschäfte (bzw. solche mit gleichem Mobilitätsgrad) werden zu je einer Gruppe zusammengefaßt. Aus den Maßzahlen je Gruppe wird schließlich der Anteil jeder Gruppe an der Gesamtheit ermittelt.

[21] Vgl. auch die entsprechende Begründung Wittgens für ihre Nicht-Berücksichtigung in der Devisen-Arbitrage: *R. Wittgen*, Gewinnoptimierung im Devisen-Eigengeschäft von Kreditinstituten, in ZfB, Jg. 38 (1968), S. 143.

[22] „Geldexporte können zu bloßen Prestigegeschäften werden.“ *M. Hein*, Die internationalen Geldmarktgeschäfte ..., a. a. O., S. 73, teilweise unter Berufung auf *O. Altman* und *P. Einzig*. — Ähnlich äußert sich auch *L. Voß*, a. a. O., S. 39 (Geschäfte aus „Gefälligkeit“).

verlängernden Effekts Standing-schädigend wirken, wenn die von den (potentiellen) Kontrahenten für notwendig erachteten Relationen zu den haftenden Mitteln der Bank nicht eingehalten werden, d. h. das Eigenkapital im Verhältnis zu den Nostroverbindlichkeiten und zur Bilanzsumme als zu gering angesehen wird. Arbitrage kann also nicht ohne Rücksicht auf das Bilanzbild betrieben werden. Sofern jedoch die Geschäftsvorfälle sich bilanziell lediglich zwischen den Stichtagen auswirken, kann die Bank die publizitätsorientierten Relationen zum Eigenkapital ggf. auch unterschreiten, ohne nachteilige Folgen befürchten zu müssen.

Gelegentlich wird die grenzüberschreitende Zinsarbitrage auch durch administrativ bedingte *Verzerrungen im Zinsgefüge* der Geldmärkte erleichtert oder gar erst ermöglicht. Dies trifft vor allem dann zu, wenn die Währungsbehörden für Auslandsvalutageldgeschäfte Kurssicherungskonditionen bieten, die günstiger als die entsprechenden am freien Devisenterminmarkt gehandelten Swapkonditionen sind. Diskrepanzen zwischen den Swapsätzen des Marktes einerseits und denen der Notenbank andererseits schufen so u. a. in der BRD im Jahre 1969 die Voraussetzung für die sog. „*Karusselgeschäfte*". Dazu ein *Beispiel*:

Eine Bank in der BRD gewährt einer ausländischen Adresse eine Geldleihe in US-Dollar auf 3 Monate und bedient sich zur Kurssicherung des dazu in Dollar gewechselten DM-Betrages des Bundesbank-Swapsatzes von 4 %. Am freien Devisenterminmarkt wird der Dollar gegenüber der DM per 3 Monate mit einem Abschlag von hingegen 5¼ % gehandelt. Diese Differenz läßt sich nun in Abhängigkeit von unterschiedlichen Mindestreservebestimmungen in der BRD auf zwei Wegen (a) und (b) nutzen, wobei Geschäfte nach (b) stets auch in der Situation (a) möglich sind: Die Variante (a) gilt nur, wenn die Mindestreservebestimmungen Einlagen ausländischer Adressen bei inländischen Banken und Kreditaufnahmen inländischer Banken im Ausland wirtschaftlich zulassen. In diesem Fall kann die oben erwähnte Geldleihe in US-Dollar umgehend in die BRD zurückgeleitet und am Kassamarkt in DM umgetauscht werden. Hat sich die Bank, die der ausländischen Adresse die Geldleihe ursprünglich gewährt hatte, diesen Kreditbetrag somit wiederbeschafft, erscheinen die nunmehr zurückgeleiteten Mittel in ihrer Bilanz als Einlagen, so daß aufgrund dieser Transaktionen ein *Mittelentzug nur in Höhe der Mindestreservebelastung* eintritt. Bei einem Mindestreservesatz von 10 % könnte daher mit 90 % des Ausgangsbetrags ein neues Karusselgeschäft begonnen werden. Die Erfolgsrechnung für die Bank in der BRD sieht wie folgt aus (in % p. a.):

I. Hergabe von Dreimonatsdollar, Ertrag z. B.	10 %
— Kurssicherungsaufwand (Dollar Deport) bei Nutzung des Bundesbank-Swaps für Geldexporte	4 %
Nettozinsertrag	6 %

II.	Aufnahme von Dreimonatsdollar, Aufwand z. B.	10¼ %
—	Kurssicherungsertrag	5¼ %
	Nettozinsaufwand	5,0 %
+	Kosten der Mindestreservehaltung[23]	0,5 %
	Kalkulatorische Kosten	5,5 %
	Zinsertrag aus I.	6,0 %
	Kalkulatorischer Ertrag der Transaktion	0,5 %

Durch den hohen Kurssicherungsertrag, der als Differenz zwischen den Devisenkursen für das Kassageschäft und das Termingeschäft (Terminkauf der zur Rückzahlung des Dollarkredits benötigten Devisen) in II. erzielt wurde, ergibt sich bei einer Gesamtbetrachtung der Kreditgewährung und der anschließenden Kreditaufnahme durch die inländische Bank trotz der Mindestreservebelastung ein ansehnlicher kalkulatorischer Ertrag von 0,5 %.

Gangbar ist nur der Weg (b), wenn aufgrund der Mindestreservebestimmungen das Eingehen von *Verbindlichkeiten gegenüber Gebietsfremden* wirtschaftlich *prohibitiv* wird. In diesem Fall bietet sich ein *Umweg über inländische Nichtbank-Unternehmen* an: Das Geldexportgeschäft der Bank wird wie im Falle (a) getätigt, jedoch verzichtet die Bank hier auf einen direkten Retransfer der Dollars. Die Aufnahme der Dreimonatsdollars erfolgt nunmehr nicht durch sie, sondern durch eine inländische Nichtbank. Diese Nichtbank erhält von dem ausländischen Schuldner der Bank einen Dollarkredit in gleicher Höhe (bzw. der ursprünglich exportierte Dollarbetrag wird aufgeteilt in eine Anzahl von Teilkrediten von der ausländischen Bank weitergereicht), der der Nichtbank dann auf ein Konto bei der Bank im Inland überwiesen wird. Für diese Einlage gelten die *Mindestreservesätze für Verbindlichkeiten gegenüber Gebietsansässigen.* Nachdem die Bank, die das Geldexportgeschäft ursprünglich durchführte, den Betrag auf diesem Wege zurückerhalten hat, könnte sie mit der nach Abzug der anteiligen Mindestreservebelastung verbleibenden Summe ein neues Karusselgeschäft beginnen.

Ermöglicht wurden diese Transaktionen[24] durch die Differenz zwischen dem Vorzugs-Swapsatz der Bundesbank für Geldexporte und den wesentlich höheren Swapsätzen am freien Markt. Der dadurch erzielte Nettoertrag läßt sich unschwer auf die Beteiligten aufteilen. Die Modalitäten solcher Geschäfte

---

[23] Es sind die *Opportunitätskosten* anzusetzen: Durch die Bindung von 10 % des im Ausland aufgenommenen Betrages als Mindestreserven entgehen der Bank Erträge in Höhe von 10 % des Zinsbetrags, der für eine Ausleihung im Inland erzielt worden wäre. Für solche Geldmarktanlagen gleicher Laufzeit darf bei einem Zins für Dreimonatsdollar von 10—10¼ % und einem Swap von — 5¼ % am freien Markt ein Zins von 5 % angenommen werden. Das heißt: Hätte die Bank mit dem Ausgangsbetrag kein Karusselgeschäft begonnen, sondern ihn am inländischen Geldmarkt angelegt, hätte sie 5 % auf den vollen Betrag erzielt. Im Falle des Karusselgeschäfts kann sie jedoch nur 90 % des Ausgangsbetrags wieder ausleihen. Ihr Zinsertrag im Inland ermäßigt sich somit um ein Zehntel, d. h. 0,5 % p. a.

[24] Besonders im September 1969 wurden solche Geschäfte offensichtlich in großem Umfang durchgeführt. Deutsche Nichtbanken nahmen in diesem Monat 3,1 Mrd. DM im Ausland auf. Vgl. MB BbK, Jg. 21 (1969), Nr. 11, S. 37.

können hier nicht im einzelnen erörtert werden[25], zumal sie bei Teilnahme mehrerer Banken und Nichtbank-Unternehmen nicht in wenigen Sätzen beschrieben werden können.

Es darf jedoch nicht übersehen werden, daß die Arbitrage für die Geldpolitik einer Bank nur eine Nebentätigkeit bedeutet, da die Hauptaufgabe der Geldpolitik, wie gesagt, gerade in der Veränderung der *täglichen* ZBG-Bestände besteht.

c) Auswirkungen unterschiedlicher Basiszeiträume für Reserve-Soll und Reserve-Ist

Da der Basiszeitraum der Berechnung des Reserve-Solls nicht mit dem für die Ermittlung der Ist-Reserve identisch sein kann, bietet dieser Umstand der Bank stets einen Spielraum für geldpolitische Aktivität. Die Diskrepanz der Basisperioden ist arbeitstechnisch bedingt, denn die Ermittlung der das Soll bestimmenden Werte ist zwangsläufig mit Zeitaufwand verbunden und setzt abgeschlossene Buchungen im Bereich der Bemessungsgrundlagen voraus[26]. Oft überschreitet die Verschiebung der Basisperioden auch die für die Berechnung des Solls erforderliche Zeit, so daß den Banken dann eine gewisse Frist zur Verfügung steht, in der sie die endgültige Höhe des Solls kennen und bei seiner Erfüllung beweglich sein können. Doch auch wenn das Soll endgültig erst wenige Tage oder gar nur einen Tag vor Ablauf der Mindestreserveperiode bekannt ist, kann die Bank die Inkongruenz der Basisperioden geldpolitisch nutzen: Betrachtet man zwei Perioden zur Realisierung der Ist-Reserve, P_1 und P_2, so fällt der Zeitraum zur Ermittlung des Solls für P_2 mindestens teilweise in P_1. Abbildung 12 zeigt dies am Beispiel der BRD.

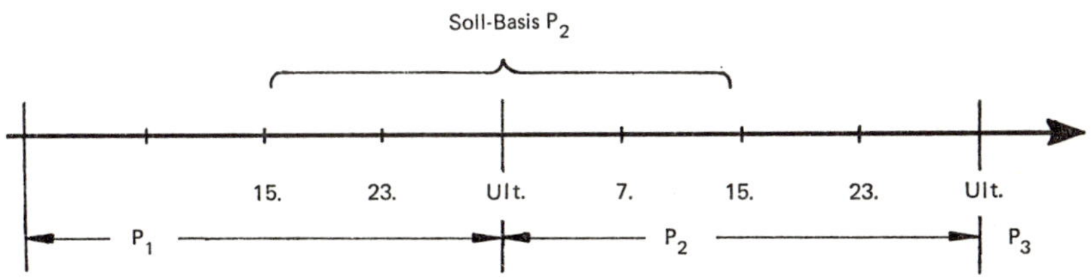

Abb. 12: Basiszeitraum des Reserve-Solls in der BRD

Die Bank kann durch bestandsverändernde Maßnahmen in P_1 ihr Soll in P_2 vermindern. Wird das Soll allein auf Basis bestimmter Verbindlich-

[25] Vgl. hierzu u. a. „Swap-Karussel“, in ZfgK, Jg. 22 (1969), S. 783, und Börsenzeitung, 18. Jg., Nr. 171 vom 9. 9. 1969, S. 2.

[26] Vgl. auch *R. Wittgen*, Geldpolitik ..., a. a. O., S. 122, sowie Abschnitt B III c 1.

keiten berechnet, so kann dies durch eine Reduzierung dieser Verbindlichkeiten oder ggf. auch durch Veränderungen ihrer Struktur geschehen (vgl. Abschnitt B III c 2). Eine Senkung des ZBG-Bestands durch Verminderung von Verbindlichkeiten[27] in P_1 wird dann in Betracht gezogen, wenn der entsprechende Betrag zur Erfüllung der Reservepflicht in P_1 nicht mehr benötigt wird, andere geldpolitische Ziele dem nicht entgegenstehen und das Soll in P_2 gedrückt werden soll. Damit der Betrag in P_2 wieder zur Verfügung steht, müßte die Wiederbeschaffung nach Ablauf der für das Soll maßgeblichen Basisperiode erfolgen. Dadurch erhöht sich allerdings das Soll in P_3. — Obwohl alle Maßnahmen zur Reduzierung des Solls in der Regel nur nach Billigung durch die übrigen davon betroffenen Bereiche durchgeführt werden sollten (s. o.), gibt es Ausnahmesituationen, in denen der Geldpolitik eine dominierende Entscheidungskompetenz zufällt, nämlich dann, wenn die Bildung hoher Überschußreserven droht. In einem solchen Fall ist die Bank an einer Abwehr von Zugängen an reservepflichtigen Verbindlichkeiten interessiert, wenn es risikopolitisch nicht vertretbar scheint, diese Mittel auf längere Frist anzulegen als sie voraussichtlich zur Verfügung stehen[28]. Wenn derartige der Bank in P_1 zugegangene Verbindlichkeiten das Reserve-Soll für P_2 erhöhen, kann sie davon in zweifacher Hinsicht negativ betroffen sein[29]: Den Aufwendungen für solche Passiva stehen erstens keine Erträge gegenüber, wenn diese Zuflüsse zur Bildung von Überschußreserven führen. Zweitens kann die Bank diese Einlagen gerade zu Beginn der Periode verlieren, in der sie zur Erhöhung des Solls beigetragen haben. Die Bank muß zur Mindestreservehaltung dann zusätzlich ZBG beschaffen, die sonst nicht erforderlich gewesen wären.

Die Inkongruenz der Basiszeiträume kann sich unter Liquiditäts- und Gewinnaspekten demnach vor- wie nachteilig auswirken. Bei großer Inkongruenz trifft zwar der Eintritt der zuletzt vorgetragenen Situation die Bank negativ. Jedoch wird die Bank bei „normalem“ Geschäftsgang eine große Zeitspanne zwischen der Kenntnis des endgültigen Solls und dem Ende der Mindestreserveperiode begrüßen, um für ihre Dispositionen zur Verteilung der Ist-Reserve den Unsicherheitsfaktor Reserve-Soll möglichst frühzeitig ausschließen zu können. Bei Umstrukturie-

---

[27] Bemißt sich das Soll auf Basis von Aktivpositionen, könnte es nur durch eine Umstrukturierung auf der Aktivseite gesenkt werden. Da dieser Fall angesichts der bestehenden Mindestreserveregelungen keine aktuelle Bedeutung besitzt, wird er hier nicht weiter verfolgt.

[28] Dies gilt beispielsweise in besonderem Maße für Sichteinlagen von Ausländern, die der Bank aufgrund von spekulativen Hoffnungen auf Wechselkursänderungsgewinne zuflossen.

[29] Wenn solche Geldzugänge vor dem für die Berechnung des Solls maßgeblichen Stichtag wieder abfließen, führen sie allerdings nicht zu einer Erhöhung des Solls. Zwischen den Stichtagen tragen diese Beträge naturgemäß jedoch zu einer Anreicherung der Ist-Reserve bei.

rungen reservepflichtiger Verbindlichkeiten zur Ermäßigung des Solls sind einerseits der ggf. höhere Zinsaufwand für die mit niedrigeren Reservesätzen belasteten Gruppen zu beachten, andererseits aber auch die Ertragssteigerung, die die Bank ceteris paribus durch die zu Lasten des ZBG-Bestands erfolgende Umstrukturierung ihrer Aktiva erzielen kann.

II. Strategienwahl und Dringlichkeitsordnung der geldpolitischen Ziele

Geldpolitische Maßnahmen setzen die Kenntnis der Dringlichkeitsstruktur der einzelnen relevanten Zielvariablen voraus. Die Ziele der Geldpolitik lassen sich, wie dargelegt, als ein Zielbündel charakterisieren, das aus drei Leistungszielen und einem Erfolgsziel besteht, wobei das letztere in drei Varianten auftreten kann. Versucht man, diese Ziele nun in eine Dringlichkeitsordnung zu bringen, muß man zwischen einer *konstitutiv* und einer *situativ*[1] bedingten *Ordnung* unterscheiden: Erstere wird von den Anforderungen der Bankleitung bestimmt, die damit nur selten geänderte risikopolitische Entscheidungen (s. u.) fällt, während die situative Ordnung mit jeder neuen Datenkonstellation, d. h. sogar mehrmals am Tag, variieren kann. Die Festlegung der konstitutiven Ordnung ist ein wesentlicher Bestandteil der Entscheidungen, die die Aufgaben der Geldpolitik für die Bank abgrenzen. Zu diesen Entscheidungen gehört die Wahl einer *Strategie* und damit eines *Grundtyps des Gewinnstrebens.* Wenn im Verlauf der Mindestreserveperiode Zinsveränderungen zu erwarten sind und sich der Bank daraufhin mehrere alternative Strategien anbieten, so wählt die Bank die Strategie, die ihrem spezifischen geldpolitischen Gewinnziel entspricht.

a) Die konstitutive Dringlichkeitsordnung

1. Grundprobleme

Im folgenden ist nun vor allem das *Verhältnis der verschiedenen Grundtypen des Gewinnziels zu den Leistungszielen* zu klären und auch auf die Abhängigkeit einzelner geldpolitischer Ziele von dem Haupt- und dem Sicherungsziel einzugehen. Die Rangfolge der Leistungsziele wird dann am Ende dieses Abschnitts skizziert. — Als für jede Bank verbindlich wurde das Wirtschaftlichkeitsstreben in der Geldpolitik gekennzeichnet. Ob oder inwieweit die Bank darüber hinaus durch Geldpolitik

---

[1] Vgl. auch *E. Kosiol,* Organisation der Unternehmung, a. a. O., S. 120, *C. Sandig,* Betriebswirtschaftspolitik, a. a. O., S. 134 ff. und *H. Griem,* a. a. O., S. 69 f.

Gewinn zu erzielen trachtet, hängt von der Art ihres Hauptziels und ihrer Risikobereitschaft in der Geldpolitik ab.

Im Falle von Konflikten mit einem oder mehreren der übrigen geldpolitischen Ziele ist das *Streben nach Zinsarbitrage- und Zinsspekulationserträgen* stets als *nachrangig* zu betrachten. Zinsarbitrage- und Spekulationserträge sind somit erst dann anzustreben, wenn dadurch die Erfüllung der übrigen geldpolitischen Ziele nicht wesentlich gefährdet werden kann. (Was „wesentlich" ist, bestimmt das *Risikoverhalten* der Bank.) Diese Aussage läßt sich mit der Aufgabenstellung begründen, zu deren Verrichtung die Geldpolitik für die Bank besteht: In der Gewährleistung jeweils bestimmter ZBG-Bestände schafft die Geldpolitik eine wesentliche Voraussetzung für den erfolgreichen Ablauf des bankbetrieblichen Kombinationsprozesses. Da dieser Prozeß bei Fehlleistungen der Geldpolitik empfindlich gestört werden könnte — und wenn nicht kurzfristig durch drohende oder gar eingetretene Illiquidität, so doch längerfristig infolge negativer Auswirkungen auf das Standing — muß der jeweils erforderliche ZBG-Bestand realisiert werden. In der *Geldpolitik* ist daher eine noch *geringere Risikobereitschaft der Bank* anzunehmen als bei ihrem Verhalten in den anderen Funktionen. Orientiert die Bank ihre ZBG-Tagesendbestände nicht an dem durchschnittlichen Reserve-Soll S, d. h. verfolgt sie eine Strategie variabler Reservehaltung, so geht sie in zweierlei Hinsicht erhöhte Risiken ein: (1) Ergeben sich für sie negative Abweichungen von ihren Zinserwartungen, steigen die Opportunitätskosten der Reservehaltung über die bei Anwendung der Strategie ε_1 sonst realisierte Höhe. (2) Bei einer noch zu erläuternden Variante der Strategie ε_2 besteht außerdem die Gefahr der Nichterfüllung der Mindestreserveverpflichtung. — Es erscheint nur dann realistisch, daß Banken diese Risiken zwecks Erzielung von Zinsspekulationserträgen tatsächlich eingehen, wenn das Gewinnstreben auch Inhalt ihres *Hauptziels* ist.

Angesichts der Priorität der geldpolitischen Leistungsziele ist die Frage des Aufwands bei ihrer Erfüllung sekundär, sofern das Wirtschaftlichkeitsprinzip beachtet wird. Daraus folgt, daß die Bank eine aufgrund der geldpolitischen Leistungsziele notwendige Erhöhung des ZBG-Bestands nicht aufgrund „zu hoher" Aufwendungen unterlassen darf. — Die *Leistungsziele dominieren* in der Geldpolitik *über das Gewinnziel* nicht nur bei Geldbeschaffungsentscheidungen, sondern ebenfalls bei Verwertungsakten. Das Gebot der Vermeidung von Überschußreserven heißt nicht, daß ein ceteris paribus erfolgender Abbau des ZBG-Bestands künftige Erfordernisse der Leistungsziele verletzen darf. Vielmehr sind bei den bestandsvermindernden Verwertungsmaßnahmen aufgrund der Leistungsziele Höchstfristen zu beachten, die dem Wirtschaftlichkeitsstreben Grenzen setzen. Die Bank muß sich im Spannungsverhältnis von Fristigkeits- und Erfolgspräferenz entscheiden. Eine hohe Fristigkeitspräferenz entspricht einer geringen Risikoneigung bei der Erfüllung der Leistungsziele. Hingegen würde eine geringe Fristigkeitspräferenz zugunsten des Gewinnstrebens der spezifischen Aufgabenstellung der Geldpolitik zuwiderlaufen, da diese Funktion primär im Dienste des Sicherungsziels sowie auch des Standingziels der Bank steht und im Auftrag dieser Ziele für bestimmte ZBG-Bestände fristgerecht zu sorgen hat. Der Gewinnkomponente des Sicherungsziels wird durch das *Wirtschaftlichkeitsstreben* in der Geldpolitik Rechnung getragen, wobei allerdings die Frage, wieweit Gewinnaspekte gegenüber den Fristigkeitskriterien beim Abbau des ZBG-Bestands zwecks Vermeidung von Überschußreserven dominieren, nicht generell beantwortet werden kann. Entschieden werden kann sie nur auf Basis subjektiver Nutzenvorstellungen der Entscheidungsträger. Somit können Entscheidungen über das Ausmaß des Wirtschaftlichkeitsstrebens in der Geldpolitik teilweise nur aufgrund subjektiv bestimmter Präferenzen vollzogen werden. — Dies gilt für die beiden weiteren Grundtypen des Gewinnstrebens in noch stärkerem Maße. Dient die Geldpolitik ausschließlich dem Sicherungsziel, so bestimmt der Umfang seiner Gewinnkomponente die Entscheidung, ob die Bank auch Zinsarbitrage betreibt[2].

2. Die Entscheidung zwischen zwei Grundtypen der Strategie variabler Reservehaltung

Es besteht die Frage, ob das Streben nach *Zinsspekulationserträgen* durch geldpolitische Maßnahmen mit dem Sicherungsziel der Bank vereinbar ist. In diesem Zusammenhang muß zwischen zwei Strategien unterschieden werden, die Untertypen der Strategie ε_2 darstellen. Je nach der Richtung der Zinsänderungserwartung kann die Bank *Mindestreserven „vorerfüllen“* (Strategie ε_{21}) oder ihre *Mindestreserven „schleifen lassen“* (ε_{22}), wie es in der Bankpraxis heißt. Die Verhaltensweise ε_{21} bedeutet, daß die Bank während der Mindestreserveperiode zunächst höhere ZBG-Bestände zur Reservehaltung bereitstellt, als es dem im Durchschnitt aller Tage der Periode zu haltenden Betrag entsprechen würde und somit gegen Ende der Periode relativ niedrige, d. h. unterdurchschnittliche Bestände zu halten braucht. Bei Anwendung von ε_{22} geht sie den umgekehrten Weg, d. h. hält zunächst niedrigere und dann

---

2 Dabei sind auch die Anforderungen des *Standingziels* zu beachten, denn im Verhältnis zu den haftenden Eigenmitteln der Bank zu hohe Umsätze im Arbitragegeschäft können aus der Sicht der Marktpartner das Standing der Bank herabsetzen. Wenn die Bank, wie in der Regel, den Geschäftsumfang nicht bekanntgibt und den Ausweis der betroffenen Positionen in ihren Bilanzen im Rahmen des Üblichen hält, bleiben die Fremdadressen auf eigene Beobachtungen angewiesen.

höhere Bestände[3]. Sie läßt sich bei ε_{22} von der Erwartung leiten, daß der gegen Ende der Periode — im Vergleich zu ε_1 — zusätzlich bestehende Bedarf auch tatsächlich eingedeckt werden kann. Das Risiko dabei ist abhängig von der Art der Vorsorge. Gründet sich die Erwartung z. B. auf ZBG-Zuflüsse aus abgeschlossenen Geldgeschäften mit entsprechender Fälligkeit und/oder einen ausreichenden Bestand von bei der Notenbank jederzeit in ZBG transformierbarer Sekundärreserven, so ist das Risiko gering zu bewerten. Fehlt es jedoch an hinreichender Vorsorge, läuft die Bank Gefahr, die notwendigen ZBG im Bedarfsfall nicht vollständig beschaffen zu können. Am Geldmarkt könnten gerade dann die erforderlichen Beträge nicht erhältlich sein.

Verfehlt die Bank den zu realisierenden ZBG-Bestand, so hat sie zumindest einem ihrer Leistungsziele in der Geldpolitik nicht entsprochen. Diese Gefahr besteht besonders bei der Strategie ε_{22}, bei der die Erfüllung des Mindestreserveziels fraglich werden kann. Bei der Strategie ε_{21} verstößt die Bank gegen das Wirtschaftlichkeitsprinzip, wenn sie aufgrund der als Zahlungsbereitschaftsreserve sowie ggf. zum Bilanzstichtag zu haltenden ZBG Überschußreserven realisieren muß. Wir gingen zwar stets davon aus, daß die Summe der ZBG-Mindestbestände während der Mindestreserveperiode nicht größer als das kumulative Mindestreserve-Soll ist, doch besteht auch unter dieser Annahme gerade bei der Strategie ε_{21} die Möglichkeit, daß gegen Ende der Mindestreserveperiode die verbleibende Summe der noch zu haltenden Mindestreserven geringer wird als die der aufgrund der beiden übrigen Leistungsziele zu haltenden Mindestbestände[4]. *Überschußreserven* wären dann unvermeidlich.

Für die Strategien ε_{21} und ε_{22} gilt, daß in der Anfangsphase der Mindestreserveperiode der relativ größte Spielraum zur Variation des ZBG-Bestands um ΔZ innerhalb der genannten Grenzen besteht. Mit zunehmender Verringerung des bis zum Ende der Periode verbleibenden Zeitraums nimmt die für kompensatorische Maßnahmen zur Verfügung stehende Zeit entsprechend ab. Es besteht daher die Tendenz, den mindestreservetechnisch möglichen Spielraum einer ZBG-Variation im Verlauf der Periode nur in abnehmendem Maße auszuschöpfen[5]. Da die im Rahmen der Strategien ε_{21} oder ε_{22} vorgenommenen Veränderungen um $\pm \Delta Z$ unter unvollkommener Information über die erwarteten Zahlungsein- und Ausgänge erfolgen, besteht die Gefahr, daß die gegen Ende der

---

[3] Vgl. hierzu auch *R. Wittgen*, Geldpolitik ..., a. a. O., S. 68 f., der für diese beiden alternativen Strategien die Begriffe „Antizipation" und „Dilation" verwendet.

[4] *R. Wittgen*, Geldpolitik ..., a. a. O., S. 156, der dies allerdings nur für die Zahlungsbereitschaftsreserve feststellt.

[5] Vgl. dazu auch *R. Wittgen*, ebenda, S. 74 und 156.

Periode notwendigen Anpassungen einen größeren Umfang annehmen müssen, als bei Vornahme der Abweichung von dem durchschnittlichen ZBG-Bedarf S angenommen wurde. In der Bankpraxis wird zu Beginn der Mindestreserveperiode oft die Strategie ε_{21} verfolgt, auch ohne daß dafür immer erwartete Zinserhöhungen maßgeblich sein müßten. Die *überdurchschnittliche Mindestreservehaltung in der Anfangsphase* geschieht dann aufgrund des Bestrebens, bei der Erfüllung des Mindestreserveziels nur möglichst geringe Risiken einzugehen, d. h. die über die Mindestbestände M_j hinaus aufgrund der Mindestreserveverpflichtung zu haltenden ZBG frühzeitiger zu realisieren als es der Strategie ε_1 entspräche. Dieses Verhalten erlaubt den Banken, selbst bei unerwartetem, zusätzlichem ZBG-Bedarf gegen Ende der Mindestreserveperiode die Refinanzierungen zur Erfüllung des Solls relativ gering zu halten. Empirische Untersuchungen zeigen, daß in der BRD eine deutliche Präferenz für eine solche Strategie besteht. Eine Auswertung der *Wochenausweise der Deutschen Bundesbank* ergab für die letzten vier Kalenderjahre die in Tabelle 2 dargestellte relative Verteilung der ZBG im Jahresdurchschnitt.

Tabelle 2: **Zentralbankguthaben der Kreditinstitute in der BRD in Prozenten des Durchschnitts der vier monatlichen Ausweistage**

Jahresdurchschnitt	7.	15.	23.	30./31.
1966	109,8	101,4	95,5	93,2
1967	108,9	100,1	96,4	94,7
1968	106,0	96,9	98,8	98,4
1969a)	106,3	104,0	96,0	93,7

a) Das Ergebnis wurde etwas verzerrt durch die atypische Entwicklung im Mai 1969 (die Zahlenreihe lautet für diesen Monat 83,3; 128,4; 94,4; 93,9), als zur Monatsmitte rund 10 Mrd. DM Devisen zuflossen. Die überdurchschnittlichen Werte für den 23. und den 30./31. im Jahre 1968 sind ebenfalls durch Geldzuflüsse aus dem Ausland zu erklären, die in der 2. Novemberhälfte zu atypisch hohen ZBG-Beständen führten.

Quelle: Eigene Berechnungen auf der Grundlage der Wochenausweise der Deutschen Bundesbank.

Wie auch eine frühere Untersuchung von Eisfeld für die 1950er Jahre[6] nachweist, zeigt Tabelle 2 überdurchschnittlich hohe ZBG-Bestände an den beiden ersten Ausweistagen[7], vor allem dem 7. d. M. Daraus läßt sich trotz der Stichtagbezogenheit schließen, daß die Banken ihre Mindest-

[6] *C. Eisfeld*, Mindestreserven, a. a. O., Sp. 4006.

[7] Aufgrund besonderer kalendarischer Verhältnisse (wenn der Stichtag auf einen geschäftsfreien Tag fällt) kann der Ausweistag in der Regel bis zu 2 Tagen früher liegen.

reservehaltung für den Monat zu erheblich mehr als 50 % in der ersten Monatshälfte durchführen[8].

Aus dem Bestreben der Banken, gegen Ende der Mindestreserveperiode ZBG täglich in nur unterdurchschnittlichem Umfang halten zu müssen, um das Soll sicher erfüllen zu können, resultiert in der BRD ein Konflikt mit dem Bestreben, am letzten Geschäftstag bestimmter Monate aus bilanzpolitischen Gründen einen möglichst hohen ZBG-Bestand zu realisieren. Sofern dieser publizitätspolitisch begründete Bestand über dem durchschnittlichen Reserve-Soll S liegt und Überschußreserven nicht anfallen sollen, muß der ZBG-Ist-Bestand das Niveau S an einem oder mehreren Tagen vor dem Bilanzstichtag unterschritten haben. — Der zum Bilanzstichtag angestrebte ZBG-Bestand bestimmt den Mindestbestand M_j für diesen Tag, auch wenn die Bank zu diesem Termin ein hohes Zinsniveau erwartet[9]. Darin wird deutlich, daß das Gewinnziel in Gestalt des Strebens nach Zinsspekulationserträgen hinter das publizitätspolitische Ziel zurücktritt. Wäre die *Priorität des Publizitätsziels* nicht gegeben, so könnte die Bank unter Anwendung der Strategie ε_{21} „Mindestreserven vorerfüllen", um am Bilanzstichtag alle nicht als Zahlungsbereitschaftsreserve benötigten ZBG zu relativ hohen Zinssätzen ausleihen zu können. Wenn Banken sich nicht so verhalten, geht daraus hervor, daß die Funktion Geldpolitik mehr das *Standing*- als das Gewinnziel zu fördern hat. Das Streben nach Erreichung eines bestimmten, publizitätswirksamen ZBG-Bestands durchbricht also den im Rahmen der Strategien variabler Mindestreservehaltung befolgten Grundsatz, den Umfang der Reservehaltung mit der Höhe des Zinsniveaus negativ korrelieren zu lassen. Zu einer unterdurchschnittlichen Mindestreservehaltung neigt die Bank daher auch bei relativ niedrigen Zinssätzen, um angesichts des hohen ZBG-Bestands am Bilanzstichtag keine Überschußreserven realisieren zu müssen.

3. Rangfolge der Leistungsziele und Zwischenergebnis

(31) Als *wichtigstes* geldpolitisches Ziel muß aufgrund ihrer Liquiditätssicherungsfunktion stets die *Realisierung der optimalen Zahlungsbereitschaftsreserve* gelten. Aus den Ausführungen vorangegangener Abschnitte geht hervor, daß die Wahrung der jederzeitigen Zahlungsfähigkeit die wesentlichste Aufgabe der Geldpolitik darstellt, da dies für

---

[8] Vgl. dazu auch *O. Veit*, Grundriß der Währungspolitik, a. a. O., S. 275, der von einer „Gewohnheit" der Banken spricht, „in der ersten Monatshälfte möglichst viel Reserven" anzusammeln. s. ferner u. a. den Geldmarkt-Monatsbericht der „Börsen-Zeitung" für Juli 1969, „Börsenzeitung", 9. 8. 1969.

[9] Zumindest für den Jahresultimo ist nach aller Erfahrung ein weit höheres Zinsniveau als sonst im Dezember zu erwarten.

die Bank schlechthin existenznotwendig ist. Die zwei weiteren Leistungsziele sind diesem Ziel daher nachgeordnet. Die Rangfolge dieser zwei Ziele ist jedoch entscheidungsfeld- und entscheidungsträgerabhängig.

(32) Im allgemeinen ist wohl der *Erfüllung des Mindestreserve-Solls* der zweite Rang zuzusprechen. Angesichts der negativen Auswirkungen einer Nichterfüllung auf alle Oberziele sowie das Standing der Bank ist es unzulässig, in einem Entscheidungskalkül den auf den nicht realisierten Teil der Mindestreservepflicht ggf. zu zahlenden Strafzins gegen die Zinserträge abzuwägen, die die Verwendung der sonst als Mindestreserven gebundenen ZBG im Aktivgeschäft erbringen würde. Die tatsächlichen Kosten einer Nichterfüllung des Solls lassen sich meist nicht genau quantifizieren. Sie sind durch den Strafzins nur teilweise erfaßt. Welche Nachteile einer Bank insgesamt aus Verfehlungen ihres Mindestreserveziels erwachsen, hängt ab von dem jeweiligen Umfang und der Häufigkeit sowie einer Vielzahl weiterer international und institutionell variierender Faktoren. Ob der *Erreichung des zum Bilanzstichtag angestrebten ZBG-Bestands* Vorrang vor dem Mindestreserveziel einzuräumen ist oder nicht, läßt sich ebenfalls nicht generell sagen.

(33) Als *Zwischenergebnis* sei *weiterhin* folgendes festgehalten: Das *Gewinnziel* in Form des Wirtschaftlichkeitsstrebens und des Strebens nach Zinsarbitrageerträgen ist innerhalb der genannten Grenzen mit dem Sicherungsziel der Bank vereinbar und kommt somit als Handlungsmaxime für die Geldpolitik der Bank unabhängig von der Art ihres Hauptziels in Betracht. Im Verhältnis zu den drei geldpolitischen Leistungszielen ist das Gewinnziel als *nachrangiges* Ziel zu betrachten. Das Gewinnziel in Form des Strebens nach Zinsspekulationserträgen erscheint nur dann wirklichkeitsnah, wenn die Gewinnerzielung Inhalt der Hauptzielvariablen der Bank ist. Auch in diesem Fall darf die Bank durch ein solches Gewinnstreben nicht die Erreichung der aus dem Sicherungs- und dem Standingziel abgeleiteten geldpolitischen Leistungsziele gefährden. Insbesondere bei einer überdimensionierten Anwendung der Strategie vom Grundtyp ε_{22} kann die Erfüllung des Mindestreserve-Solls gefährdet sein[10]. Versuche zur Erzielung von Zinsspekulationserträgen im Rahmen der Strategie ε_{21} können aufgrund der möglichen Realisierung von Überschußreserven mit dem Wirtschaftlichkeitsstreben in Konflikt geraten[11]. Begrenzt wird das Maß der ZBG-

---

[10] Wenn das Soll dann nur zu sehr hohen Kosten realisiert werden könnte, würde dies dem Wirtschaftlichkeitsstreben widersprechen, das in einer solchen Situation angesichts der Priorität der Leistungsziele allerdings zurückzutreten hätte.

[11] Ggf. könnte die Bank zur Vermeidung von Überschußreserven gezwungen sein, gegen Ende der Mindestreserveperiode zwecks Abbau ihres ZBG-Bestands Geldgeschäfte auf extrem niedriger Habenzins-Basis abzuschließen.

Variation im Rahmen der Strategie ε_{21} also hauptsächlich durch Überlegungen innerhalb des Gewinnziels der Geldpolitik selbst.

Wenn angesichts erwarteter *Zinsschwankungen* während der Mindestreserveperiode sich mehrere verschiedene Strategien zur Wahl anbieten, wählt die Bank die ihrem geldpolitischen Gewinnziel entsprechende Alternative. Hat sich das Institut für eine bestimmte Strategie entschieden, hängt der Umfang der Variation der täglichen ZBG-Bestände bei gegebenem Risikoverhalten der Bank von der *Zuverlässigkeit der relevanten Erwartungsdaten* ab. Allerdings zeigen Analysen des Durchschnittsverhaltens der Banken in der BRD, daß das Streben nach Zinsspekulationserträgen — soweit es besteht — von einem für die Banken offensichtlich bedeutsameren Ziel überlagert wird: Die im Durchschnitt aller Institute verfolgte Strategie zur Erfüllung der Mindestreserveverpflichtung läßt ein Risikoverhalten erkennen, das von einem hohen Maß an Sicherheitsstreben gekennzeichnet ist. Trotz eines gerade dann überdurchschnittlich hohen Zinsniveaus halten die Banken zu Monatsbeginn überdurchschnittlich hohe ZBG-Bestände zum Zwecke der Mindestreservehaltung (vgl. Tabelle 2). Die *bei der Erfüllung der Mindestreservepflicht* dadurch zum Ausdruck kommende *Risikoaversion* ist somit das in der Realität zu beobachtende dominierende Verhaltensprinzip in der Geldpolitik. Unter Beachtung der Tatsache, daß die kumulative Mindestreserve nicht größer als die aufgrund der beiden übrigen Leistungsziele zu haltenden täglichen ZBG-Mindesbestände ist, bestätigt dieses spezifische Risikoverhalten die theoretisch deduzierte Dominanz der Leistungsziele über das Streben nach Zinsspekulationserträgen in der Geldpolitik (vgl. auch die empirische Untersuchung im Anhang, besonders Abschnitt F IV.).

b) Zur Frage der situativen Dringlichkeitsordnung

Für die Instanzen, die die geldpolitischen Aktionen in ihren Einzelheiten festlegen, bedeutet die konstitutive Dringlichkeitsordnung nicht mehr als eine Richtschnur. Die Bestimmung von nach Art, Umfang und Timing konkreten Maßnahmen setzt dagegen eine Zielkonstellation voraus, in der die einzelnen Elemente nach Rang und Gewicht eindeutig bestimmt sind. Die Gewichtung ist bei den hier dargelegten geldpolitischen Zielen grundsätzlich ohne besondere Schwierigkeiten durchführbar, da es sich um quantifizierbare Ziele handelt. Durch die konstitutiv festgelegte Rangordnung werden Zielkonflikte in konkreten Entscheidungssituationen weitgehend ausgeschaltet, da dem Entscheidungsträger bestimmte Prioritäten vorgegeben sind. Besteht situativ bedingt (s. u.) dennoch ein Ermessensspielraum, so können generelle Aussagen über die notwendigerweise subjektive Entscheidung kaum gemacht werden.

Die zur Durchführung konkreter geldpolitischer Aktionen notwendige Umformulierung des Mindestreserveziels auf Basis von Währungseinheiten je Tag geschieht, wie dargelegt, zusammen mit der Festlegung des Gewinnziels. Da der Typ der Strategie und damit auch der Typ des Gewinnziels in der Regel bereits konstitutiv fixiert sein dürfte — denn situationsbedingte Änderungen der diesbezüglichen Unternehmenspolitik sind nicht anzunehmen — bleibt situativ im wesentlichen nur die *Intensität der Strategie* zu klären. Diese „Intensität" ergibt sich aus dem (positiven oder negativen) Umfang, in dem die Bank von den in Strategie ε_1 vorgegebenen, ggfs. mit Ausnahme des Bilanzstichtags täglich konstanten ZBG-Größen abzuweichen gedenkt. Von „Intensität" soll hier also nur dann gesprochen werden, wenn die Bank nicht nur nach „Wirtschaftlichkeit" bei Erfüllung des Mindestreserveziels, sondern auch nach Zinsspekulationserträgen strebt. Von den drei Aktionsparametern geldpolitischer Maßnahmen (vgl. Abschnitt B IIb) liegen die Richtung und der Zeitpunkt der ZBG-Variation im Rahmen der Strategie fest. Das in Interdependenz mit der Zeitpunktbestimmung gewählte *Volumen* der Variation ist Kennzeichen der Intensität einer Strategie. — Die Intensität richtet sich nach dem Risiko, das die Bank im Falle des Grundtyps ε_{22} bei der Erfüllung der Mindestreserveverpflichtung und im Falle ε_{21} bei der Realisierung des Bestrebens nach Vermeidung von Überschußreserven einzugehen bereit ist. Unterstellt man in jeder Situation die grundsätzliche Erfüllbarkeit des Mindestreserveziels, doch zu mit wachsendem Geldbedarf überproportional steigenden Kosten, so reduziert sich die Frage nach der anzustrebenden Intensität der Strategie ε_{22} auf das Problem der Zuverlässigkeit der Zinsprognose: Die Intensität ist abhängig von dem Ergebnis des Vergleichs von potentiellen Aufwendungen und Erträgen, die für die Bank aus der Zinsentwicklung resultieren würden. (Diese kalkulatorischen Erfolgsgrößen sind mit ihren Eintrittswahrscheinlichkeiten gewichtete Erwartungswerte.) Es müssen die jeweils über die Planperiode aufsummierten potentiellen Erträge und Aufwendungen gegeneinander abgewogen werden, die je Plantag als Abweichungen von den sich auf Basis der Grundstrategie ε_1 ergebenden Werten zu schätzen sind.

Sofern sich die Bank grundsätzlich entschieden hat, in der Geldpolitik auch Zinsspekulation zu betreiben, wäre die Wahl einer Strategie und ihrer Intensität nur eine Routineentscheidung, wenn die Bank den für den Vergleich zusammengestellten Daten vertrauen könnte. Sie würde in Zeiten hoher Zinssätze relativ geringe ZBG-Bestände als Mindestreserven halten und überdurchschnittlich hohe Bestände in Zeiten niedriger Zinssätze realisieren. Wie wir gesehen haben, ist ein solches Verhalten, zumindest für die Banken in der BRD, nicht typisch und zwar wahrscheinlich wegen der mangelnden Zuverlässigkeit der Erwartungsdaten über die Zinsentwicklung.

Da sich die Leistungsziele zueinander komplementär oder indifferent verhalten, braucht die Bank nur den sich aufgrund dieser Ziele ergebenden jeweils höchsten Wert als Tagesendstand auf ihrem Zentralbankkonto anzustreben. Die *konstitutive Dominanz der Leistungsziele über das Gewinnstreben* kann situativ innerhalb eines Indifferenzbereichs jedoch aufgehoben werden. Das jeweils „dringlichste" weil den höchsten Wert aufweisende Leistungsziel tritt dann in Konkurrenz zu dem Gewinnziel. Für die endgültige Höhe des ZBG-Bestands innerhalb eines gewissen Schwankungsbereichs sind dann beide Kriterien zu berücksichtigen. Angesichts des sehr engen Spielraums solcher Entscheidungen soll auf diese Frage nicht näher eingegangen werden. Wenn die Bank in Zeiten relativ niedrigen Zinsniveaus mit extrem hohen Sätzen zum Bilanzstichtag rechnet, mag sie eine Revision ihres zu diesem Stichtag angestrebten ZBG-Bestands in Erwägung ziehen, um die Opportunitätskosten ihrer „window-dressing"-Politik zu senken.

III. Verhaltensgrundsätze bei Geldgeschäften

Als Anhang zu den Ausführungen über strategische Entscheidungen in der Geldpolitik werden im folgenden noch einzelne Verhaltensgrundsätze skizziert, die beim Mitteleinsatz zu beachten sind. In der Konzeption einer Strategie geht die Bank davon aus, daß die Instanzen, die die zur Verwirklichung der Strategie zu treffenden Maßnahmen ausführen, sich dabei auch von bestimmten Verhaltensgrundsätzen leiten lassen, deren Beachtung eine Voraussetzung für den Eintritt der durch die Anwendung der Strategie erwarteten Ergebnisse darstellt. — Diese Grundsätze variieren mit dem konkreten Entscheidungsfeld. Sie können zum Teil auch als „Taktiken" verstanden werden[1]. *Taktiken* sind Handlungsvorschriften, die innerhalb der Strategie bei unvollkommener Information Entscheidungen gestalten. Neben solchen für einzelne typische Entscheidungssituationen relevanten Verhaltensrichtlinien bestehen geschäftspolitische Prinzipien, deren ständige Wahrung ein Datum für die in dem jeweiligen Bereich ausgeübte Tätigkeit darstellt.

a) Allgemeine Geschäftsprinzipien

Da das *Standing* einer Bank vor allem für die Sicherung ihrer Liquidität eine wichtige Rolle spielt, wird das Institut sich bemühen, alles zu

---

[1] Zum Begriff „Taktik" vgl. Lexikon der Planung und Organisation, Hrsg. *H. Niewerth* und *J. Schröder*, Quickborn 1968, S. 172.

unterlassen, was von den Adressaten seines Verhaltens als negative Abweichung von im Bankgewerbe befolgten Normen gewertet werden könnte[2]. Insbesondere gilt dies für Geldmarktgeschäfte, die sich unter den Bankgeschäften als Geldgeschäfte, wie dargelegt, meist am besten eignen. Zur Eigenadressenpflege ist die Bank daher bemüht, am Geldmarkt eher großzügig und entgegenkommend aufzutreten[3]. Die Bank vermag sich in ein günstiges Licht zu setzen, wenn sie z. B. bei einem extrem steifen Geldmarkt als Geldgeber auftritt und der Nehmerseite am Markt nicht nur „Abwehrsätze" nennt (d. h. damit ihre Unwilligkeit zum Abschluß von Geldmarktgeschäften zum Ausdruck bringt); ferner auch wenn sie im Falle von Irrtümern bei den in der Regel telefonisch getätigten Geschäftsabschlüssen sich zu einer kulanten Schadenregulierung[4] bereitfindet.

Zu diesen Geschäftsprinzipien gehört z. B. in Zeiten extremer Geldmarktflüssigkeit ein „faires" Verhalten gegenüber Banken, bei denen Nostrokonten unterhalten werden. Wenn der Tagesgeldzins unter den Satz sinkt, den sich die Institute für ihre Geschäftsbankenguthaben wechselseitig vergüten (in der BRD 1½ %)[5], so könnte eine Bank erwägen, überschüssige ZBG auf dem Zahlungsverkehr dienende Konten bei Korrespondenzbanken einzuzahlen, um von diesen Instituten Habenzinsen zu erhalten. Dies würde sich jedoch negativ auf den Ruf einer so handelnden Bank auswirken: Die Korrespondenzbanken würden sich dem Versuch, ihnen am Markt nicht (oder nur zu den Verrechnungszins unterschreitenden Sätzen) anbringbare ZBG aufzudrängen, widersetzen und die Bank „ins Gerede" bringen. Um solche Konflikte zu vermeiden, können Banken allerdings auch übereinkommen, sich in Zeiten extrem niedriger Tagesgeldsätze Habenzinsen nur auf die Beträge zu vergüten, die sich im Rahmen eines in einem vorangegangenen Zeitraum realisierten Volumens halten. — Am Beispiel dieses Sachverhalts wird deutlich, welche Bedeutung dem *Grundsatz der Reziprozität* zukommt. Nach diesem allgemein gültigen kaufmännischen Prinzip muß eine Geschäftsbeziehung von beiderseitigem Vorteil sein. Will eine Bank überschüssige ZBG im Geldhandel unter Banken ausleihen, so wird sie das Geld vorzugsweise

---

[2] Vgl. C III b 2 (21) und 3 (32) zum *Konformitätsstreben.* Im Sprachgebrauch ist auch die Bezeichnung „Regelverhalten" üblich. Manche Autoren (so *F. Höfermann,* a. a. O., S. 50, für den Geldhandel) sprechen sogar von einem „Zwang zum Gleichschritt mit den anderen Banken". s. auch *H. Lipfert,* Der Geldmarkt, a. a. O., S. 25. Zu unterscheiden ist ferner ein Regelverhalten für Banken schlechthin von lediglich für jeweils bestimmte Bankengruppen gültigen Normen.

[3] Auf die Notwendigkeit der *Pflege von Geschäftsbeziehungen,* notfalls sogar durch reine „Prestigegeschäfte", wurde bereits in den Abschnitten C II d 1 und D I b verwiesen.

[4] Vgl. *H. Lipfert,* Der Geldmarkt, a. a. O., S. 30.

[5] Der Tagesgeldzins kann besonders dann unter dieses Niveau absinken, wenn die Zentralbank keine Geldmarktpapiere abgibt.

bei solchen Instituten anlegen, von denen sie eine Kreditgewährung erwarten darf, wenn sie einmal selbst als Geldnehmer auftreten muß[6]. Um Kontoverbindungen aus diesem Grunde zu pflegen, wird die Bank für Geldhergaben ggfs. auch niedrigere Zinssätze zu akzeptieren bereit sein, als sie anderweitig erzielen könnte.

Die *Einordnung in die Konkurrenzsituation* beim Stellen von Konditionen zählt ebenfalls zu dem „Regelverhalten" der Banken. Werden zu ungünstige Bedingungen gestellt, kommt es kaum zu einem Geschäftsabschluß, während für die (potentiellen) Kontrahenten extrem günstige Konditionen Skepsis über deren Ursachen auslösen könnten: Wenn beispielsweise eine Bank am Geldmarkt „zu hohe" Zinsen für ZBG bietet, könnte man am Markt den Grund dafür in einem schlechten Adressenrisiko suchen[7]. — Allgemein hat sich die Bank den auf den für sie relevanten Märkten geltenden Usancen[8] anzupassen. Solche Standard-Bedingungen finden sich vor allem im Geldhandel und zwar hinsichtlich der Betragshöhe, der Stufung der Zinssätze (in der BRD $^1/_8$ %), des zeitlichen Bezugs der Zinssätze (meist p. a.) und der Berechnungsmodalitäten (Jahr zu 360, Monat zu 30 Tagen in der BRD) sowie der üblicherweise kontrahierten Fristen. Die Abschlüsse erfolgen meist telefonisch ohne vorherige Kreditwürdigkeitsprüfung bei dem einzelnen Geschäft. Geldhandelsgeschäfte sind ferner durch ihre „Terminstrenge" charakterisiert[9]. Zur Limitierung des — wenn auch nur marginal gegebenen — Ausfallrisikos sowie bei grenzüberschreitenden Geldausleihungen auch des Transferrisikos setzt sich die Bank für ihre Geldanlagen Länder- und Adressenlimite (s. u.).

b) Zu den Taktiken im Geldhandel (Anhang)

Im Rahmen des Themas dieser Arbeit müssen wir uns auf wenige Bemerkungen zu den im Geldhandel verbreiteten Taktiken beschränken. Innerhalb der durch das *Regelverhalten* gezogenen Grenzen vermag die Bank die geschäftliche Situation durch als „Taktiken" bezeichnete Handlungen zu ihren Gunsten zu beeinflussen oder Nachteile zu verhindern, deren Eintritt ohne Anwendung solcher Maßnahmen droht. — Die allgemeinen Verhaltensprinzipien sind denen im Devisenhandel verwandt[10]. Abweichend davon gilt für den nationalen Geldhandel, daß eine

---

[6] z. B. spricht *K.-F. Hagenmüller,* Der Bankbetrieb, Bd. I, a. a. O., S. 208, von einem „Anlehnungsbedürfnis kleinerer Banken an größere Kreditinstitute".

[7] Es möchte keine Bank „auffallen". Vgl. z. B. „Die Geldmarkt-Konditionen", in FAZ Nr. 156, 10. 7. 1969, S. 13.

[8] Vgl. *H. Lipfert,* Der Geldmarkt, a. a. O., S. 11; *H. Brandes,* a. a. O., S. 11 f., *L. Voß,* a. a. O., S. 116 f.

[9] *B. Benning,* a. a. O., S. 589. — s. auch Abschnitt B III b 1 (13).

[10] Vgl. dazu *H. Lipfert,* Internationaler Devisen- und Geldhandel, a. a. O., S. 85 ff.

Bank auf der Suche nach Marktpartnern zum Aufbau oder Abbau einer bestimmten ZBG-Position sich auf nur wenige Kontaktaufnahmen an einem Tag beschränkt. Zur Erkundung der Marktlage führt sie zwar einzelne informatorische Gespräche, ohne jedoch dabei stets ihre Bereitschaft zu einem Abschluß zu bekunden. Würde sie durch „Herumfragen" am Markt auffallen und ihre Position zu erkennen geben, könnten sich die ihr gestellten Konditionen verschlechtern. Im internationalen Geldhandel, insbesondere am Euro-Dollarmarkt, vermeiden Banken, die in dem Kreis der in Betracht kommenden Geberadressen bereits erheblich verschuldet sind, ein „Herumsuchen" zwecks weiterer Geldaufnahmen, indem sie Broker einschalten, die unter Nutzung ihrer vielfältigen Marktkontakte eine geldgebende Bank vermitteln[11].

Standingschädigende Folgen haben auch häufigere Versuche der Bank, in den Handelsgesprächen nachdrücklich auf für sie günstigeren Zinssätzen zu bestehen, denn dies würde ihr im Laufe der Zeit den Ruf eines „Konditionenrandalierers" eintragen. Mit diesem Schlagwort gekennzeichnete Banken sind naturgemäß keine beliebten Marktpartner. Aufgrund der Priorität der geldpolitischen Leistungsziele vor dem Gewinnziel kann die Bank an einem solchen Ruf nicht interessiert sein, da es ihr — vor allem bei Vorhandensein einer Minus-Position — mehr darauf ankommt, die Anpassung an den gewünschten ZBG-Bestand überhaupt herbeizuführen, als einen um etwa $1/8$ % günstigeren Zinssatz zu vereinbaren.

Zur Eigenadressenpflege wird die Bank ferner zumindest den Anschein erwecken wollen (wenn schon die tatsächlichen Gegebenheiten dem nicht voll entsprechen sollten), daß sich ihre Geldaufnahmen und Hergaben im Geldhandel dem Betrage nach und in ihrer Fristigkeitsstruktur auf längere Sicht entsprechen. Wenn die Bank überwiegend als Geldnehmer auftritt, wird sie von sich nach Möglichkeit die Vorstellung zu geben suchen, als sei sie am Geldmarkt auf der Nehmer- wie auf der Geberseite gleichermaßen aktiv. „Eine ununterbrochene Aufnahme großer Geldbeträge verschlechtert die ‚Adresse' sehr[12]." Verursacht die Bank den Eindruck, daß sie mit kurzfristig revolvierenden Refinanzierungen am Geldmarkt Fristentransformation betreibt, d. h. die Beträge im

---

[11] So auch *H. Brandes*, a. a. O., S. 191: Der Broker nennt lediglich das Domizil des Auftraggebers „und umschreibt dessen Standing. Erst dann, wenn eine angefragte Bank aufgrund dieser Auskünfte prinzipiell zu einem Abschluß bereit ist, gibt der Broker den Namen seines Auftraggebers preis". Allerdings sei ein Rücktritt der geldgebenden Bank dann immer noch mit der Begründung eines erschöpften Adressenlimits möglich.

[12] *H. Lipfert*, Der Geldmarkt, a. a. O., S. 26. — Andererseits könnte man bei einer fast nur als Geber auftretenden Geldmarktadresse vermuten, daß sie in ertragsstärkeren Bereichen (z. B. im kurzfristigen Kreditgeschäft) nicht hinreichend engagiert ist, so daß die Ertragskraft dieser Bank folglich nicht unbedingt als gut gelten müßte.

Aktivgeschäft auf längere Fristen bindet, so wird sie von den Marktteilnehmern als ein relativ hohes Adressenrisiko eingeschätzt, was sich in einer Verschlechterung der ihr gestellten Konditionen auswirken kann. Die Minderung des *Geldmarkt-Standing* einer Bank hat auch zur Folge, daß andere Institute ihre für diese Bank geltenden Limite reduzieren. Aus diesen Gründen versuchen die Banken, sich ihren Marktpartnern so darzustellen, als seien sie auf der Geber- wie auf der Nehmerseite am Markt gleichermaßen tätig. Daher wäre es unklug, größere Beträge stets bei dem gleichen Partner aufzunehmen, denn das könnte diesen veranlassen, den Liquiditätsstatus der Bank ungünstiger zu beurteilen. Erscheint eine Bank hingegen stets auf der Geberseite, so hätte der Markt ihre offensichtlich gute Liquiditätslage gegen ihre vermutlich relativ unbefriedigende Ertragssituation abzuwägen. Die kurzfristigen Refinanzierungsmöglichkeiten am Geldmarkt dürften in diesem Fall nicht beeinträchtigt, sondern aufgrund des geringen Liquiditätsrisikos eher positiv beeinflußt werden.

Angesichts der unvollkommenen Information über die die Bestimmung des Fremdadressenrisikos determinierenden Fakten setzt sich jede Bank für ihre Ausleihungen im Geldhandel *Adressenlimite*[13]. Die Bank führt eine „Adressenliste", d. h. eine Liste der bei ihr regelmäßig oder gelegentlich als Geldnehmer auftretenden Banken unter Angabe ihrer Kreditkontingente und des jeweiligen Bonitätsstatus, der die Höhe des für die Geldanlage geforderten Zinssatzes beeinflußt. Erhält der Gelddisponent eine Anfrage einer geldsuchenden Bank, so sieht er in dieser Liste nach, ob das bestehende Adressen- und ggf. auch Länderlimit eine Ausleihung an dieses Institut noch zuläßt. Die *Limite* können sich ebenfalls auf die Fristigkeit der Geldanlagen je Land und Adresse erstrecken. Auch bei Geldaufnahmen sind Limite, wie oben bereits angedeutet, sinnvoll, vor allem bei Refinanzierungen im Ausland[14]. — Ferner können Richtlinien der Bankleitung bestehen, die den Gelddisponenten anweisen, sich die Kontrahenten nicht allein der Marktlage entsprechend auszuwählen, sondern die Präferenzen zugunsten einzelner Institute vorsehen[15].

---

[13] s. dazu u. a. *G. Schmid,* a. a. O., S. 49; *K.-F. Hagenmüller,* Der Bankbetrieb, Bd. II, a. a. O., S. 167, und — für Geldexporte — *H. Brandes,* a. a. O., S. 265 f.

[14] Vgl. *R. Wittgen,* Das Liquiditätsrisiko der Auslandskredite, in: Der Volkswirt, Jg. 17 (1963), S. 2607 f., der auf das dort in erhöhtem Maße gegebene Nicht-Prolongationsrisiko verweist.

[15] s. auch *L. Voß,* a. a. O., S. 119.

E. Funktionsanalyse

I. Die Geldpolitik als bankbetriebliche Hilfsfunktion

a) Der Funktionscharakter der Geldpolitik

Eine betriebswirtschaftliche Funktion besteht aus einer bestimmten Gesamtheit zur Erfüllung der Oberziele notwendiger *Aufgaben*, deren Gegenstand eine *Zusammenfassung* sinnvoll macht[1]. Kriterien der Funktionsbildung sind für uns die *Zweckbestimmung der Aufgaben* sowie das *Objektprinzip*[2]. Die Funktion Geldpolitik ist durch ein einheitliches Aktionsobjekt, nämlich ZBG, und die vier Aktionsziele gekennzeichnet, die im Teil C III dieser Arbeit analysiert wurden (vgl. auch Abbildung 9 in C III a). Da die Erfüllung der geldpolitischen Ziele hauptsächlich zu der Realisierung des *Sicherungsziels* und des Standingziels der Bank beiträgt, steht auch die Funktion Geldpolitik primär im Dienste dieser Ziele. — Ein Vergleich der Funktion Geldpolitik mit den in der betriebswirtschaftlichen Literatur genannten Funktionen zeigt, daß die Geldpolitik sich aus mehreren dieser Funktionen zusammensetzt. Beschaffung, Absatz, Planung, Verwaltung einschließlich Kontrolle sind Tätigkeiten, die im Rahmen der Geldpolitik Unterfunktionen darstellen und die, ausgerichtet nach den beiden genannten Kriterien (Ziele und Aktionsobjekt), sich im Bankbetrieb zu einer betriebswirtschaftlichen Funktion zusammenfügen. Dieser Funktion obliegt die Überwachung des ZBG-Bestands der Bank und seine durch die geldpolitischen Ziele bestimmte Veränderung.

Wesentlicher Bestandteil geldpolitischer Tätigkeit ist die Übersetzung der durch die Ziele formulierten Anweisungen in auf dem ZBG-Konto zu haltende Tagesendbestände. Ein Entscheidungsproblem ist dies allerdings nur bei Anwendung einer Strategie variabler Mindestreservehaltung. Die Transformation der geldpolitischen Leistungsziele in ZBG-Einheiten je Tag ergibt sich bei der Strategie ε_1 aus dem durchschnittlichen Reserve-Soll bzw. dem zum Bilanzstichtag angestrebten, ggf.

---

[1] Vgl. auch Abschnitt C II d 2 und W. *Hasenack*, Funktionenlehre, a. a. O., Sp. 2096, der eine „betriebswirtschaftliche Funktion" als „zweckbetonte Zusammenfassung wirtschaftlicher Obliegenheiten gleichen Verrichtungsgepräges" definiert. Unser Kriterium ist allerdings nicht das Verrichtungs-, sondern das Objektprinzip.

[2] Zum Objektprinzip vgl. *K. Bleicher*, a. a. O., S. 60.

höheren Bestand. Die Aufgaben, die im Rahmen der Geldpolitik zur Erfüllung der vier Ziele zu verrichten sind, lassen sich in folgenden Punkten zusammenfassen:

1. Informationsbeschaffung
   a) Zusammenstellung der Angaben über die durch die übrigen Funktionen ausgelösten Veränderungen des ZBG-Bestands und Ermittlung der daraufhin zu erwartenden täglichen Salden auf dem ZBG-Konto (Bildung fiktiver Erwartungswerte).
   b) Sammlung der für die Vornahme der Anpassungsdispositionen relevanten Daten sowie auch Prognosen über die Entwicklung maßgeblicher externer Rahmenbedingungen, u. a. der Zinssätze.
2. Bestimmung des täglichen ZBG-Bestands bei variabler Reservehaltung.
3. Wahl und Durchführung der Anpassungsmaßnahmen.
4. Ergebniskontrolle.

Diese Aufgaben kennzeichnen auch den *dispositiven Charakter der Geldpolitik*[3], denn die Anpassungsmaßnahmen müssen stets unter unvollkommener Information vorgenommen werden. Zwar sind die Erwartungen bei Geldgeschäften und bei Anwendung des Timing in Bezug auf die Zahlungswirkungen dieser Instrumente nahezu sicher, doch gilt dieser Sicherheitsgrad nicht für die angenommenen Datenkonstellationen, auf deren Grundlage der Mitteleinsatz erfolgt. (Der Eintritt der Zahlungswirkungen kann sich also ex post bei veränderter Datenkonstellation als unerwünscht herausstellen.) Ist im Falle einer Strategie variabler Reservehaltung auch der tägliche ZBG-Bestand zu bestimmen, so erhält die Geldpolitik dadurch angesichts der Unsicherheit über die Zinsentwicklung ein zusätzliches dispositives Element. Die Bestimmung des täglichen ZBG-Bestands ist der Funktion Geldpolitik aufgrund des Objektprinzips zuzuordnen, weil die mit der Informationsbeschaffung und der Wahl der Anpassungsmaßnahmen betraute(n) Instanz(en) in allen mit der Variation des ZBG-Bestands verbundenen Detailfragen über den höchsten Informationsstand verfügen. Ein Konflikt zwischen den beiden Kriterien der Funktionsbildung, dem *Aktionsobjekt und den Aktionszielen*, wäre möglich, wenn neben ZBG auch weitere Medien der Mindestreservehaltung dienten (vgl. Abschnitt C III b 2). Entweder müßte dann der Objektbegriff auf diese Medien ausgeweitet, oder das Mindestreserveziel müßte in Teilziele aufgespalten werden, wobei es dann nur insofern als geldpolitisches Ziel betrachtet werden könnte, als seine Erfüllung in der Realisierung eines bestimmten ZBG-Bestands besteht.

---

[3] Vgl. dazu auch Abschnitt A I b und B III b 1 (11).

b) Wesensbestimmung der Hilfstätigkeit

Die Aktivität betriebswirtschaftlicher Funktionen kann einerseits aus Tätigkeiten bestehen, die die Unternehmensleitung als primäre Mittel zur Erfüllung ihrer Ziele ansieht, d. h. Tätigkeiten mit dem Charakter von *Grundaktivitäten*, die die Arbeit des Unternehmens schlechthin kennzeichnen. So sind etwa für Bankbetriebe das Einlagengeschäft auf der Passiv- und das Kreditgeschäft auf der Aktivseite typisch. Daneben lassen sich aus diesen Grundaktivitäten abgeleitete Tätigkeiten unterscheiden, deren Verrichtung die Arbeitsfähigkeit der das Leistungsprogramm der Unternehmung kennzeichnenden Funktionen sichern zu helfen hat. Von den Grundfunktionen werden in der Betriebswirtschaftslehre demnach *Hilfsfunktionen* unterschieden. Die Geldpolitik wird im Schrifttum stets direkt oder indirekt als Hilfsfunktion charakterisiert, ohne daß dies jedoch theoretisch zwingend begründet wird[4].

Der durch die Bewegung von Finanzmitteln gekennzeichnete Leistungsprozeß einer Bank führt zu Schwankungen des ZBG-Bestands insoweit, als sich die Bewegung der Zahlungsmittel nicht innerhalb des Girosystems der Bank vollzieht. Solche als „autonom" bezeichneten Veränderungen des ZBG-Bestands können *geldpolitische Anpassungsmaßnahmen* erforderlich machen. Hier zeigt sich der *Hilfscharakter der Geldpolitik* deutlich: Die Geldpolitik als „Sekundärfunktion" hat für Kompensationen der Veränderungen zu sorgen, die aus den im Rahmen anderer Funktionen durchgeführten Aktionen resultieren[5]. Diese Funktionen leisten einen direkten Beitrag zur Erfüllung des Hauptziels der Bank. Sofern dies ein Leistungsziel ist, kann ggf. bereits eine Funktion genügen, um die Grundaktivität der Bank zu kennzeichnen (beispielsweise die Bereitstellung langfristiger Kredite). Ist das Gewinnstreben Inhalt des Hauptziels, so sind zur Beschreibung der für die Zielerreichung maßgeblichen Grundaktivitäten mindestens zwei Funktionen erforderlich, wobei mindestens je eine sich auf der Passiv- und auf der Aktivseite auswirken muß.

In der Realisierung bestimmter ZBG-Bestände allein kann hingegen kein direkter Beitrag zur Realisierung des Hauptziels der Bank gesehen

---

[4] Bereits F. Lehmann teilt Bankgeschäfte ein in *Grundgeschäfte* und *Hilfsgeschäfte*. Letzteren rechnet er die „Kreditgeschäfte des Geldmarktes" zu und hält sie für zur Führung der Grundgeschäfte erforderlich. *F. Lehmann*, Der Mechanismus des deutschen Geldmarktes, a. a. O., S. 217. — Nach *F. Höfermann*, a. a. O., S. 68, ist „die Gelddisposition einer Bank .. ein Hilfsgeschäft, dessen Aufgabe darin besteht, für einen reibungslosen Ablauf des Kundengeschäfts zu sorgen".

[5] *H. Lipfert* (System ..., a. a. O., S. 375) bezeichnet die Geldpolitik als einen „Sekundärbereich, der von den Primärbereichen Kredit- und Anlagepolitik abhängt", wobei er die Einlagenbeschaffung vermutlich als „passives Kreditgeschäft" versteht. — Vgl. auch *H. Bartschat*, a. a. O., S. 46.

werden (es sei denn, es liegt der Sonderfall eines Kreditinstituts vor, dessen Hauptaufgabe in der Haltung von ZBG für andere Banken besteht). Die Funktion Geldpolitik, also die Steuerung des ZBG-Bestands, wird erst durch die von anderen Funktionen ausgelösten Dispositionen von Zahlungsmitteln erforderlich. Die Geldpolitik schafft eine wesentliche Voraussetzung dafür, daß das Leistungsprogramm der Bank durch die Aktivität der anderen Funktionen verwirklicht wird. Da die durch diese hervorgerufenen Veränderungen des ZBG-Bestands für die Geldpolitik grundsätzlich Datum sind, muß die Geldpolitik insofern als Sekundärfunktion, also als eine im Verhältnis zu den anderen Funktionen auxiliäre Funktion, gekennzeichnet werden. Besteht das Hauptziel im Gewinnstreben, so ist anzunehmen, daß die Gewinnwirksamkeit im allgemeinen das dominierende Aktionsziel der bankbetrieblichen Funktionen ist. Wie gezeigt wurde, kann dies für die Geldpolitik jedoch nicht gelten. Die Erhaltung des Zahlungsbereitschaftszustands durch eine entsprechende ZBG-Reserve stellt die wichtigste Voraussetzung dar, die die Arbeitsfähigkeit der anderen Funktionen gewährleistet. Ausgehend von dieser Aufgabe erwies es sich aufgrund des einheitlichen Aktionsobjekts als sinnvoll, auch die Erfüllung der Mindestreserveverpflichtung und die Erreichung eines bestimmten ZBG-Bestands am Bilanzstichtag als geldpolitische Ziele zu begreifen. Die Realisierung dieser Ziele ist entweder ebenfalls eine Voraussetzung der Funktionsfähigkeit der Grundaktivitäten oder sie ist ihrer Durchführung förderlich.

Ist die Größenordnung der Ansprüche, die die Grundfunktionen an den ZBG-Bestand stellen, festgelegt, so können die im Rahmen dieser Funktionen erfolgenden Dispositionen von einem stets ausreichenden ZBG-Bestand ausgehen. Ein Problem stellt der ZBG-Bestand für diese Funktionen erst jenseits dieser Größenordnung dar. Es obliegt dann der Bankleitung, den Mittelbedarf der einzelnen Funktionen neu festzusetzen (Aktivgeschäft) oder die Richtlinien im Passivgeschäft im Hinblick auf eine anzustrebende Zunahme der Mittelbeschaffung zu revidieren. Solche Entscheidungen fallen nicht in den Bereich der Geldpolitik. — Die Geldpolitik hat vielmehr die Abweichungen von dem ZBG-Planbestand auszugleichen, die sich innerhalb des genannten Beanspruchungsrahmens ergeben[6]. Durch diese Aktivität der Geldpolitik erweitern sich cet. par. die Dispositionsmöglichkeiten der anderen Funktionen, denn die Geldpolitik sorgt einerseits für ausreichende Zahlungsmittel und stärkt andererseits den Gewinn der Bank durch verzinsliche Anlage temporär überschüssiger Zahlungsmittelbestände. Von größter Bedeutung für den jeweiligen Entscheidungsspielraum innerhalb jener Funktionen ist die

---

[6] Gehen die anderen Funktionen bis an die Grenze des für sie jeweils geltenden Beanspruchungsrahmens, so wirkt dies in der Regel belastend auf den ZBG-Bestand.

Beseitigung der ohne geldpolitische Aktivität zu erwartenden *Liquiditätsengpässe*, die den Abschluß von Aktivgeschäften mangels verfügbarer ZBG sonst verhindern würden. Außerdem kann die Geldpolitik nicht nur temporäre, sondern auch längerfristige ZBG-Überschußpositionen anzeigen und damit andere Funktionen zu stärkeren Abdispositionen von ZBG anregen. Andererseits kann sich die ZBG-Beanspruchung durch diese Funktionen auch als zu hoch erweisen, etwa nach einer Mindestreserveerhöhung, so daß dann das für sie jeweils geltende Volumen zu reduzieren ist.

Geldpolitische Anpassungsmaßnahmen werden bei konstanten bankexternen Daten demnach ausgelöst durch (1) Zahlungsmittel-Dispositionen anderer Funktionen und (2) Änderungen der im einzelnen verfolgten geldpolitischen Strategie, also Änderungen in der vorgesehenen zeitlichen Verteilung der Mindestreservehaltung. Die Vorgänge gemäß (1) haben für diese Datencharakter.

Soweit sich die Literatur mit der bankbetrieblichen „Geldpolitik" befaßt, wird sie als eine Gesamtheit von Maßnahmen zum Ausgleich „kurzfristiger" Ungleichgewichte verstanden[7], wobei die Fristigkeitsangaben jedoch nicht näher spezifiziert werden. Diese Frage läßt sich lösen, wenn man die erforderliche *Zeitpunktgenauigkeit der Auswirkungen geldpolitischer Maßnahmen* sowie die durch die anwendbaren Instrumente gebotenen Möglichkeiten betrachtet: Beim Timing läßt sich die Auswirkung auf den ZBG-Bestand nur um wenige Tage verschieben (vgl. B III b 2), und auch bei Geldgeschäften kommen im Vergleich zu anderen Bankgeschäften nur relativ kurze Laufzeiten in Betracht. Die als Geldgeschäft qualifizierbaren Geschäftsmöglichkeiten sind mit zunehmender Laufzeit mehr und mehr auf bestimmte Standardgeschäfte begrenzt. Es handelt sich dabei im wesentlichen um die im Abschnitt B III b 1 erläuterten Geldmarktgeschäfte, die als Geldgeschäfte durch die geldpolitisch entscheidende Eigenschaft gekennzeichnet sind, daß die Bank durch sie sowohl mit der Initial- als auch mit der Reversionszahlung zeitpunktgenau[8] die von ihr gewünschte Änderung des ZBG-Bestands herbeiführen kann. Durch das *Erfordernis sicherer Erwartungen in Bezug auf die Zahlungswirkungen* können geldpolitische Maßnahmen demnach nur „kurzfristig" auftretende Ungleichgewichte beseitigen. Auf die Periodenlänge gehen wir im Abschnitt E III b 2 näher ein.

---

[7] So auch *H. Lipfert,* System . . ., a. a. O., S. 375.

[8] Die in der Zukunft liegende Reversionszahlung muß also mit — nahezu — sicheren Erwartungen verbunden sein. Insofern ist auch *H. Lipfert* (System . . ., a. a. O., S. 375) beizupflichten, „daß bei geldpolitischen Transaktionen ein Delkredere-Risiko im Prinzip ausscheidet".

II. Entscheidungsinstanzen

a) Bankleitung und Funktionsbereiche

Geldpolitische Entscheidungen können sowohl von der Bankleitung als auch einzelnen Tätigkeitsbereichen der Bank getroffen werden. Welche Instanzen[1] im Bankbetrieb sich mit der Geldpolitik zu befassen haben und inwieweit ihnen jeweils Entscheidungskompetenzen einzuräumen sind, ist unter dem Gesichtspunkt der Sachgerechtigkeit zu prüfen. Nach folgenden Kriterien:

(1) Einer den Oberzielen der Bank adäquaten inhaltlichen Fixierung der geldpolitischen Ziele und Strategien,

(2) Realisierbarkeit der geldpolitischen Ziele im geforderten Umfang und Zeitpunkt,

(3) Wirtschaftlichkeit des Entscheidungsvollzugs[2]

ist die organisatorische Regelung zu beurteilen, in deren Rahmen die Durchführung der die Funktion Geldpolitik darstellenden Aktivitäten erfolgt. Bei der Frage, welche Instanzen in der Organisationshierarchie geldpolitische Probleme am effizientesten zu lösen vermögen, wollen wir lediglich die funktionale Gliederung des Bankbetriebs betrachten und räumlich-technische sowie personelle Aspekte, die im Einzelfall eine Rolle spielen mögen, außer acht lassen. — Wie im Abschnitt C II d 2 begründet, erweist es sich als sinnvoll, den Bankbetrieb organisatorisch auf der Grundlage von *Funktionen* zu gliedern, die von der Bankleitung koordiniert werden. In Bezug auf geldpolitische Probleme hat die Bankleitung anhand der drei oben erwähnten Kriterien zu prüfen,

(a) welche Entscheidungen von ihr selbst zu vollziehen sind,

(b) ob die Einrichtung einer eigenen Instanz für die Steuerung des ZBG-Bestands zweckmäßig erscheint und mit welchen Kompetenzen diese Instanz ggf. auszustatten wäre,

(c) ob oder in welchem Umfang Instanzen in anderen Funktionsbereichen geldpolitische Entscheidungen treffen dürfen und

(d) wie sämtliche geldpolitischen Entscheidungen zu koordinieren sind.

Uns erscheint diejenige Instanz für eine Entscheidung am besten qualifiziert, die den höchsten *Informationsstand* über das relevante Entschei-

---

[1] Eine *Instanz* ist eine organisatorische Stelle bestimmten Ranges in Gestalt einer mit Entscheidungskompetenz ausgestatteten Person oder Gruppe von Personen, die über den Einsatz der Aktionsparameter entscheidet. Diese Entscheidungen beinhalten stets die Wahl des Instruments sowie die Richtung, den Umfang und den zeitlichen Bezug seines Einsatzes. Ob und ggf. inwieweit sich eine der Unternehmensleitung untergeordnete Instanz auch mit der Fixierung von Zielen befaßt, kann nicht generell gesagt werden.

[2] Anzustreben ist die Erbringung der gewünschten Leistung durch einen Entscheidungsvollzug, der die geringsten Kosten verursacht.

dungsfeld besitzt. Da die Bankleitung über die umfassendste Kenntnis des Zielsystems der Gesamtbank verfügt, muß von dieser Instanz auch das für die Funktion Geldpolitik maßgebliche Zielsystem festgelegt werden. Dies gilt stets für die konstitutive Ordnung der geldpolitischen Ziele und die Wahl des Grundtyps der Strategie. Darüber hinaus nimmt die Bankleitung soviele geldpolitische Tätigkeiten wahr, wie sie meint im Rahmen ihrer allgemeinen Aufgabenbelastung sachgerecht ausführen zu können. Grundsätzlich trifft auch für Banken das für andere Unternehmen geltende Prinzip zu, alle sich auf die Liquidität unmittelbar auswirkenden Entscheidungen in der Unternehmensleitung und ggf. zum Teil auch in einer ihr direkt unterstellten Instanz zu zentralisieren.

Die Durchführung der geldpolitischen Anpassung an den ZBG-Planbestand dürfte in der Praxis allerdings nur bei sehr kleinen Kreditinstituten von der Bankleitung selbst wahrgenommen werden. Mit wachsender Belastung muß die Bankleitung Entscheidungskompetenzen in zunehmendem Maße delegieren. Das Maß der Delegation hängt nicht nur vom Geschäftsvolumen, sondern auch von der Geschäftsstruktur ab, da diese die Zahl der notwendigen Entscheidungen und den dafür jeweils erforderlichen Zeitaufwand beeinflußt. Mit den zur Steuerung des ZBG-Bestands zu verrichtenden Routinetätigkeiten[3] befaßt sich eine Bankleitung allenfalls nur bei kleinen Instituten. In der Regel werden solche Aktivitäten auf mindestens eine dafür zuständige Person nachgeordneten Ranges übertragen, den Gelddisponenten. Leitungen größerer Banken können sich veranlaßt sehen, auch einen Teil der dispositiven Tätigkeiten auf den (die) Gelddisponenten zu delegieren, wenn sie Gefahr laufen, den notwendigen Informationsstand über die Vorgänge im Entscheidungsfeld nicht halten zu können. Die Delegation kann soweit gehen, daß sich die Bankleitung auf die Besetzung und Dotierung der Spitzenposition(en) in der für die tägliche Steuerung des ZBG-Bestands zuständigen Instanz beschränkt und dieser lediglich die konstitutive Ordnung der geldpolitischen Ziele sowie den Strategientyp vorgibt.

Damit ist der Entscheidungsrahmen für den den ZBG-Bestand steuernden Funktionsbereich abgesteckt. Diesem hier als *„Geldgeschäft"* bezeichneten *Bereich* kann demnach auch die endgültige Festlegung der täglichen ZBG-Planbestände übertragen werden, wobei der Entscheidungsspielraum durch den Typ der gegebenen Strategie vorgezeichnet ist. Weitere Beschränkungen, wie die in D III erwähnten Limite, können sowohl von der Bankleitung als auch von dem Bereich ausgearbeitet und bestimmt werden. In der Regel dürfte die Ausarbeitung im Bereich erfol-

---

[3] Beispielsweise Auswahl der Marktpartner aus der Adressenliste und Durchführung der Gespräche im Geldhandel, Zusammenstellung der für die Steuerung des ZBG-Bestands maßgeblichen Informationen. Vgl. die im folgenden Abschnitt b zitierten Literaturquellen.

gen, während für die Entscheidung formal die Bankleitung zuständig ist. Die Beteiligung weiterer Funktionsbereiche an geldpolitischen Entscheidungen ist hingegen auf Sonderfälle beschränkt, die eine Koordination zwischen den beteiligten Bereichen erforderlich machen. Innerhalb der genannten Grenzen sind die Dispositionen anderer Bereiche, wie begründet, für die die Geldpolitik verantwortlich ausführende Instanz Datum.

Bestimmte geldpolitische Maßnahmen der Bankleitung oder des Geldgeschäfts werden nur nach *Absprache* mit den anderen betroffenen Bereichen, sei es als generelle oder als fallweise Regelung, vorgenommen und zwar stets bei Datenänderungen, die eine Neuordnung der ZBG-wirksamen Dispositionen der Bereiche erfordern, oder dann, wenn geldpolitische Maßnahmen direkt in andere Bereiche eingreifen. Letzteres geschieht beim Einsatz des Instruments Timing sowie bei der Einflußnahme auf die die Höhe des Mindestreserve-Solls determinierenden Größen. Ausgeführt werden solche geldpolitischen Aktionen nur in den jeweils davon betroffenen Funktionsbereichen, also etwa im Einlagen- oder im Kreditgeschäft und im Zahlungsverkehr. — Schaltet sich die Bankleitung nicht ein, hat sich die Instanz Geldgeschäft mit dem jeweils anderen Bereich zu einigen und bei Mißlingen ggf. die Bankleitung anzurufen. Änderungen des für das Geldgeschäft maßgeblichen Entscheidungsrahmens können ohnehin nur von der Bankleitung ausgesprochen werden. In dem Einsatz der Instrumente ist das Geldgeschäft hingegen frei, sofern die Rahmenbedingungen eingehalten werden. Bei Bestehen dieses Funktionsbereichs wäre es sinnvoll, ihm beispielsweise die Verantwortung für den Rediskont von Wechseln und den An- und Verkauf von Geldmarktpapieren zu übertragen. Auslandsvalutageldgeschäfte erfordern eine vorherige Abstimmung mit der Devisenhandelsabteilung (s. u.).

b) Der Funktionsbereich Geldgeschäft

Der Funktionsbereich Geldgeschäft besteht ausschließlich zur *Verrichtung geldpolitischer Aufgaben*[4] (jedoch nicht sämtlicher geldpolitischen Tätigkeiten) und den dazu erforderlichen Aktivitäten nicht-dispositiver Art, wie die Erstellung der zur Vorbereitung der Entscheidungen benötigten Unterlagen und die Ausführung der Dispositionen. Sofern eine solche Instanz in der Bank besteht, dürften ihr stets die Informationsbeschaffung und die Durchführung der Anpassungsmaßnahmen, evtl.

---

[4] Für den Fall der in D I b erörterten *Zinsarbitrage* gilt dies nur mit den dort dargelegten Einschränkungen. Zinsarbitrage wird durch Nutzung von Informationsvorteilen und Präferenzen ermöglicht. Erfolgt sie auf Basis von Bonitätsunterschieden, so daß Ausfall- oder Terminrisiken bestehen, kann nicht von einem „Geldgeschäft" gesprochen werden.

auch die Ergebniskontrolle übertragen werden. Ob auch dispositive Tätigkeiten, wie die Bestimmung des täglichen ZBG-Planbestands und die Wahl der Anpassungsmaßnahmen, von dieser Instanz durchgeführt werden, hängt von dem Maß der Aufgabendelegation seitens der Bankleitung ab. Die Verrichtungsaufgaben ohne dispositiven Charakter einschließlich der Entscheidungsvorbereitung in Form der Sammlung und Ordnung der relevanten Informationen werden in dem Funktionsbereich erledigt, da die Bankleitung den Bereich in erster Linie zur Bewältigung zeitraubender Aufgaben überwiegend repetitiver Art einrichtet, um sich von solchen Tätigkeiten zu entlasten.

Denkt man an die eingangs dieses Kapitels erwähnten Unterfunktionen der Geldpolitik, so wird die Vielfältigkeit dieser Aufgaben deutlich. Ihre Zusammenfassung in einer organisatorischen Instanz empfiehlt sich aufgrund des einheitlichen Aktionsobjekts. In dem Aktionsobjekt ZBG als primäres Medium der Bank zur Wahrung ihrer Zahlungsfähigkeit besteht auch der Grund für die Zuordnung der Aktivitäten zur Erfüllung der drei weiteren geldpolitischen Ziele zu dem Bereich Geldgeschäft, zumindest soweit nicht-dispositive Handlungen zu verrichten sind. Auf eine Kennzeichnung der in dem Funktionsbereich im einzelnen anfallenden Aufgaben kann in dieser Arbeit verzichtet werden. Die praktische Durchführung der Gelddisposition wird bereits in der Literatur beschrieben[5]. Zur Frage der organisatorischen Einordnung dieses Funktionsbereichs im Bankbetrieb liegt ebenfalls Schrifttum aus den letzten Jahren vor[6]. Sofern die Bank in größerem Umfang auch Auslandsvalutageldgeschäfte vornimmt, bietet sich eine Verbindung der Abteilungen Geldgeschäft und Devisenhandel in Gestalt eines gemeinsamen Leiters und enger ständiger Kontakte zwischen dem für die Durchführung der Geschäftsabschlüsse in beiden Abteilungen zuständigen Personal an[7]. Da zur Variation des ZBG-Bestands abgeschlossene Auslandsvalutageldgeschäfte stets auch Devisenkassa- und Termin-

---

[5] *W. van Wyk,* Die Gelddisposition der Kreditbanken, Frankfurt/M. 1960, S. 65—92, der dort auch auf die „Dispositionsvorschau auf Grund der Abteilungsmeldungen und der Avise der Kundschaft" und auf die tägliche Ermittlung des Geldstatus eingeht sowie auf S. 90 eine Übersicht über den „Arbeitsablauf in der Gelddispositionsstelle" gibt. — Vgl. auch *B. Hartmann,* Bankbetriebsanalyse, a. a. O., S. 41 ff. und S. 280 ff., wo die „Arbeitsstufen der Gelddisposition" dargestellt werden, sowie *L. Voß,* a. a. O., S. 30—44, und *F. Höfermann,* a. a. O., S. 20 f., ferner *M. Hein,* Die internationalen Geldmarktgeschäfte ..., a. a. O., S. 57 ff., der auf S. 100 ff. auch auf die Abwicklungstechnik internationaler Geldmarktgeschäfte eingeht.

[6] s. *van Wyk,* ebenda, S. 35 ff., ferner *W. van Wyk,* Die Gelddisposition der Banken, Frankfurt/M. 1966, S. 42 f. In Übereinstimmung mit dem Sprachgebrauch der Praxis bezeichnet W. diese Abteilung auch als „Geldstelle" (ebenda, S. 44). — s. außerdem *L. Voß,* a. a. O., S. 11, 15 f. und 28 f.; und *K.-F. Hagenmüller,* Der Bankbetrieb, Bd. I, a. a. O., S. 37 f.

[7] Vgl. auch *M. Hein,* Die internationalen Geldmarktgeschäfte ..., a. a. O., S. 101 f., der von einem „Zug zur Vereinigung beider Stellen" spricht (S. 103).

geschäfte erfordern und ihre Gewinnwirksamkeit daher nur unter Einschluß der dazugehörigen Devisengeschäfte beurteilt werden kann, läßt sich die Vorteilhaftigkeit eines Auslandsvalutageldgeschäfts unter Gewinnaspekten erst bei Vorliegen der Daten aus dem Devisenhandel ermessen. Da diese Daten sich im Verlauf eines Tages ständig ändern können, muß ein fortwährender Informationsfluß zwischen beiden Abteilungen bestehen.

Zusammenfassend lassen sich für die Zweckmäßigkeit eines Bereichs Geldgeschäft folgende Argumente anführen:

1. *Entlastung der Bankleitung*[8] *(a) von Planungsaufgaben:*

Zur Planung rechtzeitig vorzunehmender Anpassungsmaßnahmen sind für den jeweiligen Planungszeitraum alle relevanten Erwartungsdaten zusammenzustellen. Da die von den anderen Funktionsbereichen ausgelösten, voraussichtlich eintretenden Zu- und Abgänge auf dem ZBG-Konto nicht betraggenau, sondern nur in bestimmten Größenordnungen gemeldet werden, können auch die Anpassungsmaßnahmen nicht auf eine Währungseinheit exakt geplant werden, selbst wenn die dem Bereich Geldgeschäft von den anderen Bereichen übermittelten Erwartungsdaten sich ex post als zutreffend erweisen sollten. In der Realität treten außerdem Abweichungen von diesen Vorausschätzungen auf. Daher muß die — auch als „Geldstelle" bezeichnete — Instanz Geldgeschäft einen im einzelnen vorher nicht bekannten Spitzenausgleich vornehmen.

(b) *von der Durchführung der Anpassung:*

Innerhalb der ihr von der Bankleitung eingeräumten Entscheidungskompetenzen nimmt diese Instanz den Spitzenausgleich durch (dispositionsbestimmte) Anpassungsmaßnahmen vor. Diese bestehen in der Durchführung von Geldgeschäften, die im objektiven Sprachgebrauch meist Geldhandelsgeschäfte oder An- und Verkäufe von Geldmarktpapieren sind. Dazu ist diese Instanz für die Handelsgespräche und den Schriftwechsel zuständig. Von dem Bereich Geldgeschäft geht ferner die Initiative zum Timing und zur Variation des Reserve-Solls aus.

(c) *von regelmäßigen Routinekontrollen*, deren Ergebnis die Planung für die Folgetage beeinflussen kann[9] und ferner

---

[8] Die im Rahmen genereller Regelungen zu treffenden Entscheidungen werden in dem Funktionsbereich vorgenommen. Vgl. *E. Gutenberg*, Unternehmensführung, a. a. O., S. 145, und auch *E. Kosiol*, Organisation der Unternehmung, Wiesbaden 1962, S. 31.

[9] Durch die zunehmende Verbreitung von EDV-Systemen haben sich in jüngster Zeit Möglichkeiten ergeben, die Geldstelle von statistischen Arbeiten zu entlasten, da die benötigten Übersichten bei entsprechender Programmierung der Datenverarbeitungssysteme häufig als „Nebenprodukt" des Rechnungswesens anfallen. Vgl. u. a. *W. Steinhauser*, Liquiditäts- und Rentabilitätsüberwachung mit dem Computer, in ZfgK, Jg. 21 (1968), Beilagenheft zu Nr. 21, 1. 11. 1968, S. 7.

(d) von einem Teil der Maßnahmen zur *Kontaktpflege* mit anderen Banken: Wie oben bereits dargelegt[10], ist die ständige Pflege von Geschäftsbeziehungen zu anderen am Geldmarkt aktiven Kreditinstituten nicht nur für die Verwertung temporär überschüssiger ZBG von Bedeutung, sondern vor allem auch für die Beschaffung benötigter ZBG, insbesondere zur Liquiditätssicherung.

2. Außerdem spricht die *besondere Art des* für die Funktion Geldpolitik geltenden *Zielsystems* für die Einrichtung eines Bereichs Geldgeschäft. Die Bankleitung richtet ihre Mittelentscheidungen naturgemäß an den Oberzielen sowie dem Nebenziel Standing aus. Zu diesen Entscheidungen zählt zwar auch die Festlegung der konstitutiven Ordnung der geldpolitischen Ziele sowie die Wahl des Strategientyps, aber nicht unbedingt die situativ determinierten Mittelentscheidungen. Besonders wenn das Hauptziel der Bank in einer Form der Gewinnerzielung besteht, wird das Handeln der Mitglieder der Bankleitung von gewinngerichteten Verhaltensweisen geprägt sein, während das Gewinnziel in der Geldpolitik stets hinter die Leistungsziele zurückzutreten hat. Für den für das Geldgeschäft verantwortlichen Entscheidungsträger, den Gelddisponenten, kann die Gewinnwirksamkeit seiner Mittelentscheidungen daher nur eine untergeordnete Rolle spielen. Aus diesem Grunde muß die Aussage von Gelddisponenten glaubwürdig erscheinen, wenn diese sich auf Befragen „primär als Verwalter der Liquidität“ bezeichnen. — Würde über die ständig durchzuführenden geldpolitischen Einzelaktionen von einem Mitglied der Bankleitung entschieden werden, so könnte die Gefahr bestehen, daß die Dominanz der Leistungsziele nicht hinreichend beachtet wird, weil die geldpolitischen Maßnahmen nur einen Teil der von ihm zu vollziehenden vielfältigen Entscheidungen darstellen und das für diesen Teil dann notwendige „Umdenken“ den Entscheidungsträger ggf. überfordern würde. Bei entsprechender Größe des Kreditinstituts ist es daher sinnvoll, das Geldgeschäft von einer nur nach geldpolitischen Zielen handelnden Person leiten zu lassen.

III. Systematik der Entscheidungsvorgänge

Nachdem eingangs dieses Kapitels die die Funktion Geldpolitik kennzeichnenden Entscheidungstatbestände in vier Gruppen zusammengefaßt dargestellt wurden, soll nun ein systematischer Überblick über die Struktur der Gesamtheit der Entscheidungsvorgänge und deren Ablauf gegeben werden. Im Rahmen dieser Ablaufanalyse werden auch Ergebnisse, die zuvor bei der Ableitung der optimalen Zahlungsbereitschaftsreserve aus dem Zielsystem der Gesamtbank erarbeitet wurden, in einen

[10] Vgl. Abschnitt C II d 1 und D I b.

synthetischen Zusammenhang als Bestimmungsfaktoren der Planung eingeordnet.

a) Planung und Anpassung als die originären Unterfunktionen der Geldpolitik

Planung, also das „Entwerfen einer Ordnung"[1] zur Gestaltung von Abläufen, vollzieht sich im Rahmen jeder Funktion auf zwei Ebenen: Erstens der Planung *operationaler Zielgrößen* und zweitens der Bestimmung optimaler *Instrumente und Mittelkombinationen*[2]. Die Zielgrößen sind für uns hier die täglichen ZBG-Planbestände, mit deren Ermittlung wir uns in den Kapiteln C III und D befaßt haben. Für die Wahl der Mittel steht das in B III beschriebene Instrumentarium zur Verfügung. „Planung" bedeutet für unseren Sachzusammenhang demnach die *Festlegung der täglichen ZBG-Bestände* sowie die der *Maßnahmen zur Anpassung an diese ZBG-Planbestände.* In diesen Aufgaben besteht der dispositive Teil der Geldpolitik. Da ohne die anschließende Durchführung der notwendigen geldpolitischen Maßnahmen die durch die Geldpolitik für die Bank zu erbringende Leistung nicht realisiert wird, muß der Entscheidung über die Anpassung auch deren Ausführung folgen. Obwohl für Entscheidung und Ausführung verschiedene Instanzen zuständig sein können[3], sind beide Funktionen unmittelbar miteinander verknüpft, nicht zuletzt auch unter dem Aspekt der Rückwirkung des Ergebnisses der Ausführung auf die nächstfolgende Entscheidungsphase.

Aus diesen Gründen werden *Planung und Anpassung* einschließlich deren Verrichtung als zentrale oder originäre Unterfunktionen der Geldpolitik bezeichnet. Die Informationsbeschaffung sowie die Kontrolle der Ergebnisse sind derivative Unterfunktionen, da ihre Verrichtung nur als notwendige Hilfe für die Planung einschließlich die der Anpassung verstanden wird. Im Zeitablauf ist Geldpolitik als die Funktion der Steuerung des ZBG-Bestands stets Planung der Zielgröße, Planung der Anpassung und Ausführung der Anpassung an die jeweilig geplante Zielgröße. Die Ausführung ist zwar keine „Politik", doch ohne sie würde die dispositive Tätigkeit ihren Sinn verlieren. Für die Bildung einer eigenständigen Funktion Geldpolitik spricht die oben begründete Notwendigkeit, daß die Bank jederzeit eine Korrektur ihres ZBG-Bestands durchzuführen in der Lage sein muß, hauptsächlich um ihre Liquidität zu gewährleisten.

---

[1] *E. Gutenberg,* Grundlagen der Betriebswirtschaftslehre, Bd. I, a. a. O., S. 147.

[2] Zur Planung zählt also auch das Entwickeln und die Wahl künftig einzusetzender Handlungsalternativen. — Zur Unterscheidung von Zielplanung und Ausführungsplanung vgl. u. a. *U. Schmidt-Sudhoff,* a. a. O., S. 23 f.

[3] Vgl. *K. Bleicher,* a. a. O., S. 166 f.

b) Planung des täglichen ZBG-Bestands

1. Bestimmungsgrundlagen des Planungsvorgangs

Die Planung künftiger ZBG-Tagesendbestände stellt nur im Rahmen der Strategien variabler Mindestreservehaltung ein Entscheidungsproblem dar[4], wie zuvor erläutert wurde. Verfolgt die Bank hingegen die Strategie ε_1 (Konstante Mindestreservehaltung je Tag mit Ausnahme des Bilanzstichtags), so wäre allenfalls über die Verteilung von Risikoaufschlägen zu entscheiden, die dem Risiko der Nicht-Erfüllung des verbleibenden überdurchschnittlich hohen Solls am Bilanzstichtag begegnen sollen. (Solche Aufschläge führen zur Bildung von *Überschußreserven*[5]). Die bei variabler Reservehaltung unter Unsicherheit zu vollziehenden Entscheidungen über die anzustrebenden Tagesendbestände machen Schätzungen der außerhalb der Geldpolitik determinierten Parameter notwendig (insbesondere der Entwicklung der relevanten Zinssätze), auf deren Grundlage die Bank die ZBG-Planbestände fixiert. Die für die Mindestreservehaltung vorgesehenen ZBG-Bestände schließen ihrerseits, wie ausführlich begründet, die zur Sicherung der Zahlungsfähigkeit und die aus bilanzoptischen Gründen zu haltenden Bestände ein. Aus diesen Planbeständen resultiert für jeden Plantag eine bestimmte Liquiditätswahrscheinlichkeit L_w, die mindestens gleich der von der Bank angestrebten L_w' sein muß. Die Erwartungsgrößen, auf deren Grundlage die täglich zu realisierenden Mindestbestände auf dem ZBG-Konto festgelegt werden, sind somit Bestimmungsfaktoren der Planung jeder beliebigen Strategie.

Die Planung von im Zeitablauf variablen ZBG-Beständen setzt demnach *Schätzungen* der für jeden Plantag relevanten *Datenkonstellation* voraus[6]. Dazu müssen, wie bei jeder Planung, erstens die notwendigen

---

[4] Diese Aussage geht allerdings von einem *konstanten Mindestreserve-Soll* aus. In der Realität ist diese Prämisse aufzuheben, da das Reserve-Soll — nicht nur bei generellen Mindestreservesatzänderungen — von Periode zu Periode Schwankungen unterworfen sein kann. (Vgl. Kapitel F) Daher wird der Umfang der angestrebten Mindestreservehaltung je Tag auch von den Erwartungen über die Höhe des Reserve-Solls bestimmt.

[5] Die Gefahr der Bildung von Überschußreserven ist auch dann akut, wenn — abweichend von unserer Prämisse — der zu planende ZBG-Bestand von der Zahlungsbereitschaftsreserve oder dem besonderen Bedarf am Bilanzstichtag determiniert wird und nicht von dem zu realisierenden Teil des Mindestreserveziels. In diesem Fall könnten Überschußreserven nur vermieden werden, wenn der als Zahlungsbereitschaftsreserve vorgesehene Bestand bis zum Tagesende durch entsprechende Abgänge abgebaut wird.

[6] Streng genommen ist die *Prognose* somit eine „Vorstufe der Planung". Erst wenn der künftig jeweils relevante Datenrahmen prognostiziert ist, kann auf dieser Basis eine Planung i. e. S. erfolgen, d. h. die Vorbereitung von Dispositionen zur Änderung des erwarteten Zustands. — Vgl. auch *K. Agthe*, Langfristige Unternehmensplanung, in: Unternehmensplanung, Hrsg. K. Agthe und E. Schnaufer, Baden-Baden 1963, S. 70 f.

Informationsmengen zusammengestellt werden und zwar durch Ermittlung und Ordnung von Vergangenheitsdaten sowie Aufzeichnung von weiteren relevanten, im Planungszeitraum erwarteten Ereignissen. Zweitens hat sich die Bank über die Eintrittswahrscheinlichkeiten klar zu werden, die für die aus den Vergangenheitswerten abgeleiteten Schätzungen (z. B. Schwankungen des Tagesgeldzinssatzes im Monatsverlauf) sowie die weiteren, in die Planung einzubeziehenden Ereignisse (z. B. Diskontsatzänderungen) anzunehmen sind. Prognosen der Datenkonstellationen für die Plantage setzen umfangreiche statistische Arbeiten voraus, die von der (den) für die Entscheidung über die künftigen ZBG-Tagesendbestände zuständigen Person(en) selbst nicht erstellt werden können. Soweit diese Unterlagen nicht bereits von anderen Hilfsabteilungen geliefert werden, sind sie in dem Bereich Geldgeschäft anzufertigen. — Inwieweit die Bank die zulässigen Grenzen einer Variation der Mindestreservehaltung im Zeitablauf (vgl. B II b und D II) bei der Planung der künftigen ZBG-Bestände tatsächlich ausschöpft, um Zinsspekulationserträge zu erzielen, hängt ab von dem Umfang der erwarteten Zinsschwankungen[7] und dem Sicherheitsgrad dieser Erwartungen. Daneben spielt auch die Frage eine Rolle, ob ZBG überhaupt in dem von der Bank gewünschten Umfang beschafft oder verwertet werden können.

2. Zur Frage des Planungszeitraums

Zur Konzeption eines Planungsgegenstands gehört nicht nur die Festlegung seines materiellen Gehalts, sondern ebenfalls die seines zeitlichen Umfangs. Die Bestimmung dieser zeitlichen Dimension ist nicht allein in der Planung der ZBG-Tagesbestände, sondern auch in der der geldpolitischen Anpassung an diese Planwerte notwendig. Wegen des Ungewißheitsproblems teilen die Planungsträger einer Betriebswirtschaft ihren gesamten Planungszeitraum üblicherweise in zeitlich aufeinanderfolgende Teilperioden ein, für die im Vergleich zur jeweiligen Vorperiode ein jeweils abnehmender „Genauigkeitsgrad" gilt. Unter diesem *Genauigkeitsgrad* ist der reziproke Wert des (auf einen bestimmten Mittelwert bezogenen) Streuungsmaßes zu verstehen, das für die Datenprognosen gilt, die für die zu Beginn der Gesamtperiode erfolgende

[7] Für die *Planung der künftigen ZBG-Tagesendbestände* relevant ist das Verzinsungs*niveau* der für Geldgeschäfte in Betracht kommenden Medien. Für die *Planung der Anpassung* (s. u.), die der Festlegung dieser Bestände mit einem time-lag folgt, ist die erwartete Zins*struktur* maßgeblich. Es ist also das Niveau und die Struktur sowohl der am Markt frei vereinbarten Zinskonditionen als auch der hoheitlich determinierten Zinssätze zu schätzen. Dabei ist zu beachten, daß erstere sich u. U. nach letzteren richten. Daher kann der Erwartungsbildung über das künftige Verhalten der Geldbehörden in bezug auf ihre Zins- und Kontingentpolitik die primäre Bedeutung zukommen.

Planung einer Entscheidung relevant sind. Die Voraussicht über künftige Datenkonstellationen nimmt grundsätzlich mit wachsender Länge des Planungszeitraumes ab[8]. Andererseits verbessert sich der Informationsstand über einen künftigen Plantag, je näher dieser am Entscheidungszeitpunkt liegt[9].

Der *Umfang der Planperiode* wird einerseits von dem mit der Planung verfolgten *Zweck* bestimmt (subjektive Determinante) sowie andererseits von der *Erhältlichkeit der notwendigen Plandaten* (objektive D.). Soll die Planung z. B. Klarheit über die künftige Entwicklung einer dispositiv variierten Größe dergestalt vermitteln, daß die Auswirkungen der zu ihrer Beeinflussung alternativ durchführbaren Maßnahmen aufgezeigt werden, so muß die Planperiode alle für diese Auswirkungen in Betracht kommenden Zeitpunkte einschließen. Beträgt beispielsweise für ein Geldgeschäft die längste zu erwägende Laufzeit ein Jahr, so muß die Planperiode vom Entscheidungszeitpunkt an mindestens diesen Zeitraum umfassen. — Von dieser Forderung unabhängig ist jedoch zu fragen, ob die Qualität des verfügbaren Datenmaterials einen solchen Planungszeitraum zuläßt. Wenn die in der Planung zu berücksichtigenden exogen determinierten Parameter nicht für die gesamte subjektiv erwünschte Periode hinreichend genau bestimmbar sind oder wenn ihre Ermittlung nur zu unverhältnismäßig hohen Kosten möglich ist[10], so endet der relevante Planungszeitraum an dem Punkt[11], bis zu dem sich

---

[8] Vgl. dazu u. a. *K. Agthe,* Das Problem der unsicheren Erwartungen bei unternehmerischen Planungen und Entscheidungen, in Unternehmensplanung, a. a. O., S. 103 f.; *S. Adamowsky,* Langfristige und kurzfristige Planung, in Unternehmensplanung, ebenda, S. 27, 35, 37 f. — *E. Witte,* Die Liquiditätspolitik der Unternehmung, a. a. O., S. 147 und S. 150; *L. Orth,* Die kurzfristige Finanzplanung industrieller Unternehmungen, Köln und Opladen 1961, S. 54. — *W. Wittmann,* Instrumente der „Prophetie", in: Der Volkswirt, 22. Jg (1968), Nr. 40, S. 30 f., verweist auf das dadurch entstehende „psychische Moment" in der Planung.

[9] Vgl. *W. Wittmann,* Unternehmung und unvollkommene Information, a. a. O., S. 174. Damit werden in zunehmendem Maße auch Entscheidungen über Details möglich.

[10] Es sind also die Erträge, die durch die jeweils zusätzlich verfügbaren Daten ermöglicht werden, gegen die Kosten ihrer Ermittlung abzuwägen. Vgl. auch *F. Modigliani* und *K. J. Cohen,* The Role of Anticipations and Plans in Economic Behavior and Their Use in Economic Analysis and Forecasting, Urbana/Ill. 1961, S. 26 ff. — Die Quantifizierung der Kosten und vor allem auch der Erträge ist oft allerdings nicht durchführbar, so daß dann auf entsprechende Wirtschaftlichkeitsrechnungen verzichtet werden muß.

[11] Der Planungszeitraum reicht nicht weiter als bis zum „ökonomischen Horizont". Nach *W. Krelle,* Theorie wirtschaftlicher Verhaltensweisen, a. a. O., S. 221, ist dies „der zukünftige Zeitpunkt, bis zu dem (man) ... Berechnungen anstellen kann. In Bezug auf eine einzelne Größe ist es der Zeitpunkt, von dem ab die Erwartungswerte zwischen weit auseinanderliegenden Werten dieser Größe gleich sind". Jenseits des ökonomischen Horizonts weisen die einzelnen Größen solche Schwankungsbreiten auf, daß „sie für eine Entschlußfassung nicht mehr herangezogen werden können". — Vgl. auch ebenda, S. 19.

die nach dem Wirtschaftlichkeitsprinzip erstellten *Datenprognosen hinreichender Qualität* erstrecken[12].

Ob die Qualität des Datenmaterials ausreichend ist, bestimmt sich nach dem geforderten *Genauigkeitsgrad*. In Abhängigkeit verschiedener Genauigkeitsgrade lassen sich z. B. eine „kurzfristige", „mittelfristige" oder „langfristige" Planung unterscheiden. Bei der *„kurzfristigen" Planung* muß sich die Streuung der jeweils erfaßten Erwartungsparameter demnach in den relativ engsten Grenzen halten. Jenseits des Planungshorizonts wird die Streuung der Erwartungsdaten so groß, daß die Kenntnis dieser Größen für den Entscheidungsträger keine Hilfe mehr bedeutet. Für jeden Erwartungsparameter existiert somit eine nach dem jeweils geforderten Genauigkeitsgrad einteilbare Stufung von zeitlichen Planungsgrenzen. Da ein Plan sich in der Regel auf eine Vielzahl von Erwartungsgrößen mit unterschiedlichen solcher Planungsgrenzen stützen muß und ein für alle Größen einheitlicher Planungszeitraum zu fixieren ist[13], werden bei vielen Größen die individuellen Planungsgrenzen nicht voll ausgeschöpft werden können, während bei anderen ggf. ein geringerer Genauigkeitsgrad zu tolerieren ist.

Unter Gewichtung des Einflusses der einzelnen Parameter[14] hat die Planungsinstanz einen Zeitraum zu bestimmen, dessen Grenze von den Genauigkeitsanforderungen festgelegt wird, die an den Grad der Planerfüllung insgesamt gestellt werden. Die Transformation einzelner Parameter in ZBG-Bestände je Tag braucht hier nur kurz angesprochen zu werden. Sind die optimale Zahlungsbereitschaftsreserve sowie der zum Bilanzstichtag angestrebte ZBG-Bestand bekannt, so daß nur das Mindestreserve-Soll zu schätzen und die zeitliche Verteilung der Mindestreservehaltung zu regeln bliebe, so ist dann vor allem das relevante Zinsniveau zu prognostizieren. Sofern die Bank eine behördlich ange-

---

[12] Mit dem Problem des *Planungshorizonts* befaßt sich eine Vielzahl von Autoren, häufig ausgehend von den grundlegenden Gedanken *J. Tinbergens* (The Notions of Horizon and Expectancy in Dynamic Economics, in Econometrica, Bd. 1 [1933], S. 247 ff.). Vgl. u. a. *W. Wittmann,* Unternehmung und unvollkommene Information, a. a. O., S. 137 ff., ferner S. 58 und 173; *W. Lücke,* Finanzplanung und Finanzkontrolle in der Industrie, a. a. O., S. 64 ff. Lücke (ebenda, S. 65) verweist auf den subjektiven Charakter des ökonomischen Horizonts, da nicht nur der „Stand des Wissens über die zu planende Größe", sondern auch die Beurteilung dieser Daten von Unternehmer zu Unternehmer variiere. — s. auch *Modigliani* und *Cohen,* a. a. O., S. 135.

[13] Zur Frage, ob der Planungshorizont durch den „Minimum-Horizont" nur einer Erwartungsgröße bestimmt wird, vgl. auch *W. Lücke,* ebenda, S. 66.

[14] Daß aus dem vielfältigen Datenmaterial nur relativ wenige Informationen benötigt werden, zeigen Modigliani und seine Mitarbeiter. Maßgeblich sei nicht der ökonomische, sondern der „relevante Horizont". Vgl. u. a. *F. Modigliani* und *K. J. Cohen,* a. a. O., vor allem S. 55 ff. und 67 ff. Die Verf. beschränken sich allerdings auf das Problem des ersten Entscheidungsaktes und vernachlässigen die im Rahmen einer Strategie notwendig werdenden Folgeentscheidungen (vgl. ebenda, S. 20).

ordnete Änderung der Mindestreservesätze ausschließt, ist bezüglich des Solls eine nur geringfügige Streuung der Erwartungsdaten anzunehmen. Jedem angenommenen Zinssatz, der ein bestimmtes Zinsniveau repräsentiert, ist ein bestimmter ZBG-Bestand zuzuordnen. Nach Gewichtung der Zinssätze (und somit auch der jeweils dazugehörigen ZBG-Beträge) mit ihren Eintrittswahrscheinlichkeiten läßt sich eine Streuung des anzustrebenden ZBG-Bestands je Tag angeben. An welchem Betrag sich die Bank innerhalb dieses Streuungsbereichs orientiert, läßt sich erst nach Kenntnis der spezifischen Verteilung sagen.

Der zeitliche Umfang der Planung endet an dem Punkt, hinter dem die Streuung der täglichen Erwartungswerte des ZBG-Tagesendstands die von der Bank als akzeptabel definierten Grenzen verläßt. Die zulässige *Plantoleranz* in Bezug auf die Streuung kann mit wachsender Entfernung des Plantags vom jeweils gegenwärtigen Zeitpunkt zunehmen[15], da auch die Zeitspanne zunimmt, in der sowohl die Planwerte mit abnehmendem zeitlichen Abstand vom Plantag näher bestimmt werden als auch Anpassungen genauer geplant werden können. Ohne *mit der Zeit wachsende Plantoleranzen*, d. h. abnehmenden Genauigkeitsanforderungen, würde die verfügbare Qualität des Datenmaterials eine Planung weitgehend verhindern, da die Verteilungskurve der Erwartungswerte mit wachsender Länge des Planungszeitraums immer flacher wird[16]. Der für die Fixierung der angestrebten ZBG-Tagesendbestände geltende Planungszeitraum richtet sich letztlich somit nach der Fähigkeit der Bank, die Daten hinreichend genau zu prognostizieren, welche den täglichen Umfang der aufgrund der drei geldpolitischen Leistungsziele zu haltenden ZBG-Bestände determinieren. Mangelhafte Datenprognosen können die Planung in der Praxis außerordentlich erschweren, gar ganz verhindern.

Auf Tagesbasis erscheint die Planung daher allenfalls nur für jeweils *die laufende Mindestreserveperiode* durchführbar (d. h. in der BRD maximal für einen Kalendermonat), vielleicht auch noch bis zum Ende der folgenden Mindestreserveperiode. Jenseits eines Zeitraums von 30—60 Tagen, vielleicht sogar 90 Tagen[17], dürften die an die Erwartungsparameter zu stellenden Genauigkeitsanforderungen angesichts der instabilen Umweltbedingungen eine Planung bestimmter, von Tag zu Tag variabler ZBG-Bestände nicht mehr zulassen. Auf längere Frist ist da-

---

[15] Vgl. dazu auch *S. Adamowsky*, a. a. O., S. 39.

[16] Vgl. dazu u. a. *W. Lücke*, Finanzplanung und Finanzkontrolle in der Industrie, a. a. O., S. 78.

[17] Für *ein Quartal* sprechen in der BRD beispielsweise die periodisch wiederkehrenden Zahlungsbewegungen zwischen den Geschäftsbanken und den Konten der öffentlichen Kassen bei der Bundesbank. U. a. wird den Banken ZBG in erheblichem Maße durch die Quartalssteuertermine entzogen, was tendenziell zinssteigernd wirkt.

mit einer Detailplanung von Strategien variabler Mindestreservehaltung der Boden entzogen. Aus diesem Grunde kann jenseits der hier als „mittelfristig“ zu bezeichnenden Planperiode von etwa 30—90 Tagen[18] nur eine Determinante in der Planung berücksichtigt werden, nämlich das voraussichtliche Mindestreserve-Soll. Hinreichende Genauigkeit der für die *Zinsentwicklung* relevanten Erwartungsparameter ist hingegen für nur wenige Tage vom jeweils gegenwärtigen Zeitpunkt aus erhältlich. Diese höchstens bis zum Ende der laufenden Mindestreserveperiode reichende Zeitspanne ließe sich in diesem Zusammenhang als „*kurzfristig*“ bezeichnen.

Die Planung der „autonomen“ Zahlungsströme ist auf Tagesbasis ebenfalls nur kurz- und u. U. bei entsprechender Geschäftsstruktur der Bank möglicherweise auch mittelfristig sinnvoll. Gerade für Zahlungsströme gilt, daß sie mit wachsendem zeitlichen Abstand vom Planungszeitpunkt „nur über immer längere Teilperioden zusammengefaßt hinlänglich sicher angegeben werden können“[19]. Selbst in der mittelfristigen Planung wird sich eine Zusammenfassung jeweils mehrerer Tage kaum vermeiden lassen. Mit dem Übergang zur kurzfristigen Planung werden diese Zeitabschnitte dann in Zeiträume von jeweils einem Tag aufgelöst.

Für einen Monat bis ein Quartal überschreitende Zeiträume trägt die Vorschau der Bank in Bezug auf ihren ZBG-Bestand lediglich den Charakter einer *Rahmenplanung*. Die Zeitpunktgenauigkeit der Planung bezieht sich hier auf Perioden von mehr als einen Tag, wobei als *Ausnahme* lediglich der *Stichtag für die Jahresbilanz* zu nennen ist, da der ZBG-Bestand an diesem Tag die publizitätspolitisch erwünschte Höhe erreichen soll. Sofern die mit diesem Stichtag abschließende Mindestreserveperiode nicht bereits begonnen hat, liegt dieser Termin zwar im Bereich der mittel- oder längerfristigen Planung, erfordert aber dennoch taggenaue Dispositionen. Dies gilt gerade auch für die Planung der geldpolitischen Anpassungsmaßnahmen, der wir uns nun zuwenden.

c) Anpassung und Kontrolle

1. Planung der Anpassung

Sind die täglichen ZBG-Bestände für den Planungszeitraum festgelegt, so kann die Planung der dispositionsbestimmten *Anpassung der voraussichtlichen Ist- an* diese *Sollbestände* beginnen. Dazu müssen zu-

[18] Zu dem Ergebnis, daß die Grenzen derartiger Fristigkeitsangaben nicht zeitpunktgenau, sondern nur ihrer Größenordnung nach festgelegt werden können, kommt auch *L. Orth*, a. a. O., S. 58—60, am Beispiel der kurzfristigen Finanzplanung industrieller Unternehmungen.

[19] *H.-J. Krümmel*, Grundsätze der Finanzplanung, a. a. O., S. 230.

nächst die als Ergebnis der autonomen Zahlungsvorgänge erwarteten ZBG-Bestände für die einzelnen Plantage prognostiziert werden. Nach Ermittlung der Richtung und des Umfangs der Abweichung von dem Sollbestand kann dann die Planung der Anpassung erfolgen, d. h. die Entscheidungsvorbereitung zur Wahl der Instrumente und des Zeitpunktes ihres Einsatzes. Der Zeitpunkt der Auswirkung liegt naturgemäß mit dem Plantag fest. Die Planung der Anpassung geht der Entscheidung über den Mitteleinsatz logisch und zeitlich voran. Die Anpassung selbst erfolgt überwiegend durch *Geldgeschäfte* (vgl. Abschnitt B III b 1).

Ein zur Ermittlung der künftigen ZBG-Bestände, die ohne geldpolitisch induzierte Anpassungen während des Planungszeitraums zu erwarten wären, gangbar erscheinender Weg wurde im Zusammenhang mit der Erörterung der optimalen Zahlungsbereitschaftsreserve im Abschnitt C III b 1, vor allem im Unterabschnitt (131), aufgezeigt. Im Rahmen unserer Themenstellung konnten die statistischen Verfahren, die zur Schätzung der (als Ergebnis der autonomen Ein- und Auszahlungen) täglich zu erwartenden Salden geeignet erscheinen, allerdings nur auf knappem Raum dargelegt werden. Zur Überprüfung ihrer Brauchbarkeit müßte eine Anzahl von Fallstudien in der Bankpraxis durchgeführt werden. — Der Zeitraum, der für die Schätzung der aufgrund autonomer Zahlungen zu erwartenden Tagesendbestände relevant ist, umfaßt mindestens die laufende Mindestreserveperiode und verlängert sich bis zu den künftigen Perioden, in denen geldpolitische Aktivität sich durch dispositionsbestimmte Bestandsveränderungen unmittelbar auswirken würde. Die Bank kann Wahrscheinlichkeitskoeffizienten festlegen, die mit fortschreitender Länge des Planungszeitraums abnehmen, jedoch in Bezug auf bestimmte Zeiträume vom jeweiligen Ausgangszeitpunkt aus gesehen konstant sind (beispielsweise $w = 0{,}98$ vom 1.—10. Tag, $w = 0{,}95$ vom 10. Tag bis längstens zum Ultimo, $w = 0{,}90$ für die folgende Mindestreserveperiode, usw.). Sie fordert nun, daß zu diesen vorgegebenen Wahrscheinlichkeiten die geplanten Tagesendbestände auf dem ZBG-Konto der Bank realisiert werden[20]. Das Niveau der für die Wahrscheinlichkeiten angesetzten Werte bringt die Risikoneigung der Bank zum Ausdruck, d. h. den Umfang, bis zu dem sie Abweichungen von den Erwartungswerten hinzunehmen bereit ist. Die vorgesehene Abnahme der Wahrscheinlichkeitskoeffizienten[21] trägt dem Umstand Rechnung, daß die für Anpassungsmaßnahmen bis zum Plantag zur Verfügung

[20] Vgl. hierzu auch Abschnitt C III b 1, vor allem (133).

[21] Die Koeffizienten können sich auf einen Mittelwert oder auch einen der beiden Grenzwerte des jeweiligen Streuungsbereichs beziehen. Vgl. auch C III b 1 (131). Dieser Bezug ist bei den Dispositionen zur Anpassung an den ZBG-Planbestand zu berücksichtigen.

stehende Zeit zunimmt. Daher kann für weiter entfernt liegende Tage eine geringere Wahrscheinlichkeit toleriert werden.

Hat sich die Bank eine Vorstellung über den an einem Plantag voraussichtlich auftretenden Saldo aus den autonomen Zahlungsvorgängen gebildet und dabei auch die Reversionszahlungen aus früheren Geldgeschäften berücksichtigt, so kennt sie den für diesen Plantag zu erwartenden ZBG-Bedarf bzw. Überschuß als Differenz zu dem ZBG-Planbestand. Sie kann dann *die Richtung und den Umfang der Anpassung* an diesen Bestand planen. Außerdem muß sie *das Instrument und den Zeitpunkt seines Einsatzes* bestimmen. — Bei der Planung der Anpassungsmittel ist über die Art des Instruments (Timing vs. Geldgeschäfte) und bei der Anwendung von Geldgeschäften über die Märkte zu entscheiden, in denen die Bank aus geldpolitischen Gründen zu operieren beabsichtigt. Dazu ist eine Analyse des Entscheidungsfelds notwendig. Die Wahl des einzelnen Instruments hängt von der situationsspezifischen Datenkonstellation ab. — Der Entscheidungszeitpunkt über die Anwendung kann vor dem Zeitpunkt der geldpolitisch relevanten Zahlung liegen. Wenn bei Geldgeschäften vom Zeitpunkt der Anpassung gesprochen wird, ist grundsätzlich der Tag gemeint, an dem der ZBG-Bestand durch die Initialzahlung erhöht oder vermindert wird. — Da die Erwartungen bezüglich des ZBG-Bestands, der aus den autonomen Zahlungsvorgängen resultieren würde, von beträchtlicher Unsicherheit gekennzeichnet sind, kommen als *Instrumente zur Anpassung* an den angestrebten ZBG-Planbestand nur solche Maßnahmen in Betracht, die die Unsicherheit bezüglich des nach erfolgter Anpassung zu erwartenden Bestands nicht noch verstärken. Als Mittel geldpolitischer ZBG-Variation eignen sich daher vornehmlich Maßnahmen, deren künftige zeitliche und quantitative Auswirkungen quasi-sicher bekannt sind, so daß lediglich die Unsicherheit autonomer Veränderungen besteht und im Planungsvollzug zu berücksichtigen ist.

Die geldpolitisch induzierte Variation des ZBG-Bestands um ΔZ im Zeitpunkt t_j, wobei ΔZ u. a. eine Funktion der Strategie ε_1 ist (vgl. die Abschnitte B II b und D I a), hängt von der für den Plantag t_j erwarteten Datenkonstellation ab. Diese besteht aus endogen und exogen determinierten Erwartungsparametern[22]. Erstere sind die ZBG-Planbestände als Zielgröße, die für die Planung der Anpassung im Zeitablauf variabel sein können. Die aus der Sicht der Geldpolitik exogen bestimmten Parameter setzen sich einerseits aus den mehrmals genannten Salden der autonomen Zahlungsvorgänge sowie auch aus den von der Bank fest-

---

[22] Zur Unterscheidung von Erwartungs- und Handlungsparametern vgl. W. *Wittmann*, Unternehmung und unvollkommene Information, a. a. O., S. 145 f., sowie die dort angegebene Literatur.

gesetzten Richtlinien und Limiten[23] und andererseits aus den extern bestimmten Rahmenbedingungen der Anpassungsmaßnahmen zusammen, wie z. B. den Marktfaktoren (Angebots- und Nachfragesituation auf den einzelnen Teilmärkten sowie Usancen) und den gesetzlich und behördlich fixierten Daten[24].

Wie die Diskussion des *Planungszeitraums* bei der Festlegung der ZBG-Planbestände deutlich gemacht hat, ist aufgrund des mit der Planung verfolgten Zwecks ein möglichst langer Zeitraum anzustreben, während die Erhältlichkeit der erforderlichen Plandaten diese Frist auf eine relativ kurze Spanne einschränkt. Dieser Konflikt besteht bei der Planung der Anpassungsmaßnahmen in noch stärkerem Maße, da der verfügbare Genauigkeitsgrad der Plandaten, vor allem bei den *täglichen Salden der autonomen Ein- und Auszahlungen*, eine Planung auf Tagesbasis nur über einen sehr kurzen Zeitraum zuläßt, dessen Dauer allgemein nicht genau angegeben werden kann[25]. Zur Ausdehnung des Planungszeitraums kann man sich, wie oben dargelegt, mit der Zusammenfassung jeweils mehrerer Plantage behelfen. — Mit der Wahl des Planungszeitraums der ZBG-Sollbestände werden auch die *Wahlmöglichkeiten von Alternativen der Anpassung begrenzt*, da nur solche Anpassungsmaßnahmen in Betracht kommen, deren Auswirkung auf den ZBG-Bestand in den Planungszeitraum fällt, so daß diese Frist bei Geldgeschäften auch den Zeitpunkt der Reversionszahlung einschließen muß. Aus der den Planungszeitraum begrenzenden unvollkommenen Information über die Entwicklung der relevanten Parameter ergibt sich somit eine Obergrenze für die geeigneten Laufzeiten von Geldgeschäften. (So setzt die Planung geldpolitisch induzierter Ein- und Auszahlungen stets Schätzungen der aufgrund autonomer Zahlungen zu erwartenden Veränderungen des ZBG-Bestands voraus, denn deren Ergebnisse sind u. a. maßgeblich für die zu wählenden Laufzeiten der Geldgeschäfte.) Aufgrund der bilanziellen Wirkungen der Anpassungsmaßnahmen ist es allerdings sinnvoll, den jeweils bevorstehenden Stichtag der Jahresbilanz stets in die Planungen einzubeziehen, auch wenn die

[23] Zu den intern von der Bank fixierten Daten der Anpassungsmaßnahmen gehören Präferenzen und Beschränkungen hinsichtlich der Wahl von Instrumenten, Laufzeiten, Beträgen, Zinssätzen (z. B. Einhaltung einer Untergrenze bei Ausleihungen) und Adressen, außerdem die Beachtung bilanzieller Erfordernisse und ferner Grenzen des geldpolitisch zulässigen Timing.

[24] Vgl. dazu auch die von *H.-D. Deppe* (Bankbetriebliches Wachstum, a. a. O., S. 126 ff. und S. 94 ff.) formulierten wirtschaftlichen *Rahmenbedingungen bankbetrieblicher Wachstumsprozesse*, wo neben den Liquiditätsbedingungen ebenfalls die Anforderungen der „Grundsätze“ in der BRD quantitativ erfaßt werden. Außer der Rechtsordnung sind die von der Notenbank gesetzten Daten von besonderer Bedeutung. Vgl. u. a. *L. Voß*, a. a. O., S. 109 ff., der eine kurze Systematisierung der relevanten Planungsfaktoren gibt.

[25] Zu den Fristigkeitsangaben vgl. auch den Schluß des Abschnitts E I b.

Planungen für den diesem Tag vorausgehenden Zeitraum nicht immer auf Tagesbasis durchgeführt werden können.

2. Modalitäten der Anpassung

Für die Anpassung des ZBG-Ist an den Planbestand kommt nur die *direkte Variation des Ist-Bestands* in Betracht, die mittels zweier verschiedener Instrumente möglich ist (vgl. Abschnitt B III b):

(1) *Geldgeschäfte*, von denen zwei Arten mit unterschiedlicher bilanzieller Wirkung bestehen: (a) Transformation von Vermögensteilen in ZBG oder ihre Retransformation[26], (b) Veränderung der Bilanzsumme. Geldgeschäfte dieser Art teilen sich in solche mit bilanzverlängernder und solche mit bilanzverkürzender Wirkung.

(2) *Timing von Zahlungen.* Hier gilt es lediglich, den Zeitpunkt der Zahlung zu fixieren. (Eine Reversionszahlung existiert naturgemäß nicht.)

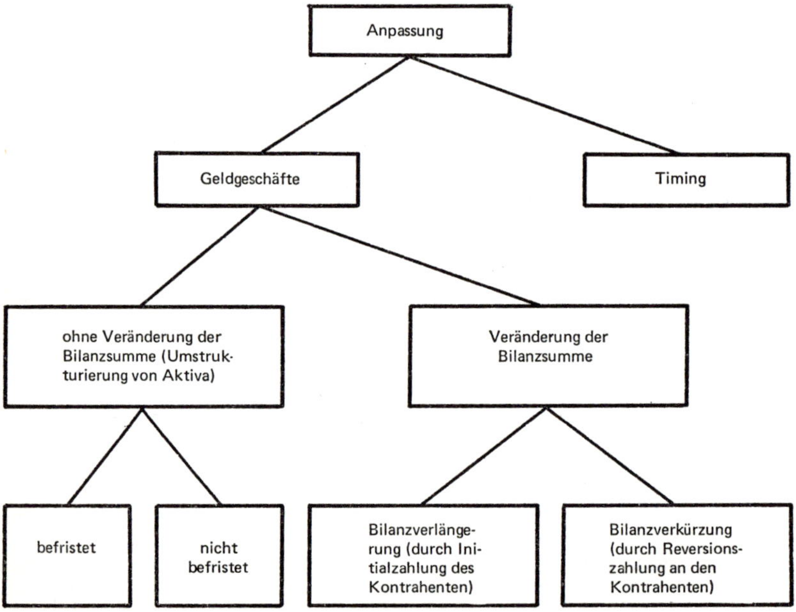

Abb. 13: Möglichkeiten der direkten Anpassung des ZBG-Ist an den Planbestand

Bei der *Umstrukturierung* (Fall 1 a) werden andere Aktiva gegen ZBG erworben oder veräußert. Bei *bilanzverkürzenden* Geldgeschäften wer-

[26] Das für uns relevante Kennzeichen dieses Umstrukturierungsvorgangs auf der Aktivseite der Bilanz ist, daß einer der Kontrahenten seine Leistung in Form von ZBG erbringt.

den Verbindlichkeiten durch Zahlung von ZBG getilgt. Durch *bilanzverlängernde* Geldgeschäfte hingegen entstehen Verbindlichkeiten und zwar dadurch, daß die Bank einen Kredit in Form von ZBG aufnimmt. Bilanziell entsteht eine solche Schuld mit der Verbuchung der von dem Kontrahenten der Bank geleisteten Initialzahlung. Getilgt wird die Schuld mittels der Reversionszahlung mit bilanzverkürzendem Effekt. — Die *Initialzahlung* der Bank selbst löst einen Umstrukturierungsvorgang auf der Aktivseite ihrer Bilanz aus. Hier ist es nur dann sinnvoll, von einer „Initialzahlung" zu sprechen, wenn die Umstrukturierung befristet ist, d. h. wenn vorgesehen ist, daß dieser Vorgang zu einem künftigen Zeitpunkt durch die *Reversionszahlung* an die Bank wieder rückgängig gemacht wird. Ist die Umstrukturierung hingegen unbefristet, so ist lediglich ein Zahlungsvorgang in ZBG Teil des entsprechenden Geschäfts, da die Gegenleistung in Form anderer Vermögensteile erfolgt. Entweder erwirbt die Bank sonstige Aktiva gegen ZBG oder sie veräußert Vermögensteile zwecks Erhöhung ihres ZBG-Bestands.

Geldgeschäfte, die sich in bilanzieller Hinsicht als befristete Umstrukturierung oder bilanzverlängernd auswirken, sind im Gegensatz zu den übrigen Geldgeschäften durch ihre *Laufzeit* gekennzeichnet. (Die Geldgeschäfte mit der Wirkung einer nicht befristeten Umstrukturierung und die mit bilanzverkürzendem Effekt können hingegen keine Laufzeit aufweisen. Die Bilanzverkürzung durch Rückzahlung einer Verbindlichkeit steht am Ende eines Geschäftsvorgangs und nicht an dessen Anfang.) Die Laufzeiteignung ist ein bedeutendes Kriterium zur Beurteilung von Geldgeschäftsmöglichkeiten, bei denen die Leistung eines der Kontrahenten erst in der Zukunft erfolgt. Wenn, wie in diesem Falle, die Leistung und die Gegenleistung nicht an demselben Geschäftstag erbracht werden, bezeichnet man die Frist zwischen den beiden Leistungszeitpunkten als die Laufzeit des Geschäfts. Es handelt sich nur dann um ein *Geldgeschäft*, wenn entweder (1) die Leistung oder (2) die Gegenleistung oder (3) beide in Form von ZBG erfolgen. Im Fall (1) strebt die Bank zum jeweils gegenwärtigen und in (2) zu einem künftigen Zeitpunkt eine Änderung ihres ZBG-Bestands an. In (3) wird diese Änderung grundsätzlich zu beiden Zeitpunkten angestrebt, wobei man in der Regel allerdings eine Gegenwartspräferenz annehmen darf, d. h. daß das Bestreben zur Änderung des ZBG-Bestands zum jeweils gegenwärtigen Zeitpunkt dominiert. Wenn wir in dieser Arbeit im Zusammenhang mit Geldgeschäften von Initial- und Reversionszahlungen sprechen, ist ohne ausdrückliche anderweitige Erklärung stets dieser Fall gemeint. Wir gehen also in der Regel davon aus, daß bei Geldgeschäften mit Laufzeiteigenschaft Leistung und Gegenleistung in Form von ZBG erbracht werden.

Fragt man, ob zur Vornahme einer Anpassung ein Geldgeschäft oder ein Timing eines Zahlungsvorgangs zu wählen ist, so muß vorab geklärt werden, ob die Möglichkeit des *Timing* überhaupt besteht[27] und wenn dies zutrifft, ob dabei auch die Betrags- und ggf. die Terminanforderungen erfüllbar sind. Mit dem Timing läßt sich die Auswirkung einer Zahlung auf den ZBG-Bestand nur um wenige Tage, vielfach nur um einen Geschäftstag variieren, da anderenfalls die Zahlungsverkehrspartner auf eine Art reagieren könnten, die negative Folgen für die Erreichung der Oberziele und des Standingziels der Bank befürchten ließe. Wird das Timing ohnehin mehr oder weniger regelmäßig betrieben, so kann sich die Geldpolitik dieses Instruments kaum bedienen, wenn sie einen zu niedrigen ZBG-Istbestand auf die durch den Plan vorgeschriebene Höhe anzuheben hat. Der Anwendbarkeit des Timing sind also enge Grenzen gesetzt. Es kommt nur zur Überbrückung einer Anspannung von entsprechend kurzer Dauer in Betracht und kann ggfs. durch ein bei Auftreten dieser Anspannung bereits sicheres Geldgeschäft abgelöst werden. — Weisen zwei gegebene Alternativen in Gestalt einer Timing-Möglichkeit und eines Geldgeschäfts die gleiche Betrags- und Fristigkeitseignung auf, so entscheidet die Gewinnwirksamkeit über die Wahl des Instruments. Zur Erhöhung des ZBG-Bestands in einer solchen Situation wird die Bank sich im allgemeinen daher des (keine Zinsaufwendungen verursachenden) Timing und zur Verminderung des ZBG-Bestands eines ertragbringenden Geldgeschäfts bedienen.

Das *wichtigste Mittel der Anpassung* besteht angesichts der begrenzten Anwendungsfähigkeit des Timing in der Durchführung von *Geldgeschäften*. Die Eignungskriterien für die Wahl einer Geldgeschäftsmöglichkeit wurden im Abschnitt B III b 1 herausgearbeitet. Es waren die *Betragshöhe*, die *Fristigkeit* (als Oberbegriff zu Laufzeit und Mobilitätsgrad) und die *Gewinnwirksamkeit*. Außerdem wurde die besondere Risikensituation der Geldgeschäfte charakterisiert: Die bei Zahlungen im Bankgeschäft sonst kaum auszuschließenden Ausfall- und Terminrisiken müssen bei Geldgeschäften nahezu gleich Null sein. Der „politische“ Charakter des Entscheidungsvorgangs zur Bestimmung von Geldgeschäften zeigt sich in (1) der Bewertung der Eintrittsrisiken zwecks Ausschaltung der Alternativen, bei denen sich ein Ausfall- oder Terminrisiko als gegeben herausstellt, und (2) der Auswahl des Geschäfts auf der Grundlage einer situationsspezifischen Kriterienkonstellation (s. u.).

---

[27] Die Bank könnte auf das Timing ggf. ganz verzichten, um dadurch evtl. ausgelöste Verärgerungen ihrer Geschäftspartner zu vermeiden. — Auf die in Form der *Kündigung* bestehende Variante des Timing (vgl. B III b 2 [21]) soll im folgenden nicht mehr eingegangen werden, da davon auszugehen ist, daß dieses Instrument aus geldpolitischen Gründen nur nach einer von der Bankleitung beschlossenen Reduzierung der höchstzulässigen Anforderungen

Aufgrund der Priorität der geldpolitischen Leistungsziele gegenüber dem Gewinnziel muß die Bank einen ZBG-Bedarf mindestens für den Zeitraum zu decken suchen, für den er gemäß ihren Vorausschätzungen zu erwarten ist. Demgegenüber können Verwertungen überschüssiger ZBG nur für höchstens die Zeit ihres voraussichtlichen Bestehens erfolgen. Im folgenden sei nun die Geldsituation, in der ein ZBG-Bedarf einzudecken ist, von dem Fall der Verwertung eines überschüssigen ZBG-Betrags unterschieden. Die *Beschaffung von ZBG* kann im wesentlichen *durch* einen *nicht befristeten Aktivtausch* (Umstrukturierung) *oder durch* eine *Kreditaufnahme* (Bilanzverlängerung) erfolgen. Der befristete Aktivtausch, für den die Bankpraxis besondere Geschäftsformen entwickelt hat (Pensionsgeschäfte[28]), ist demgegenüber weniger bedeutend, da sich nur wenige Aktiva für solche Transaktionen eignen und der Kreis der möglichen Kontrahenten meist eng begrenzt ist. Erwartet die Bank, daß ein ZBG-Bedarf bestimmter Höhe mindestens bis zum Planungshorizont gegeben ist und schließt der Planungszeitraum die Standard-Laufzeiten der branchenüblich mit bestimmter Befristung zur Verfügung stehenden Geldgeschäftsmöglichkeiten ein (z. B. Geldleihen), so wird eine streng auf die Priorität der geldpolitischen Leistungsziele achtende Bank zur Deckung des Bedarfs den nicht befristeten Aktivtausch wählen, d. h. in dieser Höhe andere Vermögensteile gegen ZBG veräußern. Schließt sie hingegen ein befristetes Geldgeschäft ab, so unterstellt sie eine bei dessen Fälligkeit vorhandene Anschlußfinanzierung. Wenn die Bank „Kreditreserven" nicht von vornherein in ihre Planung einbezieht (die Gründe für ein so vorsichtiges Verhalten in der Geldpolitik wurden oben genannt), so kann durch ein befristet abgeschlossenes Geldgeschäft die Veräußerung anderer Aktiva für die Laufzeit des Geschäfts nur aufgeschoben werden. Für einen solchen Aufschub kann einmal die Hoffnung sprechen, daß sich der ZBG-Bedarf später als nicht mehr gegeben herausstellt, wenn die Anschlußfinanzierung vorgesehen ist. Oder der Aufschub wird in der Erwartung vorgenommen, die Veräußerung zu einem künftigen Zeitpunkt — jedoch vor Fälligkeit

---

eingesetzt wird, die einzelne Funktionen an den ZBG-Bestand stellen dürfen. Dieser Entscheidungstatbestand ist den in diesem Abschnitt erörterten Problemen vorgelagert.

[28] Nach den in der BRD seit 1968 geltenden Bilanzierungsrichtlinien sind Pensionsgeschäfte „Geschäfte, bei denen der Pensionsgeber Vermögensgegenstände gegen Zahlung eines Betrages auf einen Pensionsnehmer mit der Vereinbarung überträgt, daß der Pensionsnehmer verpflichtet oder auch berechtigt ist, die Vermögensgegenstände zu einem bestimmten bzw. noch zu bestimmenden Zeitpunkt zurückzuübertragen". Vgl. Bilanzen der Kreditinstitute. Hrsg. K. Hammer und W. Montag, Frankfurt/M. 1968, S. 19. — Wir beziehen uns nur auf solche Pensionsgeschäfte, die bilanziell wie An- bzw. Verkäufe behandelt werden und bei denen der ZBG-Gegenwert nicht beim Pensionsnehmer als Forderung aktiviert bzw. beim Pensionsgeber als Verbindlichkeit passiviert wird.

des befristet abgeschlossenen Geschäfts — werde einen höheren ZBG-Betrag erbringen, wie es z. B. bei einem in Aussicht genommenen Effektenverkauf der Fall sein könnte.

Läßt sich die Frist, in der der ZBG-Bedarf voraussichtlich besteht, hingegen absehen, so sind für die Wahl der Anpassungsart Überlegungen über die Höhe der Kosten sowie ggf. auch über die Rückwirkungen auf das zu publizierende Bilanzbild maßgeblich. Ob die Bank zur Dekkung des Bedarfs sich für eine befristete oder nicht befristete Umstrukturierung oder aber für eine alternativ mögliche Kreditaufnahme entschließt, hängt — sofern sie zunächst nur das Kriterium der Gewinnwirksamkeit berücksichtigt — von den den einzelnen Alternativen zuzuordnenden Kosten bzw. Opportunitätskosten ab. Übersteigen die Opportunitätskosten der Umstrukturierung die Kosten der Kreditaufnahme, so ist insofern die Mittelbeschaffung dann auf dem Kreditwege vorzuziehen.

Hat die Bank einen *überschüssigen Betrag* auf ihrem ZBG-Konto *zu verwerten*, muß sie vor der Entscheidung über dessen Anlage feststellen, wann sie ihn wieder benötigt. Kann sie diesen Betrag mindestens für die Zeit der Planperiode entbehren, so bietet sich (a) eine nicht befristete Umstrukturierung zugunsten anderer Aktiva an. Alternativ kann die Bank die ZBG (b) zum Erwerb einer befristeten Forderung oder (c) zur Tilgung von Verbindlichkeiten verwenden. Sie wird (a) vorziehen, wenn der Ertrag einer solchen Anlage über dem der Alternative (b) liegt und auch die Kosten von ggf. vorhandenen, an jenem Tag — vorzeitig — rückzahlbaren Verbindlichkeiten überschreitet[29]. Ertrags- bzw. Kostengesichtspunkte sind auch bei der Prüfung der Vorteilhaftigkeit von (b) und (c) zu berücksichtigen. Ist die Verwertung nur auf eine bestimmte Frist sinnvoll, nach deren Ablauf der ZBG-Betrag wieder benötigt wird, kommt (a) nicht mehr in Betracht. Ob (b) oder (c) gewählt wird, hängt ab von der Gewinnwirksamkeit dieser Alternativen.

Bei dieser knappen Skizzierung der Ansatzmöglichkeiten zur Anpassung der Ist- an die Soll-Höhe des ZBG-Bestands haben wir von den Auswahlkriterien lediglich die Gewinn- und Fristigkeitsaspekte in Betracht gezogen. Bereits bei der Erörterung der Strategienwahl (vgl. D I a 2 [22] und D II a) war uns das Spannungsverhältnis zwischen diesen beiden Kriterien begegnet. Die Fristigkeitsgesichtspunkte tragen den geldpolitischen Leistungszielen Rechnung. Befristeten Charakter haben alle Anpassungsmaßnahmen, die bilanzverlängernd oder auf der Aktivseite der Bilanz befristet umstrukturierend wirken. Geschäfte ohne Laufzeiteigenschaft werden als Geldgeschäfte in der Regel nur zur Beseitigung

---

[29] Dabei wird unterstellt, daß diese Verbindlichkeiten bereits — im Ermessen der Bank — rückzahlbar, jedoch noch nicht fällig sind, denn sonst könnte sich der angenommene Überschuß auf dem ZBG-Konto nicht ergeben.

anderenfalls längerfristig auf dem ZBG-Konto zu erwartender Ungleichgewichte durchgeführt[30]. — Daß das Entscheidungskriterium *Fristigkeit* neben der formellen Laufzeit auch den Mobilitätsgrad eines diese Eigenschaften aufweisenden Geldgeschäfts einschließt, wurde oben dargelegt (zuerst in B III b 1 [13]). Während für die formelle Laufzeit und die Gewinnwirksamkeit im allgemeinen eine positive Korrelation unterstellt werden darf, korrelieren Mobilitätsgrad und Gewinnwirksamkeit negativ miteinander. Bei Geldmarktpapieren beispielsweise besteht die Möglichkeit einer Verkürzung der Plan-Laufzeit, jedoch ist die Gewinnwirksamkeit bei diesen Objekten geringer als die von Geldleihen vergleichbarer, fester Standard-Laufzeiten.

Die *Betragseignung* der aufgrund der Gewinn- und Fristigkeitskriterien an sich zu wählenden Alternativen ist nicht immer gegeben. Bei mangelnder Betragseignung gilt angesichts der Dominanz der geldpolitischen Leistungsziele grundsätzlich folgendes: Bei bestandserhöhenden Maßnahmen ist eine im Vergleich zum optimalen Betrag höhere und bei Maßnahmen bestandsvermindernder Art eine niedrigere Summe zu wählen. Es kommt also die auf Basis der übrigen Kriterien bestimmte Alternative zum Zuge, die den in der entsprechenden Richtung der Anpassung jeweils nächstliegenden Betrag enthält. Sollte auch dieser Betrag ungeeignet sein, etwa weil er zwangsläufig zur Bildung von Überschußreserven führen würde, müßte entweder der Inhalt der situationsspezifischen Fristigkeitskriterien einer Revision unterzogen werden, oder die Entscheidung müßte zu Lasten des Gewinns[31] erfolgen. Bei mehreren, sich an einem bestimmten Tag auswirkenden Maßnahmen kann die Betragseignung einzelner Aktionen im übrigen nur im Rahmen dieser Gesamtheit beurteilt werden. Sie verliert mit wachsender Zahl der Anpassungen an Bedeutung.

Die bisher genannten, bereits von *Wittgen* dargelegten Kriterien der Wahl von Geldgeschäften sind noch durch das der *bilanzoptischen Opportunität* zu ergänzen. Dieses aus dem Standingziel der Bank abgeleitete Kriterium[32] kann sich bei der Wahl von Anpassungsmaßnahmen als restriktive Nebenbedingung auswirken und zwar dergestalt, daß auf Basis der übrigen Kriterien wählbare Alternativen aufgrund bilanz-

---

[30] Eine Ausnahme bildet der Fall der vorzeitigen Tilgung von Verbindlichkeiten (s. o.), der bei Fälligkeit dieser Beträge innerhalb des Planungszeitraums auch eine kurz- oder mittelfristige Anpassung darstellen kann.

[31] Auf das konkurrierende Verhältnis der Betragseignung zum Gewinnziel wurde in B III b 1 (13) verwiesen. — Abgesehen vom letzten Geschäftstag der Mindestreserveperiode braucht der geplante ZBG-Bestand ohnehin nicht betraggenau realisiert zu werden. Daher ist es zulässig, die Betragshöhe zur Erfüllung des Kriteriums „Betragseignung" im allgemeinen nicht auf eine Währungseinheit genau, sondern als Intervall von einer gewissen Schwankungsbreite festzulegen.

[32] Vgl. Abschnitt C II d 1, ferner C III b 3 (31).

politischer Überlegungen ausgeschieden werden. So verzichtet eine Bank beispielsweise auf Wechselrediskontierungen, wenn durch diese ihre auszuweisenden Indossamentsverbindlichkeiten am Bilanzstichtag eine Grenze überschreiten würden, die sich die Bank aus Standinggründen gesetzt hat. — Zusammenfassend lassen sich also *vier Kriterien zur Beurteilung von Geldgeschäftsmöglichkeiten* feststellen:

(1) Fristigkeit (Laufzeit und Mobilitätsgrad)

(2) Betragseignung

(3) Gewinnwirksamkeit

(4) Bilanzoptische Opportunität.

Das Gewicht, das die Bank diesen Kriterien jeweils beimißt, hängt einmal generell von der Frage ab, ob eine Geldbeschaffung oder eine Geldverwertung durchzuführen ist, und kann des weiteren auch von Situation zu Situation variieren. Für jede Entscheidung existiert somit u. U. eine spezifische Kriterienkonstellation, denn die „Dringlichkeit" der einzelnen teilweise miteinander konkurrierenden Kriterien kann aufgrund von Datenänderungen schwanken. Die Vorrangigkeit der geldpolitischen Leistungsziele gegenüber dem Gewinnziel hat zur Folge, daß im allgemeinen die Fristigkeit und die Betragseignung über die zwei weiteren Kriterien dominieren, doch kann die Bank auch der Bilanzoptik Priorität einräumen. Die in der Regel anzunehmende Dominanz der zwei ersten Kriterien bedingt bei Geldbeschaffungen eine Mindestlaufzeit (sofern die Maßnahmen überhaupt befristet sind) und einen Mindestbetrag sowie bei Geldverwertungen eine Höchstlaufzeit und einen Höchstbetrag. Die Beachtung des darin zum Ausdruck kommenden Vorsichtsprinzips erfolgt zu Lasten des Gewinns. — *Gewichtet* werden können die Kriterien letztlich nur durch eine *subjektive Wertung* seitens der Bank. Dabei handelt es sich um eine Ermessensentscheidung, auf die hier nicht näher eingegangen werden soll[33]. Erweisen sich zwei oder mehrere Ziele als unvereinbar miteinander, so läßt sich der Konflikt grundsätzlich durch „Degradation[34]" lösen, d. h. durch Zurückstufung einzelner Ziele auf ein jeweils niedrigeres Anspruchsniveau. — Der Entscheidungsvorgang zur Vornahme der Anpassung in einer konkreten Situation vollzieht sich in folgenden Stufen:

(1) Analyse des Entscheidungsfelds zwecks Erkennen der relevanten Datenkonstellation,

(2) Inhaltliche Bestimmung der Entscheidungskriterien,

---

[33] Vgl. dazu *R. Wittgen,* Geldpolitik . ., a. a. O., S. 88 ff. und 95 f. — Zur „Ermessensentscheidung" vgl. *H. Hax,* Die Koordination von Entscheidungen, a. a. O., S. 101.

[34] *R. Wittgen,* ebenda, S. 93.

(3) Ermittlung der in Betracht kommenden Alternativen der Anpassung[35],

(4) Wahl einer bestimmten Alternative.

Bei der Vornahme der Anpassung sind die im Abschnitt D III skizzierten Verhaltensgrundsätze zu beachten. Die Anpassung muß stets vor Ablauf des Geschäftstags erfolgen und zwar so zeitig, daß der maßgebliche Buchungsschluß bei der Zentralbank erreicht wird. Zur Verrichtung der beschlossenen Anpassungsmaßnahmen bedient sich die Bank ihrer Funktionsbereiche, vor allem des Geldgeschäfts (vgl. E II b).

3. Kontrolle

Die Unterfunktion der Geldpolitik „Kontrolle" ließe sich auch als Informationsbeschaffung verstehen. Ihre Aufgabe besteht in der Feststellung der Abweichungen von Planwerten: Erstens ist vor der Durchführung der Anpassung zu prüfen, ob die der geplanten Maßnahme zugrundeliegende *Datenkonstellation unverändert* ist. Bei einer Abweichung von der ursprünglich angenommenen Datenkonstellation muß auch die geplante Anpassung nach Art, Richtung, Umfang und Zeitpunkt überprüft werden. — Zweitens ist das von den einzelnen Anpassungsmaßnahmen *erwartete Ergebnis mit dem tatsächlich realisierten Ergebnis zu vergleichen.* Aus diesem Soll-Ist-Vergleich können sich, vor allem unter Mindestreserveaspekten, Änderungen der künftig zu haltenden ZBG-Planbestände ergeben sowie ferner für zukünftige Anpassungen bedeutsame Rückschlüsse auf die Brauchbarkeit einzelner Anpassungsmaßnahmen ziehen lassen. Es sind die evtl. entstandenen Differenzen zu errechnen, die nach Durchführung aller Anpassungsmaßnahmen für einen bestimmten Plantag zwischen dem ZBG-Planbestand und dem realisierten Bestand aufgetreten sein können. Mindestreservetechnisch wirkt, wie oben dargelegt, ein positiver Saldo tendenziell vermindernd und ein negativer Differenzbetrag erhöhend auf die an den restlichen Tagen der Mindestreserveperiode zu haltenden ZBG-Tagesendbestände[36].

Diese ständig zu verrichtenden Überwachungsaufgaben sind Routinetätigkeiten, die der *Funktionsbereich Geldgeschäft* in Zusammenarbeit mit dem Rechnungswesen der Bank zu bewältigen hat. Die Meldungen der anderen Funktionsbereiche über ihre Anforderungen an den ZBG-Bestand bzw. ihren Beitrag zu seiner Erhöhung je Plantag verändern sich häufig. Eine Kompensation all dieser Veränderungen dergestalt, daß

---

[35] Dabei werden u. a. die aus Risikogründen ungeeigneten sowie die Alternativen ausgeschaltet, die angesichts der bestehenden *Limite* verschiedener Art (vgl. D III) unzulässig sind.

[36] Zur *Kontrolle der Plandurchführung* und zur Kontrolle der Planung selbst vgl. *K. Agthe,* Langfristige Unternehmensplanung, a. a. O., S. 56 f.

der ZBG-Plansaldo unberührt bliebe, wäre Zufall. Im Rahmen des Funktionsbereiches Geldgeschäft müssen daher die aufgrund der Dispositionen in den anderen Funktionsbereichen zu erwartenden täglichen Salden auf dem ZBG-Konto oft revidiert werden, so daß entsprechend neue Daten für die Planung der Anpassung entstehen. Überwachungsaufgaben resultieren auch aus der Notwendigkeit zur Überprüfung der Daten, die die Basis zur Bestimmung des angestrebten ZBG-Planbestands je Tag bilden. Selbst wenn dabei nur relativ wenige Größen zu berücksichtigen sind, wie im Falle der Strategie konstanter Mindestreservehaltung, erfordert dies die Zusammenstellung recht umfangreichen statistischen Materials durch den Funktionsbereich. So ist u. a. die Höhe der einzelnen für die Bemessung des Reserve-Solls relevanten Positionen zu ermitteln und ihre Entwicklung für den Verlauf des Planungszeitraums zu schätzen. — Die Zusammenstellung der Ergebnisse der Anpassungsmaßnahmen stellt somit nur einen kleinen Teil der Hilfsfunktionen dar, die das Geldgeschäft für Kontrollzwecke zu verrichten hat.

d) Entscheidungsablauf bei der Anpassung des ZBG-Ist an den Planbestand

Als zusammenfassende Darstellung der zuvor erläuterten Entscheidungstatbestände wollen wir nun ein *Ablaufschema* entwickeln, das die geldpolitischen Entscheidungen im Zeitablauf systematisiert (vgl. Abb. 14). Für jeden Plantag gegeben sind die auf der Grundlage der geldpolitischen Ziele und der jeweils gewählten Strategie ermittelten ZBG-Planbestände. Aus den Meldungen der Funktionsbereiche (sowie bei Filialinstituten außerdem aus den Meldungen der auswärtigen Niederlassungen an die Zentral-Filiale, die die Mindestreservehaltung für die Gesamtbank durchführt)[37] resultieren die täglichen Plansalden der „autonomen" Bewegungen von Zentralbankguthaben. Es gilt nun, diese Größen durch geldpolitisch induzierte Maßnahmen dem jeweiligen ZBG-Planbestand anzupassen. Auf Basis der zu erwartenden autonom gebildeten Salden kann nun der Kreis der in Betracht kommenden Anpassungsmaßnahmen abgesteckt werden. Dabei sind die für jeden Plantag zu schätzenden Datenkonstellationen zu berücksichtigen. Daraufhin können in der Zukunft wirksame geldpolitische Aktionen ausgeführt werden, wie z. B. die Kündigung von Krediten zur Erhöhung des ZBG-Bestands.

Bevor ein bestimmter Plantag heranrückt, treten ggf. Änderungen auf, die im Schema zusammengefaßt als „Ereignisse" bezeichnet werden.

[37] Zur zentralen Gelddisposition bei *Filialbanken* vgl. *W. van Wyk,* Die Gelddisposition der Banken, a. a. O., S. 45 f., *K. Greshake,* a. a. O., S. 872.

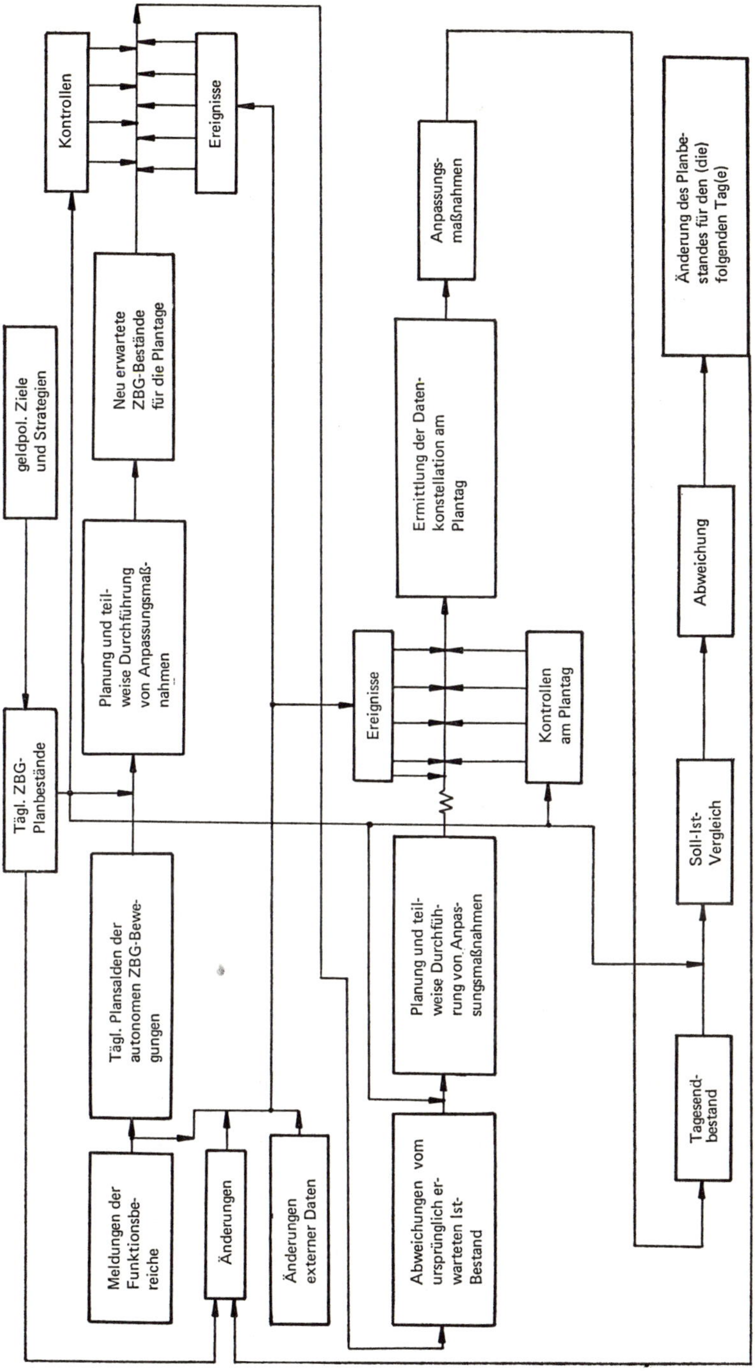

Abb. 14: Anpassung des ZBG-Ist- an den ZBG-Planbestand im Zeitablauf

Dabei kann es sich um Änderungen des täglichen Planbestands selbst (d. h. der Zielgröße) handeln, um Abweichungen der zu erwartenden autonom bestimmten Ist-Höhe des ZBG-Bestands von den ursprünglichen Annahmen sowie um Änderungen von für die Anpassung wesentlichen externen Daten, wie u. a. der Zinssätze oder der von der Notenbank offerierten Refinanzierungskontingente. Nach solchen Ereignissen müssen die Anpassungsmaßnahmen ggf. neu geplant werden und zwar dann, wenn Kontrollen Abweichungen aufdecken, die sich zwischen dem ursprünglich für den Plantag vorausgesehenen und dem nach den Ereignissen zu erwartenden ZBG-Bestand ergeben. (Änderungen bei den Anpassungsmaßnahmen werden naturgemäß ebenfalls notwendig, wenn sich der ZBG-Planbestand als Zielgröße erhöht oder vermindert.) Wie häufig die Kontrollen im Zeitablauf stattfinden, ist eine Frage ihrer Wirtschaftlichkeit. Die *Revision der Planung* infolge von Abweichungen von den vorangegangenen Planannahmen stellt sich als ein kontinuierlicher Prozeß dar, ohne den die Anpassung sich nicht sachgerecht steuern läßt[38].

Am Plantag selbst werden die Ereignisse, die seit der letzten sich auf diesen Termin beziehenden Kontrolle aufgetreten sind, überprüft und die gegebene Datenkonstellation ermittelt. Dann erfolgt die Anpassung an den ZBG-Planbestand. Anpassungsmaßnahmen müssen (vor allem aufgrund revidierter Meldungen der Funktionsbereiche) u. U. mehrmals am Tag durchgeführt werden. Sofern ein anderer ZBG-Bestand angestrebt wird als zuvor geplant und/oder wenn aufgrund neuer Meldungen der Funktionsbereiche ein gegenüber der ursprünglichen Planung veränderter Saldo auf dem ZBG-Konto zu erwarten steht, kann es sich als richtig erweisen, einzelne zuvor in der Planung vorgesehene Anpassungsmaßnahmen zu unterlassen. — Ist der effektive Tagesendbestand auf dem ZBG-Konto erreicht, d. h. die für die Ermittlung des Mindestreserve-Ist maßgebliche Größe, so muß ein Soll-Ist-Vergleich angestellt werden. Ergibt dieser Vergleich eine Differenz zwischen dem geplanten und dem realisierten Bestand, so führt diese Abweichung dann zu einer Änderung der ZBG-Planbestände für den (die) folgenden Tag(e) der Mindestreserveperiode. Bei sonst konstanten Daten ergibt sich die Verteilung der Abweichung $\pm \Delta Z$ am Tag x auf die einzelnen Tage dieses Zeitraums aus dem Ausdruck $\pm \frac{\Delta Z_x}{n-x}$, wobei n der letzte Kalendertag der Mindestreserveperiode ist.

[38] *E. Kosiol,* Planung als Lenkungsinstrument der Unternehmungsleitung, in: ZfB, Jg. 35 (1965), S. 389—401, unterstreicht den kybernetischen Wesenszug der Planung. Planung, Realisation und Kontrolle seien als „zirkularer Rückwirkungsprozeß“ zu begreifen (ebenda, S. 400). Zur Revision der Planung vgl. auch *W. von Zwehl,* Untersuchung zur Erstellung einer Planbilanz als Ergänzung des Jahresabschlusses, Berlin 1968, S. 120 f.

F. Anhang: Empirische Untersuchungen zum „window-dressing“ der Banken in der BRD

I. Methode und Voruntersuchung

Nachdem wir das geldpolitische Ziel der Bank *„Erreichung des zum Bilanzstichtag angestrebten ZBG-Bestands“* im Abschnitt C III b 3 aus dem Standingziel deduziert und im folgenden als relevant unterstellt haben, soll nun die oben theoretisch begründete Bedeutung dieses Ziels einer *empirischen Überprüfung* unterzogen werden. Dabei ist eine Beschränkung auf die in den letzten Jahren in der BRD gegebenen Verhältnisse aus Raumgründen unerläßlich. Sämtliche Ausgangsdaten der empirischen Untersuchung sind in den *Monatsberichten der Deutschen Bundesbank* veröffentlicht. Die Bilanzen einzelner Institute brauchen nicht untersucht zu werden, da allein die Statistiken der Bundesbank Daten über die ZBG-Bestände der Banken zwischen den Bilanzstichtagen hinreichend detailliert angeben. — Die wichtigste Aufgabe dieses Kapitels besteht nun gerade in der Untersuchung der Frage, ob und ggf. inwieweit die ZBG-Bestände der Banken zu den (stets am Ende eines Monats liegenden) Bilanzstichtagen die am Ende der übrigen Monate vorhandenen Bestände übersteigen und ob solche Überschreitungen mit einer bestimmten *Regelmäßigkeit* festgestellt werden können. Daß zu den Bilanzstichtagen überdurchschnittlich hohe ZBG-Bestände zu erwarten sind, wurde in C III b 3 mit der Publizitätswirksamkeit des „window-dressing“ begründet, mit dessen Hilfe die Bank der Öffentlichkeit im wesentlichen ihre Liquiditätslage möglichst günstig darzulegen versucht.

Zur Durchführung der Analyse werden also erstens die Angaben über die *ZBG-Bestände der Banken an den Bilanzstichtagen* benötigt. Für die Jahresbilanzen sind dies die per Ende Dezember ausgewiesenen Bestände, da der Stichtag der Jahresabschlüsse der 31. 12. ist. Für die „Zweimonatsbilanzen“ der sechs Institute, die zweimonatlich einen Zwischenstatus veröffentlichen, sind die zum Ende eines jeden geraden Monats ausgewiesenen Bestände maßgeblich. Angaben für die Zeit zwischen den Bilanzstichtagen sind ebenfalls jeweils nur zum Ende eines jeden Monats erhältlich. Das verfügbare statistische Material über die ZBG-Bestände läßt demnach nur Vergleiche zwischen Stichtagen zu und zwar den Bilanzstichtagen einerseits und den Nicht-Bilanzstichtagen andererseits. In bezug auf die Jahresbilanzen ist also der Bestand per 31.12. mit den Beständen an den 11 übrigen Stichtagen des Jahres zu vergleichen und für die Zweimonatsbilanzen die Bestände am Ende der geraden mit denen am Ende der ungeraden Monate. — Der gewählte *Untersuchungszeitraum* umfaßt die letzten 6 Jahre, also 72 Monate. Diese Periodenlänge, in der — wie sich später erweist — fünf von sechs Jahresenden ein „typisches" Bild zeigen und jeweils 36 gerade und ungerade Monate für die Analyse des „window-dressing" in den Zweimonatsbilanzen zur Verfügung stehen, erscheint für den Zweck der Untersuchung einerseits gerade lang genug, kann andererseits jedoch angesichts des sonst damit verbundenen, im Rahmen dieser Arbeit unverhältnismäßig hohen Mehraufwands hier nicht weiter ausgedehnt werden.

Die Deutsche Bundesbank darf nach § 18 Satz 4 Bundesbankgesetz Angaben über einzelne Institute nicht veröffentlichen. Die am Ende eines jeden Monats vorhandenen ZBG-Bestände werden daher für jeweils eine Bankengruppe zusammengefaßt ausgewiesen. Dies beeinträchtigt unsere Untersuchung jedoch kaum, da die Bundesbank die Banken in jeweils weitgehend homogenen[1] Gruppen zusammenfaßt. Aufgrund des *Konformitätsstrebens* der Banken darf man annehmen, daß sich die bilanzpolitischen Verhaltensweisen der Mitglieder einer jeden Gruppe gleichen.

Sofern die Analyse dieser Daten ergibt, daß die ZBG-Bestände der Banken an den Bilanzstichtagen tatsächlich die Bestände am Ende der übrigen Monate während des Untersuchungszeitraums regelmäßig überschreiten, so könnte man gefragt werden, ob dies allein auf die genannten *bilanzpolitischen* Erwägungen zurückzuführen sei. Die Antwort darauf kann nur im Zielsystem der Geldpolitik gesucht werden: (1) Es spricht nichts dafür, daß die *optimale Zahlungsbereitschaftsreserve* (a) am letzten Geschäftstag des Jahres den am Ende der übrigen Monate notwendigen Stand dieser Reserve *wesentlich* überschreitet (s. u.) und unter Berücksichtigung des in der BRD bestehenden Umfangs der Mindestreservebelastung der Banken auch über dem durchschnittlichen Mindestreserve-Soll liegt sowie (b) im Falle der zweimonatlich einen Status veröffentlichenden Banken am letzten Geschäftstag der

[1] Die Frage der „Homogenität" läßt sich nur relativ bei Betrachtung sämtlicher Kreditinstitute in der BRD beurteilen. Vgl. auch MB Bbk., 21. Jg. (1969), Nr. 4, S. 6 ff. — Wir beziehen sie nur auf unseren Untersuchungsgegenstand. Erst die Untersuchung selbst kann zeigen, ob sich die Mitglieder einer Gruppe in ihrer Gesamtheit im Vergleich zu denen einer anderen Gruppe bilanzpolitisch unterschiedlich verhalten. Die aus der Zusammenfassung zu einer Gruppe resultierende Durchschnittsbildung ist für uns kein Nachteil, da es uns um repräsentative Aussagen über das Durchschnittsverhalten der Gruppenmitglieder und nicht um die Feststellung einzelner für die Gruppe ggf. nicht typischer Extremwerte bei individuellen Banken geht.

geraden Monate den Stand an dem der ungeraden Monate überhaupt übersteigt. (2) Die Erfüllung der *Mindestreserveverpflichtung* in einem überdurchschnittlichen Maße an dem Bilanzstichtag oder dem ihm vorangehenden letzten Geschäftstag des Monats durchzuführen, muß unter Mindestreserveaspekten widersinnig erscheinen[2]. — (3) Schließlich spricht das *Gewinnstreben* eindeutig gegen eine überdurchschnittlich hohe Mindestreservehaltung am Bilanzstichtag. Das Zinsniveau am Tagesgeldmarkt steigt vor allem zum Jahresultimo aufgrund der zu diesem Termin stark erhöhten Nachfrage erheblich an, so daß den Banken daraus für ihre Mindestreservehaltung Mehrkosten (bei Geldaufnahmen) bzw. erhöhte Opportunitätskosten erwachsen[3].

Als erster Schritt zur Untersuchung des „window-dressing" wird eine graphische Darstellung angefertigt, die als *Abbildung 15* nach S. 242 eingeordnet ist. Die Abbildung stellt (1) den Verlauf der *ZBG-Monatsendbestände* (durchgezogene Kurven) dar, d. h. die „Guthaben bei der Deutschen Bundesbank", und zwar für den Zeitraum von Ende 1962 bis Ende 1968 sowie (2) das *Mindestreserve-Soll* (gepunktete Linien) von Januar 1963 bis Februar 1969. Der obere Teil der Abbildung enthält die entsprechenden Daten für „Alle Bankengruppen" und der untere Teil für die „Großbanken". Die Zahlenangaben sind dem Tabellenteil der MB Bbk entnommen und zwar Teil III B 1 „Zwischenbilanzen der Kreditinstitute" sowie II A 5 „Mindestreservenstatistik" (seit Januar 1969 Teil IV 3 b). Die Kurven sind nach logarithmischem Maßstab gezeichnet[4].

Um die Gefahr auszuschalten, daß die graphische Darstellung durch oft sprunghaft erfolgende *Änderungen des durchschnittlichen*, für die einzelne Gruppe jeweils gültigen *Mindestreservesatzes* verzerrt wird, ist dieser Faktor als Determinante des Kurvenbildes *eliminiert*. Schwankungen der durchschnittlichen Reservesätze wirken sich also auf das Kurvenbild nicht aus. Als Ausgangsbasis werden die im ersten Monat des Untersuchungszeitraums, Januar 1963, geltenden durchschnittlichen Mindestreservesätze gewählt, d. h. 7,8 v. H. für „Alle Bankengruppen"

---

[2] Wir haben im Abschnitt D II a 2 vielmehr ermittelt, daß die Banken überdurchschnittlich hohe Beiträge zur Erfüllung ihrer Mindestreserveverpflichtung in der *ersten* Monatshälfte leisten (vgl. Tabelle 2, ebenda), um die Gefahr der Nichterfüllung möglichst gering zu halten. In diese Berechnungen ist der 31. 12. stets miteinbezogen.

[3] Vgl. auch die Abschnitte C III b 3 und D I a sowie die Zinsstatistiken der *Deutschen Bundesbank*, die in ihren *Monatsberichten* bis Ende 1968, Tabelle IV 2 f. Höchst- und Niedrigstsätze für Tagesgeld nach Bankwochen und den Zins für Jahresultimogeld angibt. Dabei lag im Untersuchungszeitraum unserer Analyse der *Zins für Ultimogeld* stets erheblich über dem in der letzten Dezemberwoche (bis zu dem dem Ultimo vorangegangenen Geschäftstag) notierten *Höchstzins für Tagesgeld!*

[4] Für die Ausfertigung der Zeichnung ist der Verfasser Herrn cand.-wirtsch.-ing. Thomas Bayer verbunden.

und 9,7 v. H. für die „Großbanken". Da einerseits der Einfluß der Reservesatzänderungen auf das Kurvenbild ausgeschaltet werden, andererseits jedoch auch die effektiv gegebenen Werte sichtbar bleiben sollten, müssen die Maßskalen mit jeder Veränderung der durchschnittlichen Reservesätze entsprechend der Abweichung verschoben werden. Die jeweils neue Skala ist in der Abbildung mit je 2 oder 3 Zahlenangaben eingezeichnet. (Diese Zahlenangaben lauten auf Mrd. DM). Verschoben wird die Maßskala erstens mit jeder generellen, vom Zentralbankrat beschlossenen Änderung der Reservesätze. (Solche Änderungen sind einschließlich des Umfangs der Variation in der Abbildung unter der Bezeichnung „MR" eingetragen, wobei die Angaben neben dem aufwärts gerichteten Pfeil für „Alle Bankengruppen" und die neben dem nach unten zeigenden Pfeil für die „Großbanken" gelten). Zweitens wird auch die Variation der durchschnittlichen Reservesätze berücksichtigt, die auf Änderungen der Struktur der reservepflichtigen Verbindlichkeiten zurückzuführen ist (ohne Kennzeichnung durch „MR" in der Abbildung).

Der Skalenkorrekturfaktor für die Verschiebung der Maßskala wird wie folgt ermittelt:

$$f_n = \frac{RS_N}{RS_A}, \quad \text{wobei}$$

f_n: Korrekturfaktor für den Monat n gegenüber der Skala für den Monat $(n—1)$,

RS_N: Neuer Reservesatz (gültig in n),

RS_A: Alter Reservesatz (gültig in $n—1$).

Da die Korrekturen der Skalen auf eine für jede Gruppe einheitliche Basis zu beziehen sind, muß φ_n, der Korrekturfaktor für den Monat n gegenüber der Skala der Ausgangsbasis (Januar 1963), ermittelt werden:

$$\varphi_n = \frac{RS_N}{RS_A} \cdot \varphi_{n-1} = f_n \cdot \varphi_{n-1}$$

Wenn trotz der Bereinigung um die Änderungen des durchschnittlichen Reservesatzes das Reserve-Soll in Abb. 15 eine ansteigende Tendenz aufweist, so ist dies auf den langfristigen Anstieg der reservepflichtigen Verbindlichkeiten der Banken zurückzuführen.

In bezug auf die jeweils am Monatsende vorhandenen ZBG-Bestände zeigt Abb. 15 danach folgende *Ergebnisse*: (1) Die beiden Kurven der ZBG-Bestände oszillieren um die des Reserve-Solls, wobei das letztere zumeist leicht unterschritten wird. Darauf gehen wir im Abschnitt IV dieses Kapitels noch näher ein. (2) Zum Jahresultimo steigen die ZBG-

Bestände steil an und übersteigen dabei das Reserve-Soll (im Gegensatz zu der Situation am Ende fast aller übrigen Monate) ganz erheblich. Per Ende Januar zeigt sich dann ein scharfer Abfall. Die einzige Ausnahme dieses Erscheinungsbildes stellt das Jahresende 1968 dar. Der steile Anstieg der ZBG-Bestände per Ende November 1968 als Ergebnis der Währungsspekulation um die D-Mark ist jedoch eine Ausnahmeerscheinung[5], worauf auch die atypisch hohen Überschußreserven der Banken in diesem Monat hindeuten. (3) Bei den *Großbanken* fällt abgesehen von dem starken Anstieg zum Jahresultimo und der folgenden Gegenbewegung, die in der ersten Hälfte des Untersuchungszeitraums stets zu einem Jahrestiefstand per Ende Januar führt, außerdem das Kurvenbild im Jahresverlauf auf: In der Regel zeigen die ZBG-Bestände der Großbanken zum Ende der geraden Monate einen Anstieg und zum jeweils folgenden Ultimo, der keinen Bilanzstichtag darstellt, einen Rückgang.

Betrachtet man dieses vorläufige Ergebnis zusammen mit den vorangegangenen theoretischen Erörterungen, so erscheint der Schluß zwingend, daß für die regelmäßig zu beobachtenden Bestandserhöhungen zu den Bilanzstichtagen das aus bilanzpolitischen Gründen betriebene *„window-dressing“ maßgeblich* war. Selbst wenn man annehmen wollte (und diese These müßte dann erst noch begründet werden), daß die optimale Zahlungsbereitschaftsreserve am Jahresultimo etwas höher als am Ende der übrigen Monate sei, bestehen doch keinerlei Anhaltspunkte dafür, daß ein darauf zurückzuführender Anstieg so erheblich sein sollte, wie es unser Schaubild für die ZBG-Bestände zum Jahresende zeigt. Zwar ist bei der hier vorliegenden Gruppenbetrachtung nicht auszuschließen, daß der ZBG-Bestand am Jahresultimo bei einzelnen Instituten einer Gruppe tatsächlich von der optimalen Zahlungsbereitschaftsreserve bestimmt wurde. Dies für eine der drei Großbanken anzunehmen, wäre jedoch abwegig. Bei den hier untersuchten Institutsgruppen kann nur das Ausmaß des Anstiegs zum Jahresultimo Folgerungen darüber zulassen, welches geldpolitische Ziel jeweils dominierte. Geht der Anstieg über ein bestimmtes, von Gruppe zu Gruppe in Abhängigkeit von der Geschäftsstruktur ihrer Mitglieder variierendes Maß hinaus, so ist die Annahme begründet, daß die am Jahresultimo ausgewiesenen ZBG-Bestände nicht primär zur Sicherung der Zahlungsfähigkeit, sondern aus bilanzpolitischen Erwägungen gehalten wurden.

Über den *Umfang der Abweichungen zum Jahresultimo* soll nun die Analyse einzelner Institutsgruppen Aufschluß geben. Wir betrachten dazu jeweils einen Zeitraum von einem Jahr und beginnen mit dem Monat Juli 1963. Die Wahl des Zeitabschnittes von jeweils Juli bis Juni

[5] Vgl. Abschnitt B III b 2 (22) und c 1, Fußnoten.

hat zur Folge, daß die starken Veränderungen per Ende Dezember und Ende Januar in seine Mitte fallen. Diese Einteilung gewährleistet außerdem den Trendzusammenhang zur nächstfolgenden Periode. Vor allem für die Untersuchung des „window-dressing“ in den Zweimonatsbilanzen der Großbanken auf der Grundlage eines für jede Periode berechneten Trends (s. u.) erscheint es vorteilhaft, die einzelnen Periodentrends ohne große Sprünge einander folgen zu lassen.

II. „Window-dressing“ in den Jahresbilanzen

Für jede der untersuchten Bankengruppen wird im folgenden eine Tabelle erstellt. Die Angaben für „ZBG am Monatsende“, „Res. Soll“, „Überschußreserven“ und „Überschußreserven in % des Res. Solls“[1] sind den Monatsberichten der Bundesbank entnommen (bzw. seit 1969 auch der Reihe 1 der statistischen Beihefte). Das durchschnittliche Reserve-Ist wird durch Addition des Reserve-Solls und der Überschußreserven errechnet[2]. Auf eine Bereinigung der ZBG-Bestände am Monatsende um wirksam gewordene Mindestreservesatzänderungen wird verzichtet. Wir gehen vielmehr davon aus, daß bei einer Änderung des durchschnittlichen Mindestreservesatzes sich der Stand der ZBG am Monatsende sowie der des durchschnittlichen Reserve-Ist im gleichen relativen Umfang ändern. Somit wird bei dem folgenden Vergleich dieser beiden Größen ein etwaiger Einfluß einer Mindestreservesatzänderung neutralisiert. Wir setzen also den ZBG-Bestand am Monatsende ins Verhältnis zu dem täglichen Durchschnittsbestand während des Monats (Spalte 5 in Tabelle 3 „Alle Bankengruppen“). Dabei fällt auf — wie auch bereits aus Abb. 15 hervorgeht —, daß der ZBG-Bestand am Jahresultimo stets erheblich über dem Monatsdurchschnitt für Dezember liegt (und daß außerdem im Dezember noch die höchsten Überschußreserven realisiert werden). Die Analyse aller Bankengruppen zeigt das in Tabelle 4 dargelegte Ergebnis.

---

[1] Nur für „Alle Bankengruppen“.

[2] Die Werte in Spalte 4 wurden *vor* der Auf- bzw. Abrundung der Zahlen in den Spalten 2 und 3 errechnet, so daß sich Differenzen von 1 Mio ergeben können. Das Verhältnis in Spalte 5 wurde ebenfalls vor der Rundung der Werte in den Spalten 1 und 4 errechnet.

Tabelle 3: **Alle Bankengruppen**

Jahr	Monat	ZBG am Monatsende Mio DM	Res.-Soll Mio DM	Überschußreserven Mio DM	Durchschnittl. Res.-Ist Mio DM	Verhältnis 1:4	Überschußreserven in % des Res.-Solls
		1	2	3	4	5	6
1963	Juli	9 833	10 279	159	10 438	0,94	1,6
	Aug.	10 533	10 452	179	10 631	0,99	1,7
	Sept.	10 330	10 556	120	10 676	0,97	1,1
	Okt.	9 635	10 571	167	10 738	0,90	1,6
	Nov.	10 410	10 746	98	10 844	0,96	0,9
	Dez.	14 822	10 860	384	11 244	1,32	3,5
1964	Jan.	10 196	11 276	138	11 415	0,89	1,2
	Febr.	11 021	11 186	150	11 336	0,97	1,3
	März	10 994	11 215	138	11 353	0,97	1,2
	April	10 812	11 388	87	11 475	0,94	0,8
	Mai	10 901	11 443	128	11 571	0,94	1,1
	Juni	10 787	11 614	190	11 804	0,91	1,6
	Juli	11 653	11 786	146	11 932	0,98	1,2
	Aug.	12 894	12 921	182	13 103	0,98	1,4
	Sept.	12 246	13 049	96	13 145	0,93	0,7
	Okt.	12 859	13 071	236	13 307	0,97	1,8
	Nov.	12 425	13 216	126	13 342	0,93	1,0
	Dez.	15 938	13 411	251	13 662	1,17	1,9
1965	Jan.	13 231	13 915	588	14 503	0,91	4,2
	Febr.	13 277	13 744	122	13 867	0,96	0,9
	März	12 717	13 714	130	13 844	0,92	0,9
	April	12 880	13 760	105	13 865	0,93	0,8
	Mai	13 250	13 953	214	14 167	0,94	1,5
	Juni	13 525	14 198	134	14 332	0,94	0,9
	Juli	14 323	14 390	197	14 587	0,98	1,4
	Aug.	13 781	14 562	153	14 715	0,94	1,1
	Sept.	14 027	14 685	101	14 786	0,95	0,7
	Okt.	14 353	14 728	147	14 875	0,96	1,0
	Nov.	14 477	14 880	115	14 995	0.97	0,8
	Dez.	17 374	14 284	280	14 564	1,19	2,0
1966	Jan.	15 316	15 505	110	15 615	0,98	0,7
	Febr.	14 349	15 401	103	15 504	0,93	0,7
	März	14 357	15 401	83	15 484	0,92	0,5
	April	14 303	15 453	156	15 609	0,92	1,0
	Mai	15 553	15 571	125	15 696	0,99	0,8
	Juni	14 560	15 797	114	15 911	0,92	0,7

Tabelle 3 (Fortsetzung)

Jahr	Monat	ZBG am Monatsende Mio DM	Res.-Soll Mio DM	Überschußreserven Mio DM	Durchschnittl. Res.-Ist Mio DM	Verhältnis 1:4	Überschußreserven in % des Res.-Solls
		1	2	3	4	5	6
1966	Juli	15 385	15 935	187	16 122	0,95	1,2
	Aug.	15 801	15 917	137	16 054	0,98	0,9
	Sept.	15 406	16 022	89	16 111	0,96	0,6
	Okt.	15 695	15 955	148	16 103	0,97	0,9
	Nov.	14 685	16 096	106	16 202	0,91	0,7
	Dez.	18 981	15 506	200	15 706	1,21	1,3
1967	Jan.	15 164	16 398	148	16 546	0,92	0,9
	Febr.	14 581	16 149	133	16 282	0,90	0,8
	März	13 004	14 659	116	14 775	0,88	0,8
	April	13 587	14 674	161	14 835	0,92	1,1
	Mai	12 233	13 987	130	14 117	0,87	0,9
	Juni	14 318	14 246	125	14 371	0,99	0,9
	Juli	11 678	13 101	213	13 315	0,88	1,6
	Aug.	11 019	12 334	179	12 513	0,88	1,5
	Sept.	11 533	11 636	166	11 802	0,98	1,4
	Okt.	11 935	11 696	287	11 983	0,99	2,5
	Nov.	11 612	11 980	140	12 120	0,96	1,2
	Dez.	16 421	12 248	437	12 685	1,29	3,6
1968	Jan.	12 819	12 754	137	12 891	0,99	1,1
	Febr.	12 456	12 776	121	12 897	0,97	0,9
	März	11 869	12 808	138	12 946	0,91	1,1
	April	13 354	12 848	266	13 114	1,02	2,1
	Mai	13 556	13 037	147	13 184	1,03	1,1
	Juni	13 438	13 301	199	13 500	0,99	1,5
	Juli	13 127	13 151	249	13 400	0,98	1,9
	Aug.	15 045	13 230	184	13 415	1,12	1,4
	Sept.	12 808	13 390	133	13 523	0,95	1,0
	Okt.	14 512	13 666	96	13 762	1,05	0,7
	Nov.	18 437	13 923	3288	17 211	1,07	23,6
	Dez.	19 413	15 495	946	16 441	1,18	6,1
1969	Jan.	14 717	14 987	167	15 154	0,97	1,1
	Febr.	12 673	14 367	158	14 525	0,87	1,1
	März	14 154	14 381	122	14 503	0,98	0,8
	April	13 967	14 388	573	14 961	0,93	4,0
	Mai	20 276	16 264	5003	21 267	0,95	30,8
	Juni	16 736	18 469	173	18 642	0,85	0,9

Tabelle 4: **Ergebnis „Alle Bankengruppen“**

Periode	ZBG am Monatsende: Durchschnittliches Reserve-Ist — Durchschnitt Jan.—Nov.	Dez.	Maßz. für Dezember vs. 11 Monate $\frac{(2)-(1)}{(1)} \cdot 100$ in %
	1	2	3
1963/64	0,944	1,32	+ 39,9
64/65	0,945	1,17	+ 23,9
65/66	0,951	1,19	+ 25,1
66/67	0,932	1,21	+ 29,9
67/68	0,964	1,29	+ 33,8
68/69	1,085	1,18	+ 8,7

Eine Betrachtung der *Maßzahlen* in Spalte 5 von Tabelle 3 ergibt für die 11 Monate des Jahres ohne den Dezember durchschnittliche Kennzahlen von deutlich weniger als 1 und zwar bis einschließlich der Periode 1967/68. Lediglich in dem atypischen Zeitraum[3] 1968/69 wird dieser Wert überschritten. Der Vergleich dieser Durchschnitte auf Basis von 11 Monaten mit der Maßzahl für Dezember zeigt, daß der Dezember-Wert stets erheblich über dieser Durchschnittsbasis liegt: In den 5 Perioden mit normalem Verlauf überschreitet das Verhältnis des am 31. 12. verbuchten ZBG-Bestands zu dem durchschnittlichen Reserve-Ist den Durchschnitt des entsprechenden Verhältnisses für die 11 übrigen Monate in einem Umfang von zwischen 23,9 und 39,9 %. Selbst für das Ausnahmejahr 1968/69 ist eine Überschreitung von 8,7 % festzustellen. — Eine *Erklärung* der Dezember-Kennzahlen vermag nur die *„window-dressing“-Hypothese* zu bieten. Das hohe Ausmaß der Überschreitung der Durchschnittswerte für die 11 übrigen Monate durch die Maßzahl für Dezember läßt eine andere Deutung nicht zu. Ob diese Aussage weiter bestätigt werden kann, soll nun mit Hilfe einer Analyse der wichtigsten Bankengruppen geprüft werden.

Die Auswahl der *Institutsgruppen* ist einmal durch das verfügbare Datenmaterial begrenzt. Die Mindestreservenstatistik der Bundesbank enthält nur einen Teil der Bankengruppen, für die die monatlichen ZBG-Bestände angegeben werden. Nur für die in dieser Statistik erfaßten Gruppen läßt sich das durchschnittliche Reserve-Ist errechnen. Außerdem erscheint auch aufgrund des Zwecks dieser Untersuchung, die im wesentlichen die geldpolitische Relevanz des „window-dressing“ für die

[3] Aus den extrem hohen Devisenzuflüssen im November 1968 und Mai 1969 resultieren, wie erwähnt, erhebliche Verzerrungen.

Bankpraxis empirisch prüfen will, eine Beschränkung der Zahl der analysierten Bankengruppen vertretbar. Daher werden die unter „window-dressing“-Aspekten weniger interessanten Institute des Genossenschaftsbereichs nicht berücksichtigt. — Von den in den folgenden Tabellen enthaltenen Grunddaten sind lediglich die Angaben in der Spalte „ZBG am Monatsende“ direkt den MB Bbk entnommen. Die übrigen Werte wurden errechnet und zwar das durchschnittliche Reserve-Ist durch Addition von Reserve-Soll und Überschußreserven[4], das Verhältnis der ZBG am Monatsende zu dem durchschnittlichen Reserve-Ist und schließlich die Überschußreserven in Prozent des Reserve-Solls. Bei den *Großbanken* sind außerdem in Spalte 5 die Werte aufgenommen, die als Grundlage der Trendberechnung im folgenden Abschnitt III. dienen[5]. — Die Gruppe „Staats-, Regional- und Lokalbanken“ heißt seit Umstellung der Bankenstatistik Ende 1968 „Regionalbanken und sonstige Kreditbanken“. Die durch die Umstellung vorgenommenen Neuabgrenzungen haben keinen Einfluß auf unsere Untersuchung.

Die wie Tabelle 4 aufgebauten Ergebnis-Tabellen für die untersuchten Bankengruppen zeigen mit Ausnahme der Gruppe der Sparkassen ein unsere „window-dressing“-Hypothese bestätigendes Bild: Die Maßzahlen für Dezember liegen in einem relativ noch größeren Umfang über denen des Durchschnitts der 11 übrigen Monate, als dies bei den entsprechenden Kennziffern für „Alle Bankengruppen“ der Fall ist.

---

[4] Diese beiden Reihen werden nun nicht mehr mit aufgeführt, da sie sich unschwer den MB Bbk entnehmen lassen.

[5] D. h. die um die Änderungen des durchschnittlichen Mindestreservesatzes bereinigten ZBG-Bestände am Monatsende.

Tabelle 5: **Großbanken**

Jahr	Monat	ZBG am Monatsende Mio DM	Durchschnittl. Res.-Ist Mio DM	Verhältnis 1 : 2	Überschußreserven in % des Res.-Solls	ZBG-Basis für Trendberechnung Mio DM
		1	2	3	4	5
1963	Juli	1 824	2 261	0,81	0,76	1 824
	Aug.	2 101	2 316	0,91	0,83	2 101
	Sept.	1 813	2 279	0,80	0,44	1 813
	Okt.	1 870	2 295	0,81	1,38	1 889
	Nov.	1 863	2 359	0,79	0,12	1 861
	Dez.	3 503	2 423	1,45	3,09	3 503
1964	Jan.	1 866	2 517	0,74	0,74	1 866
	Febr.	2 362	2 467	0,96	0,96	2 387
	März	2 258	2 426	0,93	1,18	2 281
	April	2 285	2 413	0,95	0,41	2 261
	Mai	2 000	2 453	0,82	0,54	2 000
	Juni	2 487	2 499	0,99	1,98	2 513
	Juli	2 337	2 575	0,91	0,90	2 313
	Aug.	2 568	2 754	0,93	0,50	2 346
	Sept.	2 241	2 708	0,83	0,29	2 049
	Okt.	2 333	2 773	0,84	1,95	2 108
	Nov.	2 355	2 811	0,84	0,45	2 133
	Dez.	3 450	2 845	1,21	1,67	3 124
1965	Jan.	2 272	3 088	0,74	3,53	2 019
	Febr.	2 673	2 844	0,94	0,17	2 443
	März	2 438	2 785	0,88	0,77	2 272
	April	2 671	2 832	0,94	0,45	2 465
	Mai	2 295	2 898	0,79	0,38	2 098
	Juni	2 640	2 946	0,89	0,73	2 413
	Juli	2 530	3 031	0,83	0,39	2 291
	Aug.	2 662	3 053	0,87	0,37	2 388
	Sept.	2 603	2 998	0,86	0,38	2 357
	Okt.	2 935	3 000	0,98	1,07	2 657
	Nov.	2 780	3 045	0,91	0,55	2 517
	Dez.	3 818	2 892	1,31	1,77	3 702
1966	Jan.	3 367	3 220	1,05	0,1	3 021
	Febr.	2 781	3 140	0,89	0,4	2 542
	März	2 517	3 075	0,82	0,3	2 323
	April	2 959	3 171	0,93	1,5	2 705
	Mai	3 070	3 183	0,96	0,7	2 807
	Juni	2 753	3 207	0,86	0,4	2 541

Tabelle 5 (Fortsetzung)

Jahr	Monat	ZBG am Monatsende Mio DM	Durchschnittl. Res.-Ist Mio DM	Verhältnis 1 : 2	Überschußreserven in % des Res.-Solls	ZBG-Basis für Trendberechnung Mio DM
		1	2	3	4	5
	Juli	2 878	3 332	0,86	0,7	2 631
	Aug.	3 081	3 256	0,95	0,7	2 843
	Sept.	2 739	3 242	0,84	0,3	2 553
	Okt.	3 125	3 172	0,99	0,7	2 976
	Nov.	2 851	3 199	0,89	0,2	2 709
	Dez.	4 036	3 034	1,33	0,6	4 122
1967	Jan.	3 370	3 522	0,96	0,5	3 203
	Febr.	3 133	3 333	0,94	1,0	3 200
	März	2 544	2 994	0,85	0,2	2 909
	April	2 857	3 044	0,94	1,8	3 265
	Mai	2 367	2 893	0,82	0,2	2 841
	Juni	3 263	2 985	1,09	0,7	3 915
	Juli	2 202	2 725	0,81	0,4	2 896
	Aug.	2 367	2 552	0,93	0,8	3 294
	Sept.	2 385	2 447	0,97	0,8	3 523
	Okt.	2 852	2 498	1,14	3,2	4 213
	Nov.	2 852	2 595	1,09	1,5	4 148
	Dez.	3 759	2 682	1,40	1,8	5 467
1968	Jan.	3 170	2 800	1,13	0,5	4 610
	Febr.	3 144	2 793	1,12	0,6	4 644
	März	2 438	2 761	0,88	0,3	3 601
	April	3 130	2 796	1,12	1,1	4 623
	Mai	3 036	2 869	1,06	0,8	4 483
	Juni	2 865	2 959	0,97	0,9	4 232
	Juli	3 272	2 991	1,09	2,0	
	Aug.	3 510	2 953	1,19	0,9	
	Sept.	2 589	2 968	0,87	0,9	
	Okt.	3 288	3 025	1,09	0,3	
	Nov.	5 502	5 141	1,07	64,6	
	Dez.	4 595	4 161	1,10	3,7	
1969	Jan.	3 311	3 511	0,94	0,9	
	Febr.	2 663	3 241	0,82	0,2	
	März	3 307	3 238	1,02	0,6	
	April	3 602	3 475	1,04	9,0	
	Mai	8 700	8 572	1,02	87,0	
	Juni	3 572	4 905	0,73	0,8	

Tabelle 6: **Staats-, Regional- und Lokalbanken und Privatbankiers**

Jahr	Monat	Staats-, Regional- und Lokalbanken			Privatbankiers		
		ZBG am Monatsende Mio DM	Durchschnittl. Res.-Ist Mio DM	Verhältnis 1:2	ZBG am Monatsende Mio DM	Durchschnittl. Res.-Ist Mio DM	Verhältnis 4:5
		1	2	3	4	5	6
1963	Juli	1 213	1 377	0,88	315	331	0,95
	Aug.	1 220	1 408	0,87	330	339	0,97
	Sept.	1 165	1 427	0,81	337	333	1,01
	Okt.	1 155	1 458	0,79	333	331	1,01
	Nov.	1 366	1 475	0,93	313	338	0,92
	Dez.	2 425	1 601	1,52	525	351	1,50
1964	Jan.	1 301	1 627	0,80	353	357	0,99
	Febr.	1 321	1 553	0,85	354	357	0,99
	März	1 239	1 526	0,82	284	352	0,81
	April	1 387	1 568	0,89	384	388	0,99
	Mai	1 382	1 577	0,88	364	389	0,93
	Juni	1 218	1 602	0,76	320	393	0,81
	Juli	1 438	1 635	0,88	425	394	1,08
	Aug.	1 433	1 777	0,81	398	424	0,94
	Sept.	1 386	1 776	0,78	369	418	0,88
	Okt.	1 515	1 801	0,84	380	424	0,89
	Nov.	1 688	1 811	0,93	417	435	0,96
	Dez.	2 450	1 869	1,31	619	448	1,38
1965	Jan.	1 429	2 048	0,70	373	454	0,82
	Febr.	1 502	1 883	0,80	388	449	0,86
	März	1 366	1 838	0,74	361	428	0,84
	April	1 384	1 815	0,76	408	426	0,96
	Mai	1 705	1 847	0,92	396	440	0,90
	Juni	1 611	1 861	0,87	350	447	0,78
	Juli	1 764	1 908	0,93	398	459	0,87
	Aug.	1 637	1 925	0,85	383	466	0,82
	Sept.	1 496	1 915	0,78	377	459	0,82
	Okt.	1 656	1 956	0,85	400	464	0,86
	Nov.	1 847	1 962	0,94	493	468	1,05
	Dez.	2 509	1 853	1,35	594	450	1,32
1966	Jan.	1 841	2 139	0,86	472	495	0,95
	Febr.	1 585	2 028	0,78	339	476	0,71
	März	1 565	1 973	0,79	329	467	0,71
	April	1 637	1 973	0,83	394	471	0,84
	Mai	1 561	1 986	0,79	448	486	0,92
	Juni	1 516	2 028	0,77	384	477	0,80

Tabelle 6 (Fortsetzung)

Jahr	Monat	Staats-, Regional- und Lokalbanken			Privatbankiers		
		ZBG am Monatsende Mio DM	Durchschnittl. Res.-Ist Mio DM	Verhältnis 1:2	ZBG am Monatsende Mio DM	Durchschnittl. Res.-Ist Mio DM	Verhältnis 4:5
		1	2	3	4	5	6
	Juli	1 598	2 050	0,78	419	482	0,87
	Aug.	1 685	2 048	0,82	471	489	0,96
	Sept.	1 643	2 033	0,81	429	475	0,90
	Okt.	1 678	2 057	0,82	410	473	0,87
	Nov.	1 582	2 087	0,76	429	478	0,90
	Dez.	2 741	2 004	1,37	579	445	1,30
1967	Jan.	1 555	2 145	0,72	422	480	0,88
	Febr.	1 686	2 070	0,81	380	437	0,87
	März	1 439	1 852	0,78	376	400	0,94
	April	1 555	1 870	0,83	399	404	0,99
	Mai	1 274	1 779	0,69	376	386	0,98
	Juni	1 558	1 824	0,85	392	399	0,98
	Juli	1 559	1 680	0,93	319	377	0,85
	Aug.	1 254	1 591	0,79	351	358	0,98
	Sept.	1 238	1 536	0,81	343	343	1,00
	Okt.	1 442	1 612	0,89	320	350	0,92
	Nov.	1 396	1 623	0,86	323	367	0,88
	Dez.	2 874	1 765	1,63	607	384	1,58
1968	Jan.	1 630	1 804	0,90	378	397	0,95
	Febr.	1 687	1 762	0,96	372	399	0,93
	März	1 346	1 751	0,77	392	390	1,00
	April	1 352	1 769	0,76	413	391	1,05
	Mai	1 762	1 787	0,99	507	400	1,27
	Juni	1 461	1 836	0,80	418	414	1,01
	Juli	1 503	1 824	0,82	380	396	0,96
	Aug.	1 831	1 847	0,99	435	401	1,08
	Sept.	1 414	1 878	0,75	384	406	0,95
	Okt.	1 730	1 932	0,89	423	425	1,00
	Nov.	1 779	2 323	0,77	437	459	0,95
	Dez.	3 515	2 461	1,43	768	540	1,42
1969	Jan.	2 004	2 364	0,85	579	548	1,06
	Febr.	1 777	2 158	0,82	467	481	0,97
	März	1 762	2 088	0,84	445	469	0,95
	April	1 913	2 120	0,90	569	475	1,20
	Mai	2 108	2 789	0,76	592	585	1,01
	Juni	2 168	2 737	0,79	592	649	0,91

Tabelle 7: **Girozentralen und Sparkassen**

Jahr	Monat	Girozentralen			Sparkassen		
		ZBG am Monatsende Mio DM	Durchschnittl. Res.-Ist Mio DM	Verhältnis 1:2	ZBG am Monatsende Mio DM	Durchschnittl. Res.-Ist Mio DM	Verhältnis 4:5
		1	2	3	4	5	6
1963	Juli	441	468	0,94	3 882	4 300	0,90
	Aug.	548	454	1,21	4 013	4 354	0,92
	Sept.	407	454	0,90	4 164	4 439	0,94
	Okt.	380	455	0,84	4 082	4 429	0,92
	Nov.	633	445	1,42	4 102	4 461	0,92
	Dez.	1 239	483	2,56	4 124	4 552	0,91
1964	Jan.	490	482	1,02	4 271	4 591	0,93
	Febr.	503	472	1,07	4 270	4 625	0,92
	März	461	464	0,99	4 337	4 730	0,92
	April	396	467	0,85	4 409	4 731	0,93
	Mai	532	450	1,18	4 479	4 768	0,93
	Juni	400	479	0,83	4 300	4 852	0,89
	Juli	406	492	0,83	4 607	4 857	0,95
	Aug.	630	537	1,17	5 035	5 386	0,93
	Sept.	500	528	0,95	5 125	5 497	0,93
	Okt.	475	532	0,89	5 178	5 488	0,94
	Nov.	548	494	1,11	5 036	5 514	0,91
	Dez.	1 348	522	2,58	5 081	5 617	0,90
1965	Jan.	577	577	1,00	5 278	5 659	0,93
	Febr.	552	543	1,02	5 368	5 742	0,94
	März	404	516	0,78	5 419	5 874	0,92
	April	408	520	0,78	5 360	5 872	0,91
	Mai	450	514	0,88	5 415	5 939	0,91
	Juni	379	535	0,71	5 565	6 058	0,92
	Juli	573	561	1,02	5 626	6 080	0,93
	Aug.	492	541	0,91	5 505	6 138	0,90
	Sept.	534	569	0,94	5 867	6 391	0,92
	Okt.	473	577	0,82	5 845	6 237	0,94
	Nov.	514	549	0,94	5 605	6 282	0,89
	Dez.	1 491	532	2,80	5 499	6 182	0,89
1966	Jan.	517	579	0,89	5 922	6 416	0,92
	Febr.	330	605	0,54	5 853	6 489	0,90
	März	459	601	0,76	6 080	6 598	0,92
	April	345	610	0,56	6 140	6 594	0,93
	Mai	573	605	0,95	6 049	6 628	0,91
	Juni	388	610	0,64	6 157	6 751	0,91

Tabelle 7 (Fortsetzung)

Jahr	Monat	Girozentralen			Sparkassen		
		ZBG am Monatsende Mio DM	Durchschnittl. Res.-Ist Mio DM	Verhältnis 1:2	ZBG am Monatsende Mio DM	Durchschnittl. Res.-Ist Mio DM	Verhältnis 4:5
		1	2	3	4	5	6
	Juli	522	629	0,83	6 352	6 768	0,94
	Aug.	568	592	0,96	6 257	6 805	0,92
	Sept.	466	588	0,79	6 432	6 912	0,93
	Okt.	507	613	0,83	6 398	6 886	0,93
	Nov.	532	595	0,90	6 260	6 922	0,90
	Dez.	1 498	572	2,62	6 158	6 806	0,91
1967	Jan.	533	601	0,89	6 203	6 870	0,90
	Febr.	402	624	0,64	6 190	6 912	0,90
	März	555	536	1,04	5 696	6 350	0,90
	April	375	543	0,69	6 028	6 335	0,95
	Mai	318	503	0,63	5 390	6 022	0,90
	Juni	491	529	0,93	5 687	6 098	0,93
	Juli	362	479	0,76	5 121	5 611	0,91
	Aug.	291	449	0,65	4 632	5 283	0,88
	Sept.	377	446	0,85	4 423	4 912	0,90
	Okt.	369	462	0,80	4 440	4 918	0,90
	Nov.	355	456	0,78	4 530	4 953	0,92
	Dez.	1 603	566	2,83	4 564	5 049	0,90
1968	Jan.	576	487	1,18	4 793	5 129	0,93
	Febr.	605	492	1,23	4 637	5 170	0,90
	März	301	479	0,63	4 965	5 256	0,95
	April	732	494	1,48	4 818	5 260	0,92
	Mai	797	504	1,58	5 000	5 303	0,94
	Juni	429	534	0,80	5 149	5 372	0,96
	Juli	692	532	1,30	4 806	5 322	0,90
	Aug.	602	517	1,16	5 118	5 367	0,95
	Sept.	496	531	0,93	5 100	5 442	0,94
	Okt.	430	590	0,73	5 149	5 443	0,95
	Nov.	2 017	1 205	1,67	5 116	5 491	0,93
	Dez.	1 981	1 088	1,82	4 968	5 615	0,89
1969	Jan.	605	704	0,86	5 257	5 580	0,94
	Febr.	637	698	0,91	5 025	5 563	0,90
	März	443	679	0,65	5 316	5 641	0,94
	April	508	835	0,61	5 066	5 646	0,90
	Mai	1 004	1 154	0,87	5 452	5 701	0,96
	Juni	550	853	0,64	6 283	6 644	0,95

Tabelle 8: **Ergebnis „Großbanken“**

Periode	ZBG am Monatsende: Durchschnittl. Res.-Ist		Maßz. für Dezember vs. 11 Monate
	Durchschnitt 11 Monate	Dezember	$\frac{(2) - (1)}{(1)} \cdot 100$ in %
	1	2	3
1963/64	0,864	1,45	+ 67,8
64/65	0,866	1,21	+ 39,7
65/66	0,905	1,31	+ 44,7
66/67	0,921	1,33	+ 44,4
67/68	1,021	1,40	+ 37,1
68/69	0,989	1,10	+ 11,2

Ein Vergleich der hier analysierten einzelnen Gruppen ergibt, daß die Maßzahlen bei den Großbanken, wo die Werte (abgesehen von dem Ausnahmejahr 1968/69) zwischen 37,1 und 67,8 % schwanken, von den entsprechenden Größen bei den folgenden Gruppen noch erheblich überboten werden: Bei den Staats-, Regional- und Lokalbanken bewegen sich diese Werte zwischen 59,6 und 89,5 %, bei den Privatbankiers[6] zwischen 41,0 und 60,3 % und bei den Girozentralen gar zwischen 93,8 % (bzw. 150,3 % ohne die Periode 1968/69) und 243,4 %.

Bei den *Sparkassen* unterschreiten demgegenüber die Jahresultimo-Bestände an ZBG den für die 11 übrigen Monate jeweils ermittelten Durchschnitt. Die Sparkassen sind somit die einzigen der hier untersuchten Institute, die sich in ihren ZBG-Dispositionen zum Jahresende kaum anders verhalten als zum Ultimo der übrigen Monate. Die geringfügigen Unterschreitungen der 11-Monats-Durchschnitte durch die Jahresultimobestände erklären sich aus dem Bestreben der Sparkassen, an diesem Stichtag nicht mehr ZBG als aufgrund der Zahlungsbereitschaftsreserve erforderlich zu halten und die überschüssigen Beträge an die Institute auszuleihen, die zur Deckung ihres Bedarfs für das „window-dressing“ hohe Zinssätze zu zahlen bereit sind. Die Sparkassen stellen also eine Gruppe von Banken dar, für die das publizitätspolitische Ziel der Geldpolitik offensichtlich keine Bedeutung hat.

[6] Zwar veröffentlichen nur wenige *Privatbankiers* Jahresabschlüsse, doch sind in Bankkreisen die für das Geldmarkt-Standing bedeutsamen Bilanzpositionen (also vor allem auch der ZBG-Bestand) der Abschlüsse von Privatbankiers zumindest ihrer Größenordnung nach bekannt. Das „window-dressing“ der Privatbankiers läßt sich als ein Ausdruck des für die Adressenpflege wichtigen Konformitätsstrebens deuten (vgl. C III b 3).

Tabelle 9: **Ergebnis „Staats-, Regional- und Lokalbanken" und „Privatbankiers"**

Periode	Staats-, Regional- und Lokalbanken			Privatbankiers		
	ZBG am Monatsende: Durchschn. Res.-Ist		Dez. vs. 11 Mon. in %	ZBG am Monatsende: Durchschn. Res.-Ist		Dez. vs. 11 Mon. in %
	Durchschn. 11 Monate	Dez.		Durchschn. 11 Monate	Dez.	
	1	2	3	4	5	6
1963/64	0,844	1,52	+ 80,2	0,944	1,50	+ 59,0
64/65	0,821	1,31	+ 59,6	0,901	1,38	+ 53,2
65/66	0,834	1,35	+ 61,9	0,850	1,32	+ 55,3
66/67	0,788	1,37	+ 73,8	0,922	1,30	+ 41,0
67/68	0,860	1,63	+ 89,5	0,985	1,58	+ 60,3
68/69	0,835	1,43	+ 71,4	1,004	1,42	+ 41,5

Tabelle 10: **Ergebnis „Girozentralen und Sparkassen"**

Periode	Girozentralen			Sparkassen		
	ZBG am Monatsende: Durchschn. Res.-Ist		Dez. vs. 11 Mon. in %	ZBG am Monatsende: Durchschn. Res.-Ist		Dez. vs. 11 Mon. in %
	Durchschn. 11 Monate	Dez.		Durchschn. 11 Monate	Dez.	
	1	2	3	4	5	6
1963/64	1,023	2,56	+ 150,3	0,920	0,91	— 1,08
64/65	0,920	2,58	+ 180,4	0,926	0,90	— 2,83
65/66	0,815	2,80	+ 243,4	0,915	0,89	— 2,77
66/67	0,830	2,62	+ 215,7	0,918	0,91	— 0,88
67/68	0,976	2,83	+ 189,9	0,919	0,90	— 2,06
68/69	0,939	1,82	+ 93,8	0,933	0,89	— 4,57

Bei allen analysierten Gruppen außer den Sparkassen ist in Bezug auf die am 31. 12. vorhandenen ZBG-Bestände festzustellen, daß diese erstens erheblich über dem durchschnittlichen Reserve-Ist für den Monat Dezember liegen, was für die übrigen Monate nicht typisch ist. Zweitens zeigt der für unsere Analyse noch bedeutsamere Vergleich der *Maßzahlen* für Dezember mit denen für die 11 anderen Monate, daß die Kennziffern für Dezember wesentlich höher sind. Der Umfang dieser Abweichungen von den Monatsschlußwerten für Januar bis November ist so groß, daß ihre Erklärung nicht in einer zum Jahresultimo ggf.

höheren Zahlungsbereitschaftsreserve gesucht werden kann. Für eine solche Erklärung bestehen jedenfalls keine theoretischen Anhaltspunkte. Die „window-dressing"-Hypothese konnte somit durch die Überprüfung mit Hilfe unserer empirischen Analyse nicht widerlegt werden.

Von den Bankengruppen, für die keine Mindestreservestatistiken verfügbar sind, wurden nur die privaten *Hypothekenbanken* untersucht. Diese sind aufgrund von § 1 Abs. 2 e AMR ohnehin überwiegend von der Reservepflicht freigestellt[7]. Daher erscheint eine Berücksichtigung nur der Reihe „ZBG am Monatsende" hier zulässig. Die Abweichungen per Ende Dezember gegenüber den Durchschnitten der übrigen Monate liegen mit Werten zwischen + 146 und + 302 % noch über denen bei den anderen Gruppen.

Tabelle 11: **Private Hypothekenbanken**

Periode	ZBG am Monatsende in Mio DM		Abweichung des Dez. vom 11-Monats-Durchschnitt in %
	Durchschnitt Jan.—Nov.	Dezember	
	1	2	3
1963/64	6,55	16,4	+ 151
64/65	6,40	20,1	+ 214
65/66	4,68	16,9	+ 261
66/67	3,68	14,8	+ 302
67/68	4,06	15,3	+ 277
68/69	6,09	15,0	+ 146

III. „Window-dressing" in den Zweimonatsbilanzen der Großbanken

Der bereits in der graphischen Darstellung (Abb. 15) beobachtete, für die *Großbanken*[1] typische Verlauf der *ZBG-Bestände zwischen den Stichtagen der Jahresbilanzen* soll nun ebenfalls näher untersucht werden. Wie oben schon kurz erwähnt, steigen die Bestände zum Ende der geraden Monate, d. h. jeweils zu den Stichtagen der Zwischenausweise, an und gehen zum Ultimo des nächstfolgenden Monats wieder zurück,

[7] Vgl. auch die jährliche Aufstellung der von der Reservepflicht freigestellten Institute in den *Mitteilungen der Deutschen Bundesbank*, Abt. 5026.

[1] Die drei übrigen, zweimonatlich einen Status veröffentlichenden Banken sind in der Gruppe der Regionalbanken enthalten und bilden somit in den Statistiken der Bundesbank keine eigene Gruppe.

offensichtlich weil die ungeraden Monate ohne Bedeutung für die Zweimonatsbilanzen sind. Zur Analyse dieses Erscheinungsbildes werden zwei verschiedene Wege beschritten:

(1) Verfeinert zur Erfassung der zweimonatlichen Schwankungen wird die Methode, die bereits bei der Untersuchung des Umfangs des „window-dressing" in den Jahresbilanzen angewandt wurde. Dabei erscheint auch hier eine Bereinigung der effektiven ZBG-Bestände um Änderungen des durchschnittlichen Mindestreservesatzes verzichtbar.

(2) Für den Fall, daß die Gültigkeit der (1) zugrundeliegenden Prämisse angezweifelt werden sollte, wird nun der rechnerisch aufwendigere Weg der *Bereinigung* ebenfalls beschritten, um die mit der Methode (1) gewonnene Aussage auf diese Weise materiell zu überprüfen. Dieser zweite Ansatz zur Analyse desselben Gegenstandes ist bereits von der Darstellung des in Abb. 15 angewandten Verfahrens bekannt. Er wird auch aufgrund der Tatsache gewählt, daß die Bestandserhöhungen zu den Stichtagen der Zweimonatsbilanzen weit weniger stark ausgeprägt sind als zum Jahresultimo, so daß relativ gewichtige, durch Mindestreservesatzänderungen ausgelöste Verschiebungen ggf. nicht auszuschließen sind. Mit beiden Verfahren wird, wie bisher, der Zeitraum seit Mitte 1963 untersucht; die Einjahresperioden laufen ebenfalls jeweils von Juli bis Juni. Nicht berücksichtigt werden in diesem Abschnitt jedoch die Monate Dezember und Januar, da es uns hier nur um die Stichtage der Zweimonatsbilanzen geht. Der steile Anstieg der ZBG-Bestände per 31. 12. und die Gegenentwicklung im folgenden Monat stellen so extreme Bewegungen dar, daß ihre Einbeziehung eine schwächere Ausprägung der Bewegungen zum Ultimo der jeweils 5 übrigen geraden und ungeraden Monate zur Folge hätte. Wir begnügen uns deshalb mit 10 Monaten je Periode.

Zu (1): Die Analyse der nicht bereinigten Werte geht von Tabelle 5, Spalte 3 aus, also vom Verhältnis der ZBG am Monatsende zu den im Monatsdurchschnitt gehaltenen ZBG. Die Addition dieser in Spalte 3 enthaltenen Kennziffern für die jeweils 5 geraden und ungeraden Monate ergibt, daß die Summe der je 5 Kennziffern pro Periode bei den geraden Monaten in 5 und 6 Perioden deutlich über der Summe dieser Maßzahlen bei den ungeraden Monaten liegt. Die Ausnahme stellt — wie wir auch bei der Analyse von Abb. 15 gesehen hatten — das Jahr 1968/69 dar. Die in dieser Periode höhere Summe bei den Maßzahlen der ungeraden Monate ist auf die außergewöhnlich hohen ZBG-Bestände per Ende November 1968 und Mai 1969 und weitere im Gefolge der Währungsspekulation um die DM aufgetretene Verzerrungen zurückzuführen, denn die Großbanken waren von den Devisenbewegungen besonders betroffen. — In Tabelle 12 wird das Ergebnis für die Großbanken den entsprechenden Daten für „Alle Bankengruppen" gegenübergestellt.

Tabelle 12: **Maßzahlen zum Umfang des „window-dressing" in den Zweimonatsbilanzen der Großbanken gegenübergestellt mit den entsprechenden Daten für „Alle Bankengruppen"**

Periode	Großbanken			Alle Bankengruppen		
	Σ gerade Monate	Σ ungerade Monate	Abweichung von (1) gegenüber (2) in %	Σ gerade Monate	Σ ungerade Monate	Abweichung von (4) gegenüber (5) in %
	1	2	3	4	5	6
1963/64	4,62	4,15	+ 11,3	4,71	4,78	— 1,5
64/65	4,54	4,25	+ 6,8	4,78	4,70	+ 1,7
65/66	4,53	4,38	+ 3,4	4,67	4,81	— 2,9
66/67	4,91	4,26	+ 15,3	4,76	4,57	+ 4,2
67/68	5,29	4,81	+ 10,0	4,85	4,77	+ 1,7
68/69	4,78	5,07	— 5,7	4,86	4,93	— 1,4

Während die positiven Abweichungen der Werte für die geraden Monate gegenüber den ungeraden Monaten bei den Großbanken regelmäßig einen beachtenswerten Umfang annehmen, kann dies für „Alle Bankengruppen" nicht festgestellt werden. Der bereits in Abb. 15 sichtbar gewordene Unterschied zeigt sich also auch hier.

Zu (2): Das alternative Verfahren zur Gewinnung von Aussagen über die erhöhte ZBG-Haltung der Großbanken zum Ultimo der geraden Monate wird in zwei Stufen durchgeführt:

(a) Zunächst werden die Werte für die effektiven ZBG-Bestände am Monatsende um die Änderungen des durchschnittlichen Mindestreservesatzes bereinigt. (Bereinigung heißt, daß alle tatsächlichen Werte auf einen einheitlichen durchschnittlichen Reservesatz bezogen werden, der sich auf 9,6 v. H. beläuft.) Im Gegensatz zu dem in Abb. 15 beschrittenen Weg der Skalenverschiebung, der ein Ablesen der effektiven Werte zuläßt, müssen hier nun die tatsächlichen durch fiktive (bereinigte) Größen ersetzt werden. Diese nach Berücksichtigung der Änderungen des durchschnittlichen Reservesatzes errechneten Werte der ZBG-Bestände am Monatsende sind in Tabelle 5, Spalte 5, enthalten. Die Mindestreservesatzänderungen sind, wie alle Grunddaten, den MB Bbk entnommen. Wie in Abb. 15 erfaßt die Bereinigung sowohl generelle Änderungen der Mindestreservesätze, als auch solche Änderungen, die auf Umstrukturierungen der reservepflichtigen Verbindlichkeiten zurückzuführen sind. — (b) Anschließend wird auf Basis dieser bereinigten Werte ein *Trendver-*

lauf errechnet und die *Abweichungen der ZBG-Bestände am Ende der geraden und der ungeraden Monate von diesem Trend ermittelt.*

Aufgrund der hinreichenden Evidenz für das Bestehen eines Zusammenhangs zwischen dem Zeitablauf und der Höhe der ZBG-Bestände am Monatsende bietet sich zur Untersuchung ihrer durchschnittlichen Entwicklung in der Zeit eine Regressionsanalyse mit Hilfe einer Trendgeraden an. Zur Bestimmung der Geraden-Parameter $\hat{a}$ und $\hat{b}$ werden die beiden Beobachtungspaare x_v, y_v herangezogen, wobei x_v mit den Werten 1, 2, ... 10 die Zeitpunkte (Monatsenden) und y_v die bereinigte Höhe des jeweiligen ZBG-Bestands angibt. Wie bei (1) werden die Beobachtungswerte für die Monate Dezember und Januar ebenfalls nicht berücksichtigt. Die Regressionsgerade beschreibt den Zusammenhang zwischen den beiden Merkmalsausprägungen x_v, y_v dann besonders gut, wenn die Summe der quadratischen Ordinatenabstände der Beobachtungspaare minimal ist. Dazu wird der in der Statistik übliche Ansatz verwendet:

$$y = \hat{a} + \hat{b}\,x$$

$$\text{mit } \hat{a} = \frac{(\sum y_\nu)(\sum x_\nu^2) - (\sum x_\nu)(\sum x_\nu\, y_\nu)}{n \sum x_\nu^2 - (\sum x_\nu)^2}$$

$$\hat{b} = \frac{n \sum x_\nu\, y_\nu - (\sum x_\nu)(\sum y_\nu)}{n \sum x_\nu^2 - (\sum x_\nu)^2}$$

Die Rechnungen[2] werden für 5 Perioden durchgeführt. Der nicht charakteristische Zeitraum 1968/69 wird nicht berücksichtigt. Als Beispiel sei der Rechengang für die Periode 1963/64 kurz skizziert: Nach Ermittlung der Trendgeraden

$$y = 1778 + 57{,}2\,x$$

wird eine Wertetabelle für die beiden Merkmale x und y erstellt und anschließend die Differenz zwischen den in Tabelle 5, Spalte 5, enthaltenen Ordinatenwerten (bereinigte ZBG-Monatsendstände) und den y-Werten (Trendgerade) ermittelt. — (Wertetabelle s. folg. Seite)

Die Summe der Differenzen beträgt für die geraden Monate + 547, d. h. + 109,4 im Durchschnitt der 5 Monate, und — 539 für die ungeraden Monate, d. h. — 107,8 durchschnittlich. Eine Zusammenstellung der Werte für alle 5 Perioden zeigt Tabelle 13.

---

[2] Bei den Rechenarbeiten wirkten die Herren cand.-wirtsch.-ing. V. Harbers, H. Kästing, J. Niedermeyer und E. Scharff mit.

X	Y	ZBG	Diff. (3—2)
1	2	3	4
1	1835	1824	— 11
2	1892	2101	+ 209
3	1949	1813	— 136
4	2007	1889	— 118
5	2064	1861	— 203
6	2121	2387	+ 266
7	2178	2281	+ 103
8	2235	2261	+ 26
9	2292	2000	— 292
10	2349	2513	+ 164

Tabelle 13: **Ergebnis „Großbanken"**
Trendgeraden und Abweichungen der ZBG-Bestände vom Trend
für je 5 Perioden (in Mio DM)

Periode	Trendgerade $y =$	Abweichungen vom Trend			
		Gerade Monate Differenzen		Ungerade Monate Differenzen	
		Σ	Φ	Σ	Φ
1963/64	1778 + 57,2 x	+ 547	+ 109,4	— 539	— 107,8
64/65	2155 + 12,5 x	+ 626	+ 125,2	— 220	— 44,0
65/66	2315 + 36,0 x	+ 178	+ 35,6	— 180	— 36,0
66/67	2470 + 93,4 x	+ 1041	+ 208,2	— 1042	— 208,4
67/68	3148 + 148,5 x	+ 811	+ 162,2	— 803	— 160,6

Für jede Periode sind demnach *in der Summe aller geraden Monate positive Abweichungen* und *in der Summe aller ungeraden Monate negative Abweichungen von den einzelnen Trendverläufen* festzustellen, d. h. *zu den Stichtagen der Zweimonatsbilanzen liegen die ZBG-Bestände im Periodendurchschnitt stets über und am Ende der übrigen Monate im Periodendurchschnitt stets unter der Trendgeraden.* Für die individuellen, nicht aufsummierten Werte gilt dies in der Regel ebenfalls. Bei einer Betrachtung der jeweils zum Trend gebildeten, für die geraden und ungeraden Monate jeweils aufsummierten Differenzen der einzelnen Werte stellt sich heraus, daß in 4 von 5 Perioden die absoluten Größen der positiven und negativen Abweichungen nahezu gleich sind. Somit sind auch die durchschnittlichen Differenzen der ZBG-Monatsendbestände zum Trend für die geraden und ungeraden Monate mit einer Ausnahme fast gleich, d. h. die Abweichungen zu den Bilanzstichtagen erreichen nach oben etwa das gleiche Ausmaß wie die nach unten zu den Nicht-Bilanzstichtagen. — Ein bedeutendes Ergebnis dieser Untersuchung ist die Ermittlung der *Regelmäßigkeit* und die des relativen *Umfangs* des *Anstiegs,* den der ZBG-Bestand *zu den Stichtagen der Zweimonatsbilanzen* aufweist. Für diese Tatsache ist keine andere Erklärung ersichtlich als das „window-dressing".

IV. ZBG-Bestand am Monatsende und Mindestreserve-Soll

Zum Schluß unserer empirischen Analyse wollen wir noch auf einige Aspekte des Verhältnisses von ZBG-Bestand und Mindestreserve-Soll kurz eingehen, die ergänzende oder zusammenfassende Aussagen zu verschiedenen Punkten dieser Arbeit enthalten:

1. Wie die Statistiken der Bundesbank sowie auch unsere graphische Darstellung Abb. 15 zeigen, bewegen sich die Monatsendbestände auf den ZBG-Konten der Banken im allgemeinen *unterhalb des Reserve-Solls* für den entsprechenden Monat. Lediglich zum Jahresultimo wird das Soll regelmäßig in erheblichem Umfang überschritten und zwar aufgrund der „window-dressing"-Politik. Die Unterschreitungen des durchschnittlichen Reserve-Solls am Ultimo der übrigen Monate sind mit dem Streben der Banken zu erklären, das Risiko der Nichterfüllung der Mindestreserveverpflichtung auszuschalten und aus diesem Grunde während der ersten Wochen der Mindestreserveperiode relativ zum Soll überproportionale ZBG-Bestände zu halten, so daß am Ultimo und ggf. auch an den Tagen zuvor geringere Beträge — u. U. nur die Zahlungsbereitschaftsreserve — zur Realisierung des Mindestreserveziels ausreichen. Eine solche Strategie ist, soweit nachweisbar, für die BRD typisch[1]. — Auch bei den Großbanken erreichen die ZBG-Bestände zu den Stichtagen der Zweimonatsbilanzen in der Regel die Höhe des Reserve-Solls nicht. Ausnahmen bilden im Untersuchungszeitraum die Stichtage der Halbjahresbilanzen 1964 und 1967 und die Zeit der großen Devisenbewegungen seit Oktober 1968.

Auffallend ist ferner, daß bei allen untersuchten Bankengruppen mit Ausnahme der Sparkassen im Dezember *regelmäßig* wesentlich höhere *Überschußreserven* realisiert wurden als in den übrigen Monaten des Jahres. Die Ermittlung der Überschußreserven in Prozent des Reserve-Solls ergibt z. B. für Alle Bankengruppen (vgl. Tabelle 3, Spalte 6) und die Großbanken (vgl. Tabelle 5, Spalte 4)[2], daß die in den Monaten von

---

[1] Vgl. Abschnitt D II a 2, Tabelle 2; ferner auch die graphische Darstellung in MB Bbk, 21. Jg. (1969), Nr. 1, S. 16.

[2] Auf die Wiedergabe der entsprechenden Zahlen für die übrigen Bankengruppen in den obigen Tabellen wurde verzichtet.

Januar bis November aufgelaufenen Überschußreserven nur sehr selten die Größenordnung der im Dezember realisierten Überschuß-Beträge erreichten. Sie erreichten diese im allgemeinen nur in solchen Monaten, in denen der Tagesgeldmarkt sich gegen Monatsende funktionsunfähig zeigte, so daß die Banken ihre ZBG-Bestände nicht mit Hilfe kurzfristiger Ausleihungen abbauen konnten. Dies war im Januar 1965, Okt. und Nov. 1967, Juli, Aug. und Nov. 1968 und vor allem im Mai 1969 der Fall. Jahresultimogeld konnte hingegen immer zu hohen Zinssätzen ausgeliehen werden. Die überdurchschnittlich großen Überschußreserven im Dezember können nur durch die „window-dressing"-Hypothese erklärt werden[3]. Da die in den Jahresbilanzen ausgewiesenen ZBG-Bestände bei den meisten Banken über die Zahlungsbereitschaftsreserve weit hinausgehen, ist der zu Lasten des Gewinns erfolgende Aufbau dieser Bestände primär bilanzpolitisch zu begründen.

2. Weiterhin ist auf die Tatsache aufmerksam zu machen, daß das *Mindestreserve-Soll im Januar* stets einen *bedeutenden Anstieg* zeigt. Wenn die auf eine generelle Erhöhung der Reservesätze und auf Umstrukturierungen in den reservepflichtigen Verbindlichkeiten zurückzuführenden Änderungen der durchschnittlichen Reservesätze durch Bereinigung ausgeschaltet werden (vgl. Abb. 15), tritt deutlich hervor, daß die Steigerungen von Dezember auf Januar den höchsten monatlichen Umfang während des Jahres aufweisen. Im folgenden Monat Februar geht das Soll dann meist wieder etwas zurück. Dieses regelmäßig auftretende und im Untersuchungszeitraum nur Anfang 1969 durchbrochene[4] Erscheinungsbild steht in einem unmittelbaren *Zusammenhang mit dem „window-dressing"* der Banken. Seine Ursache liegt in der Erhöhung der reservepflichtigen Verbindlichkeiten, die eine Folge der zum 31. 12., also einem der 4 Stichtage für die Berechnung des Mindestreserve-Solls im Januar, durchgeführten Finanzmittelbeschaffung von Nichtbanken sowie ausländischen Kreditinstituten ist. Hinsichtlich der Modalitäten dieser stichtagbezogenen Operationen, die zu Beginn des neuen Jahres wieder rückgängig gemacht werden und somit dann zu einer Auflösung reservepflichtiger Verbindlichkeiten führen, muß auf die Literatur verwiesen werden[5]. Indiz für den zeitlich eng begrenzten Charakter dieser bilanz-

---

[3] Dies gilt, wie gesagt, für die Betrachtung der Bankengruppen, nicht dagegen individueller Banken, bei denen *in Einzelfällen* das Streben zur Sicherung der Zahlungsbereitschaft bei erfüllter Mindestreserveverpflichtung im Vordergrund gestanden haben mag.

[4] Ursache dieser Ausnahmesituation war die oben mehrfach erwähnte Devisenspekulation im Nov. 1968, die das Reserve-Soll im Dezember stark anschwellen und aufgrund der in diesem Monat dann einsetzenden Devisenabflüsse im Januar wieder zurückgehen ließ.

[5] Vgl. *R. Wittgen,* Die publizitätsorientierte Bilanzgestaltung von Aktienbanken, a. a. O., S. 730 ff. und 737, ferner auch das oben in C III b 3 (32) dargelegte Beispiel der I H B.

politisch motivierten Geschäfte ist der Rückgang des Reserve-Solls im Februar.

3. Abschließend sei noch auf die *längerfristig* zu beobachtende *relative Abnahme des Reserve-Solls* hingewiesen. In den letzten 10 Jahren ist das Reserve-Soll im Verhältnis zu dem Volumen der reservepflichtigen Verbindlichkeiten unter Schwankungen gesunken. Da die Höhe des Reserve-Solls das Niveau des im Monatsverlauf gehaltenen ZBG-Bestands bestimmt, muß bei einem konstanten Maß an „window-dressing" sowie einer unveränderten Strategie der Mindestreservehaltung auch der ausgewiesene ZBG-Bestand im Verhältnis zu den reservepflichtigen Verbindlichkeiten abnehmen. Eine solche Entwicklung würde die von der Öffentlichkeit beachteten Kennziffern der „strukturellen Liquidität" tangieren. Es liegt daher die Vermutung nahe, daß die Banken zur Kompensation der Auswirkung, die der relative Rückgang des Reserve-Solls auf den ZBG-Bestand ausübt, das „window-dressing" verstärken. Die Prüfung dieser These muß einer eigenen (für die vorliegende Arbeit weniger bedeutungsvollen) Untersuchung vorbehalten bleiben. — Außerdem werden die im Monatsverlauf bestehenden Möglichkeiten der zeitlichen Verteilung der Mindestreservehaltung durch die (langfristige) relative Abnahme des Reserve-Solls eingeschränkt. Die Variabilität der im Rahmen der Strategie festzulegenden täglich zu realisierenden ZBG-Beträge vermindert sich, wenn das am Soll orientierte kumulative Reserve-Ist relativ zu der Entwicklung der reservepflichtigen Verbindlichkeiten abnimmt, da mit den Verbindlichkeiten tendenziell auch die Zahlungsbereitschaftsreserve wächst.

G. Ergebnis

Gegenstand dieser Arbeit war eine theoretische Analyse der Geldpolitik von zur Mindestreservehaltung verpflichteten Kreditinstituten. Die *Geldpolitik* wurde als eine *bankbetriebliche Funktion* gekennzeichnet, die *durch ein Aktionsobjekt und vier Ziele charakterisiert* ist (vgl. die Abschnitte E I a, C III a und A I b)[1]. Das Aktionsobjekt besteht in den *Zentralbankguthaben,* deren Höhe gemäß den jeweiligen Anforderungen der geldpolitischen Ziele zu variieren ist. Diese Ziele sind:

1. Realisierung der optimalen Zahlungsbereitschaftsreserve,
2. Erfüllung des Mindestreserve-Solls,
3. Erreichung des zum Bilanzstichtag angestrebten Bestands an Zentralbankguthaben,
4. Gewinnerzielung.

Die Ziele eins bis drei wurden als geldpolitische „Leistungsziele" gekennzeichnet, da sie sich direkt auf die Erreichung eines jeweils bestimmten ZBG-*Bestands* richten. Das Formalziel Gewinn kann in drei verschiedenen Grundtypen auftreten, die in D I a 2 (23) zusammenfassend dargestellt wurden. Die Art des von der Bank in der Geldpolitik verfolgten Gewinnziels ergibt sich aus der dem Gewinnstreben im Zielsystem der Gesamtbank zugewiesenen Bedeutung und der Wahl der geldpolitischen Strategie. Treten in konkreten Entscheidungssituationen Zielkonflikte auf, so sind die vier Ziele grundsätzlich in der durch die oben erfolgte Numerierung festgelegten Rangordnung zu berücksichtigen (vgl. Abschnitt D II).

Aussagen über die Art von Funktions- oder Bereichszielen sowie über ihre Prioritäten sind nur vertretbar, wenn sie aus dem für die gesamte Wirtschaftseinheit geltenden *Zielsystem* abgeleitet worden sind. Nicht allein aus diesem Grund mußten die Ziele der Gesamtbank ebenfalls analysiert werden. Vielmehr war auch die Notwendigkeit bzw. die faktische Existenz der geldpolitischen Ziele nachzuweisen, was nicht ohne eine eingehende Analyse des bankbetrieblichen Zielsystems selbst ge-

---

[1] Soweit Handlungen als „Geldpolitik" bezeichnet wurden, waren dies nur solche dispositiver Art, d. h. Aktionen, deren Gegenstand die direkte — oder bei einer Einflußnahme auf das Reserve-Soll die indirekte — Veränderung des ZBG-Bestands ist und deren Aktionskriterien die geldpolitischen Ziele sind.

schehen konnte. Da ein umfassendes Zielmodell für Bankbetriebe bisher nicht entwickelt wurde, mußte der Verfasser zur Fundierung seiner Aussagen über die Funktion Geldpolitik selbst einen Versuch in dieser Richtung unternehmen und zur Begründung seiner Thesen das umfangreiche Schrifttum über die betriebswirtschaftliche Zielproblematik heranziehen. Im Mittelpunkt dieses Teils der Arbeit stand das Bemühen, *das „Sicherungsziel" der Bank* theoretisch zu entwickeln. Dieses Ziel bildet zusammen mit dem Hauptziel die „Oberziele" der Bank. In Anbetracht der unvollkommenen Information, die die Zielvariablen zu Erwartungsparametern ungewissen Erfüllungsgrades werden läßt, wurden die Komponenten des Sicherungsziels als Liquiditätswahrscheinlichkeit und Gewinnerwartung charakterisiert. Diesen Größen fiel bei der Analyse der Zahlungsbereitschaftsreserve eine maßgebliche Rolle zu (vgl. auch das Zwischenergebnis C III b 1 [14] und Abb. 7).

Aus der Liquiditätskomponente des Sicherungsziels wurde dann die wegen ihrer Liquiditätssicherungsfunktion wichtigste geldpolitische Zielvariable, die *optimale Zahlungsbereitschaftsreserve,* abgeleitet, nachdem zuvor im Abschnitt B II a die Funktion des ZBG-Bestands als Zahlungsbereitschaftsreserve begründet worden war. Von einer „optimalen" Zahlungsbereitschaftsreserve kann man nur nach Berücksichtigung eines weiteren Oberziels sprechen, nämlich des zu realisierenden Periodengewinns. — In der BRD hat das Problem der Bestimmung dieser Reserve vielfach nur eine sekundäre Bedeutung, da die zur Erfüllung der Mindestreservepflicht im Monat zu haltenden ZBG-Bestände im allgemeinen höher sind als die Summe der täglichen Zahlungsbereitschaftsreserve im gleichen Zeitraum. Entscheidet sich die Bank allerdings für eine Strategie variabler Mindestreservehaltung, d. h. für von Tag zu Tag schwankende ZBG-Bestände, so muß sie die Reserve möglichst genau zu ermitteln suchen, um den auf dem ZBG-Konto zu realisierenden Mindestbestand festlegen zu können. In diesem Zusammenhang zeigte sich die auch in mehreren anderen Abschnitten der Arbeit offenkundig zu Tage tretende Tatsache, daß die hier erarbeiteten theoretischen Überlegungen sich nur dann in der Bankpraxis verwirklichen lassen, wenn die Bank das notwendige statistische Datenmaterial zur Verfügung hat und bei den weitgehend unvermeidlichen subjektiven Schätzungen Wahrscheinlichkeitswerte annimmt, die ex post gesehen hinreichende Genauigkeiten erreichen.

Die *Erfüllung der Mindestreservepflicht* als geldpolitisches Periodenziel wird zum Aktionsziel, wenn im Rahmen der gewählten Strategie die zu diesem Zweck täglich zu haltenden ZBG-Bestände festgelegt sind. Wir unterschieden im Kapitel D die Grundstrategien konstanter und variabler Mindestreservehaltung und gingen bei letzteren dann auf die Frage der Verteilung der ZBG-Bestände auf die Mindestreserveperiode ein.

Dazu hatten wir vorher im Abschnitt B II b auf mathematischem Wege einige formale Grundlagen erarbeitet, die u. a. die mindestreservetechnisch gegebenen Grenzen der Variation des ZBG-Bestands aufzeigen und den möglichen Variationsumfang angeben.

Zur Begründung des dritten geldpolitischen Leistungsziels, der *Erreichung des zum Bilanzstichtag angestrebten ZBG-Bestands*, mußte zuvor das *Standingziel* der Bank analysiert werden, das auch für das Mindestreserveziel von Bedeutung ist. Die Erörterung des Standing als bankbetriebliches Nebenziel geschah einmal zur Vervollständigung des hier in Grundzügen entwickelten bankbetrieblichen Zielsystems, des weiteren vor allem auch zur Erklärung des anderenfalls widersinnig erscheinenden Bestrebens der Banken, in ihren Bilanzen einen bestimmten ZBG-Bestand auszuweisen, der in der Regel erheblich über den an den übrigen Tagen gehaltenen ZBG-Beständen liegt. — Auf die Bereichsziele der Bank schließlich wurde im wesentlichen deshalb eingegangen, um die Einordnung der geldpolitischen Ziele in das Zielsystem der Bank zu klären und um den Fortgang der Ziel-Mittel-Kette bis zu der Instanz deutlich werden zu lassen, die über die Ausführung einzelner, der Erreichung geldpolitischer Ziele dienender Aktionen entscheidet.

Die Analyse der bankbetrieblichen Geldpolitik konzentrierte sich somit erstens auf die für sie spezifischen *Ziele*. Zweitens befaßte sie sich mit den *Strategien*, die durch eine jeweils bestimmte, für die Mindestreserveperiode vorgesehene Verteilung der täglichen ZBG-Planbestände charakterisiert sind. Erst nach Festlegung der Strategie also ist der für das Ende eines jeden Geschäftstags dieser Periode anzustrebende ZBG-Bestand als Zielgröße bestimmbar. Drittens wurden die *Instrumente* analysiert, die der Bank zur Erreichung der ZBG-Planbestände zur Verfügung stehen. Im Abschnitt B III erfolgte eine Typologisierung des geldpolitischen Instrumentariums, während in E III c der Einsatz dieser Instrumente bei der Anpassung der ZBG-Ist an die Planbestände skizziert und die mannigfachen Alternativen dargelegt wurden. Unter den Instrumenten kommt den *Geldgeschäften* die größte Bedeutung zu, da bei diesen Geschäften sämtliche durch sie bewirkten Zahlungen den ZBG-Bestand der Bank cet. par. variieren und mit an Sicherheit grenzender Wahrscheinlichkeit erfolgen. Die Notwendigkeit der Erreichung der vorgesehenen ZBG-Planbestände mit Hilfe geldpolitischer Anpassungsmaßnahmen folgt aus der der Geldpolitik zugewiesenen Aufgabenstellung als bankbetriebliche Hilfsfunktion, die die Arbeitsfähigkeit der Grundfunktionen sichern zu helfen hat (vgl. E I a) und dabei insbesondere im Dienste der Ziele Liquiditätssicherung und Standingpflege steht. — Neben der direkten Veränderung des ZBG-Bestands durch Geldgeschäfte oder durch Timing von Zahlungen kann die Bank diesen Bestand auch indirekt variieren und zwar durch Beeinflussung des im Verlauf der Mindestreserveperiode zu realisierenden Bedarfs, d. h. durch *Variation des Reserve-Solls*. Diese These wurde im Abschnitt B III c eingehend belegt und Möglichkeiten zur Anwendung in der Praxis aufgezeigt.

Die das Aussagensystem dieser Arbeit bildenden Hypothesen wurden stets auf logisch-deduktivem Wege begründet. Wir gingen dabei jeweils immer von in der Betriebswirtschaftslehre allgemein akzeptierten Tatbeständen aus oder knüpften an neuere, von namhaften Fachvertretern dargelegte Erkenntnisse an. Außerdem wurde die Relevanz der *„window-dressing"-Hypothese* im Anhang am Beispiel der in den letzten 6 Jahren in der BRD gegebenen Verhältnisse *empirisch geprüft*. Diese Überprüfung der These, daß die Banken zu ihren Bilanzstichtagen regelmäßig überdurchschnittlich hohe ZBG-Bestände anstreben, um ihren Liquiditätsstatus besonders günstig darzustellen, vermochte die theoretischen Überlegungen nicht zu widerlegen. Das Ergebnis dieser empirischen Untersuchung ist zugleich ein Beitrag zur Fundierung des Erklärungswerts des bankbetrieblichen Ziels „Standing".

Literaturverzeichnis

1. Monographien

Abegglen, W. E.: Die Organisation der Unternehmungsleitung, Zürich 1966

Albach, H.: Wirtschaftlichkeitsrechnung bei unsicheren Erwartungen, Köln und Opladen 1959

Albert, H.: Marktsoziologie und Entscheidungslogik, ökonomische Probleme in soziologischer Perspektive, Neuwied am Rhein und Berlin 1967

Apfelthaler, S.: Das Risikoproblem im Bankbetrieb, Wien 1939

Arnold, H.: Risikentransformation, Diss. Saarbrücken 1964

Aust, E.: Der Wettbewerb in der Bankwirtschaft — Grundzüge und Anregungen für eine allgemeine Theorie, Frankfurt 1963

Bartschat, H.: Die Geschäftspolitik der Girozentralen, Diss. Hamburg 1968

Baumol, W. J.: Business Behavior, Value and Growth, New York 1959

Becker, J.: Die kontinuierliche Liquiditätsversorgung des Bankensystems, Berlin 1969

Bidlingmaier, J.: Unternehmerziele und Unternehmerstrategien, Wiesbaden 1964

— Zielkonflikte und Zielkompromisse im unternehmerischen Entscheidungsprozeß, Wiesbaden 1968

Bleicher, K.: Zur Zentralisation und Dezentralisation des Entscheidungsprozesses in der Unternehmungsorganisation, Berlin 1966

Brand, R.: Wesen und Eignung des Effektenlombards als eine Form passiven und aktiven Bankkredits, Berlin 1968

Brandes, H.: Der Euro-Dollarmarkt, Wiesbaden 1968

Braun, W.: Das Liquiditätsproblem der Kreditbanken, Stuttgart 1934

Brede, H.: Die wirtschaftliche Beurteilung von Verwaltungsentscheidungen in der Unternehmung, Köln und Opladen 1968

Brehmer, E.: Struktur und Funktionsweise des Geldmarktes der Bundesrepublik Deutschland seit 1948 — Zugleich eine theoretische Grundlegung für Geldmärkte im allgemeinen, 2. Aufl., Tübingen 1964

Breyer, P. O.: Ruf und Rufpolitik, Eine Studie über das Wesen des Rufes und der betriebswirtschaftlichen Rufpolitik, Diss. Mannheim 1962

Brown, R. G.: Smoothing, Forecasting and Prediction of Discrete Time Series, Englewood Cliffs, N. J. 1963

Chamberlain, N. W.: The Firm: Micro-Economic Planning and Action, New York, et al. 1962

Cyert, R. und J. *March*: A Behavioral Theory of the Firm, Englewood Cliffs, N. J. 1963

Deppe, H.-D.: Bankbetriebliches Wachstum, Funktionalzusammenhänge und Operations Research in Kreditinstituten, Stuttgart 1969

Düchting, H.: Liquidität und unternehmerische Entscheidungsmodelle, Diss. München 1965

Dülfer, E.: Die Aktienunternehmung, Göttingen 1962

Engels, W.: Betriebswirtschaftliche Bewertungslehre im Licht der Entscheidungstheorie, Köln und Opladen 1962

Feldbausch, F. K.: Handbuch der Bankpraxis, Frankfurt 1968

Fischer, O.: Bankbilanz-Analyse, Meisenheim/Glan 1956

Floss, E.: Auswirkungen der Mindestreservepflicht unter besonderer Berücksichtigung der Sparkassen, Berlin 1956

Forker, H. J.: Das Wirtschaftlichkeitsprinzip und das Rentabilitätsprinzip — ihre Eignung zur Systembildung, Berlin 1960

Gäfgen, G.: Theorie der wirtschaftlichen Entscheidung, 2. Aufl., Tübingen 1968

Gestrich, H.: Kredit und Sparen, 2. Aufl., Godesberg 1947

Giersch, H.: Allgemeine Wirtschaftspolitik, 1. Bd., Grundlagen, Wiesbaden 1961

Glöckner, P.-H.: Das Finden von Begriffen, Stuttgart 1963

Graebner, W.: Direkte Kontrollen als Mittel der Geldpolitik (Forschungsberichte des Landes NRW Nr. 1688), Köln und Opladen 1966

Graf, R.: Die Finanzpolitik der Kreditbanken, Diss. München 1967

Griem, H.: Der Prozeß der Unternehmungsentscheidung bei unvollkommener Information, Berlin 1968

Gutenberg, E.: Betriebswirtschaftslehre als Wissenschaft, Krefeld 1957

— Grundlagen der Betriebswirtschaftslehre, Bd. I, Die Produktion, 13. Aufl., Berlin/Heidelberg/New York 1967

— Grundlagen der Betriebswirtschaftslehre, Bd. II, Der Absatz, 10. Aufl., Berlin/Heidelberg/New York 1967

— Grundlagen der Betriebswirtschaftslehre, Bd. III, Die Finanzen, Berlin/Heidelberg/New York 1969

— Unternehmensführung, Wiesbaden 1962

Hagenmüller, K.-F.: Der Bankbetrieb, Bd. I, Strukturlehre — Kapitalbeschaffung der Kreditinstitute, Wiesbaden 1964

— Der Bankbetrieb, Bd. II, Aktivgeschäfte und Dienstleistungsgeschäfte, Wiesbaden 1964

— Der Bankbetrieb, Bd. III, Rechnungswesen — Bankpolitik, Wiesbaden 1964

Hagenmüller und *Diepen*: Der Bankbetrieb, 2. Aufl., Wiesbaden 1968

Hahn, O.: Geld- und Devisenhandel, Stuttgart 1964

— Die Währungsbanken der Welt, Bd. 1 und 2, Stuttgart 1968

Harder, U.: Bilanzpolitik, Wiesbaden 1962

Härle, D.: Finanzierungsregeln und ihre Gültigkeit, Diss. Frankfurt/M. 1960, Wiesbaden 1961

Hartmann, B.: Bankbetriebsanalyse, Freiburg i. Brsg. 1962

Hartmann, N.: Teleologisches Denken, Berlin 1951

Hax, H.: Die Koordination von Entscheidungen, Köln/Berlin/Bonn/München 1965

Hax, K.: Die Substanzerhaltung der Betriebe, Köln und Opladen 1957

Hein, M.: Die internationalen Geldmarktgeschäfte westdeutscher Banken, Berlin 1966

— Struktur des Bankwesens in Großbritannien (Strukturanalysen ausländischer Banksysteme, Heft 1) Frankfurt/M. 1967

Heinen, E.: Einführung in die Betriebswirtschaftslehre, Wiesbaden 1968

— Das Zielsystem der Unternehmung, Wiesbaden 1966

Höfermann, F.: Geldmarkt und Geldmarktgeschäfte, Frankfurt 1959

Hoffmann, H.: Dispositionsregeln zur Solvenzsicherung von Depositenbanken, Diss. Saarbrücken 1967

Hume, D.: A Treatise of Human Nature, 1739/40, repr. of the new edition London 1886, Vol. I, Aalen 1964

Jacob, H.: Preispolitik, Wiesbaden 1963

Jarchow, H.-J.: Theoretische Studien zum Liquiditätsproblem, Tübingen 1966

Kade, G.: Die Grundannahmen der Preistheorie — Eine Kritik an den Ausgangssätzen der mikroökonomischen Modellbildung — Berlin und Frankfurt/M. 1962

Kalveram, W. und H. *Günther:* Bankbetriebslehre, 3. Aufl., Wiesbaden 1961

Katona, G.: Das Verhalten der Verbraucher und Unternehmer, Tübingen 1960

Keynes, J. M.: The General Theory of Employment Interest and Money, New York, o. J. (1936)

Kirsch, W.: Gewinn und Rentabilität, Wiesbaden 1968

Koch, H.: Betriebliche Planung, Wiesbaden 1961

Köhler, R.: Theoretische Systeme der Betriebswirtschaftslehre im Lichte der neueren Wissenschaftslogik, Stuttgart 1966

König, H. und J. *Wolters:* Über den Zusammenhang zwischen kurz- und langfristigem Zinssatz: eine Spektralanalyse der westdeutschen Zinsstruktur, Basler Wirtschaftswissenschaftliche Vorträge, Heft 1, Zürich 1969

Koontz, H. und C. *O'Donnell:* Principles of Management, An Analysis of Managerial Functions, Fourth Edition, New York usw. 1968

Köppen, H.: Die kurzfristige Refinanzierung der Kreditinstitute, Diss. Hamburg 1963

Kosiol, E.: Organisation der Unternehmung, Wiesbaden 1962

— Die Unternehmung als wirtschaftliches Aktionszentrum, Reinbek bei Hamburg 1966

Krelle, W.: Präferenz- und Entscheidungstheorie, Tübingen 1968

— Preistheorie, Tübingen/Zürich 1961

— Theorie wirtschaftlicher Verhaltensweisen, Meisenheim am Glan 1953

Kroll, R.: Das Leistungsziel als Verhaltensdeterminante von Bankunternehmungen der öffentlichen Hand, Berlin 1968

Krümmel, H.-J.: Bankzinsen, Untersuchungen über die Preispolitik von Universalbanken, Köln/Berlin/Bonn/München 1964

Lauffer, H.-M.: Der notwendige Unternehmungsgewinn, Meisenheim am Glan 1968

Leinfellner, W.: Einführung in die Erkenntnis- und Wissenschaftstheorie, 2. Aufl., Mannheim 1967

Lipfert, H.: Der deutsche Privatdiskontmarkt, Frankfurt/M. 1959

— Einführung in die Währungspolitik, 4. Aufl., München 1969

Lipfert, H.: Der Geldmarkt, 6. Aufl., Frankfurt/M. 1967

— Internationaler Devisen- und Geldhandel, Frankfurt/M. 1967

— Nationaler und internationaler Zahlungsverkehr, Wiesbaden 1960

— Optimale Unternehmensfinanzierung, 3. Aufl., Frankfurt 1969

Lohmann, M.: Einführung in die Betriebswirtschaftslehre, 4. Aufl., Tübingen 1964

Lücke, W.: Finanzplanung und Finanzkontrolle in der Industrie, Wiesbaden 1965

Lüke, A. E.: Wie liest man den Bundesbankausweis?, 2. Aufl., Frankfurt/M. 1969

Mag, W.: Grundfragen einer betriebswirtschaftlichen Organisationstheorie, Köln und Opladen 1969

Malt, F.: Grundlagen der Ergebnisausweispolitik bei Aktienbanken, Diss. Hamburg 1968

March, J. G. und H. A. *Simon:* Organizations, New York/London/Sydney 1958

McGuire, J. W.: Theories of Business Behavior, Englewood Cliffs, N. J. 1964

Meinhold, W.: Volkswirtschaftspolitik, München 1955

Mellerowicz, K.: Unternehmenspolitik, Bd. 1, Freiburg i. Brsg. 1963

Modigliani, F. und K. J. *Cohen:* The Role of Anticipations and Plans in Economic Behavior and their Use in Economic Analysis and Forecasting, Urbana Ill. 1961

Moxter, A.: Der Einfluß von Publizitätsvorschriften auf das unternehmerische Verhalten, Köln und Opladen 1962

Müller, W.: Die Simulation betriebswirtschaftlicher Informationssysteme, Wiesbaden 1969

Orth, L.: Die kurzfristige Finanzplanung industrieller Unternehmungen, Köln und Opladen 1961

Pfanzagl, J.: Allgemeine Methodenlehre der Statistik, Bd. I, 3. Aufl., Berlin 1966

Pöhlmann, G.: Der Prozeß der Unternehmensführung, Berlin 1964

Popper, K. R.: Logik der Forschung, 2. Aufl., Tübingen 1966

Pulch, W.: Liquiditätsdispositionen einer Sparkasse, Diss. Frankfurt/M. 1964

Rameken, U.: Die Konkurrenzpolitik der Kreditbanken, Diss. Hamburg 1965

Riebel, P.: Die Elastizität des Betriebes, Köln und Opladen 1954

Rieger, W.: Einführung in die Privatwirtschaftslehre, 3. unv. Aufl., Erlangen 1964

Rittershausen, H.: Die Zentralnotenbank, Ein Handbuch ihrer Instrumente, ihrer Politik und ihrer Theorie, Frankfurt/M. 1962

Sandig, C.: Betriebswirtschaftspolitik, Stuttgart 1966

— Der Ruf der Unternehmung (Veröffentlichungen der Wirtschaftshochschule Mannheim, Reihe 2, Heft 8), Stuttgart 1962

Scherhorn, G.: Methodologische Grundlagen der sozialökonomischen Verhaltensforschung, Forschungsberichte des Landes Nordrhein-Westfalen Nr. 942, Köln und Opladen 1961

Schmid, G.: Der deutsche Bankengeldmarkt heute. Eine Untersuchung unter besonderer Berücksichtigung des Bankplatzes Frankfurt am Main, Diss. Tübingen 1965

Schmidt, F.: Internationaler Zahlungsverkehr und Wechselkurse, 2. Aufl., Leipzig 1922

Schmidt-Sudhoff, U.: Unternehmerziele und unternehmerisches Zielsystem, Wiesbaden 1967

Schneider, E.: Einführung in die Wirtschaftstheorie, III. Teil, 7. Aufl., Tübingen 1962

Schreiber, R.: Erkenntniswert betriebswirtschaftlicher Theorien, Wiesbaden 1960

Simon, H. A.: Das Verwaltungshandeln, Stuttgart 1955

Sroka, K.: Probleme der Messung der Fremdfinanzierungsrisiken und deren Bedeutung in der Theorie der finanziellen Führung, Diss. Frankfurt/M. 1966

Stackelberg, H. v.: Grundlagen der Theoretischen Volkswirtschaftslehre, 2. Aufl., Tübingen/Zürich 1951

Stadermann, B.: Offenmarktgeschäfte als Instrument der Liquiditätspolitik, Frankfurt/M. 1961

Strasser, H.: Zielbildung und Steuerung der Unternehmung, Wiesbaden 1966

Stützel, W.: Bankpolitik heute und morgen, Frankfurt 1964

Thomae, H.: Der Mensch in der Entscheidung, München 1960

Tudyka, K. P.: System und Politik der Mindestreserve, Berlin 1964

Veit, O.: Grundriß der Währungspolitik, Frankfurt 1961

Voß, L.: Die Gelddisposition einer Regionalbank unter besonderer Berücksichtigung der Rolle der Erwartungen, Diss. Münster 1967

Wagner, A.: Beiträge zur Lehre von den Banken, Leipzig 1857

Weber, M.: Wirtschaft und Gesellschaft, Studienausgabe, Hrsg. Joh. Winckelmann, I. Halbbd., Köln/Berlin 1964

Weiss, U.: Marktforschung der Kreditinstitute, Berlin 1966

Wiswede, G.: Motivation und Verbraucherverhalten — Grundlagen der Motivforschung, München/Basel 1965

Witte, E.: Die Liquiditätspolitik der Unternehmung, Tübingen 1963

Wittgen, R.: Die Geldpolitik der Geschäftsbanken, Frankfurt/M. 1965

Wittmann, W.: Unternehmung und unvollkommene Information, Köln und Opladen 1959

Worret, F.: Bankpolitik als Machtfrage, Berlin 1955

van Wyk, W.: Die Gelddisposition der Banken, Frankfurt 1966

— Die Gelddisposition der Kreditbanken, Frankfurt/M. 1960

Zwehl, W. v.: Untersuchung zur Erstellung einer Planbilanz als Ergänzung des Jahresabschlusses, Berlin 1968

o. V.: The Federal Reserve System, Purposes and Functions, Hrsg. Board of Governors of the Federal Reserve System, Washington, D. C., 1961

2. Sammelwerke, Festschriften und Kommentare

Acht europäische Zentralbanken, Eine Darstellung ihres Aufbaus und ihrer Tätigkeit, Hrsg. Bank für Internationalen Zahlungsausgleich, Frankfurt/Main 1963

Bilanzen der Kreditinstitute mit amtlichen Richtlinien 1968 sowie einer Einleitung und Erläuterungen zu den Bilanzierungsvorschriften der Aktienbanken (AG, KGaA, GmbH), Genossenschaftsbanken, Privatbanken (Einzelfirma, OHG, KG), Zentralkassen, Sparkassen, Hrsg. K. Hammer und W. Montag, Frankfurt/M. 1968

Die Deutsche Bundesbank, Grundzüge des Notenbankwesens und Kommentar zum Gesetz über die Deutsche Bundesbank, von J. v. Spindler, W. Becker und O.-E. Starke, 2. Aufl., Stuttgart 1960

Enzyklopädisches Lexikon für das Geld-, Bank-, und Börsenwesen, red. von E. Achterberg und K. Lanz, 3. Aufl., Frankfurt/M. 1967/68

Festschrift für Eugen Schmalenbach, Leipzig 1933

Festschrift für Wilhelm Rieger zu seinem 85. Geburtstag, Der Betrieb in der Unternehmung, Hrsg. J. Fettel und H. Linhardt, Stuttgart 1963

Festschrift zum 65. Geburtstag von Erich Gutenberg, Zur Theorie der Unternehmung, Hrsg. H. Koch, Wiesbaden 1962

Festschrift zum 65. Geburtstag von Wilhelm Hasenack, Gegenwartsfragen der Unternehmensführung, Hrsg. H.-J. Engeleiter, Herne/Berlin 1966

Der Große Brockhaus, Bd. 9, 16. Aufl., Wiesbaden 1956

Hamburger Jahrbuch für Wirtschafts- und Gesellschaftspolitik, Hrsg. H.-D. Ortlieb und B. Molitor, Tübingen 1956 ff.

Handbuch der Wirtschaftswissenschaften, Bd. I, Betriebswirtschaft, Hrsg. K. Hax und T. Wessels, 2. Aufl., Köln/Opladen 1966

Handbuch der Psychologie, Hrsg. v. K. Gottschaldt, Ph. Lersch, F. Sander und H. Thomae, Bd. 2, Allgemeine Psychologie, Teil II, Motivation, Hrsg. H. Thomae, Göttingen 1965

Handbuch der Soziologie, Hrsg. W. Ziegenfuß, Stuttgart 1956

Handwörterbuch der Betriebswirtschaft, Hrsg. H. Seischab und K. Schwantag, 3. Aufl., Stuttgart 1957 ff.

Handwörterbuch der Sozialwissenschaften, Hrsg. E. v. Beckerath, C. Brinkmann und E. Gutenberg, Stuttgart, Tübingen 1956 ff.

Handwörterbuch der Staatswissenschaften, Hrsg. L. Elster, A. Weber und F. Wieser, 4. Aufl., Bd. 2, Jena 1924

Jahrbuch für Sozialwissenschaft, Hrsg. H. Jürgensen, A. Predöhl und H.-J. Seraphim u. a., Bd. 12, Göttingen 1961

Kreditwesengesetz, Bundesbankgesetz (Taschenbücher für Geld, Bank und Börse, Bd. 37), Hrsg. R. Möhring, Frankfurt/M. 1966

Lexikon der Planung und Organisation, Hrsg. H. Niewerth und J. Schröder, Quickborn 1968

Logik der Sozialwissenschaften, Hrsg. E. Topitsch, 4. Aufl., Köln/Berlin 1967

Die Motivation menschlichen Handelns, Hrsg. H. Thomae, 3. Aufl., Köln/Berlin 1966

Obst/Hintner, Geld-, Bank- und Börsenwesen, 36. Aufl., Stuttgart 1967

Organisation, TFB-Handbuchreihe, Bd. 1, Hrsg. E. Schnaufer und K. Agthe, Berlin/Baden-Baden 1961

Schork, L.: Gesetz über das Kreditwesen, Kommentar, Köln/Berlin/Bonn/München 1965

Soziologische Texte, Hrsg. H. Maus und F. Fürstenberg, Bd. 15 „Beiträge zur soziologischen Theorie“, Neuwied und Berlin 1964

Taschenbuch für den Betriebswirt (TFB), Hrsg. E. Schnaufer und G. Rode, Berlin/Baden-Baden 1960

Theorien des einzelwirtschaftlichen und des gesamtwirtschaftlichen Wachstums, Hrsg. W. Krelle, Berlin 1965

Theorie und Realität, Hrsg. H. Albert, Tübingen 1964

Unternehmensplanung, Hrsg. K. Agthe und E. Schnaufer, Baden-Baden 1963

Wörterbuch der Kybernetik, Hrsg. G. Klaus, 2. Aufl., Berlin 1968

Wörterbuch der philosophischen Begriffe, Hrsg. Joh. Hoffmeister, 2. Aufl., Hamburg 1955

Zeitfragen der Kreditwirtschaft, hrsg. von der Bank für Gemeinwirtschaft, Frankfurt/M. 1964

3. Aufsätze und Beiträge in Sammelwerken

Adamowsky, S.: Langfristige und kurzfristige Planung, in: Unternehmensplanung, Hrsg. K. Agthe und E. Schnaufer, Baden-Baden 1963, S. 23 ff.

Agthe, K.: Langfristige Unternehmensplanung, in: Unternehmensplanung, Baden-Baden 1963, S. 47 ff.

— Das Problem der unsicheren Erwartungen bei unternehmerischen Planungen und Entscheidungen, in: Unternehmensplanung, Baden-Baden 1963, S. 83 ff.

Albach, H.: Die betriebswirtschaftlichen Anforderungen an eine langfristige Unternehmensplanung, in: ZfB, Jg. 38 (1968), 2. Ergänzungsheft, S. 1—22

— Entscheidungsprozeß und Informationsfluß in der Unternehmensorganisation, in: Organisation, TFB-Handbuchreihe, Bd. 1, Berlin/Baden-Baden 1961, S. 355—402

— Finanzplanung im Unternehmen, in: Management International, 1962, Heft 6, S. 67 ff.

— Das optimale Investitionsbudget bei Unsicherheit, in: ZfB, 37. Jg. (1967), S. 503—518

— Zur Theorie des wachsenden Unternehmens, in: Theorien des einzelwirtschaftlichen und des gesamtwirtschaftlichen Wachstums, Hrsg. W. Krelle, Berlin 1965, S. 9—97

Albert, H.: Probleme der Theoriebildung, in: Theorie und Realität, Hrsg. H. Albert, Tübingen 1964, S. 3—70

— Eine Theorie des Marktverhaltens großer Unternehmen, in: H. Albert, Marktsoziologie und Entscheidungslogik, Neuwied am Rhein und Berlin 1967, S. 418—428

— Theorie und Prognose in den Sozialwissenschaften, in: Logik der Sozialwissenschaften, Hrsg. E. Topitsch, 4. Aufl., Köln/Berlin 1967, S. 126—143

Bachmann, D.: Der Geldmarkt der Banken, in: BFuP, Jg. 20 (1968), S. 595 ff.

Benning, B.: Geldmarkt, in: E. L. Geld-, Bank-, Börsw., 3. Aufl., Bd. I, S. 589 bis 594

Berger, K.-H.: Zur Liquiditätspolitik industrieller Unternehmungen, in: ZfB. Jg. 38 (1968), S. 221 ff.

Bidlingmaier, J.: Unternehmerische Zielkonflikte und Ansätze zu ihrer Lösung, in: ZfB, Jg. 38 (1968), S. 149 f.

Bröker, G.: Aktuelle Probleme des französischen Geldmarktes, in: ZfB, 34. Jg. (1964), S. 689—714

Büschgen, H. E.: Freiwillige Vereinbarungen als Mittel der Notenbankpolitik, in: Blätter für Genossenschaftswesen, Jg. 113 (1967), S. 29—33 und 49—55

Busse von Colbe, W.: Verwaltungs- und Vertriebskosten wachsender Industrieunternehmen, in: ZfbF, Jg. 16 (1964), S. 308—317

Della Volpe, M.: Die Geldgeschäfte der Banken, in: ÖBA, 15. Jg. (1967), S. 160—174

Deppe, H.-D.: Die Planung im Bankbetrieb mit wissenschaftlichen Methoden, in: ZfgK, Jg. 22 (1969), S. 92 ff.

— Über Ziele und Problemstellungen theoretisch-deduktiver Analysen einzelner Kreditinstitute, in: ZfbF, Jg. 18, H. 10/11 (1966), S. 616—648

— Zur Rentabilitäts- und Liquiditätsplanung von Kreditinstituten, in: Weltwirtschaftliches Archiv, Bd. 86 (1961), S. 303 ff.

Eisfeld, C.: Die Grundsätze der Betriebspolitik der Kreditinstitute, in: TFB-Taschenbuch für den Betriebswirt, Berlin/Baden-Baden 1960, S. 361—381

— Mindestreserven, in: HdB, Bd. III, Sp. 3994 f.

Emmerich, G.: Die Netzplantechnik als Instrument der Terminplanung in Kreditinstituten, in: Bank-Betrieb, 8. Jg. (1968), S. 281 f.

Fleischmann, G.: Wissenschaftstheorie und Demokratie, in: HJb WiGespol. Jg. 13 (1968), S. 32 f.

Freund, M.: Politik, in: HdSW, Bd. 8, 1964, S. 356 f.

Greshake, K.: Planung der Mindestreserven durch den Gelddisponenten, in: ZfgK, Jg. 17 (1964), Bd. II, S. 871—874

Grochla, E.: Erkenntnisstand und Entwicklungstendenzen der Organisationstheorie, in: ZfB, 39. Jg. (1969), S. 1—22

Günther, H.: Die Liquiditätskosten der Kreditinstitute, in: ZfB, 26. Jg. (1956), S. 492—502

— Neufassung der Grundsätze über Eigenkapital und Liquidität der Kreditinstitute, in: Bank-Betrieb, 9. Jg. (1969), S. 86

Gutenberg, E.: Zum „Methodenstreit“, in: ZfhF, N. F., Jg. 5 (1953), S. 327—355

Hagenmüller, K.-F.: Die Bedeutung von Krediteinweisungen und Kontoüberziehungen für Geldschöpfung und Gelddisposition, in: ZfhF, N. F., Jg. 8 (1956), S. 509—526

— Geldmarkt, in: HdB, 3. Aufl., Bd. II, Sp. 2142—2144

Hahn, L. A.: Zur Theorie des Geldmarktes, in: Archiv für Sozialwissenschaft und Sozialpolitik, Bd. 51 (1924). S. 289—321

Hammer, K.: Die neuen Grundsätze über das Eigenkapital und die Liquidität der Kreditinstitute, in: ZfgK, 22. Jg. (1969), S. 170—172

Hasenack, W.: Funktionenlehre, betriebswirtschaftliche, in: HdB, Bd. II, Sp. 2095 f.

Hax, H.: Bewertungsprobleme bei der Formulierung von Zielfunktionen für Entscheidungsmodelle, in: ZfbF, 19. Jg. (1967), S. 749—761

Heckhausen, H.: Leistungsmotivation, in: Hd. Psych. Bd. 2, Teil II, Motivation, Hrsg. H. Thomae, Göttingen 1965, S. 602—690

— Motivation der Anspruchsniveausetzung, in: Die Motivation menschlichen Handelns, Hrsg. H. Thomae, 3. Aufl., Köln/Berlin 1966, S. 231 ff.

Hein, M.: Strukturtypen nationaler Geldmärkte, in: ZfB, 37. Jg. (1967), S. 534

Heinen, E.: Die Zielfunktion der Unternehmung, in: Festschrift zum 65. Geburtstag von Erich Gutenberg: „Zur Theorie der Unternehmung", Wiesbaden 1962, S. 11—71

Henzler, R.: „Betriebswirtschaft" — Bemerkungen zu den Grundbegriffen der Betriebswirtschaftslehre, in: ZfB, Jg. 29 (1959), S. 536—541

Hintner, O.: Zum Liquiditätsproblem der Geschäftsbanken, in: Der Betrieb in der Unternehmung, Festschrift für W. Rieger, Hrsg. J. Fettel und H. Linhardt, Stuttgart 1963, S. 396—422

Hohlfeld, H.: Die Systematik des Kreditmarkts, in: ZfhF, N. F., 7. Jg. (1955), S. 22—36

Hoppe, F.: Das Anspruchsniveau, in: Die Motivation menschlichen Handelns, Hrsg. H. Thomae, 3. Aufl., Köln/Berlin 1966, S. 217—230

Huhle, F.: Mindestreserve als Mittel der Währungspolitik, in: Sparkasse, Jg. 6 (1952), S. 371 f.

Kall, P.: Der gegenwärtige Stand der stochastischen Programmierung, in: Unternehmensforschung, Bd. 12 (1968), S. 81 ff.

Klopstock, F. H.: Der internationale Geldmarkt — Struktur, Größenordnung und Anlagearten, in: Weltwirtschaftliches Archiv, Bd. 96 (1966 I), S. 258—286

Köhler, C.: Der deutsche Geldmarkt — Alimentierung und kreditpolitische Beeinflussung, in: Zeitfragen der Kreditwirtschaft, hrsg. von der Bank für Gemeinwirtschaft, Frankfurt/M. 1964, S. 41—77

— Geldmarktsätze unter dem Einfluß der Zinspolitik der Notenbank, in: Konjunkturpolitik, 3. Jg. (1957), S. 31—43

Könneker, W.: Deutsche Bundesbank, in: E. L. Geld-, Bank-, Börsw., Bd. I, S. 358—380

— Einlagen in der Bankbilanz, in: ZfgK, Jg. 19 (1966), Bd. 2, S. 624—626

— Kassenhaltung und Mindestreserve, in: ZfgK, Jg. 19 (1966), S. 326—330

Kosiol, E.: Erkenntnisgegenstand und methodologischer Standort der Betriebswirtschaftslehre, in: ZfB, Jg. 31 (1961), S. 129—136

— Finanzplanung und Liquidität, in: ZfhF, N. F., 7. Jg. (1955), S. 251—272

— Planung als Lenkungsinstrument der Unternehmungsleitung, in: ZfB, Jg. 35 (1965), S. 389—401

Kosiol, E., N. *Szyperski* und K. *Chmielewicz*: Zum Standort der Systemforschung im Rahmen der Wissenschaften, in: ZfbF, Jg. 17 (1965), S. 338 f.

Krümmel, H.-J.: Grundsätze der Finanzplanung, in: ZfB, Jg. 34 (1964), S. 225 ff.

— Liquiditätssicherung im Bankwesen, in: Kredit und Kapital, Jg. 1 (1968), S. 247 ff.

Kühnen, H.: Relationen und Risiken im Bankgeschäft, in: Bank-Betrieb, 4. Jg. (1964), S. 81—86

Lange, O.: Kritik der subjektivistischen Ökonomik, in: Theorie und Realität, Hrsg. H. Albert, Tübingen 1964, S. 287—304

Lehmann, F.: Die kurzwelligen Bewegungen des Zinssatzes für tägliches Geld, ihre Ursachen und Auswirkungen, in: ZfhF, 23. Jg. (1929), S. 123—136

— Der Mechanismus des deutschen Geldmarktes, in: Festschrift für Eugen Schmalenbach, Leipzig 1933, S. 213 ff.

Leutwiler, F.: Kooperation oder geldpolitisches Diktat? Schlechte Erfahrungen der Nationalbank mit „Gentlemen's Agreements", in: Finanz und Wirtschaft, Nr. 90, 16. Nov. 1968, S. 3

Leutwiler, F.: Rüstzeug für den Notfall, in: NZZ, Fernausgabe, 3. 11. 1968, S. 34

Lipfert, H.: Deckungsbeitragsmaximierung bei liberalisiertem Einlagen- und Kreditmarkt, in: Kredit und Kapital, Heft 1, Jg. 1 (1968), S. 7—75

— Die Preispolitik der Banken und Sparkassen im Kreditgeschäft, in: ZfB, 34. Jg. (1964), S. 161—171

— System einer theoretischen Bankbetriebspolitik, in: ZfgK, 16. Jg. (1963), S. 374—376

Loitlsberger, E.: Die optimale Liquidität als spieltheoretisches Problem, in: Das Kreditwesen in Österreich, Festschrift für Hans Krasensky zum 65. Geburtstag, Wien 1968, S. 45—60

Lücke, W.: Die Liquidität im Entscheidungsmodell, in: Gegenwartsfragen der Unternehmensführung, Festschrift zum 65. Geburtstag von Wilhelm Hasenack, Hrsg. H.-J. Engeleiter, Herne/Berlin 1966, S. 323 ff.

Lüder, K.: Zum Problem der Bestimmbarkeit eines Liquiditätsoptimums, in: ZfB, 37. Jg. (1967), S. 519—533

Lutz, F. A.: Mindestreserven und direkte Kreditkontrolle, in: NZZ, Fernausgabe, 16. 11. 1968, S. 15

Maslow, A. H.: A Theory of Human Motivation, in: Human Relations in Management, Hrsg. I. L. Heckmann und S. G. Huneryager, Cincinnati 1960, S. 122—144

McClelland, D. C.: Die Definition eines spezifischen Motivs, in: Die Motivation menschlichen Handelns, Hrsg. H. Thomae, 3. Aufl., Köln/Berlin 1966, S. 175—180

Möller, H.: Markt, Marktformen und Marktverhaltensweisen, in: HdB, Bd. III, Stuttgart 1960, Sp. 3894 f.

Mülhaupt, L.: Ansatzpunkte für eine Theorie der Kreditbank, in: Jb Sozwiss., Bd. 12, 1961, S. 132—143

— Umsatz-, Kosten- und Gewinnplanung einer Kreditbank, in: ZfhF, N. F., 8. Jg. (1956), S. 7—74

Münstermann, H.: Zum Problem der Planung und Kontrolle des betrieblichen Wachstums, in: ZfB, Jg. 38 (1968), S. 727—742

Parsons, T.: Die Motivierung des wirtschaftlichen Handelns, in: Soziologische Texte, Hrsg. H. Maus und F. Fürstenberg, Bd. 15 „Beiträge zur soziologischen Theorie“, Neuwied und Berlin 1964, S. 136—159

Pfleiderer, O.: Mindestreservenpolitik, in: HdSW, Bd. 7, S. 349 f.

Philipp, M.: Die Problematik einer theoretischen Abgrenzung von Geldmarkt und Kapitalmarkt, in: BFuP, Jg. 20 (1968), S. 167—178

Popper, K. R.: Die Zielsetzung der Erfahrungswissenschaft, in: Theorie und Realität, Hrsg. H. Albert, Tübingen 1964, S. 73—86

Prall, O.: Liquiditäts- und Anlagepolitik der Kreditbanken, in: E. L. Geld-, Bank-, Börsw., 3. Aufl., 1968, Bd. II, S. 1152

Prion, W.: Bankbetrieb, Lehre vom, in: Handwörterbuch der Staatswissenschaften, 4. Aufl., Bd. II, Jena 1924, S. 124—143

Sandig, C.: Unternehmungspolitik, in: HdB, Bd. 4, Sp. 5554 f.

Sauermann, H. und *R. Selten*: Anspruchsanpassungstheorie der Unternehmung, in: ZfgStw., Bd. 118 (1962), S. 577—597

Schmidt, R.-B.: Bemerkungen zu den Grundfragen der Unternehmungspolitik, in: HJb WiGespol., 10. Jg. (1965), S. 34 ff.

Singer, K.: Prolegomena zu einer Theorie des Geldmarktes, in: Schmollers Jahrbuch 1928, 52. Jg. 1. Halbband, S. 1—26

Spohr, G.: Das Prinzip der Gewinnmaximierung in seiner Bedeutung für die Kreditinstitute, in: ÖBA, 7. Jg. (1959), S. 337—345

Stammer, O.: Gesellschaft und Politik, in: Handbuch der Soziologie, Hrsg. W. Ziegenfuß, Stuttgart 1956, S. 562

Stannigel, H. und W. *Thielen*: Die Bilanzierung von Pensionsgeschäften der Kreditinstitute, in: ZfgK, Jg. 21 (1968), S. 767 f.

Starbuck, W. H.: Organizational Growth and Development, in: Handbook of Organizations, Hrsg. J. G. March, Chicago 1965, S. 451—533

Steinhauser, W.: Liquiditäts- und Rentabilitätsüberwachung mit dem Computer, in: ZfgK, Jg. 21 (1968), Beilagenheft zu Nr. 21, 1. 11. 1968, S. 7 f.

Steinmann, H.: Liquiditätsoptimierung in der kurzfristigen Finanzplanung, in: BFuP, Jg. 20 (1968), S. 257 ff.

Stucken, R.: Liquidität der Banken, in: HdSW, Bd. 6, S. 629—633

Stützel, W.: Bemerkungen zur Bilanztheorie, in: ZfB, Jg. 37 (1967), S. 314 ff.

— Ist die „Goldene Bankregel" eine geeignete Richtschnur für die Geschäftspolitik der Kreditinstitute? In: Vorträge für Sparkassenprüfer, Hrsg. Deutscher Sparkassen- und Giroverband e. V., Stuttgart 1959, S. 34 ff.

— Liquidität, in: HdSW, Bd. 6, S. 622 f.

Szagunn, V.: Banken an Bank- und an Nebenplätzen, in: Bank-Betrieb, Jg. 9 (1969), S. 295—298

Thomae, H.: Die Bedeutung des Motivationsbegriffes, in: HdPsych., Bd. 2, Allgemeine Psychologie, Teil II, Motivation, Hrsg. H. Thomae, Göttingen 1965, S. 3—44

— Motivformen, in: HdPsych., Bd. 2, Allgemeine Psychologie, Teil II, Motivation, Hrsg. H. Thomae, Göttingen 1965, S. 205—228

Weber, M.: Politik als Beruf, in: Gesammelte Politische Schriften, 2. Aufl., Hrsg. Joh. Winckelmann, Tübingen 1958

Weisser, G.: Wirtschaft, in: Handbuch der Soziologie, Hrsg. W. Ziegenfuß, Stuttgart 1956, S. 970—1101

Wild, J.: Zur praktischen Bedeutung der Organisationstheorie, in: ZfB, Jg. 37 (1967), S. 567 ff.

Witte, E.: Zur Bestimmung der Liquiditätsreserve, in: ZfB, 34. Jg. (1964), S. 763—772

Wittgen, R.: Fragen der bankbetrieblichen Geldpolitik, in: ÖBA, 14. Jg. (1966), S. 226—236

— Gewinnoptimierung im Devisen-Eigengeschäft von Kreditinstituten, in: ZfB, Jg. 38 (1968), S. 137—148

— Der Internationale Geldhandel, in: H. Lipfert, Internationaler Devisen- und Geldhandel, Frankfurt/M. 1967, S. 120—153

— Das Liquiditätsrisiko der Auslandskredite, in: Der Volkswirt, Jg. 17 (1963), S. 2607 f.

— Die publizitätsorientierte Bilanzgestaltung von Aktienbanken, in: ZfB, Jg. 35 (1965), S. 724—737

Wittmann, W.: Instrumente der ‚Prophetie', in: Der Volkswirt, 22. Jg. (1968), Nr. 40, S. 30 f.

Wittmann, W.: Überlegungen zu einer Theorie des Unternehmenswachstums, in: ZfhF, N. F., Jg. 13 (1961), S. 493—519

o. V.: Die Luft-Geschäfte der IHB, in: Capital, 8. Jg. (1969), Nr. 5, S. 34—38

o. V.: Methodische Erläuterungen zur Analyse der Bankenliquidität, in: MB Bbk, 17. Jg. (1965), Nr. 4, S. 29—37

o. V.: Die Neufassung der „Grundsätze über das Eigenkapital und die Liquidität der Kreditinstitute" gemäß §§ 10 und 11 des Gesetzes über das Kreditwesen, in: MB Bbk, 21. Jg. (1969), Nr. 3, S. 37—43

o. V.: Strukturänderungen des Geldmarktes, in: ZfgK, 22. Jg. (1969), S. 348

o. V.: „Window-dressing", in: Deutsche Sparkassenzeitung, 9. Sept. 1966, S. 1

o. V.: Der Wochenausweis der Deutschen Bundesbank, in: MB Bbk, 21. Jg. (1969), Nr. 1, S. 13—22

o. V.: Zur Aufnahme des Lastschrifteinzugs für Kreditinstitute durch die Deutsche Bundesbank, in: MB Bbk, 18. Jg. (1966), Nr. 6, S. 24—26

4. Sonstige Quellen

Allgemeine Geschäftsbedingungen der Deutschen Bundesbank

Allgemeine Geschäftsbedingungen des Privaten Bankgewerbes, Stand 1969

Anweisung der Deutschen Bundesbank über Mindestreserven (AMR) vom 11. November 1968, in: Geschäftsbericht der Deutschen Bundesbank für das Jahr 1968, Frankfurt/M. 1969, S. 115—120

Börsen-Zeitung vom 18. 11. 1968, 9. 8. 1969, 9. 9. 1969

Deutsche Sparkassenzeitung, Nr. 70, 9. Sept. 1966

Geschäftsberichte der Deutschen Bundesbank für die Jahre 1957, 1965, 1966, 1967, 1968

Gesetz über das Kreditwesen vom 10. 7. 1961, BGBl. I, S. 881 ff.

Gesetz über die Deutsche Bundesbank vom 26. Juli 1957, BGBl. I, S. 745

Grundsätze über das Eigenkapital und die Liquidität der Kreditinstitute, gemäß §§ 10 und 11 KWG, in der Neufassung vom 20. 1. 1969, in: MB Bbk, Jg. 21, Nr. 3, März 1969, S. 41—43

Lipfert, H.: Vorlesung Bankbetriebspolitik, Mitschrift, Universität Hamburg, WS 1965/66

Mitteilungen der Deutschen Bundesbank

Monatsberichte der Deutschen Bundesbank

NZZ, Fernausgabe vom 3. 11. und 16. 11. 1968, 1. 9. und 5. 9. 1969

Statistische Beihefte zu den Monatsberichten der Deutschen Bundesbank, Reihe 1: Bankenstatistik nach Bankengruppen

Verzeichnis der bei der Deutschen Bundesbank beleihbaren Wertpapiere (Lombardverzeichnis)

Wochenausweise der Deutschen Bundesbank, 31. 12. 1965 bis 31. 12. 1969

ZfgK, Jg. 22 (1969), S. 766 und S. 783

Betriebswirtschaftliche Schriften

1. **Leitung und Verwaltung im Industriebetrieb.** Von Dr. F.-W. v. Seydlitz-Kurzbach. 110 S. 13 Abb. 1955. DM 12,80.

2. **Der wohnungswirtschaftliche Betrieb.** Von Dr. K. Schmidt. 128 S. 1958. DM 14,60.

3. **Die seit der Währungsreform gegebenen Industrie-Anleihen.** Von F.-O. Bornemann und Dr. H.-O. Linnhoff. 124 S. und 19 Ausschlagtafeln. 1958. DM 44,—.

4. **Buchführung und Bilanz.** Ein Beitrag zur Theorie und Geschichte der doppelten Buchführung. Von Dr. S. Rentrop. 90 S. 1958. DM 14,—.

5. **Die Wertsicherung in der Unternehmung** unter besonderer Beachtung der Währungsgesetzgebung. Von Dr. H. Berndt. 213 S. 1960. DM 14,80.

6. **Möglichkeiten unternehmerischer Zusammenarbeit** ohne wettbewerbsbeschränkende Bindung. Von Dr. H. Menze unter Mitarbeit von Dr. R. Ley. 114 S. 1960. DM 14,80.

7. **Grundformen des Markenartikels.** Versuch einer Typologie. Von Dr. P. Thurmann. 90 S. 1961. DM 12,60.

8. **Die Bewertung unnotierter Anteile und Aktien.** Das Problem in handelsrechtlicher, steuerrechtlicher und betriebswirtschaftlicher Sicht unter besonderer Berücksichtigung der vermögensteuerlichen Vorschriften. Von O. Segitz. 185 S. 1962. DM 26,—.

9. **Beziehungen zwischen Investitionen und Finanzierung im Bereich des Betriebs.** Von Dr. R.-R. Hoffmann. 182 S. 1962. DM 26,60.

10. **Aktivierung von eigenen Erfindungen.** Eine betriebswirtschaftliche, handelsrechtliche und steuerliche Untersuchung. Von Dr. H. Rusch. 58 S. 1963. DM 8,60.

11. **Angriff und Abwehr im Kampf um die Betriebswirtschaftslehre.** Von Prof. Dr. H. Linhardt. 336 S. 1963. DM 36,—.

12. **Die Zeitraumbilanz.** Von Dr. G. Flohr. 133 S. 1963. DM 22,60.

13. **Der öffentliche Kredit an die gewerbliche Wirtschaft.** Mit einem Vorwort von K. Schwantag. Von Dr. K. H. Schneider-Gädicke. 186 S. 1963. DM 24,80.

14. **Betriebsfunktionen — historisch betrachtet.** Die historische Komponente der funktionalen Betriebswirtschaftslehre. Von Prof. Dr. H. Linhardt. 119 S. 1964. DM 16,60.

15. **Die Bedeutung der Potentialfaktoren für die Unternehmungspolitik.** Von Dr. E.-E. Bruhn. 342 S. 1965. DM 44,80.

16. **Der Kostenbegriff.** Eine Untersuchung über den Gegenstand der Kostenrechnung. Von Prof. Dr. S. Menrad. 184 S. 1965. DM 24,—.

17. **Die Bedeutung des Verbrauchsnutzens für den Absatz.** Von Prof. Dr. E. Gerth. 181 S. 1965. DM 28,60.

18. **Die polare Bilanz.** Von Dr. E. Feuerbaum. 184 S. 1966. DM 26,60.

19. **Instanzenbildung als Problem der betrieblichen Führungsorganisation.** Von Prof. Dr. E. Gaugler. 263 S. 1966. DM 36,—.

20. **Die Stiftung als Rechtsform für wirtschaftliche Unternehmen.** Ihre Struktur und Besteuerung. Von Dr. H.-L. Steuck. 286 S. 1967. DM 39,—.

21. **Über Wesen und Struktur absatzpolitischer Entscheidungen.** Von Prof. Dr. E. Dichtl. 180 S. 1967. DM 33,60.

22. **Organisation der Betriebsstruktur.** Ein Beitrag zur zweckmäßigen Gestaltung und Sicherung betrieblicher Leistungs- und Entscheidungsbereiche. Von Dr. E. Arnold. 159 S. 1967. DM 28,60.

23. **Die systembildenden Betrachtungsweisen der Allgemeinen Betriebswirtschaftslehre und ihr Einfluß auf die Darstellung des Unternehmers.** Von Dr. R. Wunderer. 263 S. 1967. DM 42,60.

24. **Die Belegschaftsaktie.** Wesen, Ziele, Probleme, Gestaltung und Erfolgsaussicht aus der Sicht der Unternehmung. Von Dr. K. Peterssen. 179 S. 1968. DM 29,60.

25. **Optimales Informationsverhalten im Entscheidungsprozeß der Unternehmung.** Von Priv.-Doz. Dr. W. H. Bierfelder. 182 S. 1968. DM 28,60.

26. **Der Geschäftsbericht als Instrument erweiterter aktienrechtlicher Rechnungslegung.** Von Dr. U. Ertner. 220 S. 1968. DM 39,60.

27. **Die City als Einkaufszentrum im Wandel von Wirtschaft und Gesellschaft.** Von Dr. H. Soldner. 345 S. 1968. DM 58,60.

28. **Das Wesen der verschiedenen Fixkostentheorien und ihre Verwertungsmöglichkeiten für die betriebliche Preispolitik.** Von Dr. I. Kurz. 220 S. 1969. DM 39,80.

29. **Die innerbetriebliche Ausbildung von Führungskräften in Großunternehmungen.** Von Dr. K. Nagel. 186 S. 1969. DM 33,60.

30. **Interdependenzen zwischen Mitbestimmung und betrieblicher Partnerschaft.** Von Dr. K. Maier. 282 S. 1969. DM 48,60.

31. **Organisation der Führungsgruppe.** Von Priv.-Doz. Dr. F. Hoffmann. 188 S. 1969. DM 33,60.

32. **Der Handels- und Lieferantenkredit in den USA.** Von Dr. K. Engelen. 193 S. 1969. DM 46,60.

33. **Leistungslohn im Handel.** Von Dr. F. Schnellinger. 192 S. 1969. DM 39,60.